汉语言文字理论与应用研究

HANYUYAN WENZI LILUN YU YINGYONG YANJIU

中国语言文学学科建设丛书

丛书主编　刘钦荣　刘安军

中国社会出版社
国家一级出版社·全国百佳图书出版单位

图书在版编目（CIP）数据

汉语言文字理论与应用研究 / 刘钦荣，刘安军主编 .
—北京：中国社会出版社，2019. 2
ISBN 978-7-5087-5964-7

Ⅰ. ①汉…　Ⅱ. ①刘… ②刘…　Ⅲ. ①汉语—文字学
—研究　Ⅳ. ①H12

中国版本图书馆 CIP 数据核字（2019）第 030124 号

丛 书 名： 中国语言文学学科建设丛书
书　　名： 汉语言文字理论与应用研究
主　　编： 刘钦荣　刘安军

出 版 人： 浦善新
终 审 人： 王　前
策划编辑： 黄　贞
责任编辑： 秦　健

出版发行： 中国社会出版社　**邮政编码：** 100032
通联方式： 北京市西城区二龙路甲 33 号
电　　话： 编辑室：（010）58124839
销售部：（010）58124841
（010）58124842
网　　址： www. shcbs. com. cn
shcbs. mca. gov. cn
经　　销： 各地新华书店

中国社会出版社天猫旗舰店

印刷装订： 北京九州迅驰传媒文化有限公司
开　　本： 170mm×240mm　1/16
印　　张： 32
字　　数： 512 千字
版　　次： 2019 年 12 月第 1 版
印　　次： 2019 年 12 月第 1 次印刷
定　　价： 68.00 元

中国社会出版社微信公众号

总　序

进入21世纪，中国高等教育由规模式快速发展，转向为质量和内涵建设。2017年10月18日至24日召开的党的十九大，报告中提出高等学校建设“双一流”的战略目标，使高校在未来的发展过程中，有重点地建设一批“一流学科”成为当下重要任务。同时，这也是建设一流高校的重要支撑。中国语言文学是我国高校学科群中发展历史最长、学科分布最广的基础性学科。如何全面、合理地开展学科建设，是新时代亟待探索的课题。我们应当尊重学科建设规律，站在学科发展的历史角度和“人类命运共同体”的高度总结历史经验，同时更要注重不同地区、不同类型高校各自发展建设的特殊性，开创学科建设的新局面。

理论研究和实践均已表明：学科建设中，人才梯队是关键，人才培养是基础，科学研究是核心竞争力，科学规划与整合是重要手段。

一、人才是学科建设的关键

引进高层次人才是高校学科建设的普遍性做法，为了建设重点学科、增设学位点，很多高校持续引进学科带头人，使得青年学者的成长环境越来越艰难。师资队伍是学科建设的基础，学科建设规划首先要考虑师资梯队的合理搭建，只有这样才能保证教学水平的稳定性以及学术研究、学术传承和学科建设的可持续性发展。就中国语言文学学科的自身特点来说，主要体现在学术研究的传承性、学术积累的重要性等方面。中国语言文学学科作为人文学科有着自身的发展规律，决定了学者的学养和学术成果很难在短时间内有重大收获；在知识的积累传承、学术研究的创新领域，依赖于知识谱系的稳定性、学术研究的传统路径等一系列因素。

中国语言文学学科建设人才梯队的合理配置关乎中国语言文学学术传统的传承和创新等一系列重大问题。从中国语言文学学科教学需要和科研工作的实际出发，要运用系统性思维，要注重二级学科间师资配置的均衡性。二级学科的建设要搭建“学科带头人、中年骨干、青年人才”的三级梯队，并结合中国语言文学学科的特点，使教师在教学和科研的任务分配上区别化、明晰化。学科带头人在教学和科研中发挥的是引领与示范作用；中年骨干应承担主要的教学任务与科研实践；青年人才重在积累、学习，在继承的基础上突破发展。中国语言文学学科的教学科研强调的是学术素养在积累中逐渐养成，所以不能为了完成科研指标而对不同年龄段的学者提出相同的要求。合理的师资配置将形成一种人才成长的良性循环，这也将有助于中国语言文学学科发展的可持续性。中国语言文学学科承担着两千年中华文化的学术传承，形成了独具特点的中国学风、学脉、学派，并在国际学术界有着历史影响力。我们在未来的学科建设中，首先要继承和传承，同时也要注重创新发展。

二、夯实本科人才培养的基础

中国语言文学学科人才培养的本科阶段，是郑州师范学院文学院人才培养的基础，应该以学科知识系统性的教学和中国语言文学能力的训练为核心。在通识教育的背景下，一级学科的专业课程被大幅压缩。因此，未来在学科建设的过程中，必然要同步调整人才培养观念。中国语言文学学科建设在人才培养上的首要任务是探索在通识教育日渐普遍化的背景下，如何立足于厚基础、强内涵的目标，着力通过有限的教学实践，培养学生掌握中国语言文学学科基础知识、基本理论和基本技能，在此基础上构建中国语言文学知识和理论体系，具备中华文化传统的人文意识。

中国语言文学学科人才培养的重要问题之一是优质教材的选用与建设和教学质量的提升。教材和教师学术著作质量的高低不仅影响学生的知识接受，同时直接影响学生的思维方法、认知能力和审美价值观的形成。教材的选用编撰理念，要与国际化的“通识教育”相匹配。近年来，随着高等学校“教学水平和质量评估”的推进，促使高等教育日益体制化、规范化、科学化。教育部高等教育出版社的“马工程”（马克思主义理论研究和建设工程）教材建设使学科知识谱系稳定性的程度不断加强。在这种语境中，教师的科学研究活动就更加重要，知识创新的难度会不断加大，教师科研过程的选题、立项、研究过程及成果，应使学生积极地参与其中。

这样，对学生探究性学习中国语言文学学科理论和知识，形成自觉主动性的终身学习能力和良好学养的传承都有着极为重要的影响。

中国语言文学学科等人文学科，有着明确的学术与文化归属，中国语言文学的人才培养必须有中国的特色。学科建设应基于中华文明自身的审美经验和文化立场，以一种世界性的胸怀去发现中国文学与世界各国文学间的审美和诗学联系。

三、注重科研工作的内涵与结构调整

科研工作是高校教师的重要工作，而科研和教学的良性互动对于人才培养质量的提升是积极的促进关系。回顾郑州师范学院文学院的学科建设过程，中国语言文学学科体系从不完善到比较完善，从单一发展到多元推进，由跨越式发展到质量内涵发展，建设过程较为艰辛，虽有明显成绩，但还有很多问题亟待完善和解决。学校虽然奠定了现有的学科架构与发展方向，但是从一流学科建设的高度来看，中国语言文学学科的科研工作仍然处在外延性层面，表现为制度不够健全，精力投入不够精准，团队结构尚不合理，研究特色不够鲜明，发展规划还需科学论证等结构性问题。目前，科学研究工作亟待向内涵质量式发展进行深度转变；中国语言文学学科科研工作亟待建立合理有效的科研制度、明确有效的科研规划，发扬学者扎实深厚的学养和科学严谨的治学精神，才能在知识创新和文化传承的成果中形成学术价值。中国语言文学学科的学术研究不仅要有知识的积累、创新与传承，更要有以审美情感与语言经验为基础的人文精神的传承。

中国语言文学学科的科研工作要更好地为学科建设奠定学术基础，还应明确基础研究与应用研究之间的区分与联系。在科研过程中强调基础性与应用性并重，不仅是从人才培养的出口角度考虑问题，也是中国语言文学学科科研结构调整的必然趋势。注重郑州市地方人才需求、郑州市经济社会发展的理论和知识支撑，是郑州师范学院中国语言文学学科建设应用性的具体体现，也是中国语言文学学科学者在科研工作中应有的文化担当。在这个前提下，结合高校自身定位与学科实际，要夯实基础研究、拓展应用研究，激活中国语言文学科学研究的现实价值。

四、内部整合与协同创新

中国语言文学学科未来的学科建设，一方面要注意整合现有二级学科的学术力量，适应二级学科间的交叉发展和重点突破。学科建设要在学术研究过程中，注重知识创新的学科增长点。新的知识与二级学科之间的知识关联度会不断加强。中国语言文学学科的各个二级学科共同的文化基础，是以汉语言文学为主体的多民族的中华文明大合唱，汉语言文学与少数民族语言文学也是相互影响和交融的。因此，在未来的学科建设中，应该立足一级学科的长远发展，整合二级学科的力量，激发和密切二级学科间内在的学术联系。

另一方面，中国语言文学学科的学科建设要注重处理好与周边学科的学术关系，同时要有开放性的国际视野。在未来的学科建设中，要注重多学科的协同发展：第一，以中国语言文学学科为主，借鉴、吸纳其他学科的经典理论和前沿方法，扩大中国语言文学学术研究的内涵与外延；第二，要积极参与其他学科主导的协同创新工程，参与其他学科主导的跨学科研究。

中国语言文学学科建设的国际化并不是追求美国化或西方化，而是要深刻地意识到中国语言文学学科发展建设的民族化出发点，要有自己的学术价值观，不能以西方标准取代中国价值。在党的十九大报告中，习近平总书记指出要繁荣中国哲学社会科学，建立民族文化自信。我们要以“习近平新时代中国特色社会主义思想”为指导，用“人类命运共同体”的胸怀建构中国语言文学学科的学术话语体系。中国语言文学是中华文明人文交流和审美精神的集中反映，与世界各民族国家人民的对话和交流是郑州师范学院文学院中国语言文学学科建设的永远追求。

郑州师范学院文学院学科建设领导小组

2017 年 11 月 11 日

前 言

汉语言文字学是中国语言文学学科建设的重要内容之一，历史悠久，成果累累，我国广大高校和科研机构都业已或逐渐形成特色鲜明的建设路径和厚重成就。我院学科建设起步较晚，虽然十分重视汉语言文字学科的建设，但由于历史、人力等诸多方面的原因，思考尚不够深刻，探讨还不够精细，所取得的成果还相当单薄。为促进我院汉语言文字学科的快速发展，我们需要回顾历史，整理现状，规划未来。

本书的主要内容，大都依据我们近十几年来关于语言文字理论及其应用方面的文章或课题成果改写而成。为使问题讨论得相对集中，本书分为五章：一是针对汉字的性质特点和易混词语、新词的运用，二是重在短语、句子的结构和功能，三是侧重语言符号、语言结构的语义和认知分析，四是分析语言文字的艺术表达策略和技巧，五是探讨语言文字的社会、教育功用。

语言的命题有多种。它既是音义结合的符号系统、文化的载体和编码体系，又是人类最重要的交际工具、思维工具，是一种特殊的社会现象。对于语言文字的研究，便可以从不同角度、多个层面立体展开。出于工作需要和学术兴趣使然，我们曾关注过汉语、汉字结构系统的奥秘，探讨过普通话词义、语义的精妙，鉴赏过语言文字的表达功用，思考过语言文字的社会属性和教育功能，也尝试解释语言现象的成因、发展规律，预测其发展趋势，但大都浅尝辄止、浮光掠影，没有做深入探究。因此，本书的结集出版旨在回眸郑州师范学院文学院语言学教研团队走过的路之曲直深浅，坎坷或平坦，更好地求教方家。

本书为集体成果，由郑州师范学院文学院 12 位语言学方面

第十二节，由刘钦荣执笔；第四章的第一节、第二节、第三节、第四节、第五节，由杜鹃执笔；第一章的第十节，第二章的第八节、第九节、第十节，第五章的第一节、第二节、第七节、第十三节、第十四节、第十五节，由汤玫英执笔；第一章的第二节、第四节，第三章的第九节，第五章的第三节、第八节、第十六节，由刘青执笔；第三章的第一节、第二节、第三节，由牛巧红执笔；第五章的第六节、第十节，由宋顺有执笔；第三章的第五节、第六节，由于璐执笔；第一章的第七节、第八节，由张靖执笔；第三章的第七节，由孙珠珊执笔；第三章的第八节，由陈璐执笔；第三章的第十节，由庄素真执笔；第二章的第一节，由石艳娜执笔。

感谢多年来一直关心和支持我院语言学专业发展的专家和学者。张静、陈信春、张生汉、姚锡远、陈伟琳、贾齐华、崔应贤、鲁川、孟昭泉、缑瑞隆、张宝胜、蔡明、张明奎、鲁六、薄守生、丁全、张帅旗、丁喜霞、高顺金、李义海、仝国斌、王东、刘永华、王泽龙、赵祎缺、司罗红、张言军、戚东华、韩金广诸先生，或指点迷津，或提供资料，或一同研讨，真诚相助，情谊笃厚，于此一并深表诚挚的谢意。路漫漫，道曲曲，辨方向，树目标，收拾行囊，继续前行。

编　者

目　录

第三章　语义和认知

第四章　策略和技巧

第五章　社会和教育

第一章
汉字和词语

文字是书写符号，词语是造句的基本材料。汉字是目前现存的最早最完备的表意性自源文字，历史悠久且魅力无限。汉语的造字法凝聚着几千年来亿万人民的高超智慧，这从具体造字法的应用以及与英文的对比上可以得到充分显现。

汉字历经几千年，见证了中华民族的发展，承载了中华民族恢宏的历史，可以说汉字是可“视读”的“活化石”文字。因此，透过汉字，我们可以窥探社会的发展轨迹、解读多彩的民族信仰、体验丰富的风土人情。

汉字内部结构组织严密，富有规律。字元是汉字的直接造字构件，按照造字功能，它可分为音元、义元、形元三种；按照变形程度，可分为原形字元和变形字元两种；按照原字是否常用，可分为原字常用字元和原字生僻字元。汉字的造字模式主要有独元式、义音式、义义式、义形式、形音式、形形式六种。汉字的造字模式分析和字形结构分析是有区别的，表现在分析层次、着眼点、拆分原则和应用领域的不同。

汉字偏旁在合体字中具有区别意义类属的功能，为人们的识字大大提供了方便。这本是汉字作为表意文字最突出的特点之一，然而当经历了几千年的演变之后，现代汉字偏旁的表意功能大打折扣，形义关系弱化，形体也呈现多样性。如何对偏旁去伪存真，求同辨异，就成为有效认识、快速掌握汉字的关键。

作为自源性文字的汉字，每一个汉字都表示意义，意义分为自足意义和未足意义两种。多义字的每个义项可以用形式化方法标注，做到定型字义，其基础是认知框架。字义与词义的联系能够通过词义方程式来理解。

汉字是汉语的根基，外国人学汉语必须先学“汉字（Sinograms）”。在“初级阶段”需学会“一千最常用汉字”的“字形、字音、字义”。汉字是一套“积木（toy-bricks）”系统，每个积木块是个“字元（gram-element）”。外国学生可暂时先不学“写字”而只学“打字”，熟练掌握“汉字数码输入法”，牢记每个字的“字码”。学生很容易地用简单的数码“打”出自己所需的字，就产生一种自豪感，并确信“汉字真好学”。用这种方法学汉字能提高学生的兴趣，其学习过程是“学生主动、充满欢乐”的电子游戏。

以清代白话语料《歧路灯》的人称代词为研究对象，通过共时层面比较，我们发现和《歧路灯》同时期的几种不同方言中的人称代词的发展是不平衡的。有些方言的人称代词已经发展到相对稳定的阶段，各人称代词之间有了比较明确的分工。宝丰方言的人称代词相对来说，形式较为丰富，分工不够明确，经常出现多种形式表示同一语法意义的现象，人称代词的使用情况比较复杂，但是一些成员（如“俺”“咱”“您”“自己”“大家”“人家”等）已经从功能或数量上显示出较强的优势。

以清代白话语料《歧路灯》的人称代词为研究对象，我们考察了书中人称代词的形式和使用情况，探讨了这些人称代词所表现出的地域特点，并通过与现代宝丰方言的人称代词系统的对比，揭示宝丰方言人称代词二百多年来的发展变化。通过历时比较，我们发现经过二百多年的发展，这种混乱的局面大为改观。一个最明显的特点是现代宝丰方言的人称代词系统更加简化了，除第三人称成员保持不变外，第一人称从七个减至三个，第二人称从四个减为两个，反身代词和泛称代词的成员也都有所缩减。各人称代词的分工更为明确。人称代词系统进入到一个相对稳定的发展阶段。

“作”和“做”的历史渊源紧密相关，现实运用出现诸多混乱。深入考察二者的联系与区别对词语的规范使用有着一定的理论意义和实践作用。

流行热词“PM2.5”是个新兴字母词。我们在考察其汉化过程的同时，并对英文字母词汉化进行了一些思考：一是英文字母词应该走汉化之路，因为它符合世界语言发展本土化的共同规律，符合汉语发展的历史经验；二是国家应该主导英文字母词汉化；三是英文字母词的快速汉化机制亟待建立。

随着互联网的迅猛发展，在网络交流中出现了大量的网络新词。字母词“PK”是个新词，其来源说法有二：网络游戏说和足球点球说，现实主流支持第一说。“PK”的语义在不断扩大和泛化，语法功能也体现出多样性，其语用状况令人喜忧参半。剖析“PK”个案，对我们正确认识广泛使用的字母词语会有一定的借鉴作用和参考价值。

在大众文化语境下，从传播学角度分析网络新词“囧”“槑”“烎”“嫑”“男”“巭”“嫑”“怂”等的出现和接受，能够加深语词、网络与文化间融通互联关系的理解，有助于对网络新词的流行和规范的认识。从传播环境看，民主法治和多元文化的发展，是网络新词发展的社会大背景。

从传播渠道看，网络媒体的发展为这些网络新词的产生与接受提供了物质条件和宽松的环境。从传播主体看，传播者和接受者都是一个充满活力与热情的特殊的年轻群体。从传播内容和载体看，汉字本身具有无穷的变化魅力和内在生成机制。对待网络语言中的新字，我们既要看到网络新词给语言中注入了新活力，又要看到网络新词对语言交际的阻碍，应该是“取其精华，弃其糟粕”。对于网络新词的规范，我们应从两个方面进行思考：一是以公民为主体，实践网络新词的使用；二是以政府为主体，注重政府对语言文字的管理与约束、倡导与引导。

第一节　汉字造字法凝聚着高超的智慧

汉字作为当今世界上唯一永葆青春的自源性文字，是人类最高的智慧结晶之一。汉族人的认知模式侧重于“整体感知、意象思维、类比推理、静物为源”，在造字法上凝聚了无数人几千年来无穷的深邃的智慧。

一、在造字上显示出智慧的魅力

（一）用“形象记事”法造字的智慧

汉族人的认知模式侧重于“整体感知、意象思维”。所谓“意象思维”就是“适度抽象的形象思维”，也就是不仅求其“形似”，更求其“神似”。汉字的“形象记事”法实际上是“意象记事”法，用这种方法造字的过程中显示了高超的智慧。

1. 文字不是图画，“字”用最少笔画勾出整体的轮廓特征

简化的“马”字只有三笔，就显示了“奔马”之形。简化的“飞”字只有三笔，就显示了“鸟飞”之势。“刀”字只有两笔，就显示了既有刀背又有刀刃的“刀”的形状。“刃”字只有三笔，就很明显地表示了：有“点”之处即刀之“刃”也。

2. “字”用具体的形象显示了完整的事件

“屋”⟶“尸”⟶“氵尸”⟶“漏”
（屋子）　（屋顶）　（屋顶外面降雨了）（屋顶里面也降雨了）

3. “字”用具体的形象显示了抽象的概念

“锋利”“顺利”“利益”“利息”都是很难用图像表示的抽象概念。人们造出了左边是待收割的“禾”，右边是收割工具的“刂（刀）”组合成的“利”字：

禾⟶利⟵刂⟵刀

从而形象地显示出：要想收割“禾”就要把“刀”磨得很“锋利”，刀磨得锋利了收割就能很“顺利”，收割到的谷物就给人们带来了“利益”，把当初播下的种子看作投入的本钱则收割的谷物减去种子多余的就是“利息”。这一连串使人口服心服的大道理竟然只要把“禾”跟“刀”组合成“利”字就说得清清楚楚。

（二）用“形声记事”法造字的智慧

汉族人的认知模式侧重于“类比推理、静物为源”。在“形声记事”法造字的过程中也显示了高超的智慧。

文字必须保持跟语音的密切关系，“形声字”用半个字的面积来“示音”。汉字用 100 多个常用“意符”与 300 多个常用“声符”来造新字，有效地控制了陌生的全新的字形的增加。[1]这样用来表示新概念的新造字由两个熟悉的字根组成。

“字族”显示了“类比推理”的智慧，而“静物为源”的造字方法更是以少驭多的富有系统性的智慧抉择。“手”与所做的“动作”相比，“手”是少的，“动作”是多的。把“手”作为字根而造出表示动作的字族是很智慧的。以“扌”表“打扶拧抹”，以“口”表“吃喝喊唱”，以“心”表“思想情怀”等，皆同此理。

“形声”法造字，达到“音、形、义”统一的完美境界。

汉字发展到近代以后，因为可以用“小马”取代“驹”，“小牛”取代“犊”，所以原则上不再造新字，以控制字量。唯一出现新字的领域就是化学。在化学元素的翻译中，遵循汉语的基本概念用单字、复合概念用字组来表示的规律。我国的化学家用新创字“氧、氢”等成功地翻译了“oxygenium、hydrogenium”等，也是形声法造字所达到的音、形、义统一的典范。

“氧”的国际通用名字是“oxygenium”，其中“oxy－”意为“酸”，“-genium”意为“素”，日本译为“酸素”。“氢”的国际通用名是“hydrogenium”，其中“hydro－”意为“水”，“－genium”意为“素”，日本直截了当地译为“水素”。我国语言学家并没有受日本的影响，坚决贯彻汉字音、形、义统一的原则。“oxygenium”是一种气体，这种气体对人和动物有养生的功能，即“养生之气”，简约为“氧气”作为口语。化学元素是基元概念，该用单字，需要新造。一个字元应该是“气”字头，另一字元为“羊”，从字音上联想起“养”，也联想起“养生”的意义，最后确定了“音形义”统一的“氧”字。“hydrogenium”的特点是“最轻的气体”，即以“轻气”作为口语。而化学元素的术语需要造一个新字。一个字元为“气”字头，另一字元为“乛”，以联想“轻”的字音和字义，最后定为“氢”字。“氧、氢”二字受到了文化教育界和广大群众的认可和欢迎。设想一下：如果“H_2O_2”不叫“过氧化氢”而叫“过酸素化水素”，该有多么别扭。

“氢”有三个同位素：protium、deuterium、tritium。

新造的“氕”字

“protium”的原子核中只有一个基本粒子（一个质子，没有中子）。要造出一个汉字与之对应，一个字元应为“气”字头以体现字义上是“气体”，另一个字元既要使汉字的声母为“p－”以保持字音上与“protium”的联系，又要保证字元形状为一笔以保证字形上与一个基本粒子的联想。这个新字就是“氕（pie）”：字的上头为“气”字头，底下为“丿”。这个“丿（pie）”既使字的声母为“p－”，又在形状上为一笔，使人联想起“氕”只有一个基本粒子。

新造的“氘”字

“deuterium”的原子核中有两个基本粒子（一个质子，一个中子）。要造出一个汉字与之对应，一个字元应为“气”字头以体现字义上是“气体”，另一个字元既要使汉字的声母为“d－”以保持字音上与“deuterium”的联系，又要保证字元形状为“二”笔以保证字形上与二个基本粒子的联想［注：“deu－”作为前缀的意义为“二”］。这个新造的字就是“氘（dao）”：字的上面为“气”字头，底下为“刂（刀）”。这个“刂（dao）”既使字的声母为“d－”，又在形状上为两笔，使人联想起“氘”有两个基本粒子。

新造的“氚”字

“tritium”的原子核中有三个基本粒子（一个质子，两个中子）。要造出一个汉字与之对应，一个字元应为“气”字头，另一个字元要使汉字的字音保持与“tritium”的联系。在汉语语音系统中与“tr－”的发音唯一近似的声母是“ch－”，这个字元的形状应该为三笔以保持与“三”个基本粒子的联想［注：“tri－”作为前缀的意义为“三”］。这个新造字就是

“氚（chuan）”：字的上面为“气”字头，底下为“川”。字元“川（chuan）”既使汉字的声母与原来的“tr-”实际发音近似，又以形状上的“三”笔使人联想起“氚”有三个基本粒子。

我国化学家造出了令人赞叹的“氕、氘、氚”，物理学家造出了令人称道的“激光”。他们不愧是中华文化的乳汁哺育的炎黄子孙，继承和发扬了中华民族的智慧。

（三）汉字可拆装性是积木式玩具和教学法的基础

市面上销路很好的积木式儿童识字玩具是运用汉字的可拆装性和方块的面积相等性的原理制作的。各种常用字可制成三种形式：正方形（H×B），扁方形（0.5H×B），窄方形（H×0.5B）。如：两个扁方形的“可”字能拼成正方形的“哥”字；两个窄方形的“木”字能拼成正方形的“林”字；一个扁方形的“父”字与一个扁方形的“巴”字能拼成正方形的“爸”字；一个窄方形的“女”字跟一个窄方形的“马”字能拼成正方形的“妈”字。这种积木式玩具对于开发儿童的智慧是具有重大意义的；对于成年人，更可以理性地体会汉字的魅力。

与积木式识字玩具具有同一指导思想的教学法在对内对外的汉字教学中都收到了良好的教学效果。这种教学法名称很多，有的叫“积木式识字教学法”，有的叫“滚雪球识字教学法”或者“字族识字教学法”，等等。这种教学法不仅仅能教外国学生迅速学会大量的汉字，更重要的是通过对汉字可拆装性的揭示，进一步使外国学生逐步体会到在拆装性的深层里蕴藏着的智慧。

二、跟其他文字形式相比更显示汉字的魅力

把中文跟当前世界上最通用的英文进行对比，更能彰显汉字的魅力。

中文的基本结构单位是“字”，是一个有明显界限的方块形的汉字；英文的基本结构单位是“词（word）”。

（一）中文的“字”与英文的“词”的差异

1. 形式上的形象性和规整性；

2. 组合上的基元性和组装性；

3. 构造上的类聚性和系统性；

4. 来源上的单源性和同一性；

5. 理解上的自释性和透明性；

6. 常用字的有限性和覆盖性。

（二）如果用单音节来表达复合概念，反而不宜于组装其他复合概念

中文的“人”字具有基元性，所构成的高层单位“男人、女人、个人、人们”等简明规整，理据性强。

英文的“man”不具有基元性，由于其内涵为｛+人，+男｝，所构成的“chairman”就有“男主席”的意思。英文相当多的单音节词都直接表达复合概念。如“hen”是“母鸡”，“cock”是“公鸡”，要表达作为“类名”的“鸡”就用“chicken”，不过，“chicken”也有“小鸡”和“鸡肉”的意思。

（三）中文在音译外来词时也往往在后面加一个“类别字”以便于理解

beer→啤酒，ballet→芭蕾舞，jeep→吉普车，hamburger→汉堡包。

（四）中文的字比英文的词在来源上有较强的单源性和同一性

汉字在历史上的同源性表现为，虽然说汉语的人口众多、方言各异，但自从秦朝书同文以后，两千年来汉字的发展维持着同一的字形，这也加强了民族和国家的凝聚力。

英语因来源于许多语种（古英语、拉丁语、希腊语等），词根迥异，所以对应于汉字“水”字所构成的字族，英语对应的词族中的词根至少有“water，aqua，hydr”三种形式，并且还有许多词素说不清来源而具有各种各样的形式。

1. water｛古英｝：watercolor［水彩］，waterwheel［水车］，waterproof［防水］，waterry［含水的］。

2. aqua｛拉丁｝：aquatic［水的］，aquarium［水族馆］，aqueous［水

中的］，aquaplane［水橇］。

3. hydr｛希腊｝：hydrower［水力］，hydrate［水合］，hydrofoil［水翼船］，hydrolysis［水解］。

4. 不含上述三种词素：moisture［水分］，reservoir［水库］，flood［洪水］，inundation［水灾］，slops［泔水］，saliva［口水］，brine［（腌菜）盐水］，syrup［糖水］，soapsuds［肥皂水］，ink［墨水］，mucilage［胶水］，scent［香水］，dive［潜水］，spray［水花］。

中文基本结构单位的“水”字确定之后，再造跟“水”义有关的新词时必含有“水”。不含像上述“4.”的英文那样看不出跟“水”（water，aqua，hydr）在意义上的任何联系。

（五）中文的字比英文的词在理解上有较强的自释性和透明性

透明性指的是能具有“望文生义”的性质。由于汉字的象形字、会意字、指事字的存在，形声字都跟客观世界有相似性、联想性和推理性。

英文的词（字）缺乏视觉上的象似性。英文主要是记录语音的符号的符号，只是在区别同音字时增加一点不发音字母，如：“right 和 write”等。这些不同的书写形式并不存在跟客观世界的象似性、联想性和推理性。

图书市场上有一本畅销的刘毅主编的《英文字根字典》（北京：外文出版社，2000 年），其中居然没有“believe（相信）”这个常用词，原因就在于“believe”的词根“-lieve”不知是什么意义，无法分析推理，不得不把这个常用词有意地忽略了。

如果有一本《中文字元字典》，其中是绝不可能没有“相信”这个常用词的。“相信”的字元分析如图 1-1 所示：

“相”是“目（眼睛）”在仔细地观看“木（树木）”，如果合意就是相中了。“信”是“亻（人）”说的“言（话）”，如果这个人的话算数，就是有信用。如果相中了某个人的信用，就是认为这个人的言行正确而不怀疑，就是“相信”。

（六）我国流行着许多西方文字中没有的饶有趣味的字谜

字谜根据汉字的透明性，巧妙进行字形或笔画结构的拆装，妙趣横

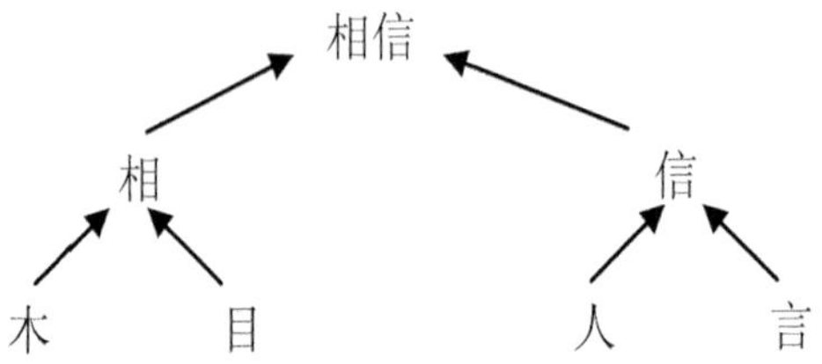

图 1-1　“相信”的字元分析

生。由于谜语往往贴在灯笼上，又称灯谜。一面观灯，一面猜谜，其乐融融。

1. “争先恐后”

（谜底“筷”。字头“竹”拆成“个个”，即“个个快”。）

2. “半推半就”

（谜底“掠”或“扰”。“推”左半为“扌”，“就”左半为“京”、右半为“尤”，扌+京→掠，扌+尤→扰。）

3. “存心不善，有口难言。”

（谜底“亚”字。存心不善 = “恶”，有口难言 = “哑”，此字为“亚”。）

4. “刘邦见此字大笑，刘备见此字大哭。”

（谜底“翠”字。“翠” = “羽” + “卒”，是说有一个名字叫“羽”的人死了。刘邦见此字，以为自己的对手项羽死了，于是大笑；而刘备见此字，以为自己的二弟关羽死了，于是大哭。）

（七）中文的专用字比英文的常用词有较强的有限性和覆盖性

从古至今的常用汉字始终保持为三千多个。不管新时代的新知识如何爆炸，汉语只用现有的有限的常用字来组合成无限的新词语。汉字在用熟字造新词方面具有很强的创造力，更值得注意的是，汉字基元性的特点为创造新词汇提供了便捷、灵活的机制。

现代的常用汉字的覆盖率很高，李宇明主编《中国语言生活状况报告（2005）》（北京：商务印书馆，2006 年），列出了如表 1-1 所示的数据。

表 1-1 常用汉字覆盖率

常用汉字数/个	500	1000	1500	2000	2500	3000	3500	4000
覆盖率/%	76. 41	91. 16	96. 30	98. 33	99. 26	99. 65	99. 84	99. 93

常用 1000 字的覆盖率是 91. 16%，指的是如果一个人认识最常用的 1000 个字，他在读《人民日报》的时候平均每 100 字中认识 91 个字。常用 2500 字的覆盖率是 99. 26%，是指一个人认识最常用的 2500 个字，在读《人民日报》时平均每 100 字中就认识 99 个字，只有一个字不认识。这表明他已经基本上具备汉语书面语的阅读能力了。

如果一个人只认识最常用的 2500 个英语的词，他并不具备英语书面语的阅读能力。

汉语常用字的覆盖率很高，是由于汉字在发展中逐步按组装原则不断优化，使不符合基元性的字逐步从常用字的舞台上退出去。《康熙字典》中，有些字已经退出历史舞台，如“駬（良马）、駘（劣马）、驪（黑马）、駓（黄白马）”等，从中可以体会到汉字优化的历程。当组装的观念逐渐成为汉族人的理念时，汉字会越来越优化，也就是自觉地在基元性的基础上走组装之路。

（八）汉字的可拆装性显示的智慧

汉语中的计数系统采用十进制的理据是人有十个指头，所谓“屈指可数”是也。因此在小于“十”的时候，可以用“一［横］”（像一个手指）来计数：“一、二、三……”数下去。到十个手指都屈完了，就把手指伸直，放上一块“石”头，或打一个“十字”结［“十（shi）”与“石（shi）”同音］，接着数下去。如果总数是“13”，就是在“十”后面添上“三”而成“十三”；如果总数是“30”，即“三”个“十”，就在“三”后面添上“十”而成“三十”。“13”是“十”在前，“三”在后。“30”是“三”在前，“十”在后。

而英语“13”是“thir-teen”，“30”是“thir-ty”［teen 和 ty 都是 ten（十）的变体］，“13”和“30”同样是“三（thir）”在前，“十（teen/ty）”在后。汉英对比，明显看出哪个更有智慧。

1. “装”就是由小到大逐步“组装”

(1)“十”字是由字基(笔画)“一(横)”和“丨(竖)”组装而成的。汉字“十”除了表示“10”以外，还引申出“多”的意思，于是“十”字与“口”(字形像“嘴”)字可组装成一个“意意型”的“古”字：一个意符“十”表示“多→多年以前”，另一个意符“口”表示“口→口头流传”。“古”字的字义就是：“口头流传下来的多年以前的事情”。

由此可见，“古”字不仅仅是“十”字与“口”字在字形上的组装，也是“十”字与“口”字在字义上的组装。

(2)“古”作为词素，可组装成许多的“词”(固定词组)：古代、古典、古董、古都、古迹、古老、古诗、古文、古物、古装；博古、仿古、复古、怀古、考古、拟古、千古、上古、万古、远古。“古”有字音“gu”作声符可组装成许多字，如“故、固、估、姑、沽、咕、辜、钴、牯、诂、罟、鸪、蛄、酤、轱、鲴；苦、枯、骷、秙、鸪、跍；胡、祜、怙、岵、怘”等。

由“古”和“月”组成的“胡”字是“意声型”：声符为“古”，意符为“月”，“月”的类别义是“肉”(肌、胸、肚、腰、股、脚)。北方的少数民族被称为“胡人”，因为与从事农业以“五谷”为主食的汉人相比，从事畜牧业的“胡人”大量食用牛羊“肉”，所以“胡”字的意符是“月[肉]”。“胡人”就是大量食“肉”的人。

(3)“胡”有字音“hu”，可作“声符”而组装成许多新字：

“+氵→湖[湖泊]”，“+虫→蝴[蝴蝶]”，“+米→糊[糨糊]”，“+王→瑚[珊瑚]”，“+火→煳[烤煳]”，“+犭→猢[猢狲]”，“+艹→葫[葫芦]”，“+酉→醐[醍醐]”，“+鸟→鹕[鹈鹕]”。

2. “拆”就是由大到小逐步“拆卸”

(1)面对“踩、彩、睬、菜”这一组同音字时，很容易把它们“拆卸”开而得到一个共同的声符“采(cai)”，并进一步理解了：

①踩→足[=脚]+采(cai)→{字义：(用脚底触及)踏}，{字音：(cai)}。

[注释]：如果要踩[脚踏]某处，就是用“足[脚]”触及某处。

②睬→目[=眼]+采(cai)→{字义：(用眼关注)搭理}，{字音：(cai)}。

［注释］：如果不睬［搭理］某个人，就连看都不看他一眼。

③彩→彡［形色］+采（cai）→｛字义：（形形色色）彩色｝，｛字音：（cai）｝。

［注释］：作为“形、影、彤”的意符，可知“彡”义为“形色”。

④菜→艹［=草］+采（cai）→｛字义：（草本植物）蔬菜｝，｛字音：（cai）｝。

（2）再把“采”字拆为“爪（爫）”和“木”两个字，并进而理解了动物的“爪（爫）”或人的“手”伸到“木［=树］”的上面表示“摘”树上的果子。既理解了“采”的字义是“摘下”，又有理据地构成了一个与单字“采”意义相同但使用条件不完全相同的常用二字词（字组）“采摘”。

3. 汉字的可拆装性是汉族人静态知识网络的基础

由于汉字很容易组装成“字组（词）”，所以汉族人静态知识网络的节点就可以是一个字。如果两个字节点在意义上具有融合性，在搭配上具有固定性，在交际上具有常用性，那么在静态知识网络中就可以用箭头相连。从下面的局部网络中可知：顺着箭头的方向能看到相关节点相连分别构成的二字词，如：“醒悟、觉悟、悔悟、反悔、反动、动感、感动、感觉、感激、激动、激发、发光、发生、生光、流光、星光、星火、火星、火性、火海、海水、水情、水域、领域、领空、领事、事情”等。但是在英语 laser 传入中国之前，节点“激”和节点“光”之间却并没有相连的箭头。请看下面的示意图[2]。

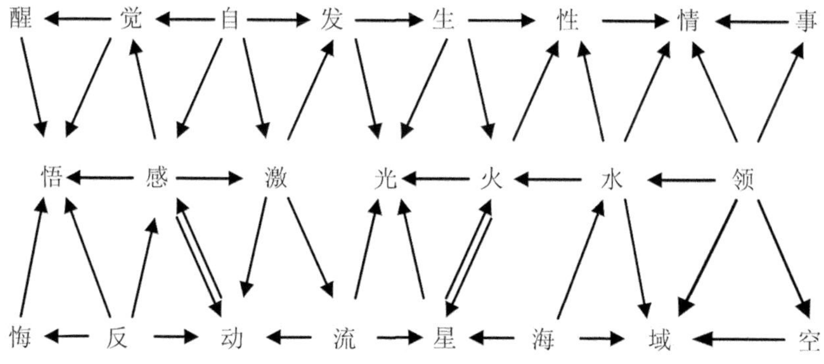

图 1–2　汉族人静态知识网络示意图

英语 laser 传入后，一开始音译成“莱塞”，汉族人不习惯音译，从“莱”和“塞”想象不出它是什么。后来又译为“镭射”，反而使人误认为是“镭的射线”。最后我国的物理学家想到把“激”和“光”这两个节点之间用箭头连接起来就组成了新词“激光”。这体现了汉族人有用熟字造新词的创造力。

别的人初次看到“激光”这个新词，首先判断其造词模式，“□光”模式主要有“抢光”模式（意思为“□得精光，一点不剩”）和“磷光”模式（意思为“由□产生的光”）。“激光”显然像后者。他就懂得“激光”的意义是“由激而产生的光”，这充分体现了汉族人有看熟字懂新词的领悟力。

注释

①鲁川：《汉语的根字和字族——面向知识处理的汉语基因工程》．北京语言学会：《语言学的理论与应用》．北京·商务印书馆，2004 年版，第 241—252 页。

②鲁川，王玉菊：《汉字信息语法学》，济南·山东教育出版社，2008 年版，第 126 页。

第二节　汉字的民族文化透视

文化，从广义上讲，它是人类社会历史实践过程中所创造的物质财富和精神财富的总和。而狭义的文化特指精神方面，即社会的意识形态、价值观念、审美情趣、民族心态、生活方式、风俗习惯，等等。从社会文化学的角度上看，“文字是文化的产物……又是文化的一部分。”

汉字记载和传承了中华民族五千年的辉煌历史，每一个汉字都蕴含着思想文化信息，是汉语文化的滥觞和源泉，凝聚了丰厚的民族文化，因而汉字自然成为一种可直接“视读”的“活化石”文字。

一、窥探社会发展的脉络

陈原先生说：“语言是一个变数，社会是另一个变数。两个变数互相影响，互相作用，互相制约，互相变化，这就是共变……语言一定会随着社会生活的步伐而发生变化”，社会的发展也必然会折射到语言中来，社会生活的变化也一定会在汉字身上留下烙印。国学大师陈寅恪先生也曾经说过：“依照今日训诂学之标准，凡解释一字即是作一部文化史。”

1. 母系、男权时代的痕迹

“母”，象形字。突出两乳；乳，养育生命、繁衍人类之根本。或解释为盘起一条腿，怀里抱着一个孩子。无论哪种解释，都尽显母亲的慈爱与善良、胸怀的宽阔和包容。这一切成就了人类，延续着生命。因此母亲在人们的心目中是崇高伟大的，常常把大地、祖国比作母亲。“姓”，形声兼会意，《说文解字》曰：“人所生也。”母系氏族社会，散在的群婚使“民只知其母不知其父”。及时生育下一代，并把他们哺养成人，对早期族群的繁衍、部落的生存至关重要，因此女性在当时拥有绝对的权力和至高无上的地位，人们就把部族女首领的“姓”作为自己部族的代称，所以中国最早的姓差不多都带女字旁，代表了华夏民族姓氏的来源，如姬姓、姜姓、姚姓、姒姓、妫姓等。只有到了后来，“姓”才成了父系血亲关系的标志。“字”，在房里生孩子，生了孩子自然要养育、抚爱；这里的“孳生”之义，也可以用在根据本名扩展或延伸的别名——“表字”上。《说文解字》中的“字”，同样是由独体字“文”繁衍出的合体字。

“女”，像屈膝交手状，表明女子多从事室内劳作，诸如做家务和生儿育女。有些方言就称妻子为“我家里的”“屋里的”。“男”，《说文》解释为“用力于田”，指出男子主要从事野外体力劳动。从“男”和“女”的字形构造可以看出，“男主外女主内”“男耕女织”的社会分工是由自身条件决定的。提倡所谓“男女平等”也只能是思想意识或观念上的，不可能真正达到社会职能的平等。

“家”，有豕方为家。“家”记载的是以父系血亲关系建立起来的、固定的、最小的社会单位，这是男权的象征；另一层意思，说明生产力较过去有很大的提高，猎取的野兽吃不完，还有多余的粮食拿来喂养，圈养的家畜成了“家”的标志。男性以其强壮的体魄、不竭的力量，已取得了绝对的社会权力和主导地位，在“家”里被尊为“当家的”“掌柜的”，因此，男到女家被称作“入赘”，视为很不光彩的事。“娶”形声兼会意，自然是男“取得、获取”女，“嫁”则是女“嫁”男了。“安”，俗话说，男人家里娶了媳妇就安心了，也可解作女人在家里就安全了，总之“安”有安定之义。这个“安”在日常生活中使用频率很高，与人们的生活息息相关，分别送行时祝人“一路平安”，晚上临睡前向亲人道一声“晚安”，父母总希望子女一生“平平安安”，子女则祝福父母身体“安康”、心情快乐，甚至送葬时也要祝愿死去的人“安息”。还有很多地名、人名用“安”蕴含吉祥幸福之义，如安阳、安源、安庆、安化，等等。

2. 武器与工具的转换

自古以来，人们为占有地盘、扩充权力、抢夺地位，明枪暗箭，战火不断。远古时期拉“弓”放“箭”，“矢”中的是野兽，为的是果腹御寒，或抵御猛兽的袭击以保护自己；后来以“矛”刺“盾”，挥动“干戈”，“兵刃”相加的是人身，并以“取（手提左耳，以示获得）”得的多寡定胜负。“伐”，一人侧立而以戈断其颈。征“战”、讨“伐”，戈刃于人颈，战场常见，刑场亦不足奇；砍人之颈为伐，颈被砍还是伐。凡带“戈”的汉字都与武器、战争有关。“武”，从戈从止；止，趾也，用脚走动的意思；表示用“武力”干预，表现为勇猛“威武”。“戍”从人从戈，人拿

“戈”“戍”守边疆，守卫京城的军队叫卫“戍”部队。这里没有长枪短炮，没有现代化的军事装备，反映的是古代的军事生活。

在古代，武器与工具没有十分严格的界限，《水浒传》中李逵的大板斧拿来杀人就是武器，拿来做工便是工具。所以，“斤”在“斩”中是古代的一种酷刑，《说文》云：“斩从车斤，斩法车裂也。”而在“斧”“匠”中则是斧头。“新”通“薪”，白居易《卖炭翁》“伐薪烧炭南山中”是伐木砍柴。“析”用斧头砍木，故可以“剖析”“辨析”“分崩离析”。“斫（zhuó）”用刀斧砍、削石头，“斫”木为舟、“斫”鼻。“折”，以手为斤，读 zhé，“折断”“打折扣”“曲折”；而折（zhé）过了头，则要“折（shé）了”。

姓张的祖先发明并制造了弓箭，后人以此职业为姓，成为百家姓中一大姓。放箭首先要拉“引”弓弦，使弓弦“张”开，“剑拔弩张”，后引申出铺张、放肆，“张”牙舞爪，虚“张”声势，气焰嚣“张”。弛，与“引”相反，弓解也。弓不用时为了保持它的弹性，要解开弓弦，不必一直绷着，故“弛”缓、松“弛”。

3. 不同时期的物证，标志着社会的发展进程

“井”，水井；凡有水井处皆有人家，有人必有交易的“市井”，有唯利是图“市井庸愚”的“市井之徒”，还有类似井的“井田制”“钻井”和“天井院”。“刑”，以刀（刂）护井，会意兼形声。古代人们以井为中心而居住，护井是一种保护意识，自然成了人人必须遵守的“法”。《易》曰：“井者，法也。”既然不遵守取水于井的秩序或破坏井自然会受到处罚，是上古社会必守之“法”，那么“护井”的“刑”就可以用来表示“刑”罚。这应该是到了农耕时代，人们保护生活环境和生产的小农经济意识很强。

“监”，jiān，在没有镜子之前，人们以水为镜，临水自照，故引出两个相关的意义：一是照视的动作；一是镜子，即鑑，后来“金”移到了“监”的下面写成了“鉴（jiàn）”。于是“监”由“照视”“镜子”加以引申，有了“对照他人和事而引发为自己警戒”的意义，“借鉴（镜）”“鉴（镜）戒”，字面意思就是借用镜子照视，以资警戒，司马光写史书《资治通鉴》，就是想以此书作为治理国家的一面镜子。“鉴定”，也是指通过照镜子而作出评定。“监”“鉴”“镜”同义，后来意义引申分化，近代有了明确分工，“监”督、“监”守自盗；“鉴”定、前车之“鉴”；人们发现把铜器磨光可以照人，于是就有了铜镜之“镜”。“鼎”，由青铜器铸造，是君王祭祀时用的一种炊器，后来常用来比喻王位或政权，九“鼎”之尊，引出“大力”“对立”，如“鼎”力支持，三国“鼎”立。“则”，从鼎从刀。鼎上铸刻的文字叫“钟鼎文”，是治国的法典，后来用“则”指做事情的法“则”、准“则”。这显然是青铜器时代，标志着冶炼业的发达。

社会不同的发展阶段还可以表现在新字的产生和旧字的消亡上，我们从中能观测到某些文化因素的变动。新字的出现与社会生产、社会生活、文化科学各方面的发展是分不开的。“铁”字不见于两周金文，所以从“金”的字的大量出现，只有在青铜冶炼高度发达以后才有可能。而“铁”字也只有在能够生产“铁”的条件下才能够创造出来。再如“箴”和“针”，也有一个从竹针发展到金属制针的历史过程。就是到了现当代，由于化学突飞猛进的发展，发现了许多新的化学元素，为此又新造汉字若干个，如：氧、氯、氟、氖、碳等。《说文》里从马、从牛、从羊的字，有关于雄雌的、年龄的、形状的，还有关于色泽、动作品性的，不一而足。如：公马叫骘（zhì），红黄色的马叫骍（xīng），长髦牛叫犛（máo），被阉过的羊叫羯（jié），等等。随着由畜牧业为主的社会过渡到农业为主的社会，上述这些字所代表的事物虽然并未消失，可失去了它们原有的职能，所以代表它们的字都逐渐消亡了。

二、溢于言表的审美观念

1. 吉祥美好、友善诚信

“文以载道”是对传统语文的要求，其实汉字里就承载了许许多多的“道”，渗透了许许多多的道德观念。人们在识汉字的同时，就可以获得情操的陶冶、心灵的洗涤。

“羊”在汉族人看来，是那样的温顺、善良，所以常用“羊”组字表示“吉祥”“美好”。“美”，羊大，从视觉上让人感到肥美、丰润，引申出美好、满意等义，“美”德、赞“美”、“美”满。“善”，“善”良、“善”事，结局圆满，“善始善终”。“羞”通“馐”，美味的食物。“祥”，吉祥如意。（表贬义的只是极个别的，“佯（假装）”“恙（忧、疾病）”。）

“信”，即“诚信之品”。它不仅要求人们在自己的行为上要诚实和守信，同时也反映出人们对某一个事物、某一种理念认识上的坚定可靠，反映出人与人之间、人与物之间相互信赖的关系。孔子说，“人无忠信，不可立于世。”“人而无信，不知其可也。”把“言必信，行必果”“敬事而信”看作做人立世的基点。唐代名相魏徵说“德礼诚信，国之大纲”，把“信”作为治国之大纲来加以强调。“友”，一人手外加一人手，协助为友；“友好”的“朋友”，亲近的“友邦”，“友善”的态度。“拜”，即“拱手”，古代一种表示敬意的礼节，引申出尊崇、敬奉的“崇拜”，以礼相会的“拜客”，行礼致敬的“拜寿”，敬谦辞语的“拜读”“拜访”。

中国作为“礼仪之邦”，人与人之间倡导以“和”为贵，以“忍”为上。“忍”，《说文》视作形声字，从心刃声，有人新解为会意字。中国人心上插刀还忍着，颇合乎中国人的道德标准。孔子《论语》曰：“小不忍则乱大谋。”“忍”是中国人的中庸之道，处世哲学。一个大大的“忍”字挂在许多人家的书房里，作为座右铭时常提醒人们宽容大度，息事宁人。

2.“女”字旁的审美情趣

“妙”，妙龄少女；引申出“奥妙”“精妙”“美妙”“妙不可言”。“好”的意义很广，优点多“完美”“美好”；友爱、和睦，“好朋友”“和好”；健康无疾病“身体好”，病体痊愈“病好了”。还有许多赞美女子的字，如话语“婉转”，谈吐“娴雅”；“姣美”容颜，“嫣然一笑”；姿态“婀娜”，“妩媚”动人；舞姿“婆娑”，袅袅“婷婷”。当然也有封建意识对女子的玷污，“唯小人与女子难养也。”“嫉贤妒能”，“奸诈”“贪婪”；“妖冶”女人，明“妓”暗“娼”。

三、社会风气的映现

1.酒桌上的钱权交易

时下人们常常指责社会风气败坏，吃喝成风，领导干部们也牢骚满腹，“不吃吃喝喝能办成事儿吗？酒是共产党的，胃可是我自己的。”“吃点儿喝点儿不算什么，我只要不行贿受贿就行。”其实这种风气古来有之，并不是今天才盛行，汉字就是明证。“酒”，形声兼会意，西，发酵用的坛子；水酒水酒，酒中掺水，不掺水何谓酒？“研究研究”谐音“烟酒烟酒”，提示你请客送礼，意思意思。“酌”，盛酒行觞，斟“酌”，倒酒，不斟出点儿什么来，会给你那么爽快地签字吗？一父亲天天忙于“应酬”，儿子十分不解，“不就是吃饭喝酒嘛，应酬什么啦？”再加上酒桌上的推盏换杯，行令划拳，暗语行话，构成了一整套酒文化。

2. **先民敬神的遗风**

“神”在汉民族潜意识中是至高无上的，它掌控着世间万事万物的吉凶祸福，因此人们敬神畏神。生意人设神龛，愿财源滚滚；无后之人奉送子观音，盼子孙绕膝；当官的抽签拜神，祈求官运亨通；黎民百姓敬关老爷，希望消灾避祸。“示”，天通过日月星的排布构成某种天象，以表现出吉凶的征候阐明神的意愿。“祭”，手持肉祭神，祭“祀”唱“祝”词，是对神的赞颂，“祈祷”“神”灵保“祐”，“福禄”寿“禧”，吉“祥”如意，避免“灾祸”。“社”，土神，地大物博、丰衣足食，“社稷”强大。“礼”，内涵丰富，既指祭祀的“礼节”“礼貌”，又涵盖了人伦及社会政治、宗教等方面的行为准则，“仁义礼智信”是人们的道德规范。

3. **钱的利与弊**

与钱币有关的字，都属贝部。贝不过是一种介壳，为什么用它来表示钱币的含义呢？《说文》里解释说：“古者货贝而宝龟，……至秦废贝行钱。”可见这种古代的货币制度在文字的形体上还保存着它的蜕形。“贸易”需“贷款”，“消费”可“赊账”透支，“贵”“贱”都能“赚钱”；钱越分越少，钱少必定“贫困”，“赡养”老人要“出资”行孝；“贪”钱必贪色，“贿赂”欲得利，“庆贺”“赋税”样样离不开“货币”。打牌“赢”的就是钱，没钱玩玩那叫小孩儿过家家。

四、随生活习俗改变而改变的一些现象

1. **书写工具的改变引起字体的变化**

查《说文》，竹部的汉字共有 147 个，为何如此多呢？据统计我国有 370 多种竹子，约占世界竹类的三分之一。古代北方气候比现在温和，黄河以北地区还盛产竹子。远古女娲用竹做“笙簧”，后羿用“弓箭”射九

日，殷商的“竹简”绵延了两千多年，这一切都在汉字中留下了竹文化的鲜明印记。“册”，古代编在一起用于书写的竹简，今天还用来指装订好的“画册”、书本（“第一册”）。“扁”，从户从册，即“户口簿”。改动竹简上的文字要用刀“删除”“删节”。

现代的“纸”张多用竹质和木皮等制造，但是“纸”字却是从“糸”的。由此我们可以推知，在东汉蔡伦没有发明造纸的新方法和新质料以前，中国曾经用丝絮造过纸。汉字字体从甲骨到金文再到篆隶楷，很大程度上是由于“笔”和造纸工艺的变化。甲骨文方笔多圆笔少，是刀笔决定的，铸造在青铜器上的金文，自然笔画丰满粗壮。只有用了“软笔”，才可能写出屈曲圆转的篆书，又由于纸的出现，才产生了汉隶的折笔和蚕头燕尾，也才造就了横平竖直的楷书、姿态灵活的行书。

2. 生活用品的演变

“坐”，古代是跪坐，类似日本人的坐姿。谈话投机，越说越近，才能“促膝谈心”。后来坐具的改变引发了坐姿的变化。“床”，从木广声，古代是安身之坐具，李白《静夜思》“床前明月光，疑是地上霜”的“床”便是此意。后来“床”的功能发生了改变，坐具变成了卧具。

中国的丝织业历史十分悠久，丝织品曾沿“丝绸之路”西至中亚阿拉伯地区，随“郑和”游历“西洋”各国。“经纬”，糸，像束丝之形，横丝为纬线，纵丝为经线。“绳”，用丝、线、麻等搓成的绳索，由木匠“木直中绳”的绳墨引申出标准“准绳”、用法制裁的“绳之以法”。“紊”，指丝线杂乱、纷乱，“有条不紊”。棉花的种植和纺织要晚于丝织，织出的帛是白的，需要染色，所以“绿”“红”“紫”“绛”各种颜色自然要带“纟”旁了。

无须讳言，由于社会发展的制约，先民们的认知有许多局限性。譬如《孟子·告子上》曰：“心之官则思。”也就是说“心”是专管思考的，心是思维的器官。于是留下了一批从心旁的表示思想、感情的汉字。如：想、忘、忠、恕、怨、愁、忆、恼、悦、惮、愠、恭、慕等。“鲸”，造字之初误以为是鱼类，今天已知是哺乳类动物。“蜡梅”，蜡梅科，落叶灌木，香气似梅花，花色淡黄，而且黄得发亮、发油，酷似蜜蜡，因此称作蜡梅。又因它腊月开放，与梅花同期吐蕊，香气又很近似，所以人们常常望文生义，误写作“腊梅”。

总之，汉字中极其丰富的文化内涵，折射出古代乃至现代的社会生活、社会意识、民族风情等。在识字或教学中若能揭示出文化元素的内涵，使识字不再是纯符号的记忆，教学也不再是单一的理性说教，那么字义充实，笔画丰满，教学生动了，学起来也富有情趣了。

参考文献

[1] 何九盈．汉字文化学［M］．北京：商务印书馆，2016.
[2] 陈原．社会语言学［M］．北京：学林出版社，1983.
[3]［东汉］许慎．说文解字［Z］．北京：中华书局，1963.

第三节　现代汉语规范汉字的字元及造字模式

文字通过光波载体传播开来，人类用视觉器官接收到文字的字形信息，通过神经系统传到大脑而理解其字义信息。有了文字，人类的认识成果便可以以超时空的方式记载下来、传播出去，让子孙后代能够全面继承和发展，从而推动人类社会的进步。

从起源和发展史上看，汉字属于典型的自源性文字（script of self-origin），也叫记事文字。汉字是汉民族自己独立创造的文字，它起源于图画，其原始文字具有象形性，体现了汉民族对于客观世界的认知模式以及对于知识的表达模式。

不同民族对客观世界的认识具有不同的认知模式。中国的人文地理环境使汉族的认知模式侧重于“整体感知、意象思维、类比推理”。[1]由于认知模式侧重于“整体感知”，说汉语者对语音的敏感单位是音节，这使汉语成为重视音节而不强调音位的语言。这也就使汉语的文字单位跟语音的音节一一对应，从而使说汉语者选择了方块形的汉字。由于认知模式侧重于“意象思维、类比推理”，汉字的特点是起源于图画，原始文字具有对客观世界的“象形性”（iconicity）。作为汉字主流的形声字，跟汉语语音的发展达到了易于联想的高度契合性。汉语的文字跟汉语语音完全适应。

从语形上看，汉字在长期的发展过程中形成了两大特点：第一，来源单一，字形统一。汉字经过秦始皇中央集权制书同文政策的制约，两千年来经历了“隶变、楷书、简化”等演变，但从整体上看仍然保持了相对稳定的统一的字形。虽然经过元朝蒙古人和清朝满族人数百年的统治，汉字不但没有被同化和消灭，反而始终保持日益旺盛的生命力。第二，语音变异，字形稳定。作为汉字主流的形声字，既保持跟语音的近似联系性，又保持了跟语音的相对独立性。形声字的声符并非准确记音而是提示近音，这就摆脱了对语音的绝对依赖性。尽管语音变化、方言各异，汉字却以特有的对时间空间的超脱性而保持了字形的稳定性，从而有助于中华民族的凝聚力。

现代人从古代文物上能够见到的最早的汉字是甲骨文，这可能是公元前1300年以前殷商时代的文字。在3300多年的历史中，汉字字形的演变主要经历了甲骨文、金文（钟鼎文）、大篆（石鼓文）、小篆、隶书、楷书等阶段，字形演变的总趋势是在保证清晰性、加强系统性的基础上提高简易性。这个总趋势就是汉字字形与时俱进的优化。汉字字形的简化是汉字优化的一个方面。在广大人民群众中，一直在大量使用着自造的简化字。历史上有多次文字的规范和统一，逐步承认一些民间的简体字为法定文字。最早的文字规范是秦代的“书同文”。最近的文字规范是1954年拟定的《印刷字体整理表》，1956年公布的《汉字简化方案》和1964年初次公布并于1986年重新公布的《简化字总表》。2001年1月，我国颁布并实施的《中华人民共和国国家通用语言文字法》规定：国家推广普通话，推行规范汉字。这里所说的“规范汉字”，就是“经过整理简化和未整理简化的汉字”。现在，包括简化字在内的规范汉字已经成为联合国文件中的中文文本的正式用字，受到广大人民群众和国际上的欢迎，广泛用于中文信息处理、高科技知识传播和国际文化交流。

汉字字形单位由小到大可分为四级：笔画、字基、字元、整字。笔画（stroke）是汉字书写的最小单位，字基（radical）是根据汉字特点而提出来的汉字字形的基本单位，字元（gram-element）是造字的直接单位，整字（sinogram）是汉字字形的最大单位。其间的关系依次为：笔画≤字基≤字元≤整字。[2]我们主要探讨现代汉语规范汉字字元的性质、类型及汉字造字模式。

一、字元的性质与类型

（一）字元的性质

字元是造字的最小单位，是由汉字演变而成的直接造字构件，至少要具有辨义、示音、标形这三种功能之一。独体字只有一个字元，如“人、口、木、火”；合体字就有多个字元，如“旗”字中“方”具有辨义功能，“其”具有示音功能，“牛字头（𠂉）”具有标形功能。

（二）字元的类型

1. 按照造字功能的分类

按照造字功能，汉语字元分为音元、义元、形元三种。

（1）音元

音元（phonotactic element）是能提示近音以引起对整字字音联想的字元。音元提示的是字音近似而非准确无误注音，形声字造字的目的是既分化同形字又分化同音字。

古代，在已经会用义元造形声字的造字初期，有人为了要制作撑船的工具而到竹林里砍了一根很高的竹竿，他为这个撑船的新工具起了一个名字，字形是“篙”，字音跟“高”同音为（gao）。后来他又看见一种很高的草，需要给这种草起名字，字形是“蒿”，如果字音还是（gao），就会增加同音字。所以，人们没用声母（g－），而用声音邻近的声母（h－），使“蒿”的字音为（hao）。再往后，人们又看到杀牛宰羊慰问劳苦功高的军队，又造了个字，字形是“犒”，此时作为音元的“高”已经不宜再提示（gao）的音，也不宜再提示（hao）的音，于是就用声音邻近的声母（k－），把“犒”的字音定为（kao）。这样，音元按所在的声母组提示邻近的声音，不但避免增加同音字，而且在有限的范围内联想出形声字的字音。

声母为g，k，h的音元所造形声字，在“篙（g－），犒（k－），蒿（h－）”以外，还有许多字。参见表1-2：

表1-2　声母为g，k，h的音元所造形声字

音元	g－	k－	h－	音元	g－	k－	h－
古 gu	故固	枯苦	怙胡	工 gong	功	空	红
可 ke	哥舸	坷苛	何河	昆 kun	棍	琨	混
亥 hai	该垓	刻咳	孩氦	曷 he	葛	渴	喝

除了含声母g，k，h的音元之外，其他音元也都能造成可提示近音的形声字，分别形成各自的近音字族。如：

卜（补扑讣），非（悲裴菲），反（板叛饭），音（部剖涪），丁（顶

厅宁），

斤（近芹欣），兼（蒹谦嫌），戋（贱浅线），千（歼迁纤），佥（剑签险），

召（招超绍），辰（振晨蜃），尚（掌常赏），曾（增蹭僧），卒（醉粹碎）。

（2）义元

义元（semotactic element）是能辨明义类以引起对整字意义联想的字元。如：

金（银铜鉴），木（桃柿梨），水（汪洋浆），火（烧炒煎），土（坡坑堡），

牛（牧犊犁），马（骑驶驾），鸟（鸭鹅莺），鱼（鲤鳄鲨），虫（蝗蚊蚤）。

在汉语的《化学元素周期表》中集聚了大量的形声字，其义元虽不准确表义，但是给出了字义的类别范畴让人们去联想。如有义元“气”的元素，常温下是气体（氢、氧、氯）；有义元“水（氵）”的元素，常温下是液体（汞、溴）；有义元“石”的元素，常温下是固体非金属（硅、硫、磷）；有义元“金（钅）”的元素，常温下是固体金属（钾、钙、铝）。

汉语的一百多个化学元素名称清晰地分为四大类：气体、液体、金属、非金属。但是在对应的英语的化学元素名称中，却不能看出元素的类别属性。对照如下：

气体：hydrogen（氢）、oxygen（氧）、chlorine（氯）。

液体：mercury（汞）、bromine（溴）。

金属：potassium（钾）、calcium（钙）、aluminium（铝）。

非金属：silicon（硅）、sulphur（硫）、phosphorus（磷）。

（3）形元

形元（graphotactic element）是既不辨义，又不示音，仅仅标明字形的字元。如：

“丶”（刃太寸），“一”（旦灭闩下），“丨”（中串申），“丿”（血白少），“刂”（剂剧副），“乂”（赵区冈凶），“又”（邓观劝仅权圣凤双轰聂桑叠）。

形元按其不同的来源可分为以下五类。

①抽象性形元

抽象性形元是具有抽象性和代表性的形元，也就是舍弃了具体的形象而能够代表很多类似的任何事物的符号。

整字全部都由抽象性形元构成。如“二、三”中的“一（横）”是一切实体的抽象代表，“三”只表示抽象的数量而忽略其具体形象，不管是三个圆球形的苹果，也不管是三个方块形的砖头，也不管是三个不规则形状的石块，在“三”字中都是三横。

抽象性形元跟形象性义元并用。如“旦”字上面的“日”是形象性义元，表示“初升的太阳”；下面的“一（横）”是抽象性形元，表示一切的地面，不管是平原、草地、森林，还是沙漠、戈壁、山岭，甚至是沼泽、湖泊、海洋，都是“一（横）”。“旦”字表示“太阳刚从地面升起”，其字义就是“早晨”。又如“灭”字下面的“火”是形象性形元，表示“燃烧的火焰”；上面的“一（横）”是抽象性形元，表示在火的上方加上一切具有覆盖性的物体，不管是喷洒的水、覆盖的土，还是因锅内的油着火了而盖上的锅盖，都是让火降温或窒息，从而达到使火焰熄灭的目的。

②指示性形元

指示性形元是具有指示作用的形元。

“本、末”两字中的“一（横）”都起指示作用。“本”字的义元是“木”，字底部的指示性形元“一（横）”标明了“本乃木之根也”。“末”的义元也是“木”，顶部的形元“一（横）”标明了“末乃木之梢也”。又如“刃”字的义元是“刀”，位于字左侧的指示性形元“丶（点）”清楚地标明了“此点所在处即刀之刃也”。

在“中”字里的“口”是一个抽象性形元，表示所有的具有各种各样形状的物体。“中”字里的“丨（竖）”是一个指示性形元，表示：“丨（竖）”所指的位置就是物体的“中”间。

③区别性形元

区别性形元是具有区别作用的形元。

ⅰ区别近义字的形元

“小”字表示“在体积等方面低于参照物”。而“少”字表示“数量等方面低于参照物”。显然，“少”字跟“小”字在字义上是既有联系又有区别的。在字形上要体现二者的联系就要形似，要体现二者的区别就要形异。所以，“少”字的上部跟“小”字相同以示其形似；而“少”字的底部又添加了一“丿（撇）”以示其形异。这添加的一“丿（撇）”就成了区别性形元。

又如“大”字表示“在体积等方面超过相比的标准”。而“太”字表示“在体积等方面超过适度的标准”。显然，“太”字跟“大”字在字义上是既有联系又有区别的。在字形上既要体现二者的形似，又要体现二者的形异。于是“太”字的上部跟“大”字相同，而“太”字的底部则添加了一“丶（点）”。这一“丶（点）”也就成了区别性形元。比方说张伟民的脚大，要穿43号的鞋。这43号的鞋一般人看起来是很大的，但对张伟民来讲是适度的。假如让张伟民穿45号的鞋，“大”是足够大了，可是超过了适度的标准，即“太”大了。由此可见，再“大”一点，就“太”过分了。

ⅱ区别近音字的形元

“白”的字义是“白色”，“百”的字义是“十个十”，但二者的字音都是“bai”，尽管声调不同仍是近音字。即二者在字音上既有联系又有区别。在字形上要体现二者的联系就要形似，要体现二者的区别就要形异。所以“百”字的下部跟“白”字相同以示其形似，而“百”字的顶部又添加了“一横（一）”以示其形异。这“一横”就成了区别性形元。

又如“刁”的字音是“diao”，跟“刀”的字音“dao”相似，尽管韵头不同仍然是近音字。即二者在字音上既有联系又有区别。在字形上要体现二者的联系就要似，要体现二者的区别就要异。所以“刁”字的头笔跟“刀”字相同都是“㇆”以示其似，而“刁”字的末笔跟“刀”字的末笔“丿（撇）”不同而改成了“㇀（提）”以示其异。这“㇀（提）”就是区别性形元，即区别近音字的形元。

④演化性形元

演化性形元原来是音元或义元，在汉字演化中它失去了示音功能或辨义功能，就成了演化性形元。

ⅰ音元演化性形元

“邓”的繁体字“鄧”，音元为“登”，简化为“又”，就成了音元演化性形元。又如“过”的繁体字“過”，音元为“咼［呙］”(跟“鍋［锅］”同音)，简化为“寸”，也成了音元演化性形元。

ⅱ义元演化性形元

“骗”字原来意义是“抬起一条腿侧身上马”，义元是“马”。常说“张飞骗马”中的“骗”就是“抬起一条腿侧身跃上”的意思。后来假借其音以示“欺骗”的“骗”。于是，当“骗”字的字义为“欺骗”时，“骗”字中的“马”就成了义元演化性形元。

⑤结余性形元

结余性形元原来是形声字中的第二义元，在汉字演变中，辨义功能完全由第一义元独自承担了，于是第二义元就成为汉字演变中结余下来的形元。

ⅰ结余性形元是从两个义元中结余出来的

“碧”字的音元是“白”，义元有两个：一个是“玉［王］”，另一个是“石”。《说文解字》卷一“玉部”：“碧，从玉、石，白声”。后来为了便于教学，只取一个义元作部首，并选了“碧”字的下部形体较大的“石”作部首，于是所剩下来的“玉［王］”就只算形元，即“结余性形元”。《新华字典》和《现代汉语词典》等辞书中“碧”字的部首都是“石”。

ⅱ结余性形元是从复合义元中分化出来的

“旗”字的音元是“其”，义元原来是一个复合义元“方𠂉”，表示“旗的形状［方］和旗上的飘带［𠂉］”。出于教学的方便，我们把“旗”字的义元简化为“方”，所剩下来的“𠂉”就只算形元，即“结余性形元”。《新华字典》和《现代汉语词典》等辞书中“旗、旌、族、旋”的部首都是“方”。

2. 按照变形程度的分类

变形程度指的是字元形状与原字形状的相似程度，汉字字元以变形程度为标准可以分为两种：原形字元和变形字元。

(1) 原形字元

字元由原字演变而成。如果演变之后的字元在形状上和原字保持基本相同，仅仅是在左右结构里变窄了，在上下结构里变扁了，这种字元就叫作原形字元。例如：“木、石、山、土、田、鱼、虫、工、立、白”等。

“木”在“松、沐”里只是窄了，在“杏、呆”里只是扁了。

“石”在“矿、拓”里只是窄了，在“泵、磬”里只是扁了。

“山”在“峰、灿”里只是窄了，在“岩、岔”里只是扁了。

“土”在“坦、吐”里只是窄了，在“寺、壁”里只是扁了。

“田”在“畔、细”里只是窄了，在“界、畜”里只是扁了。

“鱼”在“鲤、渔”里只是窄了，在“鲁、鲨”里只是扁了。

“虫”在“蚊、触”里只是窄了，在“蛊、蟹”里只是扁了。

“工”在“功、红”里只是窄了，在“贡、空”里只是扁了。

“立”在“站、位”里只是窄了，在“竞、竖”里只是扁了。

“白”在“皓、柏”里只是窄了，在“皇、皆”里只是扁了。

（2）变形字元

有些字元经过演变之后的形状变化很大，或者字元比原字的笔画数减少了，这种字元就叫作变形字元。

①字元跟原字相比只是变形而笔数不变

如：“火”［4笔］→“灬”［4笔］；“竹”［6笔］→“⺮”［6笔］。

②不仅变形连笔数也变

如：“水”［4笔］→“氵”［3笔］；“示”［5笔］→“礻”［4笔］；“言”［7笔］→“讠”［2笔］；“金”［8笔］→“钅”［5笔］。

3. 按照原字是否常用的分类

汉字字元按照原字是否仍然常用作为标准来分类，可分为两种：原字常用的字元和原字生僻的字元。

（1）原字常用的字元

原字常用的字元指的是原字迄今仍为常用字。如：金、木、水、火、土、人、马、鸟、虫、鱼。

（2）原字生僻的字元

原字生僻的字元是指原字生僻或如今已经不用。

①作为字元前身的原字如今已不再用了

现在的字元“艹”（草字头），原字是象形的“艸”，字义是“草”。后来的“艸”的下边添加了音元“早”，成为上半部为“艸”、下半部为“早”的形声字。于是“艸”就成为一个专职的义元，从而失去作为整字的资格，就成了原字已经不用的字元。再继续演变，位于字上半部的

“艸”简化为如今的“艹”。

②字元的原字是生僻字，甚至是很生僻的字

有些字元的原字如今不是常用字，而是一般人都不知道其字音和字义的生僻字。这就需要用含有此字元的常用字把它给带出来。例如下面一些生僻字元的原字，其中第一行的原字是《现代汉语词典》上还可以查到的生僻字，而第二行的原字在《现代汉语词典》上已经查阅不到了。

缶（窑字底）、呙（锅字边）、曷（喝字边）、艮（跟字边）、厶（私字边）；

畐（福字边）、⺤（译字边）、丂（巧字边）、彡（衫字边）、咅（培字边）。

4. **字元的名称**

任何字元都必须有确定的名称才便于称说。众所周知，“氵”称为“三点水”；“扌”称为“提手”；“忄”称为“竖心”。

有些字元的传统名称不能体现字元的类义，例如，“冫”的传统名称是“两点水”。其实，“冫”的原字是“仌（冰）”。许慎《说文解字》卷十一“仌部”，“冫”的类义是“冰冷”。细看下列这些字的共通意义，就能体会到“冫”的类义了：

冰、凉、冷、冻、凄、凝、凌、凇、凋、凛、冽、寒、冬。

应该赋予字元以科学的系统的名称，应该把字元和它在常用字中的部位联系起来而命名。并且把部位的第一个拼音字母作为代号附在常用字之后。由此，我们把字元“冫”的名称确定为“冷字旁”。

（1）按字元在名称字中的部位来命名

字元的名称包括名称字加部位。用来命名的部位共有6种：

第一，字的上部叫“头”，如“草”（艹），读作“草字头”。

第二，字的下部叫“底”，如“弄”（廾），读作“弄字底”。

第三，字的左部叫“旁”，如“冷”（冫），读作“冷字旁”。

第四，字的右部叫“边”，如“跟”（艮），读作“跟字边”。

第五，字的外部叫“框”，如“区”（匚），读作“区字框”。

第六，字的内部叫“心”，如“巨”（コ），读作“巨字心”。

（2）字元的名称字

名称字应该符合两个条件：一、名称字应该是常用字；二、名称字应该尽量接近字元的音。例如，字元“艮［gen］”构成的形声字有“很［hen］、银［yin］、跟［gen］”等，名称字应该用“跟”，“艮”的名称为“跟字边”。

(3) 常用的字元名称

常用的50个字元及名称如表1-3所示：

表1-3 50个常用字元名称表

笔数	字元（变形）	名称	例字
1	㇆	弓字头	敢司
1	㇇	皮字头	买颈
1	乚	扎字边	孔礼
1	ㄑ	女字头	巢巡
2	𠂇	大字头	左灰
2	丆	页字头	石面
2	匚	区字框	巨匾
2	丂	巧字边	朽考
2	⺊	上字头	占卢
2	刂	刀字边	刺刨
2	冂	贝字头	同见
2	𠂉	牛字头	乞失
2	亻	人字旁	仁仃
2	厂	反字头	斤舟
2	⺈	鱼字头	龟兔
2	勹	勾字框	勾旬
2	冫	冷字旁	冷冻
2	丷	火字头	兑兰
2	冖	军字头	冠写
2	讠	言字旁	说话
2	卩	节字底	印爷

续表

笔数	字元（变形）	名称	例字
2	阝	陆字旁	陆阶
2	阝	都字边	郭郊
2	廴	建字底	廷延
2	凵	出字头	出函
2	厶	私字边	台弘
2	マ	令字底	甬铃
3	扌	手字旁	抓打
3	艹	草字头	花菜
3	囗	国字框	囚困
3	彡	衫字边	须影
3	饣	食字旁	饭饮
3	夂	备字头	务复
3	犭	狗字旁	狗猫
3	丬	将字旁	壮奖
3	氵	水字旁	油液
3	忄	心字旁	情忆
3	⺍	兴字头	举学
3	宀	家字头	宫室
3	辶	之字底	逃追
3	彐	扫字边	帚雪
3	纟	丝字旁	纺绸
4	礻	示字旁	神福
5	衤	衣字旁	裤裙
5	疒	病字头	疾痛
5	钅	金字旁	银铜

续表

笔数	字元（变形）	名称	例字
6	艮	跟字边	很恳
7	佥	剑字旁	检俭
8	音	培字边	陪赔
9	畐	福字边	副富

二、汉字的造字模式

汉字的造字模式显示汉字的音元、义元、形元如何造成一个整字的模式。模式名称与字元顺序无关。如“义音式”只表示由“义元+音元”组成，并不表示哪种字元在前。例如，对于“金、禾、示、衣”四个字元来说，既可以作义元又可以作音元；既可义元在前（铜、种、福、裤），也可音元在前（锦、和、视、裔）。

（一）造字模式的分类

造字模式分为六类：

1. 独元式

独元式由单独一个字元造成。如：马、虫、人、木、口、日、月、田、土、石、火、心。

2. 义音式

义音式由一个义元和一个音元造成。如：亿、柏、抓、肌、赶、视、花、笆、雹、忘、芒、蛰。

3. 义义式

义义式由两个义元共同造成。如：明、采、从、休、林、利、苗、尘、尖、炎、秋、息。

4. 义形式

义形式由一个义元和一个形元造成。如：邓、刃、礼、个、介、旦、亩、团、少、太、灭、笛。

5. **形音式**

形音式由一个形元和一个音元造成。如：很、笑、丛、骗、胜、巩、甸、笨、养、剂、历、厘。

6. **形形式**

形形式由两个形元共同组成。如：朕、圣、上、下、中、朋、吕、兢、杰、奋、冯、刘。

在义义式中，如果其中的一个义元兼作音元，就要归于义音式。如“坪”字有两个义元“土、平”，“坪”字的字义就是“平地”。由于字元“平”还兼作“音元”，所以“坪”字就要归于义音式。

上述六种模式中，义音式的字数最多，占全部汉字80%以上。义音式的字跟形音式的字合起来就是形声字。形声字是汉字的主流，也是现代汉字的代表。

（二）造字模式分析与字形结构分析

造字模式分析得出的直接构件是字元，字形结构分析得出的基本单位是字基。汉字的造字模式分析和字形结构分析是有区别的。如表1-4所示。

表1-4　造字模式分析和字形结构分析的区别

	分析方式				应用领域
	单位	层次	着眼点	拆分原则	信息处理
识字教学	造字模式	字元	一次	字音字义	有理拆分
写字教学	字形结构	字基	多次	字形	无理拆分

1. **汉字字形结构分析**

汉字的字形结构分析，着眼于字形结构进行层次分析，分析出“一级构件”“二级构件”，直到“末级构件”。这于对内、对外汉字写字教学和计算机键盘形码输入大有帮助。

比如：“鼓”字可分析为两个一级构件（壴、支），再分析为四个二级构件（吉、䒑、十、又），还可以分析为两个三级构件（士、口）。如图1-3所示。

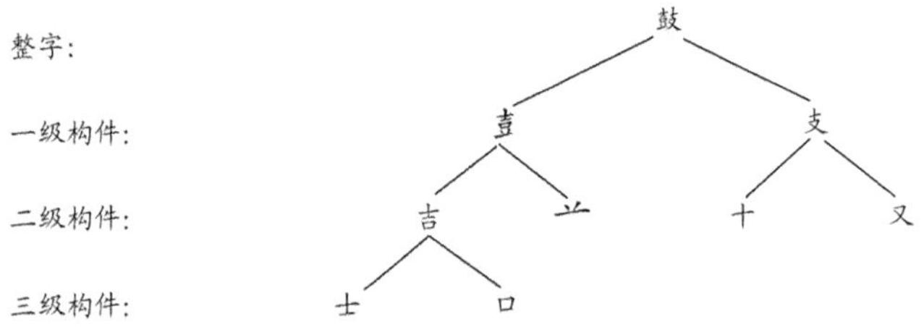

图 1-3 “鼓”字的字形结构分析

2. **汉字造字模式分析**

汉字的造字模式分析是着眼于汉字的字音和字义，进行一次到位的分析。字元只相当于汉字的直接构件，它“有助于计算机对汉字的字音识别和字义理解，在对内外汉语教学中使学生能在有限范围内去联想，便于识别与记忆汉字的字音和字义”。[3] 例如“韶”，只能分析为两个字元：音元“召”和义元“音”。音元“召”使人们通过联想（召 zhao、韶 shao 的声母 zh、sh 邻近）去识记“韶”字的字音；并且通过联想（“韶”原来是古代的音乐曲名，引申为“美好”，“韶光”意思为“美好的光”，“韶华”意思为“美好的年华”）去识记“韶”字的字义。如一直分析到底而得到四个字基“立、日、刀、口”，那就既无助于识记“韶”的字音，也无助于理解“韶”的字义。

3. **造字模式分析没有“左中右结构”和“上中下结构”**

汉字造字模式只有“独元、义音、义义、义形、形音、形形”六种，所以造字模式中没有“左中右结构”和“上中下结构”。

①在写字教学中：“搬”字的字形结构是“左中右结构”，即先写左边的“扌”，再写中间的“舟”，最后写右边的“殳”。

在识字教学中，“搬”字的造字模式是“义音式”。其义元是“扌（手）”，表示需要“用手来做的动作”；“搬”的音元是“般（b-an）”，表明“搬（b-an）”跟“般（b-an）”声母都是（b-），韵母都是（-an），显示了整字“搬”和音元“般”同音。

②在写字教学中：“懒”字的字形结构是“左中右结构”，即先写左边的“忄”，再写中间的“束”，最后写右边的“负”。

在识字教学中，“懒”字的造字模式是“义音式”，其义元是“忄（心）”，表示“心理上的厌烦和行为上的怠惰”；“懒”的音元是“赖（l

-ai）”，表明“懒（l-an）”跟“赖（l-ai）”的声母都是（l-），声母一样而字音邻近。

③在写字教学中：“篓”字的字形结构是“上中下结构”，即先写上边的“竹”，再写中间的“米”，最后写下边的“女”。

在识字教学中，“篓”字的造字模式是“义音式”。其义元是“竹”，表示“竹制品”；“篓”的音元是“娄（l-ou）”，表明整字“篓（l-ou）”跟音元“娄（l-ou）”同音。

④在写字教学中：“章”字的字形结构是“上中下结构”，即先写上边的“立”，再写中间的“日”，最后写下边的“十”。

在识字教学中，“章”字的造字模式是“义义式”，它的第一个义元是“音”，表示“音乐作品如唱的歌和演奏的乐曲”；“章”的第二个义元是“十”，表示“阶段性的结束”，两个义元合起来的整体意义是“音乐作品的段落”，即“乐章”。《说文解字》卷三·音部：“乐竟为一章。从音从十。十，数之终也。”例如大型的音乐作品分为若干个“乐章”，引申为“文学作品的段落”。通常一本书分为若干“章”。平时介绍人的姓：不是“弓长张”，而是“立早章”。从造字模式的角度看：说“弓长张”是对的，说“立早章”就不合适，应该说“音十章”。

4. 造字模式分析的原则

对包括简化字在内的规范汉字的造字模式分析应该遵守的原则是：立足现代，参考历史，合理讲解，有助识记。

对简化字进行造字模式分析时，尽量立足其现有字形，至于是否联系其繁体字以至古汉语的写法，不可一概而论，要具体情况具体分析。

凡是对简化字的造字模式分析能够取得理想教学效果时，就不必联系繁体字或古汉字的字形，以免增加学生负担或造成干扰。如对简化字“尘”进行造字模式分析时，只要给学生讲明“尘”字由两个义元“小、土”构成，字义是“细小的土粒”就够了。完全没必要给学生讲“尘”的繁体字“塵”由两个义元“鹿、土”构成，表示“鹿跑过时扬起很多灰土”。更不必给学生讲“尘”的小篆写作“土上三个鹿”，表示“一群鹿跑过时扬起很多灰土”。对简化字“惊”进行分析时，只要讲明“惊”字的义元是“忄（心）”，音元是“京”，字义是“受到突然刺激而紧张害怕的心态”。完全没有必要给学生讲“惊”的繁体字是“驚”，音元是

“敬”，义元是“馬（马）”，字义是“马受到突然的刺激而狂奔”。[4]如果那样讲，只会把简单变为复杂，反而增加了学生的额外负担。

某些难以理解的字元应适当联系其字形的演变。

在对外汉语教学中，如某些字的字元分析使学生感到难以理解、难以记忆时，应本着“立足现代、参考历史、合理讲解、有助识记”的原则，适当联系该字字形的演化。例如现代汉语“日”字的外轮廓是方的，看不出跟“太阳”的联系，可告诉外国学生：“日”字最初的字形是“⊙”，像“太阳”，后来隶书的字都规范成方形才变成现在的样子。外国学生有了这种认识，在学“旦”字时，他也会像说汉语者一样仿佛看到圆圆的“太阳”刚从“地平线”上升起，深刻体会到“旦”字的字义是“早晨”。又如现代汉字“至”，看不出“到达”的意思，可以告诉外国学生：“至”字最初的字形是下边一横代表“目的地”，其余的笔画像“头朝下的箭”，箭头接触目的地，就表示“到达”。后来隶书规范成现在的样子。外国学生有了这种认识，在学习“到”时，他也会辨认出“到”的义元是“至”（到达），“到”的音元是“刂”（刀 dao），既明白“到”的字义，也记住了“到”的字音。

5. **字形结构分析的独体字和造字模式分析的独元字**

字形结构分析中，有独体字与合体字之分：字形之内没有分界的字称作独体字，字形之内有分界沟的字称作合体字。有穿插关系的字就可当作独体字，如“本、秉、中、串”等。

造字模式分析中，有独元字和多元字之分：只有一个字元的字称作独元字，由两个以上的字元组合而成的字称作多元字。不强调字形的分界沟，只考虑字中所含字元的多少，因而把字元之间有穿插关系的字仍然当作多元字，如“本、秉、中、串”等。

“本”字是由义元“木”和形元“一”组合而成的义形式的多元字，形元“一”标在义元“木”的底部就指明“本就是木的根”。

“秉”字是由指称性义元“禾”和述谓性义元“彐（手）”组合而造成的义义式的多元字。述谓性义元“彐（手）”位于指称性义元“禾”的中部，表明“秉”的字义是“握着”。成语“秉烛夜游”的意思就是“握着燃亮的蜡烛在夜间游乐”。

“中”字是由抽象性形元“口”和指示性形元“丨”组合而成的形形

式的多元字。抽象性形元“口”表示具有各种形状的一切物体，指示性形元“丨”标在“口”的中部，表明“中”的字义是：“丨”所在的位置就是物体的“中”部。

“串”字是由两个抽象性形元“口”和一个抽象性形元“丨”组合而成的形形式的多元字。抽象性形元“口”表示具有各种形状的一切物体，抽象性形元“丨”表示具有细长形状的物体，如细竹签、铁丝或绳索等。“串”的字义是：“丨”所穿连在一起的多个物体形成的“连贯”的整体。“串”的例子可以是“珍珠串、烤羊肉串、冰糖葫芦串”等。

从字形结构分析的视角来看，“本、秉、中、串”等都是独体字；从造字模式分析的视角来看，它们都是多元字。

造字模式分析一次分出字的直接构件，而直接构件就不再拆分了。但是跟直接构件同形的单字仍可能是多元字。如“湖”字可分成“氵+胡”，而“胡”作为一个单字仍可分成“古+月”；而“古”作为一个单字仍可分成“十+口”。又如“仲”字可分成“亻+中”，而“中”作为一个单字仍然可以分成“口+丨”。

“字元”概念的提出，为我们分析现代规范汉字的造字模式提供了一个新的视角，这对汉语理解和对内、对外识字教学都具有重要的理论价值和实践意义。

注释

①鲁川，王玉菊：《汉字信息语法学》，济南・山东教育出版社，2008 年版，第 352 页。

②鲁川：《知识工程语言学》，北京・清华大学出版社，2010 年版，第 68—73 页。

③同［2］，第 83 页。

④同［3］，参阅第 82—84 页。

参考文献

［1］安子介，郭可敬．汉字科学的新发展［M］．香港：瑞福有限公司，1992.

［2］曹先擢，苏培成．汉字形义分析字典［Z］．北京：北京大学出版社，1998.

［3］胡双宝．汉语・汉字・汉文化［M］．北京：北京大学出版社，1998.

［4］刘钦荣．汉语的字与字偶［J］．郑州大学学报，2004（2）.

［5］刘毅．英文字根字典［Z］．北京・外文出版社，2000.

[6] 鲁川．汉语的根字和字族——面向知识处理的基因工程［A］．北京语言学会．语言学的理论与应用［C］．北京：商务印书馆，2004.

[7] 王宁．汉字构形学讲座［M］．上海：上海教育出版社，2002.

[8] 徐通锵．“字”和汉语研究的方法论［J］．世界汉语教学，1994（3）．

语言论［M］．长春：东北师范大学出版社，1997.

基础语言学教程［M］．北京：北京大学出版社，2001.

汉语研究方法论初探［M］．北京：商务印书馆，2004.

[9] 周荐．汉语词法结构论［M］．上海：上海辞书出版社，2004.

[10] 周士琦．实用解字组词词典［Z］．上海：上海辞书出版社，1986.

第四节　现代汉字偏旁的弱化和嬗变

在现代汉字中举足轻重、占有绝对优势的合体字，其偏旁除少数表示读音外，大多都具有表意功能，因此正确认识偏旁的表意类别，掌握汉字字形的归类规律，便可以举一反三，轻松有效地识字。然而，经历了几千年演变的现代汉字，偏旁表意在一定程度上有所削弱，不能准确反映形义之间的关系；又由于字形的楷化简化，形体发生了较大的改变，同一个偏旁或许有多种样式，而不同的偏旁又可能形体相近。由此造成的视觉，尤其是理解上的误差，给我们的识别带来一定的困难。

一、差之毫厘　谬以千里

有些偏旁形体十分近似，意义却差别很大。对这类偏旁应该从辨别意义着手，区分形体上的细微差别，绝不能本末倒置。

1. 攵——牧 救 放；败 政 教 效 数 敬；
　夂——夏 各 处 务 复。

攵，反文旁，读pū，由“支”演变而来，从⺊（棍）从又（手），右手拿棍棒敲打之形；由“敲打”引申出“驱赶、引导、教诲”等义。夂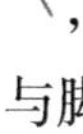，折文旁，读suí，是“止（通‘趾’）”的反写；凡从“夂”的字皆与脚有关。

这两个偏旁形状很近似，但却没有一点联系。除区别意义之外，还可以从所处的位置上分辨：攵，只作右偏旁，如：败、战；夂，绝不作右偏旁，可在上、在下、在左。如：务、降、夏、处。

【牧】放牛；泛指放牧，“牧场”；牧业，“农林牧副渔”。

【救】有两个意义，一个是挽回、救治，也就是援助，使之脱离危险或免遭灾难，“救命”“救人”；一个是阻止、禁止，即采取措施，使灾难或危急情况终止，“救火”。

“攵”作偏旁的还有：“收（拘捕）、放（驱逐、流放）”“败（，毁贝，败坏）”“政（纠正）教（）”“赦”“数（，列举过错、责备）”“敬（，通‘警’）”“改（鞭打使之改错）”“故（迫使、强迫）”等等。

“攵”作偏旁个别字有时还保留有“攴、攴”的写法，如：敲、寇、鼓。

还有一些“攵”旁的字与击打没有关系，是“夊”的误写，如：致（送达、送到）。

从“夊”旁的字今天大都看不出与脚的关系了，如：

【夏】一个手脚齐全的人，以别于“人”（侧身而立）、“大”（成年人正身形）、“夫”（束发戴簪的男子），古代中国人常常用来自称，故有“大”的意思，亦通“厦（shà）”。而“春夏”之“夏”应是假借。

【来】本写作“來”，是“麦”的象形，后加“夊”写作“麥”，表示动词“来往”之意。“麦”原表示来往，后改作名词“麦子”义。

还有：各（，“口”是门槛，“夊”是脚，表示人到某处）、处（，像一个人戴着皮帽子坐在几上）、复（走重复的路）。而“务、条、备”是简化字形，更与脚没有关系了。

2. 阝——阿 阴阳；队 陟 降；阶 防 际 除；

阝——都 郊；邯郸 郓 郝 郭 邓 郑 邦；部 邻 鄉；

卩 ——印 危 即 既 卿；命令 却 御。

阝，左耳旁，是阜（fù）的变形，像土山之形，故从左阝皆与丘陵、升降及地势高低不平有关。阝，右耳旁，即邑（yì），从口（围）从人，表示人集中居住的一个范围或圈子。故凡从右阝皆与城邑（市）、古国名有关。

一左一右两个阝，二者意义没有任何联系，只是从形体相似的角度命名的，要从它们所处的位置加以区别。而卩，单耳旁，（jié），像人跪

着的样子。

【阿】ē，大陵也；陵，大山，“东阿”；（山、水等）弯曲的地方，“山阿”；相似引申为屈从、逢迎，“刚正不阿”“阿谀奉承”。而“阿姨”的“阿”与字形没有联系，是借用。还有【阡陌】（本义田界，引申义田间小路）、【阴阳】（指山的南北面）。

【陟】zhì，两脚向上，登山的样子。【降】jiàng 意思相反，“降落”“下降”。

【除】本义台阶，“洒扫庭除”；引申更替，“拾（shí）阶而上”“除旧迎新”；后来词义缩小了，仅有去掉的意思，“除暴安良”“除名”；又引申出过去和尽的意思，“除夕”。

还有一些从左“阝”旁的字今天跟地势高低没有关系，最初跟地势高低却是有关系的。如：庭“院”（院子的围墙）、“附”（小土山）属、“陆”（高平地）地、危“险”（地势险阻）、“陶”（两重的山丘）器、“限”（阻隔）制、简“陋”（边鄙之地）。

从右“阝”旁的字许多与城市有关系。如：

【都】dū，大城市，“都市”“首都”。【郊】城市四周的地区，“郊区”“郊县”。

【郭】本指外城，“城郭”，后指诸侯国名，再后因居住地而得姓。还有【邓】【郑】【郝】【邹】【邝】【邢】【邱】【邵】【郓】【郃】【那】【邯郸】等，或因居住地而得姓，或从古到今都是城邑名。

还有一些从右“阝”旁最初跟城市有关系的字。如：【邻】【部】【鄉（乡）】同【郡】一样，都曾经是古代的行政区划名。【邮】驿站，【邸】客馆。

【印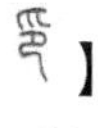】从爪从卩，像一手按着一个跪着的人。本义向下压，“印章”“钢印”；留下痕迹，“脚印”“印象”；使图像、文字等附着在纸、布等上面，“印材料”“复印”。

【危】从产从㔾（“卩”的变形），人在山崖上高而不稳。引出两个意思：一高耸的，“危峰”“危冠”；二直立的，端正，“正襟危坐”。再引申出不稳、不安全，“危机”“危险”；及其结果，“危及生命”“危害”；

又引申出恐惧、使人感到恐惧，“危言耸听”“人人自危”。

【即 】一人靠近装满食物的食器，“即食”；引申出接近、靠近、走向，“若即若离”“可望而不可即”；再引申就在某时某处，当时、当地，“即席讲话”“一拍即合”。【既 】一人转头使后脑勺对着食器，表示“食毕”，完结，相当于“已经”，“既成事实”“既然”。

还有：【令 】一跪着的人在听候命令，【命 】由“令”加口表示发布命令，今天“命令”一词仅有“命”的意思。

“爷”中的“卩”与字形无关，是简化造成的。

3. 衤——袖 裤 补 衫 被 袜 衬 褥 袄；初；褪 裸；裕；

礻—— 神 祭 礼 祖 社 福祸 祝 祥 祈祷 祁 禄 禅。

衤，衣字旁，字的变形，凡从衤皆与衣服有关。礻，示字旁；，神台也，凡从礻皆与祭祀、鬼神、祈祷、崇拜有关。

表面是多一点少一点的差别，实际没有一丝一毫的意义联系。

“袖、裤、补、衫、被、袜、衬、褥、袄”等与衣服、布料有关显而易见，但有些从“衤”的字容易用错。

【初 】指裁剪是做衣服的开始；后泛指一切开始，“初期”“年初”；即便表序数，也只能用在个位数前，“初一”“初十”。

【褪 】脱去衣服，“大地褪去了冬装”；颜色或痕迹变淡或消失，“褪色”；脱落，“褪毛”。与表示向后和下去的“退”不同。

而带“礻”的字保留了先民敬神的遗风。“示 ”为神主牌位之形。古人常常手持肉以“祭祀”，唱“祝 ”词讲“礼 ”节，“祈祷”“神 ”灵保“祐”，“福 禄”寿“禧”，吉“祥”如意，避灾免“祸 ”，“社 ”稷强大。

4. 口——嘴 吃喝 呜咽 嘟 嘶 嚎 喘；否 名 可 吴；向 各 宫 器；

囗——围 团圆 囫囵 困 图 园 囚 亡；回 因；

匚——匠 医；匪 区；巨 臣。

口，口字旁，凡从口皆与嘴有关。囗，大口框，读 wéi，“围”的本字，凡从囗皆与围墙或四围被环绕有关。

两个偏旁形状相同，只是大小不一，意义差别却很大。

匚，三框旁，读 fāng，盛物的方器。凡从匚皆与容器有关。

“嘴唇、吃喝、呜咽、嘟囔、嚎叫、召唤、呢喃”等最能反映从口的意义。

还有一些带“口”的字今天跟嘴没有关系，最初跟嘴却是有关系的。如：唐（说大话）、名（，从口从夕，本指夜晚互相看不见，要告诉对方自己是谁，“不可名状”）、和（声音相“应和”）、可（，答应“许可”）、唯（答应，“唯唯诺诺”）、占（看龟甲的兆纹推问吉凶）、吴（，大声说话）、加（夸大其词）、否（口说不，表示否认）。

有些字带“口”却跟嘴根本就没有关系，向（，“口”是窗户）、宫（，两个“口”是房屋墙壁上开的采光通气孔）、器（，“口”是器皿）、吕（“口”像脊椎骨节相连）。

【囚】人被困在某个地方，“囚禁”“囚犯”。

【国】原来写作“或”，从戈从口，表示保家卫国，后外加“囗”（國），有强化范围的意思。

从“囗”的还有“圆圈、菜园、囫囵、围困、地图、苗圃、粮囤”等等。但也有一些最初跟环绕有关今天却没有关系的字，如：回（，旋转、回旋）、固（像四面闭塞的地方）、因（，人躺在席上）。

【匠】从斤从匚；斤，工具；引申为有专门手艺的人，“能工巧匠”“木匠”；文化界成就大或修养深的人，“文坛巨匠”“一代宗匠”；由工匠引申出灵巧、巧妙，“匠心独运”。

【医】“医”“醫”本不是一个字。医，原指盛箭的匣子，名词。醫，从医从殳从酉；酉为药酒，殳为武器，意为取出射进体内的箭头要用酒精消毒，是动词。简化后二者同形。

还有一些“匚”旁的字今天跟容器没有关系，最初跟容器却是有关系的。如：匪（，指筐之类的竹器）、区（，很多东西藏匿在一个容器

里)、匡（盛饭的容器)、匾（浅底的容器)、匿（躲藏在什么里面)。

还有“匚”本就是象形符号，与“匚（fāng）”就没有任何联系。如：匹，像一匹布叠起来的形状；巨，像人拿着一个方尺“矩”。还表示“竖着眼睛看”，譬如：臣（低眉顺眼的“臣民”对主子“臣服”)、卧（人伏在几案上休息时睁眼看人)、监（監，一人俯首看容器里自己的容貌，以水为镜)、临（臨，俯视，“面临”)、望（朢，遥望月亮)。

二、形异义同　异“曲”同“工”

有些偏旁形体差别很大，意义却相同或相近。若利用意义归字形的类，能举一反三，收到事半功倍的效果。

1. 彳 ↘　　↗往 徐 循 徘徊 征 径 役；得；很；
　辶（辵）↘　↗徒 边 送 遵 返还；迟 达；
　廴 —— 走——延 廷；建；
　走　↗　　↘赶 趋 越 赴 赳 趟 超 起；趁 赵；
　行　↗　　↘衢 街；衔 衙；衡。

彳双人旁，读 chì，“行”的左半边，用道路的功能代表行走；辶（chuò)，走之旁，即辵，从彳从止，路上有一只脚，意为行走；廴（yǐn)，建之旁，长行也，由“彳”拉长演变而来；走，走字旁，一个人甩开两臂向前跑；行，像十字路口，读 háng 和道路有关，读 xíng 和行走有关。

【徐】从彳余声；安行，即缓行，引申为慢慢，“徐徐春风”“徐缓”。

【役】驱使（人力或畜力)，“役畜”“奴役”；指兵役，“现役”“预备役”；由驱使引申出强迫性的无偿劳动，“劳役”“徭役”；旧指供役使的人，“仆役”“杂役”；特指战事，“战役”。

【徒】从彳从止（即“辵”）从土，土亦声；不借助交通工具行走，“徒步”；步兵，跟从的人；引申出徒弟、学生，“师徒”；由徒步引申出空的，“徒手”；没有别的，相当于“只”“仅仅”，白白的，“家徒四壁”“徒劳无功”。注意：【徒】【徙】从的是“辵”旁并非“彳”旁，不过意思完全相同。

【还】huán，返也，“告老还乡”“还俗”；把借来的钱或物归还原主，“还钱”“归还”“还债”；回报，“还击”。而副词“还（hái）”与字形无关，应该是假借。

【达】人在路上行进通顺，即通达；抽象指事业兴旺，“发达”。

【延】引长、伸展，“延年益寿”“绵延”；引进、邀请，“延请”；引申出推迟、放宽（限期），“延误”“顺延”。

【建】从廴从聿（yù，律也），立朝律也；引申为创立、设立，“建国”“建立”；修筑、修造，“修建”“建筑”；提出（自己的意见），“建议”。

【趋】小步快走，“趋走”“趋行”；奔向、追求，“趋之若鹜”“趋求”；引申出归附、迎合，“趋附”“趋奉”；向某一个方向发展，“趋向”“大势所趋”。

【越】从上面跨过，“越野”；经过，“穿越”“越冬”；超出（范围），不按正常次序，“越俎代庖”“越级”；超出或胜过一般，“超越”“优越”。

【衢】qú，四通八达的道路、大路，“通衢大道”。【街】四通道也，“大街小巷”“街道”。

还有一些从“彳”“走”旁的字今天跟行走没有关系，最初跟行走却是有关的。如：【得】从彳从寸从见，路上有东西用手去拿，引申出得到，“获得”。【很】不跟着走（字形下面是反写的“人”，表示不顺从）、执拗，“狼贪羊很”；后来借为程度副词。【赵】赵，即趋；后用于国名、姓氏。【趣】急速向一个地方奔走。【趁】行走困难。【衙】从行吾声，原指行列行进的样子；后指官署，“县衙”“衙门”，与字形无关。【衍】本义是指水顺着河流向大海。【衡】中的“行”则表示读音。

2. 页↘　　↗颜 颈 颊 题 硕 颗 项 领；颤 颇 颠 须 顺 烦；

　　　头

元↗　　↘冠 寇。

页、元，头也，凡从页、元皆与头有关。“页码”的“页”是假借字。

【颜】两眉之间，用来泛指脸面、面子，“鹤发童颜”“无颜相见”；人的喜怒哀乐全表现在“颜”上，指脸色、表情，“笑逐颜开”“和颜悦色”。后来“颜色”“五颜六色”发生了转移，才增加了色彩的意思。

【题】【额】额头，引申出所处位置，“题目”（并列关系，强调“题”“目”所处的位置；而“提纲”是动宾关系）；引申出动词，“题字”。

【硕】大头，引申出大，“硕大无比”“硕果累累”。【颗】小头，特指小而圆，“颗粒归仓”“一颗心”“一颗珍珠”。

【顿】以头叩地，磕头，“顿首”；引申出碰撞，“顿足捶胸”。“顿”是暂停之后还要继续，而“停”是停下不再进行，二者意思不同。

【领】【项】【颈】均指人的脖子，“引领相望”“项链”“引颈高歌”。

从“页”的还有面“颊”、“顶”级、“颔”联、“颧”骨、“颐”指气使、头“颅”等。

有一些从“页”旁的字今天跟头没有关系，最初跟头却是有关系的。如：颤（，读 chàn，头抖动，后泛指发抖。读 zhàn 今写作“战”，“战栗”）、颇（偏着头）、颠（，头顶也，“巅”是山顶）、须（，胡须）、颓（头秃）、烦（发烧头疼烦躁）、顽（头愚钝）、顺［，头发像河流（川）那样柔顺］、颂（指容貌）、顷（头不正，同“倾”斜）。

【冠】从冖从元从寸（手），guān，帽子，“怒发冲冠”；帽子状的东西，“鸡冠”“树冠”；guàn，由帽子引申出戴（帽子），“冠礼”；由帽子引申出超出众人、居第一位，“勇冠三军”。

【寇】从宀从元从攴，像外来人持棍子闯入别人家打人；引申出强盗和入侵两个意思，“敌寇”“入寇”。

3. 弓——引 张弛；弯 弧 躬 强；粥；
戈 ↗ 伐 威武 戍 戒；我 或；栽；
斤 ↘ 斧 断 新 析 斫 折 匠 兵。

弓，弓箭；戈，古代兵器；斤，像斧头的形状。凡从这三个偏旁皆与工具、武器及战事有关。

为保持弓的弹性，战时拉紧弓"弦"，闲时松弓"弛"弦。

上古拉"引""弓箭"，剑拔"弩""张"，"矢"中的是野兽；以"矛"刺"盾"，挥动"干戈"征"战"讨"伐"（，以戈断人头），"兵刃"的是骨肉。古代舞干"戚"（古兵器）持"戊戌"，"威武（，从戈从止）"勇猛，功败垂"成"（打赢，成功）；而今"戎"马倥偬，"戒"备森严，"戍"守疆土。

武器和工具有时功用是相同的。"斧"从斤父声。"断"，截断。"新"，本义是以"斤"砍柴草，后借用为"新旧"之意，另造一"薪"表柴草（"薪水"用于购买柴米油盐）。"析"用斧头砍木，故可以"分崩离析""辨析""剖析"。"斫（zhuó）"用刀斧砍、削石头，"斫木为舟""斫鼻"。"折"，以手为斤，"折（zhé）断""打折扣"；而折（zhé）过了头，就会"折（shé）了"。"斩"是古代的一种酷刑，《说文》云："斩从车斤，斩法车裂也。"

还有一些从"弓"、从"戈"旁的字今天跟兵器、战事没有关系，最初跟兵器、战事却是有关系的。如：弯（，原指拉开弓弦，引申弯曲）、弗（矫正箭杆，使箭杆变直）、强（硬弓，后借用表示"强"大）、弱（一种弯曲得像弓一样的弯木，引申出力量小）。我（，斧一类的兵器）、咸（从戌从口，灭绝）、戏（兵器）。"戴、载、栽、哉、裁"，读"zāi"声。

三、同形多义 派生繁衍

这一类渠道来源多，情况较复杂。有原本是形体近似的几个偏旁楷化成一个偏旁的，也有同一个偏旁在演变过程中派生出几个相近或不同意义的。

1. ↗（月亮）——朝 望 朔 期 明朗；玥；胜 腾；

月 →（肉）—— 脸 胳膊 胸 肩 背；肖 脍炙 然 祭 膏肓 有；

↘（舟）—— 服；前 朕。

月，月字旁；从月的字只有少数与月亮和月亮表示的时间有关。⺼，肉月旁；⺼，像一块肉，这一类从月的字多与人的肌肤和肢体有关。舟字的讹变，个别从月的字与船有关。

这本是三个不同的偏旁，楷化之后却写成一样的了。要注意区分在不同字形中的意义差别。

【朝】zhāo，日已出而月未落，早晨，“朝霞”“朝夕相处”；日、天，“有朝一日”。cháo，早上拜见君主或宗教徒礼拜神佛，“朝见”“朝拜”；朝拜君主的地方，“朝廷”“上朝”；君主的统治时期，“朝代”“三朝元老”；正对着、面向着，“坐北朝南”；虚化为介词“向”“对”，“他朝北看了看”。

【望】繁体字“朢”，从臣（臣，竖着眼看；后改成表音的“亡”）从月从人从土，一个人站在土堆上遥看月亮，故表示往远处看，“眺望”“望尘莫及”；引申出有对象的相望，有目的的愿望、盼望，“众望所归”“望子成龙”；延伸出“看望”“探望”“拜望”；农历十五前后日月相望，月光满盈时叫“望”，故十五为“望日”（月亮整夜不出来的初一为【朔】日）。

有一些带“月”的字与月没有关系，如：胜、腾（从马朕声）。“锁钥、玥、刖”却是表示读音的。

“胳膊、腿脚、胸肌、腰腹、肩膀、脊背”等，显而易见就是表人的肌肤和肢体的。

【肖】从⺼小声；骨肉相似也，读 xiào，引申出相似，“惟妙惟肖”“肖像”“不肖子孙”。而姓氏“肖（xiāo）”与字形无关。

【脍】切得很细的肉，【炙】在火上烤肉，“炙手可热”“残羹冷炙”。“脍炙人口”，原指烤熟的肉味道香美，引申为诗文、口碑很好，

受人欢迎。“炙”容易误写为“灸”。

【膏肓】膏，从月高声，指心尖上的脂肪；肓，从月亡声，指心脏与横膈膜之间。古代中医认为，这个地方是药力、针力所达不到的，即表示病情危重，难以医治，“病入膏肓”。“膏肓”都容易写错，“膏”容易丢掉中间的“口”，“肓”容易写成“育”。

还有一些从“月”旁的字今天跟肉没有关系，最初跟肉却是有关系的。如：“有”像手（ナ）里拿着肉（月），意思是手里有东西，不缺了；“冇 mǎo”，会意字，与“有”意义相反，河南方言表示“没有”；“胡”指动物下巴上的垂肉；“肯”指附在骨头上的肉；“育”像女人生孩子的形状；“脱”是身体消瘦；“腆”指肉菜丰富；“肴”是熟肉食品；“能”像熊一类的野兽；“腌”（yān）是腌制的肉。

而“朋”是串起的贝壳，象形，字形与“月”“肉”都无关系。

【服】原来从卩从又，表示一人用手按住另一人的头使之服从；后加一“舟”，意思是用船运送降服的奴隶，“臣服”“服从”“服务”。楷化后“舟”讹变为“月”。

【前】原来上止下舟，指脚在船上，意思是人不动而船在前进，后加“刂”表示“剪断”，再加“刀”另造“剪”，“前”用来表示“前进”义。

【朕】本指舟船的缝隙，“舟”讹写为“月”。后借表为第一人称，秦始皇最早用作皇帝自称。

2.　↗酒：酒 酋 醄 酌 醒 醉 配 酣 醇 酬 酩酊；酷；

酉

↘酿造：酝酿 酱 醋 酸。

酉（ yǒu），酉字旁，坛子之类的容器，可用于粮食的发酵，所以从酉皆与酒及由酒派生出来的意义有关。

在酒桌上进行钱权交易古来有之，“酉”字旁的汉字就是明证。“酒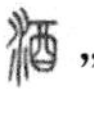”，形声兼会意，指酉中有水；寓意：水酉（酒）水酉（酒），酒中有水，不掺水何谓酒？掺水了才有赚头！时下不少人天天斟“酌”（，酒

杯）忙碌碌，日日应“酬”“醉醺醺”，“醇”厚的酒香弥漫在空气中，行贿受贿交易在灯影下，乘酒“酣”耳热之兴，在“酩酊”大醉之后完成一个又一个大手笔的买卖。

【酋】从八从酉，“八”是酒坛中酒已酿熟香气外溢之形，所以有成熟老练之意，古代称酒官之长为“酋”，故“酋长”为领袖。

【醒】醉解也，一曰醉厚而觉也，“酒醒”；引申为睡醒。【酗】酒喝得太凶了，形声兼会意。

【酝酿】发酵、酿造过程；比喻事先考虑、磋商，“酝酿协商”；形成并逐渐达到成熟，“酝酿感情”。

【酸】本义就是“醋”，发酵而致，味道或气味使人倒牙，“酸菜”。

还有一些带“酉”旁的字今天跟酒没有关系，最初跟酒却是有关系的。如：酷（酒味浓厚）、酪（奶酪）、配（酒之成色）。

3. ↗纺织：丝 经纬 线 绳 纹 紊；纸 绝缘 维 纪 练 给 绅；

纟

↘颜色：红 绿 绛 紫。

纟，绞丝旁；，像束丝之形，凡从“纟”的字跟丝或丝织品皆有关系。

中国的丝织业历史十分悠久，丝织品陆路曾沿“丝绸之路”西至中亚阿拉伯地区，水路随郑和游历西洋各国。横丝为“纬”，纵丝为“经”。“绳”，指丝、线、麻等搓成的绳索，由木匠“木直中绳”的绳墨引申出标准义的“准绳”、制裁义的“绳之以法”。“紊”，指丝线杂乱、纷乱，“有条不紊”。棉花的种植和纺织要晚于丝织，织出的素为本色，漂染后就有了“红”“绿”“紫”“绛”等色，表颜色的字带“纟”旁就顺理成章了。

还有一些从“纟”旁的字今天跟丝绳或丝织品没有关系，最初跟丝绳或丝织品却是有关系的。如：纸（，用破布和烂渔网等制造）、组（一种宽丝带）、维（系物的大绳子，“维系”）、绝（用刀断丝，“天地绝”；断绝到了头，“绝顶”）、统（丝缕的头绪）、缘（衣服的边饰）、纳（指

丝线潮湿的样子）、绘（五彩的刺绣）、绍（断了的丝要接续）、纯（同一颜色的丝织品，“单纯”“纯粹”）、约（缠束、捆绑，“约束”）、纪（丝缕的头绪，用来缠丝束的）、缴（绑在箭上射鸟的生丝线绳）、缄（jiān，指捆绑箱子的绳索，“缄口”）、练（把丝或麻的织品煮熟，使之变得柔软洁白，“白练”）、缓、绰（均指衣服宽松的样子）、给（，供给丰足像丝线那样绵绵不绝）、绅（士大夫束腰的一种大带子）。

4.　　↗ 生育：姓 姬 姜 姒 嬴 娄；

女 → 赞美：婀娜 媚 妍 妙 娴 婧 婆娑；婴

　　↘ 玷污：奸 嫉妒 妖 妓 妄。

女，女字旁，，像屈膝交手的女人。凡从女皆与女人的生育、容颜娇美、身材婀娜多姿及对女性的玷污有关。多种意义表现为不同历史阶段对女性的认识和态度。

“姓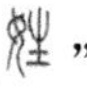”，形声兼会意，《说文解字》曰：“人所生也。”母系氏族社会，“民只知其母不知其父”。及时生育下一代，并把他们哺养成人，对族群的繁衍、部落的生存至关重要，因此女性在当时拥有绝对的权力和至高无上的地位，人们就把部族女首领的“姓”作为自己部族的代称，所以中国最早的姓差不多都带女字旁，代表了华夏民族姓氏的来源，如姬姓（周文王姬昌）、姜姓、姚姓、姒姓、妫姓、嬴姓（秦始皇嬴政）等。血缘中母系称谓自然从“女”，如：姑妈、姨娘、奶奶、姥姥、妻妾、妯娌、姐妹、嫔妃。“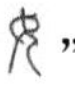”字做屈膝交手状，表明女子多从事户内劳作，诸如做家务和生儿育女，也表示被奴役。有些方言就称妻子为“我家里的”“屋里的”，女人则自称“奴家”。从“（从田从力）”和“”的字形构造可以看出，“男主外女主内”“男耕女织”的社会分工是由各自身体条件决定的。在“家”这个小社会里，男性强壮的体魄、不竭的力量，决定了他的“社会”地位，被视为“当家的”“掌柜的”。当男权占社会主导地位时，男“入赘”到女家，被视为很不光彩的事，因此“娶”（“取”有“获得”“取得”义）自然是男“娶”女，而女则是“嫁”男。

“婀娜、妩媚、姹紫嫣红、婆娑、娉婷、娇妍”等，多是对女性容颜、身材的赞美。

在男权社会里，把女人与“小人”视为同等地位，自然从“女”旁有不少贬义的字词。

【嫉妒】对才能、境遇、容貌等胜过自己的人心怀记恨，“嫉贤妒能”。

【妖】艳丽、妩媚，“妖娆”“人妖”；引申为过分妖艳，多指不正派的女人，“妖冶”“妖气”；引申为妖怪，“妖精”；邪恶荒诞的、惑众人心的，“妖术”“妖道”。

这类字还有“娼妓、贪婪、嫖娼、姘妇、奸计”等。

还有一些从“女”字旁的字今天跟女人没有关系，最初跟女人却是有关系的。如：如（女人顺从男子）、嫩（姣好的面貌）、婴（，妇女脖子上戴的用贝壳连起来的饰物）、妥（从爪从女，用手抚摸女人表示安抚）。

四、同源异“流”　识同辨异

有时为了视觉上美观或书写的便利，对结构搭配进行调整，致使同一个偏旁形体发生了种种变异。

1. 心 → 思念 感 忠；恕 患；
   忄 → 惊 怕 怀 忆；悄；
   恭 慕 忝。

心，心字旁；，心脏之形；忄（竖心旁）和心字底均是“心”字的变形。古人误认为“心之官则思”，心的主要功能是思维，故凡从心皆与思维、心情、心态及心理活动有关。

“感想、急性、忘怀、愁思、恩怨、忍心、恋情、意志、愚忠、怜惜、愤恨、愉悦、懒惰、快慢、懈怠”等都表示心理活动或内心感觉。

【恭】从心共声，共亦兼义。从内心尊敬、敬重对方，“洗耳恭听”“恭维”。【慕】也是发自内心的。

还有一些从“心”旁的字今天跟心理活动没有关系，最初跟心理活动却是有关系的。如：恕（，宽恕，用仁爱之心去对待有过错的人）、忽

（忽略，没有注意）、惩（对过去的错误鉴戒、警戒）、患（，忧患、忧虑）、怎（疑问词，内心有疑虑）、悠（连绵不断的忧思，引申为远、长）、惫（极度疲惫）、恙（忧虑）、悄（，指忧愁的样子）、惟（思念、思考）、恬（安静、安和）。

“沁”从氵心声。“总”与心理活动没有关系。

2. 扌↘　　↗扶 打 提；
　又↘　↗　友 双 反；
　爪→ 手 → 受 采 争；
　𠂇↗　↘　左右 有 有 及；
　乂↗　↘　牧；史
　寸↗　↘　尉
　　　共 兵 祭 举 弄 戒 叔

这几个偏旁都是“手”字的变形，因此凡从这几个偏旁皆与手和手的动作有关。

“搀扶、接收、取得、尺寸、抓挠、抗争、尊敬”等与手和手的动作有关十分明显。

【受】从爪从又（右手，后泛指手）从冖（舟），用上下两手共持一舟，故得出两个相反的意思：付出一方是“给予”“交付”，接受一方是“得到”“接受”；后来意思分化，加“扌”另造“授”表示“授予”，原字形“受”只表示“接受”的意思了。

【左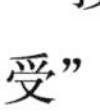】从𠂇（左手）从工（矩），用矩帮助手做工，即“辅助”，是“佐”的本字。后来“左”借去表示方位或借指政治上、思想上激进的、进步的，“左派”“极左”。【右】从𠂇（右手）从口，即“保佑”，是“佑”的本字。

【及】本义表示一只手已经抓住前面的人，追赶上了，“望尘莫及”“由此及彼”。

【史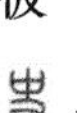】从又（手）持中；中，一种盛简册之器；掌管文书的官，“太史”“左史”；自然界、人类社会、事物、人等的发展进程或经历，

“进化史”“成长史”；记载历史的文字、研究历史的学科，“史前时期”“《二十四史》”。

【尉】从上按下，通“熨”，用烙铁、熨斗之类的工具使平展、熨帖，后加“火”另造“熨”，“熨衣服”“熨烫”；加“心”造“慰”表示使心情安适、平静。而“尉”本字却借去表示军衔名，“中尉”。

【共】像两只手共同拿着一件东西，“共同”“同甘苦共患难”；引申出都具有的、相同的，“共性”“共识”；一同、一齐，“同舟共济”“和平共处”；总计、合计，“总共五个人”。以“共”作声旁的字多形声兼会意，均有“双手”义：“供”，两手捧供品放神案上；“拱”，拱手致谢；“烘”，双手持湿物于火旁；“恭”，双手或下垂或拱手。

【兵】两手握斤（武器）；指兵器，“短兵相接”“厉兵秣马”；后引申出拿武器的人，“士兵”“富国强兵”；又引申为军事、战争，“纸上谈兵”“兵荒马乱”。

【举】双手向上托物，往上伸，“举手”“举棋不定”；泛指动作、行为，“一举一动”“壮举”；引申出抽象意义，提出、揭示，“举一反三”“举报”；特指把优秀人才提拔出来，“推举”“选举”；由举起引申出发动、兴起，“举兵起义”“举办”；进一步引申出整个拿出、全部发动，“举国上下”“举世闻名”。

【弄】两手把玩玉，摆弄，“他爱弄计算机”；引申出搞、做，“把人弄糊涂了”“弄弄看”；想办法取得，“弄点儿吃的”；搅扰，“这事弄得她不高兴”；耍弄、玩弄，“弄巧成拙”“愚弄”。

【戒】两手持戈，提防，“戒备”“警戒”；使警觉，不犯错误，“言者无罪，闻者足戒”；革除、由防备引申出改掉（不良嗜好），“戒毒”“戒烟”；泛指应当戒除的事，“戒律”“受戒”；特指戒指，“钻戒”。

还有一些从“手”旁的字今天跟手或手的动作没有关系，最初跟手或手的动作却是有关系的。如：挨（从后面推击）、挺（拔也）、技（技巧、技能）、拙（不灵巧）、抒（舀出、汲出）、捷（猎获物、战利品）、摊（铺开、摆开）、措（放下）、擅（独揽）、据（手拿木杖，有所依仗）、拟

（忖度、推测）、捐（舍弃、扔掉）、括（结扎、捆束）。

又如：叔（，用手拾取东西）、叟（手拿火在房里）、度（用手作为尺寸的法度）、叙（排列顺序）；寺（从止从寸，本指停止办公的地方）、对（拿着东西）、寻（本指长度单位，一寻即一人伸展两臂的长度，“寻找”义是假借）、辱（从辰从寸；辰，蚌制农具，耨草）、导（本指疏通河道，引申为引导、带领）。

另一部分字与“手”无关，如：“执（執）、报（報）、过（過）”是简化字；“算、卉（从三草，‘屮读 chè’）、羿、葬（上下为‘卄’）”下面的是误写；“汉、戏、叹、难、圣、观、轰、变、权、劝、鸡、仅、对、邓”等中的“又”，是简化字的记写符号。

的确，现代汉字偏旁表意功能的弱化和偏旁形体的改变，给我们的识别带来某种程度的困难，但偏旁仍具有很大的表意性，这一点不容忽视。只要我们紧紧抓住偏旁表意这个根本，识别和掌握形体的变化规律，识字仍然可以轻松有效。

第五节　字词义项联系方式及理解策略

字词教学是中、小学语文教学的基本内容之一，解释字词含义是我们语文教学的一项任务，也是我们语文教师的一项基本功。在解释字词含义时，我们都希望通过字义理解词义，也希望在词义中掌握每个字的含义，建立字词义项之间的联系。于是，我们试图在前贤时彦研究成果的基础上，构建汉语字词义项联系方式，探索合成词词义理解策略。

一、每一个汉字都表示意义

基础教育阶段，要求学生认读3500个常用汉字。这些汉字其实包括所有汉字，作为自源性文字都表示意义。这里涉及对意义的理解。我们认为，“意义”应该分为两种：能够起到阐释作用的“自足意义”；能够起到分辨作用的“未足意义”。目前，词典、字典上对每个汉字意义的解释往往是自足意义。我们说每个汉字都表示意义，可能遇到异议的是联绵词和音译词中的每个字如何理解。

（一）联绵词中的每个字都具有能起分辨作用的“未足意义”。“琵”的意义就是“琵琶”的“琵”;“琶”的意义就是“琵琶”的“琶”；“枇”的意义就是“枇杷”的“枇”,“杷”的意义就是“枇杷”的“杷”。假如写成“琵杷”或“枇琶”就错了。老师给学生讲：“葡萄”的“葡”比“匍匐”的“匍”多个“草字头（艹）”，表示“葡萄”是一种植物。这就说明“葡”字具有区别于“匍”字的未足意义，只有拼音字母的组合“pu”才是没有意义的。

假定自足意义的义值等于1，则未足意义的义值虽小于1，但大于0。不是没有意义，而是“有意义，但未足”。假设：“鸳”义值等于0.6，“鸯”义值等于0.4；则：“鸳”义值（0.6）+“鸯”义值（0.4）等于“鸳鸯”义值（1.0）。假设：“蜘”义值等于0.4，“蛛”义值等于0.6；则：“蜘”义值（0.4）+“蛛”义值（0.6）等于“蜘蛛”义值（1.0）。

在汉语简约性的作用下，义值大于0.5的联绵字可以代表联绵词，使“鸳鸯梦”缩成“鸳梦”，如有一部电影叫《鸳梦重温》。同理，“蜘蛛丝”缩成“蛛丝”，如有一个成语叫“蛛丝马迹”。

类似的例子还有“螳［螳螂］”：螳臂当车；“蟑［蟑螂］”：灭蟑灵。“蝶［蝴蝶］”：蝶泳、蝶骨；彩蝶、蜂蝶、粉蝶、蛱蝶，化蝶。“驼［骆驼］”：驼绒、驼铃、驼色、驼背；单峰驼、双峰驼。

这就使未足意义的字向自足意义的字转化，进一步强化了每一个汉字都表意。为了适应信息时代以较简短的信息形式传递较丰富的信息内容的需求，汉字表意的趋势还会更强大。

（二）音译词中的借音字

音译词中的借音字本来是“只借其音，不借其义”，但事实上借音字是“带义而来，如影随形，挥之不去，义在字中”，体现了汉字顽强的表意性。这就使翻译者不得不在选定借音字时考虑以至利用其褒贬义、联想义等。在翻译外国人名时，同样的一个音节“nɑ”，男人名就译为“纳”，女人名就译为“娜”，这说明音译词的字也具有一定分辨作用的未足意义。

又如“Coca-Cola”是一种饮料的商标名称，在英语中是只有一个四音节“语素”构成的单纯词，翻译者巧妙地把它译为汉语的四个字：“可口可乐”。由于每个汉字都表意，就自然产生了下列联想：“可［适合］口［口味］可［值得］乐［高兴］”→“适合口味，值得高兴”→“喝着味道好极了，喝完心情好极了”，从而达到极佳的广告效果。原来一个英语“语素”变成了四个汉字，就引起了义值的增加，可算得上是“一本四利”。有学者说，汉语音译词“可口可乐”也是一个多音节语素。这种说法难以解释“义值增加”的现象。所以，把英语的“语素”（morpheme）引进到汉语研究之中，并且把“语素”作为“字”的对等术语，上述事实证明这是不合适的。

（三）音译词中汉字的意义

1. 音译词用字的约定性

语言是约定俗成的社会人文现象，音译词也不例外。有些音译的专有名词，一旦被公认之后，其中的字就固定下来而不能擅自改用别的同音字。例如：“牛顿（Newton）”和“纽约（New York）”，本是同样的

“New-”，却约定俗成地分别写成“牛”和“纽”。假如今天重新翻译而写成“纽顿”和“牛约”，大家就看不懂了。这说明了音译词中的汉字虽然没有能起阐释作用的自足意义，但确实有能起分辨作用的未足意义。

音译词中的字也可以像联绵词中的字那样，由未足意义向自足意义发展。“俄罗斯”的“俄”、“欧罗巴”的“欧”，原来都是未足意义的字，后来分别构成了新词“俄国”和“欧洲”，就发展为自足意义：“俄”代表“俄罗斯”，如“中俄关系”；“欧”代表“欧罗巴”，如“中欧建交”。

2. 音译词用字的汉字化

音译词用字被公认之后，也能产生原有汉字的造词功能，即发生了“汉字化”（Sinogramization）。如音译词所用的字“吧（bar）”和“卡（card）”，经过汉字化之后，可分别构成两个词族：

吧：酒吧、氧吧、网吧、涮吧、水吧、书吧、棋吧、迪吧，吧台、吧女；

卡：磁卡、银卡、胸卡、网卡、打卡、刷卡、电话卡，卡片、卡通、卡车、卡带、卡宾枪。

总之，汉语中没有与英语的“morpheme（语素）”相对应的语言单位，英语中也没有与汉语的“字（gram）”相对应的语言单位。英语“morpheme（语素）”是不分音节多少的最小的音义二元结合体，汉语的“字（gram）”是单音节·方块形·基元义的音形义三元结合体。汉语大多数的字都有能起阐释作用的自足意义，联绵词和音译词中的每个字也有能起分辨作用的未足意义。

二、汉字的定型字义和双字下标法

定型字义是用形式化方法标注多义字的每个字义。

（一）汉字需要定型字义

现有的各种字典把多义字的字义分为若干个义项，并且用数码下标法来标注和区分。

例如：“办”字的三个义项为：［办 1］、［办 2］、［办 3］。离开了字典，就不知道某个义项的意义，而且不同的字典对同一个字所分义项的名称、数目和顺序都互不相同。在《新华字典》中：办①［处理］、②［创设］、③［置备］。在《现代汉语词典》中：办①［办理；处理］、②［创设；经营］、③［采购；置备］、④［惩治］。在《现代汉语规范字典》中：办①［做；处理］、②［采购］、③［处分；惩罚］、④［经营；创建］、⑤［办公室（机构名称）］。

（二）双字下标法

我们提出双字下标法，指在字头后标注两个小号汉字。如：①办［办理］、②办［惩办］、③办［置办］。离开字典也知其义。

1. 双字下标法有 8 种标注方式

前 5 种适用于意义自足的字：

（1）A［AB］："A"的自足义为"AB"。如：

失［失去］，月［月亮］，豹［豹子］。

（2）A［BA］："A"的自足义为"BA"。如：

同［相同］，围［包围］，虎［老虎］。

（3）A［CD］："A"的自足义为"CD"。如：

睛［眼珠］，权［秤锤］，丹［红色］。

（4）A［=A］："A"的自足义为"A"。如：

鱼［=鱼］，锄［=锄］，七［=七］。

（5）A［=C］："A"的自足义为"C"。如：

此［=这］，乔［=高］，捌［=八］。

下列 2 种适用于意义未足的字：

（6）A［~D］："A"是意义未足的"~"。如：

蜘［~蛛］，鸳［~鸯］，吩［~咐］。

（7）A［D~］："A"是意义未足的"~"。如：

蛛［蜘~］，鸯［鸳~］，咐［吩~］。

最后一种适用于借音弃义的字：

（8）A［=Ø］："A"是借音弃义的"Ø（零）"。如

沙发=｛沙［=Ø］+发［=Ø］｝。

2. 标注的规范

（1）标注必须用双字。若标注［］中只有一个汉字，则还要有一个符

号（=或~）。在信息处理中字义标注定为两个字长，有利于标注定型化。在语文教学中字义标注只用两个字，这样有利于记忆。

（2）标注的［ ］内的下标汉字字体必须比正文的字体小，这样有利于明显地区别正文和标注。

（3）标注的［ ］内的下标汉字必须始终固定一致，不准任意换用其他同义字，这有助于保持标注的唯一性从而保证了标注的权威性。如“办”字只能标注为：

①办［办理］、②办［惩办］、③办［置办］。

不准任意换为：

①办［处理］、②办［惩治］、③办［购置］。

（4）上述8种标注法中，要优先采用A［AB］和A［BA］。

例如把有三个义项［处理］、［惩治］、［购置］的“办”字标注为①办［办理］、②办［惩办］、③办［置办］。因为都含有“办”字，就更有助于学习和记忆。

（5）双字下标法的主要作用是辨义而不是释义。

“辨义”就是要与其他的字义分辨开，但是只靠下标的双字并不能把某个字的意义完全解释清楚。在多数情况下，应该在字的下标双字方括号之后再加上详细的释义。如“吹”字：

①吹［吹气］：合拢嘴用力出气或空气的流动。

吹灯｜吹笛子｜吹风机｜风吹雨打。

②吹［吹捧］：说大话夸耀自己或者奉承别人。

吹嘘｜吹牛｜吹牛皮｜又吹又拍。

③吹［破裂］：事情、友情或爱情失败或结束。

这事吹了｜生意告吹｜他俩吹了。

如果在下标双字的方括号之后不加上详细的释义，那么上述“吹”字的第三个义项“吹［破裂］”就难以掌握。初学汉语的外国学生甚至本国学生有可能造出下列的错句：*酒瓶吹了。*窗子玻璃吹了。

三、定型字义的基础是认知框架

（一）定型字义的探索

鲁川等先生在多年的科研中，曾用双字下标法标注了《现代汉语常用词表》3500个常用字的“字义”，建立了“常用字字义数据库”，又建立了以3500个常用字为“词素字”的两万个常用词的“词义数据库”。本来希望词义数据库每个词的“词素字”的字义与字义数据库中常用字的字义能够一一对应，但是却发现有些“词素义”与字义数据库的字的字义不能匹配，这就促使我们大家对这一状况做了进一步的研究，认识到定型字义的“字义”不能照搬《现代汉语词典》的“义项”。

1. 表达述谓概念的字义是一个述谓框架

初建的“字义数据库”中遵照《现代汉语词典》(2002年增订版)（下简称《现汉》）的“义项”，把“逃”字分为两个“字义”：

①逃［逃跑］：逃奔、逃窜、逃遁、逃脱、逃散、逃匿。

②逃［逃避］：逃荒、逃难、逃学、逃婚、逃债、逃税。

但“词义数据库”中储存的“逃兵、逃犯”，既是“逃跑的兵、逃跑的犯人”，又是“逃避兵役的兵、逃避兵役的犯人”，那么到底应该归入“逃［逃跑］”还是“逃［逃避］”呢？

从认知语言学和框架语言学的角度来看，表达述谓概念的一个字义，是人的认知上的场景投射到语言层面上的一个述谓框架（verbal frame），即：

客观世界的运动→认知世界的场景→语言世界中的述谓框架。

一个述谓框架包括这个述谓概念充当的中枢角色及其涉及的多个周边角色。

（1）下面是“逃”的述谓框架。在框架中，“逃”作为述谓概念充当中枢角色，相关的二字词充当各种周边角色。

中枢	周边角色	角色的意义	相关的二字词	《现汉》义项
	状况	动作的样式	逃奔，逃窜，逃遁，逃脱	①逃［逃跑］
逃	原因	避开不利的	逃荒，逃难，逃学，逃税	②逃［逃避］
	目的	想要保全的	逃命，逃生	
	施事	动作的主体	逃兵，逃犯	

《现汉》把“逃”字分为两个义项是合适的，因为这两个义项的词语最多。为了使每个词的词素字的意义与3500个常用字的意义一一对应，我们在《现汉》义项的基础上归纳出符合中文信息处理和中小学学习需要的，与认知框架相对应的字义，称为“定型字义”，简称“字义”。于是，“逃”字就只有一个字义，即“逃”是单义词。

逃［逃走］：为避开自己认为不利的环境而离开或躲开。

从造字模式看，“逃”是意声型：声符为“兆”，意符为“辶”（走之底），提示了“逃”有“走开”之义，注为［逃走］。

（2）同样，初建的“字义数据库”中遵照《现汉》的义项，把“救”字分为两个“字义”：

①救［救助］：援助使脱离灾难或危险。

救命、救生、救人、救国；挽救、营救、搭救、抢救。

②救［救离］：救助人、物使免于灾难或危险。

救荒、救灾、救难、救火、救急、救亡。

类似的是“词义数据库”中的“救兵、救星”，既是“救助的兵、救助的福星”，又是“救离危难的兵、救离危难的福星”，那么应该归入“救［救助］”还是“救［救离］”呢？

再进一步考虑，《现汉》归入［救助］义项下的释义例子“挽救、营救、搭救、抢救”，虽然可以解释为［救助］的方式，例如“抢救”可以解释为“在危急的情况下迅速救助”，但是又何尝不可以解释为“在危急的情况下迅速救离”呢？“营救”可释为“设法救助”，但又何尝不可解释为“设法救离”呢？

可见，“救”仍然是一个述谓框架，与“逃”的述谓框架不同之处是“救”的框架中多了一个“受事”。因为“逃”是不及物动词而不涉及

“受事”，而“救”是及物动词必然涉及“受事”。

下面是“救”这个中枢角色的述谓框架以及相关的二字词。

中枢	周边角色	角色的意义	相关的二字词	《现汉》义项
	受事	受到援助的	救人，救国，救命，救生	①救［救助］
救	原因	使脱离危险	救火，救灾，救荒，救难	②救［救离］
	状况	动作的方式	抢救，挽救，搭救，解救	
	施事	动作的主体	救兵，救星	

《现汉》把“就”字分为两个义项是合适的，因为这两个义项的词语最多。

本课题为了使“救兵、救星”和“抢救、营救”之类的词能与“救”的字义准确对应，根据“救”仍然是一个述谓框架的认识，就要归纳出与认知框架相对应的“字义”。所以，“救”只有一个定型字义，即“救”也是单义词。

救［援救］：援救人或物使之脱离危难。

从造词模式看，“救”是意声型：声符为“求”，意符为“攵”（反文边，义为“手动”），表示“救”有“手动”之义，提示了“伸出援助之手去救”的意思，注为［援助］。

这样，“救兵”就是“援救人或物使之脱离危难的兵”。同样，“营救”就是“设法援救人或物使之脱离危难”。

2. 表达指称概念的字义是一个指称框架

初建的字义数据库遵照《现汉》把“霜”字分为3个字义：

①霜［冰霜］：霜冻，霜期；早霜，晚霜。

②霜［霜粉］：柿霜，盐霜。

③霜［白色］：霜鬓，两鬓霜。

从认知语言学和框架语言学的角度来看，表达指称概念的一个字义，是人的认知心理上的认知场景投射到语言层面上的一个“指称框架”(nominal frame)，即：

客观世界的物质→认知世界的实体→语言世界中的指称框架。

一个“指称框架”包括这个指称概念充当的实体本身及其所带的多个固有属性。

下面是“霜”这个指称概念的“指称框架”及相关的二字词。

实体	固有属性	属性的值	相关的二字词	《现汉》义项
	温度	很寒冷的	霜冻，霜晨，霜期；冰霜，风霜	①霜［冰霜］
霜	形状	粉末状的	柿霜，盐霜	②霜［霜粉］
	颜色	雪白色的	霜鬓	③霜［白色］

《现汉》把“霜”字分为3个义项是合适的，因为这3个义项详细表述了“霜”的本体和固有属性。我们归纳出反映认知框架的“定型字义”如下：

“霜”字只有一个“字义”，即“霜”是单义词。

霜［=霜］：寒冷的时候在地面物体上凝结的白色冰晶粉末。

3. 字在“词化仿指”中的功能不必列为“字义”

词化的“仿指”功能，就是把“像……的”看作是“词化”功能而不再算作字的“义项”功能。于是《现汉》中那些“像……的”及“比喻……的”的义项，在本课题中不列为“字义”，而看作是“词化”的意义。如“金”字在《现汉》中列有“像金子的颜色”和“比喻贵重或尊贵”的义项，共7个义项。本课题将“金”字概括为3个字义：

①金［金子］：有黄色光泽的贵重金属元素。

金条｜金黄｜金币｜金贵//黄金｜镀金｜淘金｜描金。

②金［金属］：常指金、银、铜、铁、锡等金属。

金工｜金石｜金瓯｜金疮//五金｜合金｜冶金｜泥金。

③金［金钱］：指货币或以货币支付的费用。

金融｜金库｜金钱｜金额//美金｜奖金｜酬金｜现金。

4. “述谓性”优先原则

当一个字兼有述谓性和指称性时，我们始终贯彻“述谓性”优先的原则。即首先把这个字看作“述谓性”的，因为述谓字有“及物性”，能带出运动的“施事”和“工具”等。

《现汉》中详细区分“指称性”义项和“述谓性”义项。如“铲”字在《现汉》中分为两个义项：①一种用具，像簸箕或像平板，带长把，多用铁制；②用锹或铲撮取或清除。对于权威的语文兼百科性词典的《现汉》来说，这样分义项是合适的。但对于中文信息处理和对外汉语教学或者母语教学来说，重要的是给出一个十分完整的“框架义”，就没必要区分“指称性用法”和“述谓性用法”。所以，本课题将“铲”字概括为只有一个“字义”的单义词。

铲［铲除］：用铲子之类的工具来清除或撮取。

“铲”作为一个“述谓性”的字，表达的是一种“活动”，那么其“框架”中必然含有实施此“活动”的工具，就不必再专为它的“工具”设立一个“字义”了。类似的字还有“锄、锤”等。

在处理兼有“指称性”和“述谓性”的词语时，贯彻“述谓性”优先的原则。例如“裁判、指挥、翻译、编辑、领导、编导”等，都把“述谓性”的词义定为优先的，即“这种活动”；而把“指称性”的词义定为第二位的，即“从事这种活动的人”。

5. “定型字义”是基于认知框架的意义单位

从认知语言学的角度看，表达“述谓概念”的一个“字义”是一个“述谓框架”（verbal frame），包括这个述谓概念充当的“中枢角色”及其所涉及的多个“周边角色”。而表达“指称概念”的一个“字义”是一个“指称框架”（nominal frame），包括这个指称概念充当的“实体本身”及其所带的多个“固有属性”。

表达认知上的场景投射到语言层面上的“认知框架”的字义称为“定型字义”（regularized grame-meaning）。

（二）常用字“定型字义”的例字

以“失”字为例。“失”字在《现汉》中有 7 个义项：①丢掉：失血、丧失，②没把握住：失手、百无一失，③找不着：失群之雁、迷失方向，④没达到目的：失望、失意，⑤改变常态：失声、失色，⑥违背：失信、失约，⑦过失：失误、失策。

《现汉》中“失”字的 7 个义项非常准确全面，它包含了由“失”字组成的全部字组（词）的意义。随词解字，易懂易记，便于学习掌握词汇。我们提出的“定型字义”是“字”与它所表示的“认知框架”相对应的“字义”。我们认为，“失”字只有一个定型字义：

失①失去。

“失”字即“失去了不愿丢掉的”。它强调只有“丢掉了不愿丢掉的”

才是“失”；如果相反，是“自主地丢掉了愿意丢掉的”，那就是“弃”。例如：

一对恋人相爱几年之后分手了，如果女方不愿分手，她认为自己“失恋”了，是恋爱上的“失败”，非常“失意”，产生“失落”感，心理“失衡”，言行“失态”，举止“失措”，夜间“失眠”，终日是“失魂落魄”的样子，两眼“失神”，经常“失手”打破茶杯或饭碗，甚至引起精神“失常”，以致做出各种各样“失控”的傻事。而男方如果是主动地愿意分手，别人认为男方对待女方是“遗弃”，而他却认为自己是“弃旧图新”，昔日的恋人在他今天的眼中只不过是一个“弃妇”。

下面是“失”字的定型字义及其相关“二字词”的释义：

失 shī① ［失去］：（主观上不愿）失去已拥有的或想要得到的。

【失败】失去取胜或成功的机遇而落败了。

【失策】失去正确的决策而导致策略上的错误。

【失常】失去正常的状态。

【失宠】失去别人的宠爱。

【失传】失去传承而没能流传下来。

【失聪】失去听力。

【失措】失去应变措施而不知如何是好。

【失衡】失去平衡或均衡。

【失火】失去防范意识导致火灾。

【失禁】失去正常的控制大小便的能力。

【失礼】失去应有的礼貌。

【失利】失去有利的条件而落入不利的结局。

【失恋】失去对方的恋情。

【失灵】失去正常的灵敏度或应有的功能。

【失眠】失去正常的睡眠。

【失明】失去视力。

【失散】失去联系而出现亲友分散开而互相找不到。

【失色】失去原来的颜色。

【失慎】失去应有的谨慎而导致的疏忽。

【失时】失去有利的时机。

【失势】失去权势。

【失事】失去控制而导致不幸的事故。

【失态】失去正常的（礼仪举止）态度。

【失望】失去希望而出现信心不足的情绪。

【失效】失去效力。

【失学】失去了上学的机会（因为家贫、疾病等原因）。

【失业】失去工作或就业机会。

【失意】失去原有的意愿而出现不得志的心态。

【失约】失去履行约会的机遇而导致对约会的违背。

〔注〕：假如是“自主地不履行约会而导致对约会的违背”，叫作【毁约】。

【失踪】失去踪迹（多指人）。

【失足】失去足踏实地的平稳而跌倒。喻人堕落、犯罪或犯错误。

【失职】失去该职务应负的责任。

【失重】物体失去原有的重量，是由于物体在高空中所受地心引力变小或由于物体向地球中心方向做加速运动而引起的。

四、汉语合成词的造词分析与词义理解

王力先生在《实用释义组词词典》（北京：华文出版社，2000 年）的“序”中指出：“汉语基本上是以字为单位的，不是以词为单位的。要了解一个合成词的意义，单就这个词的整体去理解它还不够，还必须把这个词的构成部分（一般是两个字）拆开来分别解释，然后合起来解释其整体，才算是真正彻底理解这个词的意义了。”

现在有些母语教师和对外汉语教师在讲解汉语的二字词“平衡”时，只是整体地告诉学生：“衡器的两端承受的重量相等。”或“平衡 = balance”，而不分别讲“平”和“衡”的意思。按王力先生的意见应该这样讲：“平”的意思是“水平”（level），“衡”的意思是“秤杆”（arm of a steelyard），“平衡”就是“保持‘水平’位置的‘秤杆（衡）’状态”，表示“双方力量平衡（balance）”。讲“权衡”也只讲：“考虑判断相比双方的重要性”（consider and judge the comparative importance），而不讲

“权”和“衡”的意思。可以这样讲：“权”是“秤锤”（sliding weight of a steelyard），“衡”是“秤杆”（arm of a steelyard），“权衡”是“用秤锤（权）在秤杆（衡）上来回移动而测量判断双方的重量”，比喻“考虑判断相比双方的重要性”。

王力先生的理论指导着我们以“二字词”为突破口，去探索有助于母语教学、对外的汉语教学和计算机理解的释义方法。在前辈和时贤的研究基础上及理论启发下，鲁川先生提出一种因子化、形式化的方法，即“二字词的词义方程式”。我们做一介绍。

（一）词义是词素意义和词化意义的结合

1. 化学给予语言学的宝贵启示

化学研究客观物质世界的物质的组成、结构、性质和变化的规律。化学研究的重大成果是揭示了琳琅满目、气象万千的物质世界仅仅是由一百多种“化学元素”（chemical elements）所组成的。化学还揭示了两种或两种以上的物质可以“化合”而生成另一种性质不同的物质。例如具有“可燃性”的气体“氢”（H）与具有“助燃性”的气体“氧”（O）能够“化合”而生成另一种性质不同的既不“可燃”也不“助燃”的液体“水”（H_2O）。

俄国著名的化学家门捷列夫（1834—1907）的“元素周期表”（The Periodic Table of Chemical Elements）是人类对“物质世界”认知过程中的一座伟大的历史丰碑。

化学研究的丰硕成果给予语言学的最宝贵启示是：既然化学家揭示了物质世界是由有限的“化学元素”所组成，而语言世界是物质世界的反映，那么语言学家也要去探索语言世界的元素。在两种以上的下层语言单位组成一种上层语言单位时，语言学家也去要探索其中的语言元素和语言的化合意义。

2. 词素意义和词化意义

词素意义指的是词的元素意义，其中包括两个词义因子，即构成该词的前字和后字的字面意义。

词化意义指的是词的化合意义，其中包括四个词义因子，即意合结构、意根分布、意指方式、意变位置的意义。相邻的两个字必须实现“词化”（lexicalization），才能够成为一个二字词。

（二）汉语二字词的“词义方程式”

1. 汉语二字词“词义方程式”由六个因子（factor）组成

设：二字词 AB 的词义为 YAB

则：YAB＝｛A［Ax］+B［Bx］｝+YH+YG+YZ+YB

词义＝｛前字［字义］+后字［字义］｝+意合+意根+意指+意变

（上式中的“+”号为“词义组合号”。）

2. 二字词“词义方程式”的示意图

下面是二字词的“金黄、裁判、鸡眼”的词义方程式的示意图。

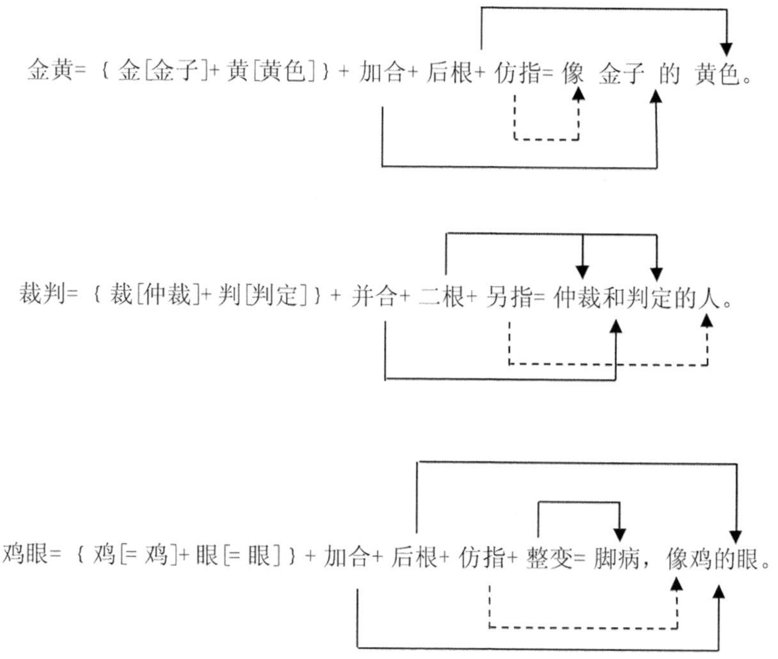

图 1–4

（三）汉语二字词“词义方程式”的六个意义因子

1. 前字［字义］

前字相同而［字义］不同就影响“词义”。下面是区分前字［字义］

而消除歧义的例子：

(1) 行动=｛行［行走］+动［动作］｝=走动。

爷爷“行动”不便=爷爷“走动”不便。

(2) 行动=｛行［举止］+动［动作］｝=举动。

此人“行动”可疑=此人“举动”可疑。

2. **后字［字义］**

后字相同而［字义］不同就影响“词义”。

(1) 出口=｛出［出去］+口［门口］｝=出去的门。

影院的出口=影院的“出去的门”。

(2) 出口=｛出［出去］+口［港口］｝=外贸出口。

产品的出口=产品的“外贸出口”。

3. 意合结构的8种类型

(1) 并合是前字与后字的并联。

二字词是并列结构（泥土、土木、国家、好歹）。

(2) 衬合是实字与虚字（衬字）的组合。

①二字词是前衬结构（老鼠、阿姨、初五）或后衬结构（桌子、石头、泥巴）。

②二字词是实字与虚字的组合（反之、总之；之前、之后）。

③二字词是物体之后衬上一个量词，表示总称（马匹、枪支、车辆、纸张）。

源于西方构词法的“前缀、后缀”，在本课题称为“前衬、后衬”。在英语构词法里，“prefix（前缀）、suffix（后缀）”之中的“fix（缀）”意思是“固定”，一旦“缀”上就“固定”住了。但是在汉语之中的“前衬、后衬”只是满足韵律上一个“音步”要求两个音节而“衬”上去的，并未固定。“桌子”的“子”不是后缀而是后衬，再组成新词时就不要“子”了。如“书桌、课桌、供桌”并不叫“书桌子、课桌子、供桌子”。同样，“老鼠”的“老”也不是前缀而是前衬，再组成新词时就不要“老”了。如“田鼠、家鼠、仓鼠、松鼠”也不叫“田老鼠、家老鼠、仓老鼠、松老鼠”。

(3) 叠合是前字与后字的重叠。

二字词是必叠结构，必须重叠（姥姥、蝈蝈、猩猩）；

或可叠结构，不叠也行（妈妈、哥哥、星星）。

（4）加合是修饰字与指称字的组合。

二字词是定中结构（黄豆、奶糖、人海）。

（5）摹合是修饰字与述谓字的组合。

二字词是状述结构（反绑、狠抓、寄卖）；

或者补语指向述语的述补结构（绑紧、抓住、卖掉）。

（6）配合是指称字与述谓字的组合。

二字词是主谓结构（民主、地震、海啸）；

或述宾结构（殃民、翻地、下海）。

（7）续合是述谓字与述谓字的组合。

二字词是连谓结构（喝醉、跌倒、乞降）；

或递谓结构（灌醉、打倒、劝降）。

“连谓结构”实际上就是“补语指向主语的述补结构”，例如：“张三喝醉了”＝“张三喝”＋“张三醉了”。

“递谓结构”实际上就是“补语指向宾语的述补结构”，例如：“李四灌醉了张三”＝“李四灌了张三”＋“张三醉了”。

（8）音合是联绵词、拟声词及音译词。

联绵词（蜻蜓、蜘蛛、徘徊）。拟声词（哗啦、咕噜、嘎吱）。音译词（坦克、沙发、克隆）。

4. 意根分布的两个含义

（1）表示意义核心

“黄豆（定中结构）”的“豆”是意义核心，就是意根。

“韭黄（定中结构）”的“韭”是意义核心，也是意根。

汉语句法结构中只有定中结构而没有中定结构，都是定语在前而中心语在后。但句法上同为定中结构，语义上则可以是“核心义［指称概念］”在前而“修饰义［界定概念］”在后。如：

条凳、黄豆、稀饭、干粮、丝线、珠帘、花篮。

面条、韭黄、糖稀、饼干、铁丝、水珠、雪花。

头一行都是核心义在后。如“条凳”是“细长条的凳子”。

第二行都是核心义在前。如“面条”是“细长条的面食”。虽然有人说“面条”是“用面粉做的条形物”，但是在广大群众的认知世界里还是把“面条”当作“细长条的面食”。我们对此有亲身体验，我们到饭店问：

“有什么面条?”听到回答的是：“有牛肉面、排骨面、鳝鱼面、炸酱面。”从来没听到过下列的回答：“有牛肉条、排骨条、鳝鱼条、炸酱条。”看来，在老百姓的心里还是认为“面条”的核心义是“面”而不是“条”。

(2) 表示意义自足

“蜻蜓”的“蜻”和“蜓”都是意义未足，两个字都不是核心字，都是弱根。

“沙发”的“沙”和“发”都是“借音弃义”，两个字都不是核心字，都是无根。

①前根是前字为根。如：窗户、桌子、面条、跳槽、抓住、翻地。

②后根是后字为根。如：阿姨、老鼠、条凳、铁拳、狠抓、地震。

③二根是二字皆根。如：泥土、海洋、姥姥、伟大、遭受、推敲。

④弱根是字皆弱根［意义大于零，不自足，不够强］。如：蜻蜓、蜈蚣、徘徊、逍遥、琵琶、枇杷。

⑤无根是字皆无根［只是音译字，完全没有根］。如：沙发、吉普、摩托、咖啡、克隆、嘧啶。

5. 意指方式的7种类型

(1) 凝指：二字词的两字“凝”固不可拆开。如：坦克、吉普、逍遥、琵琶、猩猩。

(2) 仿指：二字词用了相“仿”的比喻。特点是［相似］。如：铁拳、虾米、银河、猴头。

(3) 另指：二字词“另”有所指。特点是［相关］。如：丹青［绘画］、东床［女婿］、司机［驾驶员］、拂尘［掸土用具］。

仿指和另指的区别在于：仿指具有相似性，如“银河［星系］”好像“天上的银白色的河流”，“猴头［食用菌］”好像“猴子的头”。另指没有相似性，如“东床”一点也不像“女婿”，只是历史上曾经有过王羲之袒腹“东床”而被选为“佳婿”的典故，后来就称“女婿”为“东床”。可以大致上说：仿指相当于比喻，另指相当于借代或述谓概念转化为指称概念以表示其施事、工具等。

此外，在续合中也把递谓结构的“另”换主体，例如“灌醉”，叫作“另指”。

(4) 添指：二字词造词中“添”加了新义。如：黄牌［警告］、绿灯

［通行］、同居［两性关系］。

添指和另指的区别：添指是在真实事物的基础上“添”加了新的附加义。“黄牌”是在“真实的黄色的牌子”的基础上“添”加了新的“警告义”。“同居”是在“确实住在一起”的基础上“添”加了“男女双方没有夫妻关系或未婚而像夫妻一样生活”的附加义。另指只是借用了本体的特征来代替未出现的本体，如借用官职的衣帽特征“乌纱（帽）”来代替“官职”；又如借用绘画所需要的颜料特征“丹青（色）”来代替“绘画”。

（5）专指：二字词“专”指某物，不必顾名思义。如：黄瓜、黄连、黄山、白菜、白族。

（6）惯指：二字词“惯”指某物，可以顾名思义。如：黄豆、黄酒、黄金、白果、白鹤。

惯指和专指的区别在于：惯指就是字面义，例如“黄豆”就是“黄色的豆”。专指不是字面义，例如“黄瓜”不是“黄色的瓜”，而是“绿色的瓜”。“黄瓜”是专指的名称。

（7）缩指：二字词为“缩”略词，需要补足词义。如：地铁←地（下）铁（路），北大←北（京）大（学）。

缩指在要求“用最简约的信息形式传递最丰富的信息内容”的信息时代具有非常高的造词能力。由于汉字顽强的表义性而使缩指造词法在汉语中造出了大量的缩略语，并呈现日益增多的势头。

以上各种意指中，最多的是惯指。体现了“结合固定、惯见惯用”的“惯指”是二字词“词化”的必要条件。两个字的自由结合（黄布、黄纸、黄叶、黄马）因为没有达到惯用的程度，就仅仅是两个一字词构成的自由字组，而不是一个“二字词（固定字组）”。

6. 意变位置

意变位置表示“意义变异而产生比喻义”或“述谓概念与指称概念发生转化义”的位置。只有在仿指或另指的条件下，才标“意变”的“词义因子”。就是说，只有出现了仿指或另指的词义方程式中，含有 6 个词义因子；不出现仿指或另指的词义方程式中，仅仅含有 5 个词义因子。

（1）前变是前字意变。如：铁拳、峰会、鼠窜、鲸吞、席卷、瓜分。

（2）后变是后字意变。如：跳槽、挂钩、穿梭、人海、虾米、木鱼。

（3）整变是整体意变。如：银河、东床、佛手、推敲、逐鹿、司机。

(四) 汉语二字词词义方程式例释

1. **并合**

好歹=｛好［=好］+歹［=坏］｝+并合+二根+惯指=好和坏。(泥土、遭受、伟大)

好歹=｛好［=好］+歹［=坏］｝+并合+后根+惯指=坏事。(得失、甘苦、恩怨)

窗户=｛窗［窗子］+户［=门］｝+并合+前根+凝指=窗子。(国家、忘记、死活)

港台=｛港［专名］+台［专名］｝+并合+二根+缩指=香港和台湾。(江浙、京广、青藏)

编辑=｛编［编排］+辑［辑录］｝+并合+二根+另指=编排辑录的人。(指挥、裁判、翻译)

丹青=｛丹［红色］+青［青色］｝+并合+二根+另指+整变=绘画。(巾帼、须眉、干戈)

桃李=｛桃［桃树］+李［李树］｝+并合+二根+仿指+整变=学生(像所栽培的树)。(栋梁、爪牙、心腹)

2. **衬合**

老鼠=｛老［前衬］+鼠［=鼠］｝+衬合+后根+凝指=老鼠。(第二、初五、阿姨)

桌子=｛桌［=桌］+子［后衬］｝+衬合+前根+凝指=桌子。(石头、泥巴、盖儿)

马匹=｛马［=马］+匹［量词］｝+衬合+前根+添指=马匹［总称］。(枪支、车辆、纸张)

便于=｛便［便利］+于［对于］｝+衬合+前根+惯指=对于……便利。(等于、总之、难以)

之后=｛之［=那］+后［后面］｝+衬合+后根+惯指=在那……的后面。(于是、之前、以后)

3. **叠合**

姥姥=｛姥［外婆］+姥［外婆］｝+叠合+二根+凝指=外婆。(太太、猩猩、迢迢)

妈妈=｛妈［母亲］+妈［母亲］｝+叠合+二根+惯指=母亲。(哥哥、星星、常常)

4. **加合**

黄豆=｛黄［黄色］+豆［豆子］｝+加合+后根+惯指=黄色的豆子。(酱菜、青鱼、雪山)

黄瓜=｛黄［黄色］+瓜［=瓜］｝+加合+后根+专指=黄瓜［蔬菜名］。(白菜、鲤鱼、嵩山)

黄牌=｛黄［黄色］+牌［牌子］｝+加合+后根+添指=黄牌［警告］。(绿灯、白旗、青楼)

黄巾=｛黄［黄色］+巾［头巾］｝+加合+后根+另指=起义军（头裹黄巾）。(绿林、东床、乌纱)

韭黄=｛韭［韭菜］+黄［黄色］｝+加合+前根+惯指=黄色的嫩韭菜。(糖稀、肉松、面条)

鸡胸=｛鸡［=鸡］+胸［胸骨］｝+加合+后根+仿指+前变=胸凸出(像鸡)。(海碗、铁拳、峰会)

虾米=｛虾［=虾］+米［大米］｝+加合+前根+仿指+后变=小虾(像米粒那样小)。(人海、雪花、水珠)

猴头=｛猴［猴子］+头［=头］｝+加合+后根+仿指+整变=蘑菇(像猴头)。(佛手、银河、鸡眼)

5. **摹合**

反绑=｛反［背面］+绑［=绑］｝+摹合+后根+惯指=两手绑在背后。(空投、谋杀、公审)

同居=｛同［一起］+居［=住］｝+摹合+后根+添指=一起住（指男女双方没有夫妻关系或未婚而像夫妻那样共同生活)。（安息、拜读、过奖)

抓紧=｛抓［=抓］+紧［=紧］｝+摹合+前根+惯指=抓得很紧。(记住、卖掉、抢到)

瓜分=｛瓜［=瓜］+分［分开］｝+摹合+后根+仿指+前变=分割(像切瓜)。(囊括、席卷、爆满)

6. **配合**

地震=｛地［土地］+震［震动］｝+配合+后根+惯指=地壳震动。

(海啸、民主、日食)

种地=｛种［种植］+地［土地］｝+配合+前根+惯指=种植田地。(道歉、复辟、养病)

司机=｛司［操作］+机［机器］｝+配合+前根+另指+整变=开机器的人。(掌柜、围腰、拂尘)

鼠窜=｛鼠［老鼠］+窜［=窜］｝+摹合+后根+仿指+前变=逃窜(像老鼠)。(龟缩、林立、云集)

跳槽=｛跳［跳离］+槽［食槽］｝+配合+前根+仿指+后变=离开原来的工作单位另换职业（工作单位像吃食的食槽)。(撑腰、定弦、停摆)

蚕食=｛蚕［=蚕］+食［=吃］｝+配合+后根+仿指+整变=一步一步地侵占（像蚕一口一口地吃桑叶)。(鲸吞、狮吼、虎踞)

逐鹿=｛逐［追逐］+鹿［=鹿］｝+配合+前根+仿指+整变=争天下(源于《史记》:“秦失其鹿，天下共逐之。”)。(骑墙、搁浅、贴金)

7. **续合**

喝醉=｛喝［=喝］+醉［醉酒］｝+续合+二根+惯指=喝醉（自己喝自己醉)。(跌倒、退休、接管)

灌醉=｛灌［灌入］+醉［醉酒］｝+续合+二根+另指=灌醉（别人灌自己醉)。(打倒、劝退、遣返)

8. **音合**

坦克=｛坦［=○］+克［=○］｝+音合+无根+凝指=履带式装甲车。(沙发、吉普、咖啡)

蜻蜓=｛蜻［~蜓］+蜓［蜻~］｝+音合+弱根+凝指=蜻蜓。(琵琶、枇杷、逍遥)

哗啦=｛哗［拟声］+啦［拟声］｝+音合+二根+惯指=流水之声。(嘟噜、呱唧、嘎吱)

参考文献

［1］鲁川，王玉菊．汉字信息语法学［M］．济南：山东教育出版社，2008.

［2］曹先擢，苏培成．汉字形义分析字典［M］．北京：北京大学出版社，1998.

［3］胡双宝．汉语·汉字·汉文化［M］．北京：北京大学出版社，1998.

［4］王宁．汉字构形学讲座［M］．上海：上海教育出版社，2002.

[5] 徐通锵．“字”和汉语研究的方法论［J］．世界汉语教学，1994（3）．
语言论［M］．长春：东北师范大学出版社，1997.
基础语言学教程［M］．北京：北京大学出版社，2001.
汉语研究方法论初探［M］．北京：商务印书馆，2004.
[6] 周荐．汉语词法结构论［M］．上海：上海辞书出版社，2004.
[7] 周士琦．实用解字组词词典［M］．上海：上海辞书出版社，1986.

第六节　外国人学汉字速成法

近些年来，随着我国综合国力的不断增强以及国际地位的逐步提高，外国人学习汉语的热情空前高涨。学习汉语必须学习汉字。汉字学习的方法林林总总，各有千秋。我们在多年的学习探讨中，总结了一种适宜于外国人学习汉语汉字的方法，简洁方便，易于操作，可以提高学习效率。

一、本速成法满足外国人学汉语的急需，具有下列基本理念

1. 汉语跟汉字是密不可分的。汉字是汉语的根基，学汉语必须先学“汉字（Sinograms）”。

2. 在“初级阶段”必须打好基础，即学会“一千最常用汉字”的“字形、字音、字义”。

3. 外国人需知：汉字是一套“积木（toy-bricks）”系统，每个积木块是个“字元（gram-element）”。

4. 暂时先不学“写字”而只学“打字”，熟练掌握“汉字数码输入法”，牢记每个字的“字码”。学生很容易地用简单的数码“打”出自己所需的字，就产生一种自豪感，并确信“汉字真好学”。

5. 本速成法的教材是安装在手机或电脑中的一套“课件”，即多媒体的互动的“动漫片”。

6. 用本速成法学汉字能提高学生的兴趣，其学习过程是“学生主动、充满欢乐”的电子游戏。

7. 不需外国学生“自己编码”，教材把新学汉字的“字码”教给学生，他们在边学边打的练习中牢记了“字码”。

二、汉字数码的输入方法

1. 汉字的构件是“字元（gram-element）”，即“固定笔画组合”。

把所有的“字元”按其开头的两三笔来分为十类，用“1、2、3、4、5、6、7、8、9、0”来代表。“汉字数码输入法”中每个汉字对应一至四个数码，特别适用于不知道字音的外国人学汉语。

2. 学生击打一次“数码”，屏幕“提示条”显示 8 个候选字。

若有所需的字就选印出来，若无则再击打一次“数码”就又显示 8 个候选的字，最多击键 4 次。外国学生击打一码可显示 80 个候选字，这就是可层层组合成全部“汉字”的 80 个“基础字元”。学生面对并牢记自己打出来 80 个基础字元，是最佳的自学方式。击两码可显示 800 个候选字，打三码显示 8000 个候选字，打四码显示 80000 个候选字，总共可显示 88000 多候选字，可以覆盖全部汉字。本速成法专为不知道汉字字音的外国人学汉字服务。不追求打字的高速度，也不跟别的输入法比打字速度。

3. “单码字（单码字元）”是 1 至 7 笔的“非左右结构的固定笔画组合”。

①“单码字”的 1、2、3、4、5 码是“札”字的 5 个笔画，6、7、8、9、0 码恰巧对应“六、七、八、九、口”，如下所示。

数　码	1	2	3	4	5	6	7	8	9	0
基本字元	一	丨	丿	丶	𠃌	六	七	八	九	口
头码例字	灭 14	旧 20	币 32	义 48	刁 51	亩 60	切 75	公 85	杂 92	只 08
尾码例字	旦 01	引 52	少 23	卜 24	亿 85	位 86	化 27	认 68	轨 79	如 50
非字字元	丆	冂	勹	氵	纟	疒	匚	礻	扌	囗
头码例字	页 12	内 28	句 30	汇 47	纹 56	疗 65	匡 71	初 85	打 91	国 01

②“单码字”共有 80 个结构简单或常用的汉字，也是应该先学便于自学的基础汉字。如下表：

码	单　码　字	单码非字字元	码	单　码　字	单码非字字元
1	一二三王丁厂万石	√ ㄏ	6	六文广亡立方之户	亠 讠辶 礻 衤
2	小山上止水木冈贝	丨 ⺌ 忄 冂	7	七匕氏弋戈车东区	匚 ㄈ 卄 廿 丂
3	几儿千禾白自月用	丿 彡 罒 勹 犭	8	八人入个气午牛生	亻 𠂉 乂 钅 ⺮
4	门斗兴心火半羊米	丶 丷 冫 冖 宀	9	九十土士力丰韦书	𠂇 扌 耂
5	乙了又马尸弓女乡	㇆ 乚 コ 纟 廴	0	口中日目田由虫足	囗 罒

③下列记忆口诀帮助学生牢记单码字。

[1] 一（横）丁厂三石王，

[2] 丨（竖）木小上山冈，

[3] 丿（撇）儿千白月长，

[4] 丶（点）门穴冫火羊，

[5] ㇆（折）刀马弓女乡，

[6] 六（亠）文讠疒立方，

[7] 七（其）匕礻区车东，

[8] 八（人）亻气午牛生，

[9] 九（扌）力十土韦丰，

[0] 口（囗）日目田足虫。

（注：[　] 中的数字是“单码字”的数码）

4. “双码字元”是不超过 7 笔但对应于两个数码的字元。如下表：

“单码字元”总数 80 个。此外不超过 7 笔的字元须取“双码”，且“左右结构”的汉字也须取“双码”。

双码	分析	汉字	双码	分析	汉字	双码	分析	汉字	双码	分析	汉字	双码	分析	汉字
10	口口	吕	12	二丨	干	20	卜口	占	23	小丿	少	24	丨丶	卜
31	厂丅	斤	36	勹冫	匀	40	门日	间	47	冖车	军	48	宀八	穴
51	了一	子	54	又丶	叉	64	亡心	忘	68	六乂	交	69	立十	辛
72	七小	东	75	匚コ	巨	78	卄八	共	87	人匕	仑	88	午丶	矢
92	土止	走	95	土厶	去	05	曰乚	电	08	几乂	风	09	口力	另

三、汉字数码输入法的几个问题

1. 字元拆分依靠“界沟”，即贯穿整字的“直线分界沟”。首先按照“界沟”把汉字分成五种字形结构：“整体、横向、竖向、包围、交叉”。

2. “字元顺序”大体上跟“书写顺序”基本一致，但也不能绝对一致。例如：“囚”的书写顺序是“冂人一”，而字元顺序是“囗人”。

3. “双码字元”只有在占整字的一半时才能取“双码”，如占不到整字的一半，只取其“头码”。

①“阝”在“队”里占到整字的一半：队 →阝人 →52 8

“阝”在“坠”里不到整字的一半：坠 →阝人 土→5 8 9

②“大”在“奇”里占到整字的一半：奇 →大 可 →94 10

“大”在“琦”里不到整字的一半：琦 →王 大 可 →1 9 10

4. “前字元”取笔画多者。

在字中间的笔画，既可跟前边的笔画组成“前字元”，也可跟后边的笔画组成“后字元”时，应保证“前字元”取的笔画多。在下列两例中，不取前者，应取后者：

①大 →一 人 →18（“前字元”笔画少）　大 →ナ丶 →94（“前字元”笔画多）

②干 →一 十 →19（“前字元”笔画少）　干 →二丨→12（“前字元”笔画多）

5. “常用汉字”编码时可以省略后边的数码以缩短码长。

国 →囗王丶 →囗王 →01 (原为 014)

额 →宀各丆贝 →宀各丆 →431 (原为 4312)

更 →一日乂 →一日 →10 (原为 108)

能 →厶月匕匕 →厶月 →52 (原为 5277)

楼 →木米女 →木米 →24 (原为 245)

谢 →讠身寸 →讠身 →63 (原为 6394)

腹 →月𠂉日夂 →月𠂉 →38 (原为 383)

换 →扌⺈冂大 →扌⺈ →93 (原为 014)

6. 外国人特别是外国儿童，学汉字的过程是“学生主动、充满兴趣”

的游戏。本教材中的许多“作业”就是引导他们玩各种针对汉字的妙趣横生的多媒体游戏。

参考文献

[1] 曹先擢，苏培成．汉字形义分析字典［Z］．北京：北京大学出版社，1998.

[2] 刘钦荣．汉语的字和字偶［J］．郑州大学学报，2004（2）：37-39.

[3] 刘钦荣．现代汉语规范汉字的字元及造字模式［J］．郑州师范学院学报，2013（4）：63-68.

[4] 鲁川，王玉菊．汉字“示音度”的定量研究——浅谈汉语研究中的的“家族论”［J］．汉语学习，2005（3）：3-10.

[5] 鲁川．汉语的根字和字族——面向知识处理的汉语基因工程［J］．汉语学习，2005（3）：1-10.

[6] 鲁川，王玉菊．常用字定型字义和二字词词义方程式［J］．汉语学习，2006（2）：3-13.

[7] 鲁川，王玉菊．汉字信息语法学［M］．济南：山东教育出版社，2008.

[8] 鲁川．知识工程语言学［M］．北京：清华大学出版社，2011.

[9] 王宁．汉字构形学讲座［M］．上海：上海教育出版社，2002.

[10] 王玉菊，鲁川．“汉语一千字”作为通用语义符号的设想［J］．解放军外国语学院学报，2007（4）：14-18.

[11] 徐通锵．语言论［M］．长春：东北师范大学出版社，1997.

[12] 徐通锵．汉语研究方法论初探［M］．北京：商务印书馆，2004.

第七节　清代中前期人称代词的时代特点

康、雍、乾时期，是现代汉语发展的起始阶段。这一时期的语法、语音、词汇诸要素，经过几个世纪的近代汉语阶段的发展演变，一方面，由于语言的发展不是一朝一夕就可以完成的，因而还保留了一些旧的语言要素；另一方面，具有现代汉语特点的语法、语音、词汇系统已经基本形成了。我们拟对成书于雍正、乾隆年间与《歧路灯》大致同期的白话文学作品《聊斋俚曲集》（选取其中的《姑妇曲》《翻魔殃》《禳妒咒》三篇）、《醒世姻缘传》、《儒林外史》和《红楼梦》的前八十回的人称代词的使用情况做一些数据上的统计，来和《歧路灯》进行比较，以期窥测到一些18世纪河南宝丰一带人称代词的使用特点。

表1–5　三身代词在《歧路灯》《聊斋俚曲集》《醒世姻缘传》《儒林外史》和《红楼梦》里的出现次数

项目		《歧路灯》	《聊斋俚曲集》	《醒世姻缘传》	《儒林外史》	《红楼梦》
第一人称	我	4955	1439	6406	2369	5601
	我们	125	0	342	320	832
	俺	280	307	737	18	5
	俺们	42	0	52	3	2
	咱	714	288	780	3	11
	咱们	46	0	7	1	393
	你我	20	0	0	18	37
第二人称	你	3950	1300	7236	2019	4469
	你们	122	1	207	84	680

续表

项目		《歧路灯》	《聊斋俚曲集》	《醒世姻缘传》	《儒林外史》	《红楼梦》
第二人称	您	94	94+11①	76	0	5
	您们	1	0	4	0	0
第三人称	他	2598	1754	9463	2740	4821
	他们	252	3	153	72	665

一、各语料的成书年代与方言背景

从成书年代来看：《聊斋俚曲集》不像《歧路灯》那样可以从作者《自序》中得到确切的写作时间。我们只能从它的作者蒲松龄的生卒日期（约 1640—1715）大致推测出，《聊斋俚曲集》约创作于 17 世纪的中后期；《醒世姻缘传》的成书上限应该是雍正四年，下限则是乾隆五十六年，即 1726—1792 年之间；《儒林外史》的写作时间，学者们基本上都认为，是在 1735 年前后；根据栾星先生的研究，李绿园较曹雪芹年长约九岁，《歧路灯》开笔比《红楼梦》开笔早六年，那么，《红楼梦》的开笔之年大概应为 1754 年。而《歧路灯》，正如作者在《自序》中所言，是在乾隆戊辰（1748 年）至乾隆丁酉（1777 年）这三十年间创作完成的。《歧路灯》的创作略晚于《聊斋俚曲集》和《儒林外史》，稍早于《红楼梦》，与《醒世姻缘传》大致相当。这五部作品均创作于从 17 世纪中后期到 18 世纪晚期的约一百年间。

从方言背景来看：蒲松龄是山东淄川人，他所著的《聊斋俚曲集》应当是这一地区方言的反映；目前大家对《醒世姻缘传》使用的究竟是哪里的方言还没有定论，但大体来说，不出山东省范围；《儒林外史》使用了江淮方言；《红楼梦》据说是用北京话写的。而《歧路灯》则是用宝丰方言创作的，反映了中原官话的特征。

---

① 在其他的四部作品中，表示第二人称的复数或领格等形式的代词均只使用“您”这一个字形。而《聊斋俚曲集》里则出现了“您”“恁”两种字形，其中“您”94 例，“恁”11 例，但“恁”只出现在领格位置上。

这五部作品分别反映了 17 世纪中后期到 18 世纪晚期的约一百年间山东、江淮、北京以及中原地区的方言特点。

二、各语料人称代词使用情况的异同

我们选取的这五部语料的成书年代集中在清代中前期。在相同的社会大背景下，它们必然具有一些相同的时代特征。我们从表 1-5 中不难发现，五部作品人称代词的使用主要有以下共同点：

1. “我”“你”“他”分别是三身代词中出现频率最高的，远远高出其他人称代词的使用。并且它们的使用范围十分广泛，都可以充当主语、宾语、定语、兼语等多种句子成分，还可以和人名、称呼、反身代词等构成同位语，和“的”字组成名词性结构。

2. 用作第一人称的代词最丰富，五部语料都有四个以上的第一人称代词，都有包括式和排除式之分，第一人称的排除式有“我”（“我们”）和“俺”（“俺们”）两种形式；第二人称次之，除了《儒林外史》外，其他四部都还有一个用作复数和领格的“您”；第三人称最简洁，基本上都只用“他”和“他们”。

3. 除《红楼梦》外，其他四部语料的第一人称均以不加复数词尾“们”的形式为常，“俺”的用例远远多于“俺们”，“咱”的用例远远多于“咱们”。《歧路灯》《聊斋俚曲集》《醒世姻缘传》和《儒林外史》中“俺”和“俺们”、“咱”和“咱们”的用例比例分别为 280∶42，714∶46；307∶0，288∶0；737∶52，780∶7；18∶3，3∶1。

但是，每部语料又各有自己的一些不同特色。

《红楼梦》的前八十回人称代词的使用情况，最接近现代汉语普通话。口语中常用的人称代词，第一人称是“我”“我们”和“咱们”，还有少量“咱”的用例，第二人称是“你”和“你们”，第三人称是“他”和“他们”。虽然也出现了“俺（俺们）”和“您”的用例，但 7 例“俺”（“俺们”）中 4 例出现在词曲里，还有 3 例出自乡下人刘姥姥之口；5 例“您”中，4 例出现在芳官儿所唱的《赏花时》曲子里，1 例用作敬称，与其他三部的口语用法有很大不同。由于第一人称有排除式和包括式之分，三身代词的成员数量分别为三个、两个、两个。

《儒林外史》表示包括式的“咱”“咱们”和“你我”用例远远低于其他语料（《歧路灯》776 例，《聊斋俚曲集》288 例，《醒世姻缘传》787 例，《红楼梦》442 例），一共只有 22 例。“俺”和“俺们”用例也比较少见，只在前三十二回出现，主要用在前七回，后面则只用“我”。根据遇笑容的研究，“《儒林外史》词汇带有安徽全椒方言色彩和前后两部分可能出自不同作者之手。”那么，“俺”和“俺们”在前三十二回本来就用得不多，在吴敬梓之后续写后二十三回的时候，更是不再出现了。《儒林外史》的三身代词也已经变得高度集中、统一了，它们的成员分别为第一人称的“我”“我们”，第二人称的“你”“你们”和第三人称的“他”“他们”。

《聊斋俚曲集》的特点是词尾“们”极少放在人称代词的后面，一共只有 4 例（“他们”3 例，“你们”1 例）。它一般用“俺”“您（恁）”“他”兼窗体复数。所以，它的成员也比较简单，三身代词分别为“我”“俺”“咱”，“你”“您（恁）”和“他”。

《歧路灯》和《醒世姻缘传》的人称代词使用情况最为接近。除了《醒世姻缘传》里没有“你我”作为第一人称包括式这一用法外，其他各个人称代词都和《歧路灯》大致相同。只是在人称代词的使用比例上略有出入。比如第一人称的包括式“咱”，《歧路灯》出现了 714 例，《醒世姻缘传》出现了 780 例，数量相当；而“咱们”，《歧路灯》出现 42 例，《醒世姻缘传》则只有 7 例。《歧路灯》的“俺”有 280 例，《醒世姻缘传》的“俺”则有 737 例之多。但是，这些只是一些细微的差别。总体而言，两书在人称代词的用法和意义各方面都非常接近，都有着繁复多样的表达形式。

通过上述分析，我们可以看到，《红楼梦》《儒林外史》在三身代词的使用上情况比较接近，成员的形式和数量都差不多。《聊斋俚曲集》的三身代词在成员构成上和前两部有些出入，数量则大致相同。这三部语料的三身代词的形式都呈现出一种高度集中的态势，语法意义的指称较为唯一。而《歧路灯》和《醒世姻缘传》的三身代词使用却有着很大的不同，每一种指称都有多个形式与之对应。

同时，我们还可以看到，在这一时期（清代中前期），这五个不同地区的方言中的人称代词的发展是不平衡的。它们中有的已经完成了多个人称代词变体共存、竞争的过程，暂时进入到一个相对稳定的阶段，如《红楼梦》《儒林外史》《聊斋俚曲集》。而宝丰方言同《醒世姻缘传》所代表的山东某地方言则还处在人称代词分工不明确，多个表义相同的成员同时存在的过程中。

这一时期，宝丰方言的人称代词拥有丰富的成员，过多的成员存在造成各成员之间缺乏明确的分工，有些语法意义有多个不同形式表示，有时一个人称代词成员又身兼多种语法意义，局面不免有些繁复。

参考文献

[1] 北京大学中文系语言学教研室．汉语方言词汇（第二版）[M]．北京：语文出版社，2005.

[2] 曹大为．《醒世姻缘传》中的两种方言结构 [J]．蒲松龄研究，2000（3）、（4）.

[3] 董绍克．谈聊斋俚曲集的语言学价值 [J]．蒲松龄研究，1997（4）.

[4] 杜爱英．醒世姻缘传语．词拾零 [J]．古汉语研究，1997（3）.

[5] 冯春田．醒世姻缘传．方言例释 [J]．文史哲，2001（4）.

醒世姻缘．传含“放着”句式分析 [J]．语言教学与研究，2001（6）.

聊斋俚曲集．语法研究 [M]．开封：河南大学出版社，2003.

[6] 卢甲文．河南方言资料 [M]．郑州：河南人民出版社，1984.

[7] 刘永华．《红楼梦》《歧路灯》《儒林外史》的方言词语比较研究（下）——以“租、赁、顾、觅”为例 [J]．新乡师范高等专科学校学报，2005（1）.

[8] 罗福腾．醒世姻缘传的反复问句 [J]．语文研究，1996（1）.

[9] 吕叔湘．汉语语法论文集 [C]．北京：商务印书馆，1984.

第八节　宝丰方言人称代词的历时发展

一、现代宝丰方言人称代词的使用情况

1. 现代宝丰方言的人称代词系统

我们利用 2005 年暑假时间对宝丰方言做了一些初步的调查。我们的调查对象年龄为 25 岁，原籍宝丰，教育程度为在读硕士研究生；祖辈起即为宝丰人，本人出生在宝丰，从出生至高中毕业一直生活在宝丰县城，大学以及研究生期间居住在外地；日常所说的是自己的家乡方言，即宝丰话。该调查对象及其家人使用的人称代词如下：

第一人称：我、俺、咱；

第二人称：你、您；

第三人称：他、他们；

反身代词：自、自己；

泛称代词：大家、人家、别的；

词尾：们、家。

2. 现代宝丰方言人称代词的使用情况

现代宝丰方言的人称代词是从 18 世纪的宝丰方言人称代词发展演变而来的。在第一章第七节中，已经对宝丰方言的各人称代词的语法功能和语法意义做了比较详细的分析和描写，这里就不再过多地对现代宝丰方言的人称代词的具体语法功能进行描述，只对各人称代词成员作一些简单的介绍。

［1］第一人称

宝丰方言的第一人称有“我”“俺”“咱”三个，分别用于单数、复数的排除式和包括式。

（1）我

在现代宝丰话里，“我”的出现频率大大减少。它只用于单数。如：

我不去，他非叫我去。

小王在家里等我哩。

表示领属关系时，“我”后一定要加助词“哩”，所领属的对象只能是一些表事或物的名词，而不能是亲属、有亲密关系的人、家庭或自己所属的工厂、机关、学校等。

说：这是我哩书｜我哩事咋办｜谁拿我哩东西了｜我哩凳子

不说：我爸｜我老师｜我家｜我厂｜我学校｜我公司

（2）俺

在“我们”和“俺们”从宝丰方言中消失后，只剩下“俺”用于第一人称复数的排除式。它的使用频率大大增加，一身兼多职，它既能当单数用，也能当复数用；既用于领格，也可用于非领格。“俺”作单数还是复数，要根据具体语境来判断。如：

俺走了，一个人在这儿待着可没意思。

俺一块儿出去了，晌午不回来。

俺哥比我大五岁。

现代宝丰话中，表示非领格的第一人称单数，“俺”和“我”都可以，但以用“俺”为常。

表示领属关系时，所有跟人有关的名词，无论单数、复数都用“俺”来领属，“俺”后可加助词“哩”，可不加。如：

俺爹｜俺家｜俺邻居｜俺学校

（3）“咱”

“咱”有两种用法，一是作第一人称复数的包括式，用如普通话里的“咱们”。如：

咱赶紧着点儿，别叫人家老等。

一是作第一人称单数，指“自己”，意同“我”。如：

咱不中，咱是个大老粗，没文化。

这一用法继承了《歧路灯》里“咱”作第一人称的功能，但是意义发生了变化。在《歧路灯》里，“咱”作单数时语气是得意傲慢的。现在的“咱”作单数，带一种和谈话人关系亲密，或者自谦、自嘲的意味。

［2］第二人称

宝丰方言的第二人称有“你”和“您［nən］”两个。

(1) 你

只用于单数。如:

你再不听话，黑喽介（指“晚上”）叫老毛把你叼走。

表示领属关系时，用法和“我”相同，即只领属非指人名词。如:

你哩钥匙｜你哩毛病｜你哩包裹｜你哩学习

(2) 您

表示第二人称的复数。如:

娘诶，俺都是您的孩儿，你跟俺爹光偏老大家，您心太偏了。

表示领属关系时，用法和“俺”相同。如:

您娘｜您同学｜您家｜您班

[3] 第三人称

第三人称代词“他”和“他们”二百多年来变化不大，只是“他”不再有复数的功能。其他一切用如《歧路灯》时代。“他”音[tə]。如:

他们啥时候走呀，那货（指那个人，带贬义）太能闹腾了。再不走，咱家屋顶都得叫他给拆了。

[4] 反身代词

反身代词现在只保留了两个:“自己”和“自”。

(1) 自己

“自己”仍然是现在最常用的反身代词，意义和功能都没有发生变化。如:

自己的东西保管好，别管人家。

这是小王自己写的。

(2) 自

“自”现在只出现在一些固定的结构里，如“自言自语”“自说自话”“自哭自闹”等，不能再单独使用。

[5] 泛称代词

A. 遍指代词：大家

现在“大家”除了称“一定范围内所有的人”外，还可以用来指称某人或某些人之外的一定范围内的所有人了。如:

去跟大家说一声，明天八点都到操场上开会。

B. 旁指代词：人家、别的

“人家”的用法和以前一样，没有变化。“别的”除了以前就具有的功能外，现在还可以用在问句中。如：

——别的还有谁？

——就您俩，别的没了。

［6］词尾“们”和“家”

（1）们

《歧路灯》里，人称代词多带有词尾“们”，如“我们”“俺们”“咱们”“你们”和“他们”等。在现代汉语发展过程中，宝丰方言选择了用不加“们”而表复数的那套人称代词，所以在现代的宝丰方言中除了第三人称“他们”外，其他人称代词后都不再加“们”尾。

汉语本身本没有单复数的形式之分。自从产生了词尾“们”，宝丰方言经历了一个“们”字从无到有，再到广泛使用，又从广泛使用到逐渐减少的过程。

（2）家

“家”作为一个词缀，用法没有变化。

3. 现代宝丰方言人称代词与普通话的对应关系

现代宝丰方言的人称代词和普通话的人称代词有一些不同的表述，但是二者间具有严整的对应关系。它们的对应关系如下：

	普通话	宝丰方言
第一人称	我 我们 咱们	我、俺 俺 咱
第二人称	你 你们	你 您
第三人称	他 他们	他 他们
反身代词	自 自己	自 自己

续表

		普通话	宝丰方言
泛称代词	遍指	大家 每人	大家
	旁指	人家、别人	人家 别的
词尾		们 家	们（少数） 家

二、从《歧路灯》看宝丰方言人称代词的演变

人称代词虽然属于封闭类词，但它在宝丰方言二百多年间的发展历程中也发生了不小的变化，具体如下所示。

	18 世纪	现代
第一人称	我 我们、俺、俺们 咱、咱们 你我	我（少数） 俺 咱
第二人称	你 你们、您、您们	你 您
第三人称	他 他们	他 他们
反身代词	自、自己、各人 1 自身、自家	自己
泛称代词	大家、每人、各人 2 人家、别人、别的、旁人	大家 人家、别的
词尾	们、家	们、家

从上表中可以看到，和 18 世纪的宝丰方言人称代词相比，现代宝丰方言的人称代词成员减少了很多。成员的缩减引起以下两个方面的变化：第一，“我”“你”“他”由《歧路灯》中的兼用于单复数、领格与非领格演

变为只用于单数，“我”和“你”作领格时只领属非指人名词，意义和功能均趋于简化。第二，原来同时由几个不同代词承担同一意义的情况大为改观，同一意义逐渐集中到一个代词的身上，其余代词被淘汰。如同表第一人称复数排除式的三个代词中淘汰了“我们”和“俺们”，把意义集中在了“俺”上，包括式则在“咱”“咱们”和“你我”之中选择了“咱”；第二人称复数由“你们”“您”“您们”三个变为“您”一个；反身代词和泛称代词也分别由原来的五个和七个变成了现在的一个和三个。总的来说，人称代词的成员大大减少，整个系统趋于简化。

《歧路灯》的人称代词数量繁多，且意义和语法功能多有交叉重复。如：

“我们”和“俺”

下面是一个皮匠分别对母子两个说的话：

(1)（对谭绍闻）道：“谭大叔呀！我们离乡人，在家靠父母，出门靠主人……”（第二十九回）

(2)（对谭绍闻的母亲）道：“……你老人家再思再想，俺离乡的人，好难呀！”（同上）

“咱们”和“咱”

(3) 夏鼎道：“咱们弟兄们，便没啥关系。……”（第三十七回）

(4) 谭绍闻道：“刁大哥，咱弟兄们一向好相处，我不好意思出街，借重你替我留下姚门子，我改日致谢。”（第五十八回）

“你们”和“您”

(5) 这城内有一位谭乡绅，你们知道么？（第四回）

(6) 我的性子，说读就读，说赌就赌，您知道么？（第四十三回）

这三组里每一组的两个人称代词在功能和意义上都完全相同，毫无分别。

王力先生认为：“如果说毫无分别的两个人称代词在一种语言中（口语中）同时存在，并且经常同时出现，那是不能想象的。”但从上述例句来看，这种“不可想象的”现象确实存在于《歧路灯》的人称代词系统中，并且同时期《醒世姻缘传》的人称代词系统也同样存在这种现象。之所以会出现这种情况，跟语料所处时期有很大关系。这一时期是现代汉语发展的初始阶段，产生成熟于近代汉语时期的“俺”“您”“咱”在这段时间还在大量使用。始于宋、元之际的合口韵转入山摄、臻摄的趋势，到了元、明之际开始作用于人称代词。这样，原来作为“我们”“你们”“咱们”的合音而存在的“俺”“您”“咱”的功能和用法就发生了一定的改变，变得跟以前不太一样。有的时候就会出现在这三个字的后面分别加上复数词尾“们”的用法，变成“俺们”“您们”“咱们”。新的语言要素产生，旧的语言要素依然存在，多种语言要素在同一时期并存，这是语言处于过渡期的一种必然表现。于是在《歧路灯》里就出现了如前所述的那种新词和旧词交替使用的现象。但是，如果人称代词的表达过于复杂多样，势必加重语言的负担，使语言变得庞杂繁复。从人的语用心理角度来看，经常使用一个词表达一种意思固然会让人感到厌倦；过多的选择，也容易让人们感到无所适从。人们使用时就会从众多的人称代词中挑选出最符合自己的习惯或喜好的一个，固定下来。社会交际使大家挑选的词语趋于一致，剩余的代词被淘汰。人称代词系统又重新变得稳定有序。

《歧路灯》的人称代词系统还处在演变和选择的过程中。下面分别对几组功能、意义相近的人称代词加以辨析，希望能找到一点规律性的东西，得出这一系统在演变过程中所处的阶段。

1. 俺、我们、俺们

“俺”“我们”“俺们”在《歧路灯》里都可以用于复数的排除式，现代宝丰方言最终选择了“俺”字。它们在书中的使用情况如下表所示。

功能 词项		领格	非领格	总的出现次数	
俺	单数	82	10	92	280
	复数	92	96	188	
我们		17	108	125	
俺们		5	37	42	

“俺”的功能和意义最全面。它可以同时用于单复数的领格和非领格。其中用于单数非领格的数量远远少于其他三种用法。书中单数非领格的10例“俺”都出自社会地位比较低、文化程度不高的粗人（如赌场打手、小厮、杂役）之口。即使是这些人，也并不都把“俺”作为唯一的自称代

词，一般来说更经常使用的还是“我”。“我”在表示单数非领格时要强势得多。“俺”主要用于单数的领格（82例）和复数的领格（92例）、非领格（96例），这三种功能平分秋色。

“我们”和“俺们”都只能用于复数。“我们”除了用于排除式，还可以用于包括式，意义比“俺们”广泛。所以数量也比“俺们”多得多。但是，第一人称能用于包括式的还有“咱们”和“咱”。淘汰了“我们”，对第一人称意义的表达不会有什么影响。

从数量上来看，“俺”的用例远远多于“我们”和“俺们”。它们的出现频率为：俺280例>我们125例>俺们42例。

无论在数量上，还是功能和意义方面，“俺”都非常突出，已经表现出了强劲的发展势头，并最终战胜了“我们”和“俺们”，完成了“统一”的局面。

2.“咱”“咱们”和“你我”

现代宝丰方言中已经完全淘汰了“咱们”和“你我”，只用“咱”表示第一人称包括式。

《歧路灯》时的“咱”不仅能在句中充当主语、宾语、定语和兼语，还可以表示第一人称的单数（这一点大概是宋人和金人作品里“咱［tsa］”字用法的一种保留吧），功能齐全，数量占绝对优势，“咱”和“咱们”的比例是714∶46。“咱们”不但数量少，只能用于复数，且不能用作兼语。而“你我”则更像是为了表示谈话人的亲密关系临时组合起来的一个词组，而非真正意义上的人称代词。这证明“咱”在当时已经发展成熟，“咱们”和“你我”正处在被淘汰的过程中。

3.“你们”和“您”

<table>
<tr><th colspan="2">功能
词项</th><th>领格</th><th>非领格</th><th colspan="2">总的
出现次数</th></tr>
<tr><td colspan="2">你们</td><td>16</td><td>106</td><td colspan="2">122</td></tr>
<tr><td rowspan="2">您</td><td>单数</td><td>9</td><td>5</td><td>14</td><td rowspan="2">95</td></tr>
<tr><td>复数</td><td>18</td><td>63</td><td>81</td></tr>
</table>

从上表中可以看出，这一时期的“你们”在数量上占有一定的优势，而“您”的功能则更为齐全，二者尚处在胶着的竞争状态中。

总的来说，除了第二人称外，现代宝丰方言中的其他人称代词在《歧路灯》里都表现出了数量上的优势。《歧路灯》时代的人称代词已经具备了现代宝丰方言的雏形。现代宝丰方言在人称代词的选择上有一定的规律可寻：第一，凡是在单音节词和双音节词并存的情况下，现代宝丰方言总是淘汰双音节词而选择单音节词。中原官话向以简练著称，对人称代词的选择也同样遵循这一原则。第二，现代宝丰方言总是倾向于选择功能更为齐全的那些人称代词。但这些人称代词是否一直都具备这么完备的功能，还是18世纪以前的宝丰方言已经作出了选择，这些人称代词才开始完备起来，还需要更多的语料来证明。

参考文献

[1] 北京大学中文系语言学教研室．汉语方言词汇（第二版）[M]．北京：语文出版社，2005.

[2] 崔灿．河南省志（11）[Z]．郑州：河南人民出版社，1995.

[3] 丁喜霞．歧路灯．助词“哩”之考察 [J]．古汉语研究，2000（4）.

[4] 傅书灵．歧路灯．中的“把”字句 [J]．平顶山师专学报，2004（6）.

歧路灯．中的能性“V不得（O）”[J]．信阳师范学院学报（哲学社会科学版），2005（2）.

[5] 李昌铉．歧路灯．研究八十年 [J]．西北师大学报（社会科学版），1999（5）.

[6] 王鸿雁．歧路灯的选择疑问句研究 [J]．广西民族学院学报（哲学社会科学版），2005（3）.

[7] 徐云知．歧路灯．版本考 [J]．学术交流，2004（1）.

[8] 许宝华，宫本一郎．汉语方言大词典 [Z]．北京：中华书局，1988.

[9] 许光烈．维纳斯句型——近代汉语中一种特殊的“把”字句 [J]．语言教学与研究，2005（4）.

[10] 杨荣祥．近代汉语否定副词及相关语法现象略论 [J]．语言研究，1999（1）.

[11] 杨裕．宝丰县志 [Z]．北京：方志出版社，1996.

第九节　“作”“做”的运用

“作”和“做”是现代汉语的常用词。从历史上看，“作”和“做”联系密切。“作”和“做”合用、混用的发生年代很早，可以追溯到近代汉语时期。在现代汉语里，二者又是一组高频动词，其使用面比较宽，语义交叉面比较大，构词能力也比较强，人们在语文生活中几乎经常接触到。当它们进入语言传播活动，人们往往难定取舍，无所适从，成了异形词整理和规范的一个老大难。因此研究“作”和“做”的分合，对异形词的综合研究具有典型意义。为了准确鉴别二者所构成的异形词，有必要进行历史考察和共时分析。

一、“作”和“做”的用法辨析

“作”出现较早，甲骨文、金文均作“乍”。《说文》：“止亡词也。从亡一，有所碍也。”“乍”是个会意字，“作”是后起的形声字。段玉裁注：“亡与止亡者，皆必仓猝，故引申为仓猝之称。”康殷认为段玉裁的判断有误，他说：“乍，象上衣的领形。这乍形有两种含义：一，表示缝制衣，引申泛指制作各种器物，后世改造作字，俗更造做字，以示制作之乍；二，由仅仅制出衣领部分，以表示制作为时不久，即现在的乍字，表示暂、忽、猝，‘甫然也’。”[1]意思是说这个“乍”的制作义跟“作”构成古今字关系，而“做”跟“作”构成又一层古今字关系。

关于“作”和“做”的区别，学者们发表了许多意见，但是基本上还没有形成相对统一的意见。

陈建伟认为，“做”字出现于宋代，最初是“作”的一种不规范的俗体字，不仅音义相同，而且通用。1949年后，“做”不但被人们接受，而且与“作”在意义上有了差异，“做”这个词语“给人的动作感强，动作的幅度、强度大而且具体，这远不是‘作’所能表达得了的”。但归根结底，“做”的意义是从“作”的义项中派生分离出来的，即使人们都肯定

“做”有制造义，如做家具、做时装等，其实“作”在古代文献也有同样的意义，如“黄帝作剑，以阵象之”（见《孙膑兵法·势备》），“作剑”就是制作剑。至于“做”，也有当作、充当、担任义，如做医生、做工人等。陈建伟指出有两种现象必须说明：(1)“作”有的义项是“做”所没有的，如作古、作艺、作件、作佣、作准等；(2)人们约定俗成的不能混用，如“作文”和“做作文”、“作业”和“做作业”、“作态”和“作为一种姿态”等。[2]

王合书通过比较方法，指出“做”和“作”用法上有三点不同：(1)涉及的宾语不同。“作”一般只能是抽象宾语。(2)对象的词性不同。“作”所涉及对象可以是名词也可以是动词。(3)口语与书面语使用不同。“作”有较强的书面语特点。[3]

王书生调查了《现代汉语词典》，发现没有收“做出”或“作出”条，但是在解释词语的文字中却频频出现“做出”，甚至连用“作”做语素构成的词也解释为“做出”。他还发现“作出”的用法是客观存在的，凡是通过抽象行为实现的动作用“作出”。[4]

许国萍引用古代字书和韵书进行分析，指出“作”在上古、中古时期都有两个读音。《广韵》：“则洛切；又则逻切，臧路切。入，铎韵，精。又则个切，去，个韵，精。”但是，后来这两个读音发生了分化。《字汇》：“做，去声。不知作本有去入二声，分作做为二。”《正字通》：“今方音，作读佐，俗用做。”可见，“做”是“作”的去声俗字。如今，在现代汉语普通话中，二者在读音上已经不再存在差别，但一些方言里，如湘方言、赣方言、吴方言里二者仍然保持着读音上的差异。“做”可能出现于宋代，《广韵》以前的韵书还未收“做”字。宋人邵雍《和人留题张相公》有诗：“做了三公更引年，人间福德合居先？”元代《中原音韵》就已经收有“做”字。这就证明“做”是后起字，是“作”的分化字。[5]

李恩江指出，“作”是个常用字，其字义大抵有两个系统，一是“造也”（制作），一是“起也”（兴起、发生）。根据《集韵》，“做”为“作”的后起俗字，它只接管“作”字的“造也”之义，并未接管“起也”之义。后来，“做”字的应用也大体局限于由“造也”义衍生的词义系统内。《汉语大字典》“做”字收有12个义项，《汉语大词典》收有15个义项，大部分都可以在同一工具书的“作”字义项中找到相同或相似的条目，只有个别不同。这是因为“做”为俗字，一般出现于语体文中间，新生的口语词往往写作“做”，不作“作”，比如“做生日”“做亲家”“做手脚”“做道场”等即是。他还特别引用了人民邮电出版社《错别字辨正字典》：“此二字的区别是：习惯上，具体东西制造，或涉及的事是具体的，一般用‘做’。如：做礼拜、做媒、做梦、做亲、做声、做手脚、做贼心虚、做作。抽象一点的、书面色彩重一点的词语，特别是成语里，一般都写成‘作’。如：作法自毙、作壁上观、作奸犯科、作茧自缚、作威作福、为人作嫁、矫揉造作。”[6]这一概括大体符合构词事实，也被学者所认可。

由此可见，最初，“作”和“做”在意义上还是存在一定的分工，表示兴起、当作、作态、发作、作品、写作、工作等义时通常用“作”，表示制造、举办、充当、用做、成为、结成等义时通常用“做”。但是后来在如下一些义项上二者似乎有分，却又时时相混：（1）制作。本用“作”，“做”出现后，“造”的义项，尤其是指具体东西的制造时一般由“做”承当。但是，还是有人沿用“作”。（2）创作、写作。在书面语色彩较重的行文里仍有用“作”的，如作文、作曲、作者、作品等；而做论文、做诗、做文章等较多用“做”。（3）从事某种工作或活动。书面语用于抽象的对象一般写成“作”，如作业、作弊、作对、作难、作恶、作乱、作战、作孽、作弄等；对象具体的一般用“做”，如做买卖、做生意、做礼拜、做工作、做事情等。我们曾经在黄国营的配合下对清华大学中文系的一些本科生和研究生进行问卷调查，要求在若干含有“作”或“做”的复合词语中选择用“作”还是用“做”。答卷的结果很有意思，大多数学生是跟着感觉走的，但大致反映一种倾向性选择。也就是说书面语色彩重的选择“作”，古代汉语继承下来的成语选择“作”，表示支配抽象对象的选择“作”；口语词选用“做”，支配具体对象选用“做”。但是遇到一些现代新生的词语就把握不住了，如“作（做）秀”“作（做）声”“作（做）东”等，往往选择两可。学生在书面语使用“作”或“做”时，跟专家的意见基本一致。[7]

目前，“做”和“作”的使用还是混乱的。如“作报告”，还是“做报告”？即使是全国语言学类最高级别的刊物《中国语文》杂志上，这些用法也都是存在的。比如：

（1）大会特邀台湾“中研院”黄居仁研究员、微软亚洲研究院黄昌宁教授、北京中搜在线软件有限公司陈沛总裁和香港城市大学邹嘉彦教授等4人，分别就知识本体与自然语言处理、带标语料库建设、第三代搜索引擎展望和正负两极性自动文本分类做了报告。（2005年第6期，第507页）

（2）前任会长鲍明炜、许惟贤、卞觉非三位教授也参加了年会并作报告。（同上，第494页）

如果把眼光放在一般的报刊上，“作报告”与“做报告”，“作贡献”与“做贡献”的并用情况更是常见。从词义发展及使用的频率方面考虑，我们建议，写作“作报告”和“做贡献”。

二、“作”和“做”的构词功能

如何认定一组同义复合词中不同字的语素意义是否一致，以及如何分析相对应的语素在构词中的作用？当决定取舍时又如何确定同义复合词中的不同用字的语素义有无区别？这是鉴别异形词和整理异形词十分关键的技术处理。例如“做”和“作”，古本无“做”，故不存在相混的问题，到了中古才出现把“做”当作“作”的俗写字来使用。在实施某一行为这一意义上，“做”与“作”具有了共同义项，但其词法功能并不相同。“做”是动语素，可独立成词；“作”是动语素，但一般不能独立成词。“做”或“作”构词形式大致有这几类：

（1）做N/作N：做客/作客；做主/作主；做声/作声；做伴/作伴

（2）V做/V作：装做/装作；看做/看作；当做/当作；叫做/叫作；制做/制作

（3）A做/A作：大做文章，好吃懒做，小题大做，狂风大作

（4）做V（A）/作V（A）：做美/作美；做弄/作弄；做秀/作秀

N是名语素，V是动语素。《现汉》中收录的以“作”打头的词达60多条，但很少以词的身份用于短语中。[8]“作”做动语素也可独立成词的，但那意思与“做”不同，如“日出而作”“妖雾大作”。它表示劳作、发作和某类特定动作（如指书写动作）等义，而无“做”的意义。这个意义时，构成的“作N”不能用“做N”替代，如“作法”“作怪”“作古”“作弊”“作为”“作品”“作风”“作文”“作家”等。当“作”充当不成

词语素时，总是后附于复合词尾，如“创作”“振作”“造作”“发作”“动作”“操作”“运作”“劳作”“写作”“炒作”等。

“做”的基本意义是制造、处理、举办、担当。跟它构成复合词语的名词性语素一般都可以扩展为双音节词，与“做”组合成动宾结构：做事——做事情，做主——做主人，做伴——做伴侣。如果是“作客”“作主”“作伴”，就不说“作客人”“作主人”“作伴侣”。而且“做”的对象必须是具体的、有形的，一般不能是抽象的。如上引的“做秀”“做声”就不能扩展为“做表演”“做声音”，严格说这样的搭配是不规范的，只有用“作秀”“作声”才说得通。“作秀”是做出表演自我的动作，“作声”是指发出声音的动作。

“做”与“作”在一些同构词里的意义明显有差别，例如“作文章”和“做文章”的含义就很不一样，前者有写作、创作的意思，后者则有做作、造作的意思。“作文章”是心有所思，成文于笔；“做文章”是写不出硬写，借题发挥，另有心计。“作法”和“做法”也不同，“作法”是进行法术活动，“做法”是处理事情的方法。

由于“作”是较古老的形式，“做”是新生的俗字，故凡是古词语特别是成语等凝固形式，用“作”不用“做”。如：装聋作哑、装腔作势、矫揉造作、天作之合、作法自毙、作茧自缚、惺惺作态、小题大作、兴风作浪、天造地作、故作姿态、为虎作伥……

尽管“作”跟“做”的语素意义在理论上可以辨析与有所分工，但是由于两个语素在语源上具有同一性，在实际使用时的语用意义上也十分相似，因此用它们构词不少场合多有牵连，仍然难分难解。而且长期的使用习惯也深深影响着人们，习惯不同，写法也不同。有的人习惯用“作”，有的人习惯用“做”：

当作/当做　　称作/称做　　叫作/叫做
作客/做客　　作伴/做伴　　作东/做东

在现实语言的使用中确实存在一些很难处理的情况。比如“作出/做出”这一组异形词而言，《现代汉语词典》和《辞海》都没有选用它们作专门的词条，但在注释中却屡见其词。比如《现汉》（2002 年增补本）的一些释义：

作态——故意做出某种态度或表情。　作势——做出某种姿态。

作答——做出回答。 作为——做出成绩。

做戏——比喻故意做出虚假的姿态。 做主——对某项事情负完全责任而做出决定。

做作——故意做出某种表情、腔调等。

这里都用了“做出”。按常理，在词典释义用语中出现的词语必须列做词目，进行注释，但是《现代汉语词典》一反常态，没有列出“做出”为词目。可能就是因为《现代汉语词典》的编纂者觉得难以把握“做出/作出”的选择吧。

有人提出，“凡是通过抽象行为实现的动作，用‘作出’。一般地，其主词多为组织，其宾词往往富含更加具体的内容，所表述语义多是对他人提出要求，对为什么这样‘作’有明确的目的。”[9]比如“作出规定”“作出选择”“作出决策”“作出让步”“作出战略部署”“作出指示”“作出判断”“作出处罚”等便是。但是也并不真如此地整齐划一，比如对诸如“‘决定’一类主词既可以是‘人’也可以是‘组织’，宾词既可以有具体内容也可以没有具体内容的‘双刃词’，好像相应地就该有‘做出决定’与‘作出决定’两种写法。”[10]显然，这又使人陷入困惑的选择之中。

三、“做出/作出”选择的思考

两个或两个以上意义相同的同音语素在与另一个共同语素构成复合词时，会形成既是同音又同义的关系。但是具体分析，会发现它们在意义“相同”的背后有所分化：

（1）基本意义虽然相同，但具体使用中有细微的差别，或理性意义略别，或色彩意义有异，或语法功能不同，或语用不同，或语体不同。那么它们实际上是不同的词，如“成才—成材”“作法—做法”。

（2）意义完全相同，也没有语用修辞的差别，那么实际上是同一个词的不同书写形式而已，即所谓异形词。如“伙伴—火伴”，其中的一种书写形式“火伴”是历史词语，在现代社会的语文生活中已经被自然淘汰了。

（3）意义很难说出究竟有什么不同，但因语文生活中长期形成的“望字生义”心理，使人们感觉到不同语素组成的复合词理所当然应该具有不同的意义，但往往又按自己的书写习惯随意选用，难定取舍。如“畜生——畜牲”，也许会觉得骂人用“畜生”，指动物用“畜牲”。

（4）意义有细微的差别，在大多数同素义族词语中构成了异形词，但是个别组合却存在语用上或语法上的差别，以致与其把它们当作是词还不如把它们看作是短语。如“做出—作出”，也许不把它们当作是词，而视为动补结构的短语更合适，也就是说“作”和“做”都分别是一个独立的词。

我们从“做出”和“作出”的语素组合情况得到一些有益的启发。

首先，我们对“作”和“做”这两个单音节词必须进行鉴别，判明在什么条件下使用，有什么区别，又在什么意义上构成异形词；究竟应该如何取舍，究竟如何分化处理，等等。对此，张志毅、张庆云对这一组词语有详细论述：

“作”在甲骨文里就出现了，到了唐代有去入二读，于是造个“做”，让两套音义由两个字分担。这就是一个词的新旧形式同时存在的现象，王力先生把它们叫做“骈词”。从此，“作”和“做”就成了汉语中的极常用词，而且有多个义项基本相同或部分相同，于是“做饭/作饭”“做梦/作梦”“做诗/作诗”“做伴/作伴”“用作/用做”等等纠葛混同现象在手头用字中、大作家手笔下，乃至词典里经常发生。因此吕叔湘先生说“麻烦透了”，并且建议废“做”用“作”。这个建议或许是以某些谚语实践为依据的，比如老舍在《骆驼祥子》《龙须沟》《茶馆》里干脆只用“作”。可是吕先生的建议并没有被接受，他自己也没实践。老舍的办法也没坚持到底，他在《我热爱新北京》这个集子中还是用了“做”。在现阶段，还是保留“作”和“做”为好，依据绝大多数作家和《现代汉语词典》等辞书，让它们有些相对分工。[11]

他们在文章中还对二者意义和用法上的分化进行了论证，做出了分析：

（1）“作”的意义重点在“创”，是创制、创造，“作”比“做”更宜用于精神产品；“做”的意义重点在“制”，是制造，是具体的制造活动。

（2）“作”“做”都有从事某种活动的意思，但“作”的书面色彩较浓，宜用于书面语体；“做”的口语色彩较浓，宜用于口语语体。

（3）“作”多用作语素，充分发挥构词能力；“做”多用为单词，尽量发挥充当句子成分的作用。

（4）动词后作补语成分宜多用“做”，少用“作”。这样有好处，如“译做”是译成，“译作”是翻译作品（著作）；“写做”是写成；“写作”是写文章（作品）。

（5）让“作”“做”搭配分工，使之各有标准词语形式。此外，文言中的“作客”表示“寄居”，口语中的“做客”表示“当客人”。

其次，应加强字词典的规范注释和引导功能。早有人指出像“做饭”这样的词语，词典注释跟实际生活中人们的写法并不统一。比如《现化汉语词典》收词目为“做饭”，但在有影响的对外汉语教材《实用汉语课本》（北京语言学院编．实用汉语课本．北京：商务印书馆，1981）第一册两篇课文题目分别为“妈妈作的点心”和“他的作饭作得好不好”。

“作”和“做”的纠葛在规范的词典、典型的教材里都如此不统一，当然对这两个词的实际使用是十分不利的。现有的各类词典又都没有把“作/做”当异形词处理，但又似乎给人的印象是凡写“做”的地方都可写为“作”。当然，所以出现这样的情况是有原因的，诚如前述，因为它们是有同源关系的，又在普通话里已经同音。

李炜指出现代汉语的一些工具书对这两个词的释义界限不清，义项划分不统一。他排列了一些字词典对“作”“做”注释的处理：

作　②做成，制造：作文，作画，深耕细作，装腔作势。④举行，进行：作报告。向不良倾向作斗争。⑤同“做”。

做（作）　②制造；做制服，甘蔗能做糖。⑤举行：做生日。[《新华字典》（1990年重排本）]

作　②从事某种活动：作孽/自作自受。③写作：著作/作曲/作书（写信）。⑤装：作态/装模作样。

做（作）　②写作：做诗/做文章。③从事某种工作或活动：做工/做事/做买卖。⑧假装出（某种模样）：做样子/做鬼脸/做痛苦状。（《现代汉语词典》2002年增补本）

作　①劳动，劳作：精耕细作。③写作；作品：著作；佳作。⑦同“做”。

做　③写作：做文章。（《新华词典》2001年修订本）

他指出：“根据词典的解释，这两个词你中有我，我中有你，在很多情况下很难确定该用哪个。”[12]正如吕叔湘所说的：大多数北方方言没有入声，“做”是去声，“作”也是去声，完全同音，意思又相同，什么时候写哪一个字，“这就麻烦透了”，以致吕叔湘甚至提出：“可不可以一概写‘作’，不再写‘做’呢？我看可以。这两个字，声音一样，意思一样，写乱了是难免的，要长久维持这种分别是困难的，倒不如干脆只保留一种写法。”[13]吕叔湘已经看到了“作/做”的混用不利于语文规范，必须在这两个异形词里选取一个。但是他这种“一刀切”的方案事实上是行不通的，也过于简单化了。只有在科学分析基础上进行有效分化才是可取的。

李炜还根据《现代汉语词典》对“作”“做”所进行的义项划分，考察了《小说月报》1988年第1期至第12期里这两个词的使用情况：“作”和“做”共出现685次。该用“作”的地方有582次，其中4次写成了“做”（“做为”3次，“做案”1次），这是不对的。该用“做”的地方有103次，其中27次写为“作”，以“作”代替“做”的用法约占26.5%。这说明“作”在实际语言使用中没有代替“做”的用法。再从构词能力角度看：全部语料中，“作”构词106条，出现4999次，其构词能力在作为语料的4574个语素字中排在63位；“做”构词20条，出现2139次，排在899位。应该说李炜的分析是有说服力的，但是他最后说：“‘作’和‘做’构成的复合词，今后使用时可以以《现代汉语词典》为标准，尽量规范，避免混用。成语里都用‘作’，只有‘白日做梦’‘做贼心虚’‘小题大做’因产生的时间较晚，是三个例外。”这结论未免太绝对化，因为《现代汉语词典》本身也存在着许多说不清的混用之处。

针对李炜的分析，顾江萍提出了不同的看法。他也利用《现代汉语词典》中所有的“作”“做”复合词，并利用1993年到2000年8月间《人民日报》2亿字的语料，进行调查统计。统计揭示了“作”和“做”的演变趋势。他的方法是把词典里所有“作”“做”位于词首的复合词做一个替换，即将复合词中的“作”换成“做”，或将“做”换成“作”，然后把原词与变换后的词语放到真实语料中进行词频调查。原词和变换后的词语共200条，根据《人民日报》语料的词频调查，发现由“做”向“作”的演变趋势是相当明显的：“在复合词中，‘作’的组合能力明显强于‘做’，而且还有进一步加强的趋势。”他还就李炜提出的“白日做梦”

“做贼心虚”“小题大做”作了统计如下：

《现汉》	词例数	《人民日报》	词例数
白日做梦	9	白日作梦	0
做贼心虚	13	作贼心虚	8
小题大做	79	小题大作	33

顾江萍由此得出结论说：

当语言中出现了新的词语混用后，总会采用别的手段来离析它们。目前“作”“做”还不能说是完全等义，它们之间还有着细微的表义差异，但确实表现出了音同、义同的演变趋势。语言是在下意识中通过群体的力量来对此加以区别的，所采取的手段就是通过单用还是复用，是选用怎样的一种凝固的词语组合环境来实现离析目的，使之获得一种独自的使用环境。“做”“作”之间的演变过程可能是相当漫长的，但在它们之间表现出来的语言自身的调整力量却是难以抵御的。[14]

李、顾两人的调查统计说明两点：一、两个词都有构词能力，而“作”的构词能力比“做”强得多；二、两个词都是常用的，“做”主要做单音节动词使用，“作”主要作为语素用于构词。词典注释的不统一，人们使用时的不规范，主要还是由于对这两个词的关系认识不够清楚。词语使用的统一或分化，主要是依靠群众的力量，但是，加强词典对异形词规范的力度显然是十分必要的，词典对群众使用词语的规范起着巨大的影响作用。

另外，推广普通话，加强词语读音的标准化，对异形词整理和现范也是十分重要和必要的。就像“作”和“做”，在具有浓重方言色彩的作家手笔下，有很明显的使用差异。比如老舍几乎不分“作”和“做”而全部用“作”，因为在北方方言里没有入声，“作”本来具有的去入两声被合并了；但是茅盾的作品就不同了，他的《子夜》里“作”出现 213 次，“做”出现 373 次，用“做”的明显比用“作”多，大多数能分得清，如“做衣服”“做空头”“做公债”等就用“做”，其他就跟“作”混用了。如果人们各自以自己的方言去记录“作”“做”必然会增加两词使用和用它们做语素构词时的混乱。所以，异形词整理也跟读音的规范、普通话的推广密切相关。

参考文献

[1] 康殷．文字源流浅说 [M]．北京：荣宝斋，1979.

[2] [8] 陈建伟．浅谈“作”与“做”的区别 [J]．黑龙江教育学院学报，1995 (3).

[3] 王合书．“做”与“作” [J]．语文学习，2000 (7).

[4] [9] [10] 王书生．“做出”与“作出”辨析 [J]．光明日报，2001 (3).

[5] 许国萍．用词辨析：“作”与“做” [J]．修辞学习，1998 (5).

[6] 李恩江．释“作”“做” [J]．语文建设，2001 (1).

[7] 李行健，余志鸿．异形词研究 [M]．北京：语文出版社，2004.

[11] 张志毅，张庆云．消息/信息、作/做 [J]．语文建设，2000 (2).

[12] 李炜．论汉语中的“作”和“做” [J]．辞书研究，1998 (3).

[13] 吕叔湘．关于“的、地、得”和“做、作” [J]．语文学习，1981 (3).

[14] 顾江萍．“作”“做”的混用与分化 [J]．辞书研究，2002 (6).

第十节 “PM2.5”汉化引发的思考

“PM2.5”一词，最早是美国于1997年公布的。“PM”，英文全称为“particulate matter（颗粒物）”。“PM2.5”是大气中直径小于或等于2.5微米的颗粒物，也叫可吸入颗粒物，大多含有重金属等有毒物质。科学家用“PM2.5”表示每立方米空气中颗粒物的含量，这个值越高，就代表空气污染越严重。近几年，随着我国雾霾天气的日益增多，大气环境质量越来越受到国人的关注，“PM2.5”也很快成为一个“烫人”的热词，高频率地出现在人们的日常交谈中，出现在报纸、电视、网络等新闻媒体上，甚至出现在国务院2012年2月发布的《环境空气质量标准》中，出现在2012年3月温家宝总理的《政府工作报告》中。“PM2.5”作为一个英文字母词，却如此堂而皇之地出现在各种中文语境当中，引起了有关部门的关注。全国科学技术名词审定委员会于2013年2月27日专门召开了“PM2.5”中文命名研讨会，并于2013年3月11日召开“PM2.5”中文名审定会议，将“PM2.5”正式定名为“细颗粒物”，通过新闻媒体向社会进行了公布。遗憾的是，“细颗粒物”这一中文名称目前还没有得到普及，新闻媒体还在大量使用“PM2.5”，其汉化之路也许还很长。以“PM2.5”为代表的英文字母词的汉化过程不能不引发我们进一步的思考。

一、英文字母词应该走汉化之路

随着我国对外开放步伐加快，和外界接触越来越多，字母词越来越多地进入汉语之中。《现代汉语词典》第6版修订主持人江蓝生在接受记者采访时说：“在国家正式文件和领导人的讲话稿中，都出现过一些字母词，人民群众日常生活中遇到很多字母词，比如你到医院做B超、CT，股民炒股会遇到A股、B股，关心经济形势离不开GDP、CPI，生活中都离不开。”[1]学者沈刚进行过统计，在众多的字母词里，英文字母词“占总数的92%”。[2]也就是说，像“PM2.5”这样的英文字母词占字母词的绝对多数。“PM2.5”中文译名“颗粒物”的正式确定，正是英文字母词走汉化道路的体现。

英文字母词汉化有其相应的理由。首先，它符合世界语言发展本土化的共同规律。在世界语言的发展过程中，许多国家在吸收外来词语时，一般都不是直接照搬过来，而是要经过本土化。当今世界上最强势的英语就是如此。英语总是把外来词语进行“英化”，从书写形式到读音都转变为自己独特的语言形式，如将来自汉语的“功夫”转变为“kung-fu”，“太极拳”转变为“taiji-boxing”，“磕头”转变为“kowtow”，等等。日语中吸收英语词很多，但他们发明了片假名来专门转写英语词，从读音到书写形式都对英语词进行了“日化”。其次，它符合汉语发展的历史经验。在汉语发展历史上，有几次大规模地吸收外来词的时期。无论是西汉丝绸之路时期、魏晋佛教传入时期还是晚清至“五四”西方文明东渐时期，都是利用汉语的音、形、义兼有的特点，采取意译、音译或音译加意译的方法，用汉民族的语言元素来表示外来语言成分，使得外来词“只用汉化的方式进入我们的词汇系统”。[3]如“石榴”“胡笳”“斋戒”“缘”“干部”“经济”“沙发”“啤酒”等，外部表现形态都已转化为汉字，而不是保持外语的原貌。这种外来词汉化的方式不仅丰富了汉语的表现力，也保持了汉语的纯洁性。英文字母词直接“植入”汉语中，会破坏汉语表意书写系统的特征，使得英汉夹杂，不伦不类，应该合理汉化。

二、国家应该主导英文字母词汉化

全国科学技术名词审定委员会是经国务院授权，代表国家进行科技名词审定、公布的权威性机构。该机构两度召开专家会议研讨、确定“PM2.5”的正式译名，可以看出国家主导英文字母词汉化的态度。

自英文字母词渐成泛滥之势以来，对其应持什么样的态度，人们莫衷一是。有人认为英文字母词有醒目简洁的特点，丰富了汉语的表达方式，应当允许英文字母词的存在和继续发展；有人认为英文字母词破坏汉语纯洁性，污染冲击汉民族文化，应当从严控制甚至杜绝使用。还有人认为英文字母词“最终还得由使用汉语的广大群众来作抉择，他们的裁定是最终的裁定”。[4]这些争论没有权威，使得人们感到十分茫然，无所适从。

其实，语言既具有工具性，也具有文化性。一般民众只从语言的工具性角度去看待英文字母词，认为可以随心所“用”，任其自由发展。但国家的站位应该高于普通民众，要更多地考虑到语言的文化性，考虑到维护国家语言的规范和健康发展，考虑到中华民族文化的传承。令人欣慰的是，国家有关部门对英文字母词的使用已经提出了规范要求。教育部、国家语委发文要求“增强依法使用国家通用语言文字、慎用字母词的意识”。[5]国家广电总局下发通知，要求“在电视节目中进一步规范用语，不能使用 NBA、F1 甚至 GDP 等英文缩写词”。国家新闻出版总署下发的《关于进一步规范出版物文字使用的通知》中要求，在汉语出版物中，禁止出现随意夹带使用英文单词或字母缩写等外国语言文字。[6]国务院办公厅秘书局印发的《关于加强对行政机关公文中涉及字母词审核把关的通知》中，要求“制发公文时一般不得使用字母词，确需使用字母词的，应在文中首次出现时以括注方式注明已经国务院语言文字工作部门或者其他有关部门审定的汉语译名”。[7]国家不同部门的文件规定，“慎用”也好，“禁止使用”也好，“规范用语”也好，“一般不得使用”也好，都是意在限制字母词的使用。但仅仅限制使用是不够的，还应该追根溯源，从国家层面加强立法或制定统一的明确规范，大力主导英文字母词的汉化。因为英文字母词汉化的越多，英文字母词的使用才会越少。

三、英文字母词的快速汉化机制亟待建立

自 2013 年 4 月 7 日《中国气象报》公布了“PM2.5”正式译名为“细颗粒物”之后，作为大众传媒的报纸上依然在使用“PM2.5”。笔者通过“中国知网”的“中国重要报纸全文数据库”查询，4 月 8 日至 18 日期间有 13 篇文章标题中使用了“PM2.5”，而没有 1 篇使用“细颗粒物”；通过“中青在线”查询到《中国青年报》出现使用“PM2.5”的新闻多达 30 篇，同样没有 1 篇使用“细颗粒物”。这说明，“PM2.5”虽然有了汉化的名字，但还没有真正实现汉化，英文字母词的汉化速度不理想。

应该说，我国的字母词审定规范机构是比较健全的。原有的审定规范机构有国家语言文字部门、翻译部门和全国科学技术名词审定委员会等。

2012年6月20日，又在北京专门成立了“外语中文译写规范部际联席会议专家委员会”。外语中文译写规范部际联席会议由国家语委牵头，中央外宣办、中央编译局等10个部门和单位组成。专家委员会是联席会议协调机制的重要智库。[8]审定规范机构承担的职责也是明确的：审定外语中文译写的规则规范；已有外语词中文译名及其简称，以前不统一的外语词译名要逐步统一；审定或裁定新出现的外语词中文译名及新创制的中文译名简称等。但是，还需要真正建立起英文字母词快速汉化的机制。首先，要从源头抓起，对新出现的英文字母词要及时加以翻译，在其未被社会熟悉和接受之前提供中文翻译形式。其次，对已经翻译和审定的英文字母词，要设立专门的发布平台，及时向社会发布，并引导督促其在政府公文、学校教学、新闻媒体、公共服务等四大领域率先规范使用，形成翻译、审定、发布和监督使用“一条龙”的快速汉化机制。这样，就可以避免像“PM2.5”流行很长时间后才有正式中文译名，有了中文译名却无人使用这一尴尬局面的出现。

在《国家中长期语言文字事业改革和发展规划纲要（2012—2020）》中明确要求，加快制订、完善“外国语言文字使用规范”，“争取在2020年前完成《国家通用语言文字法》的修订工作”。在未来制定规范或修订语言法律时，应该把“汉外混杂”“汉英混用”的语言现象纳入规范管理和法律调整的范围，以保护中华民族的文化根本——汉语，免遭侵害。语言必须符合民众的使用习惯，吸收英文字母词不能搞拿来主义，针对蜂拥而来的英文字母词，我国应加快翻译和“汉化”进程，不断推广和普及汉语新词。

参考文献

[1] 司马迁．“语言的纯洁”是一个伪命题［N］．青年时报，2012（9）．

[2] 沈刚．试谈汉语中字母词的使用［J］．黔东南民族师范高等专科学校学报，2006（5）．

[3] 江贤泉，谭红．字母词与语言纯洁［J］．新世纪论丛，2006（4）．

[4] 胡明扬．关于外文字母词和原装外文缩略语问题［J］．语言文字应用，2002（2）．

[5] 教育部，国家语委．要求加强对字母词使用的管理．教育部简报，2010

(94).

[6] 王荟，张弘．汉语出版物禁随意夹带外文［N］．新京报，2010-12-22.

[7] 教育部，国家语委：2010 年中国语言生活状况报告［N］．人民网，http//edu. people. com. cn/GB/14620075. html.

[8] PM2.5 中文译法是什么？外来语“专家智库”成立［N］．人民日报，2012-6-21.

第十一节　新词“PK”

缘　起

近日读报，发现一文《PK到底是什么意思》（老魏，《大河报》2006年8月30日），照录如下：

报社内部网上有个内部论坛，是小老编辑们研讨业务、切磋文字以及发牢骚、找乐子的一片天地。前天晚上，等待领导签版的间隙，我忙里偷闲，到内部网上溜达溜达。进入“采编讨论”板块，顶端的帖子是《请教：PK到底是什么意思?》，内容是：

原来经常在报纸上见到VS，如“甲VS乙”等，后来见得多了，就自己揣摩：可能是“对阵”的意思吧。

这个词还没有完全明白，又出来一个“PK”。恕俺愚拙，这个PK到底是啥意思？特向方家请教，俺不能再不懂装懂了！

下面有一个署名“饭特稀”的回帖：

PK有两个渊源，一种说法认为，PK来源于网络游戏中玩家之间的对打，是英文player killing的缩写。Player killing是一种打斗方式，引申为“单挑”。另一种说法是，PK来源于足球比赛中的罚点球，即penalty kick的缩写。PK其实就是点球大战，这一幕往往也是足球运动中最惊心动魄、决定胜负的时刻。

闲着也是闲着，我也顺手跟了个帖子：

PK做名词用时，意思是“嫖客”；PK做动词用时，意思是“爬开”……

昨天中午，我又想起了那个PK的帖子，上网一看，有一个ID为“天授礼法延祚”的同志对PK的意思做了进一步阐释：

PK放在老少边穷地区时，意思是“贫困”；PK放在警察局里时，意思是“扑空”；PK放在牌友嘴里时，意思是“扑克”；PK放在清朝末年时，意思是“赔款”；PK放在小姐嘴里时，意思是“陪客”……

我晕！

此文虽不是学术论文，但提出一个学术上应该研究的问题，即“PK”一词的产生、性质、语义、功能及语用中已经存在和可能出现的问题的考察与思考。

2004年2月，由湖南卫视首次推出“超级女声”，作为大众声乐文化活动通过电视、通信等现代科技和现代媒介迅速走红，它涉及表演艺术的审美系统、传播系统、生产系统，以及文化管理、艺术教育等诸多方面。从某种意义上讲，“超级女声”甚至对中国文化事业已有的审美定式、审美观念形成了始料不及的冲击与影响，这就不可避免地引起了社会的广泛关注和思考。作为一名语言文字工作者，首先关注的就是“超级女声”给当代语言生活带来了哪些影响。最为明显的当是诸如“超女”“玉米”“凉粉”“盒饭”“海选”“PK”等一批新词闪亮登场，频频进入人们的视线。如今“超级女声”的喧闹声在比赛结果水落石出后逐渐远去，可是当初与“超女”等一起“爆发”的“PK”一词却在媒体上丝毫不减火爆，成为2005年流行语。我们只要稍稍留意一下报纸、杂志、网站等各类媒体，就会立即感觉到“PK”的运用之广，作用之大。

一、“PK”溯源

关于“PK”一词的来源，大体有两种说法[1]：

一说最早流行于文字MUD（又称为泥巴）的网络游戏，是“Player Kill”（或Player Killing）的缩写形式。在MUD游戏中，玩家与玩家各自所控制的游戏人物不需要理由地彼此对杀。“PK”的意思是“两人对决，杀个你死我活”，即“杀死玩家”。后来引申为人与人之间的较量。欧洲共同体的一种说法是“Pleasure Kill”，意思是“快乐杀人”，比起“杀死玩家”少了些血腥杀戮，多了些快乐游戏的意味。

与此相近略带戏谑的一种说法是，“PK”是从网络游戏中引用后改编的。中国玩家在早期对战时通常用“劈砍”两字来宣战，所以取这两字的拼音开头字母就是“PK”了。其实，这种渊源还是网络游戏，仍归为第一说。

另一种说法，据说最早来自足球，是足球中“点球”“Point Kick”（一说是“Penalty Kick”罚点球）的缩写形式。因为足球踢到最后由点球决定胜负的时候，就只剩下罚球员和守门员两人的对决了。所以“PK”引申为一对一的单挑。

此外，还有三种“PK”与本题无关，不在讨论之列：1. 张驰新《这里的PK不太冷——谈口译考试十大经典PK句型》（《新东方英语》大学版，2005.10）一文中“‘PK’却幻化成了Particular Knacks（特别辅导）”。2. 列孚《“后超女”现象将持续发酵?》（《中国新闻周刊》，2005.33）说，“广东人早就说‘PK’，但那是‘扑街’（粤语，人踉跄地摔得滚趴在街上，指倒霉得很）粤音英文拼音的简化”。3. 网络新闻中，“哈萨克斯坦石油公司”（Petro Kazakhstan）简称PK公司。

参照语言生活实际，比较上述几种说法的可信度和实用性，我们认为第一种说法是现在的主流。

二、“PK”语义演变

随着社会生活的发展，人们的认识水平也在不断变化，于是大量映射客观事物或现象的多义词语应运而生。如“深”，本指“从上到下或从外到里的距离大”，由此引申出“深度”“深奥”“深刻、深入”“感情厚、关系密切”“颜色浓”“距离开始的时间很久”“很、十分”。据考察，本族词中诸如“深”的多义词占绝大多数，正因如此，我们掌握一定数量的词语后便为自如地进行表情达意奠定了坚实而深厚的基础。

外来词（也叫“借词”）一般是例外的，它通常为单义词。传统认为，外来词的吸收方式有四种：音译，如“扑克”“高尔夫”“爱因斯坦”等；音译加汉语语素，如“啤酒”“艾滋病”“沙丁鱼”等；半音译半意译，如“霓虹灯”“拓扑学”“沙文主义”等；音译兼意译，如“幽默”“维他命”“可口可乐”等。

近些年来，字母词大量涌现，它直接用外文字母（简称）或与汉字组合而成，如“APEC”（亚太经济合作组织，英文“Asia Pacific Economic Cooperation”的缩写）、“BBC”（英国广播公司，英文“British Broadcasting Corporation”的缩写）、“CCTV”（中国中央电视台，英文“China Central

TV”的缩写）、“IP”（网络协议，英文“Internet Protocol”的缩写）、“IT”（信息技术，资讯技术，英文“Information Technology”的缩写）、“VCD”（激光视盘，又称“影碟”，英文“Video Compact Disc”的缩写）、“H 阶层”（共同具有“Hard”“努力”“High education”“高学历”“Happy”“快乐”“Hope”“希望”特点的人群，因为这些词均以“H”开头，故称）等等。这些词语功能单一，意义明确，表义往往也是单一的。[2]

“PK”一词却表现出与此不同的情形，由本义延伸出不少新义，成为一个典型的多义词。

就“PK”的本义“杀死玩家”或“点球”而言，它应该像“APEC”“CCTV”等这些词语一样，是“原装外文缩略语”，属于典型的字母词语。“因为从文字书写到读音完全是外文外语的原来的形式，既不是意译，也不是音译，也不是音译加意译。这里的字母的读音和意义完全是外文外语。”《现代汉语词典（修订本）》列为“西文字母开头的词语”。[3]

但就“PK”在语言生活中的运用而言，它的语义已远超出它的本义了。在“超级女声”中由最初的本义“杀死玩家”或“点球”综合引申为“两名实力相当的选手进行比拼，最后只有一人胜出，另一人淘汰出局”这样的意思。随着使用的广泛深入，“PK”又产生了其他新的引申意义。“PK”可以不仅一对一地拼杀，而且是一对多、多对一，甚至是多对多的群战。可以肯定，“PK”的词义还在演进变化着。若用同义替代法，在具体的语境中，我们可以给“PK”匹配到一系列的汉语同义词，例如：对决、对抗、比试、比武、比对、比拼、较量、竞争、角逐、争霸、争抢、争夺、挑战、打擂、淘汰、击败、胜出、一决高低、短兵相接、正义战胜邪恶、淘汰出局、脱颖而出等，或是比赛、竞赛、争霸战、擂台赛、淘汰赛、海选、优选等。[4]我们认为，这从一个方面看，反映出字母词语本身表义的模糊不确定性，但另一方面，也足以反映出“PK”与“WTO”“DNA”“MBA”等这些字母词语意义的单一性形成了鲜明的区别。“PK”的语义演变轨迹可以表示为：

杀死玩家或点球→（范围扩大引申）两名实力相当的选手进行比拼，最后只有一人胜出，另一人淘汰出局→（方式扩大引申）一对多、多对一，甚至是多对多的群战。

正是因为“PK”一词在语义上产生了新的引申义项，使得它具备了一定的组合能力，具有了较强的能产性。“PK 台”“PK 战”“PK 赛”“PK 秀”“PK 学”“PK 年代”“PK 时代”“大 PK”“终极 PK”“PK 一下”等一批词语迅速催生出来并几乎充斥了娱乐新闻的标题和正文。这有点像当年的“的士”“打的”中的“的”，衍生出了“面的、摩的、板儿的、轿的、的哥、的姐、的价、的票”等词语。更像“E”(extronic“电子的、网络的”）的出现产生了“E 时代、E 趣、E 领、E 商、E 人类、E 化、E 文、E 网、E 社区、E 毒、E 家庭、E-bank、E-book、E-business、E-class、E-commerce、E-home、E-journal、E-learning、E-mail、E-shop、E-zine”等词语，如今“E 化”“E 一下”也广泛使用，“E”的词性也随之发生了变化。我们无论对待字母词语采取什么态度，单从“PK”在很短时间内的语义发展变化看，都不得不承认它是一个非常活跃并具有发展潜力的词语。

三、“PK”语法功能

“PK”的多义性也使得其语法功能具有多样性。

（一）“PK”的名词功能

（1）并购到整合：一场 PK 一场梦（《医药经济报》2005 年 12 月 21 日）

（2）与几位“帅锅”“美铝”展开了一番“问答 PK”。(《时代教育》2005 年第 29 期)

（3）PK 不仅是商标主题同时也是看点。(《大众电影》2005 年第 17 期)

（4）从升学、就业、结婚到下楼吃顿饭处处充满 PK。(《当代体育》2005 年第 36 期)

（5）以“PK”为代表的一批超女流行语已成主流用语。(《中学语文》2005 年第 18 期)

（6）PK 的幽灵无处不在游荡。(《中国记者》2005 年第 10 期)

（7）是一个以英雄名义的 PK 事件。(《当代体育》2005 年第 40 期)

（8）二人之间的 PK，其重要性不言而喻。(《钓鱼》2005 年第 21 期)

（9）于是，鸡肋的 PK 在疑似激烈中上演。(《足球世界》2005 年第 22 期)

例（1）、例（2）中，“PK”前面加数量短语“一场”“一番”修饰；例（3）、例（4）中，“PK”分别充当句子主语和宾语；例（5）中，“PK”充当介词“以”的宾语；例（6）、例（7）中，“PK”充当定语；例（8）、例（9）中，“PK”受到其他定语“二人之间”“鸡肋”的限制。这些组合能力及造句功能，都显示了“PK”的名词性质。

（二）“PK”的动词功能

（10）老板，你会被PK吗？（《职业》2005年第11期）

（11）人生何处不PK。（《畜牧市场》2005年第10期）

（12）批条PK了什么？（《报林》2005年第12期）

（13）音乐手机能PK掉MP3播放机吗？（《电脑报》2005年11月14日）

（14）截至2005年10月，刘翔已经在国内外栏坛上PK了很多次了。（《田径》2005年第11期）

（15）官场PK情场：副省长太太命案背后（《法律与生活》2005年第21期）

（16）ERP大赛：精细化PK普及化（《电子商务》2005年第11期）

（17）身体健康PK职场高薪（《考试》2005年第10期）

（18）家庭教育的正确做法PK错误做法（《时代教育》2005年第25期）

例（10）中，“PK”用在“被”字句里不带宾语单独做谓语；例（11）中，“PK”前加副词“不”修饰做谓语；例（12）中，“PK”后带动态助词“了”表示动态；例（13）、例（14）中，“PK”后面分别带上补语“掉”“很多次”；例（15）至例（18）中，“PK”都做谓语中心，后带宾语。这些组合能力及造句功能，都充分显示了“PK”的动词性质。

这里有必要辨析一下“PK”和“VS”。“VS”是英文单词“versus”的缩写，译成汉语相当于“比”，是个介词，最初常常用于体育比赛中，后来范围也有所扩大。比如：“邓亚萍VS孙甜甜”“关公VS秦琼”，等等。“PK”作为动词，最常见的用法是“某某PK某某”，如上述（15）至（18）诸例。某某可以是人名、球队名、产品名，也可以是某两事物、两种社会现象等。充当“PK”主语和宾语词语表示的概念意义往往是对称的，即：主语是名词，宾语也是名词；主语是形容词，宾语也是形容词；

主语是名词性短语，宾语也是名词性短语；甚至主语宾语还可以是两个数字。而表示“比”的“VS”要求相比的两个方面往往也是对称的，可见“PK”和“VS”对前后词语的要求具有共性。因此，在文章标题中有时把“PK”换成“VS”也能说得通。比如：

（19）刘翔 PK 姚明（《初中生学习〈中文读写〉》2005 年第 10 期）

（20）莲 Classik PK 雅骏 Solo（《实用影音技术》2005 年第 11 期）

（21）“64”PK“32”（《中国计算机用户》2005 年第 46 期）

（22）另类教育 PK 现行教育（《教师博览》2005 年第 12 期）

这四例中的“PK”替换成“VS”都能行得通。不过，替换后会让人觉得少了些动感。究其原因，VS 是个介词，只能用于介引对象，单独不做谓语也不做谓语中心；而 PK 具有动词的语法功能，可以充当句子的谓语或谓语中心成分。

有时候，“PK”和“VS”同时并用于标题中。例如：

（23）阿迪 VS 耐克　终极 PK（《当代体育》2005 年第 36 期）

（24）命中注定的 PK　哈飞赛豹 VS 悦达起亚赛拉图（《世界汽车》2005 年第 11 期）

这里的“VS”可换成“PK”，但“PK”却不能换成“VS”，足见两者之差异。

言语交际中，有时不用“某某 PK 某某”格式，而是转化成“某某和（与）某某的 PK”这种名词性的结构。例如：

（25）规则和现实的 PK——关于品牌销售办法的几家之说（《汽车与配件》2005 年第 46 期）

（26）手机电视剧：内容和技术的双重 PK（《中国电影报》2005 年 12 月 15 日）

下面两例更有意思：

（27）民族标准 PK 民族标准（《中国企业家》2005 年第 20 期）

（28）“PK”遭遇“PK”（《市场报》2005 年 10 月 24 日）

例（27）“PK”前后的两个事物从字面上看是一样的，当然内在含义有所区别；例（28）中“PK”既做主语又做宾语。

四、“PK”运用的广泛性和规范化

“PK”一词从娱乐节目开始流行，逐渐应用于报纸、杂志、网络等媒体，从上文例句可以看出，下至中小学生，上至中老年人，都在频繁使用“PK”。如今，可以说，“PK”已广泛运用于电脑业、电信业、体育界、影视界、汽车制造业、财经、法律、文化、农牧业、卫生健康、医疗保健等各个领域，走进了寻常百姓的日常生活。像“老爸PK三千白发”“大长今PK你的十条理由”“郑州菜价PK汴洛菜价”“少林武术PK陈家沟太极拳”等说法已司空见惯，习以为常，似乎一切能够对立起来的事物都能用“PK”来形容。目前，“PK”的使用率还在急剧攀升，甚至出现在一些比较正式的场合。例如：

(29) 同时，订货会上还形成了传统红学家PK新生代红学家的现象。(《新京报》2006年1月9日)

(30) 有的学生又因视力不达标被“PK”了下来。重庆百余大学生“考飞”仅十余人体检达标。(《重庆商报》2006年1月6日)

(31) 北京邮电大学-SK电讯MBA新年论坛上，最精彩的部分在最后的嘉宾讨论过程中。这就是北邮教授阚凯力先生PK五大嘉宾。(通信世界网2006年1月9日)

(32) 公司债：金融业PK发改委（《财经时报》2005年10月24日）

(33) 对价六原则：国资委设“PK台”（《21世纪经济报道》2005年9月26日）

(34) 央行PK预售制度，拥护OR置疑（《城市开发》2005年第11期）

我们应该看到，在“PK”日益广泛的使用中也出现一些不规范现象，主要表现有三种类型：

第一个突出问题，是盲目跟随潮流，为使用而使用，不顾前后语境，不该用时为了标新立异而故意使用，造成意义不明确，理解困难。例如：

(35) 莫莫的近期规划是找一个至少拍拖时不用拼命PK的帅哥，于是认识了他。(《中国新闻周刊》2005年8月29日)

（36）员工 24 小时开机等待魔鬼老板随时 PK。（《中国新闻周刊》2005 年 8 月 29 日）

例（35）中的“PK”一词用得让人一头雾水，不知所云，似乎就是“拼命”之义。去掉它也未尝不可，意思也能说得清楚。如果的确需要使用，也应该换一个语义明确的词语。例（36）中，“PK”是“淘汰”的意思呢，还是“开除”的意思呢？按照常理，老板开除一个人一般是不会在电话里通知的，这样严肃的问题应该在办公室很正式地通告。是否是“开机待命，听候调遣”之意呢？令人费解。

第二，是出现中外文同义词语重叠使用，显得行文不简洁，也容易造成误解。例如：

（37）参赛教师通过海选 PK，争议“超级教师”评选。（《职业教育研究》2005 年第 9 期）

这里的“PK”就是“选拔赛”“海选”的意思，完全没有必要同时出现汉语和英语的同义词。

第三种不规范现象，是书写形式不规范，把“PK”写成小写形式。

“PK”一词属于缩略语，正如“USA、WTO、DNA、UN、IMB”等一样，按照标准，“以尊重原语系统的用法为原则，包括通用原则和某些特例。一般缩略语和短语的缩语词都用大写体的字母组成字符串，早先每个大写字母后随点号，现在都不加了。某些特例还加点号，如 Ph. D. 哲学博士、Sc. D. 科学博士、M. Eng. 工程硕士，还有 T. S. 表 top secrecy 绝密等。”[5]那么，“PK”一词应该是大写。语用中出现的把“PK”写成“Pk”“pK”“pk”的形式都是不规范的。

总之，“PK”一词在使用上，应该遵循“必要、适当、规范”的原则，防止滥用、误用。在政论语体和公文语体中，应当尽可能少用或不用这样的字母词语；而在科技语体和面向大众的通俗语体中，则可以适当放宽。

注释

［1］［4］徐宇红：“PK”的语义、语法功能及其他［J］. 南通大学学报，2006 年第 2 期。

［2］有一种情况不属于字母词的多义现象。模仿“中央电视台”写成“CCTV”，

“广东电视台”就写成“GDTV”，“山东电视台”也写成“SDTV”(参见朱永锴、林伦伦：《二十年来现代汉语新词语的特点及其产生渠道》，《语言文字应用》1999 年第 2 期)。那么，照此类推“SXTV”是表示“陕西电视台”还是“山西电视台”呢? 都有可能。这其中的“S”类似于汉字“长”，既可代表读“zhǎng”的动词，也可代表读“cháng”的形容词。“长”仅是同形异音、异义，其实不属于一个词。我们预测，随着字母词的批量生产，像“SXTV”这样同形异词的现象还会不断出现。

[3] 胡明扬：关于外文字母词和原装外文缩略语问题 [J]. 语言文字应用，2002 年第 2 期。

[5] 周其焕：字母词在科技术语中的借用及其有关问题 [J]. 术语标准化与信息技术，2004 年第 4 期。

第十二节　大众文化语境下网络新词的传播

一、引言

网络在人们生活领域中的影响越来越广泛而深远，已经成为人们进行交流的重要平台。而文字是网络交流的重要传播媒介，随着网络的发展，在网络中出现了很多新词，我们只就网络产生的单音节词进行分析。单音节词是一个音节组成的词，这些新词被网民赋予新的意义在网络中使用和传播，并且延伸到社会生活之中。如：

“囧”（jiong），本义为“光明”。从2008年开始成为网络聊天、论坛、博客中使用最频繁的字之一，被赋予“郁闷、悲伤、无奈”之意。“囧”还被形容为“21世纪最风行的一个汉字”，在日常生活中也被广泛地使用，还延伸出来“囧文化”。

“槑”（mei），音同“梅”，字由二呆组成，形容人比呆还呆的意思。在网络语言里被用来形容人很呆，很傻，很天真。

烎（yin），“烎”起源于游戏家族，用来形容自己充沛的竞技或游戏状态。现在多用来形容一个人的斗志昂扬、热血沸腾，可以用来表示“霸气”“彪悍”“制霸”等诸多意思，是一种男子汉的勇武精神与豪气的体现。

“嫑”（jiao），古体字，是只和要的合体字。这样的字还有“犟（jiang）、巭（pu）、嫑（biao）、恏（hao）”等。

这些网络新词在网络中出现后，又逐渐走进人们的生活中，影响着人们的生活。而更主要是在传统媒体上也出现这些词，这些新词正在被人们接受和使用。

二、网络新词出现与接受的传播学分析

从传播环境看，民主法治和多元文化的发展，是网络新词发展的社会大背景。

现代的中国社会是民主法治的社会。我国宪法的第三十五条规定公民享有言论自由，它指公民在法律范围内有通过语言表达思想和见解的自由，这是公民在法律范围内享有的表达意愿、参加社会活动和政治生活的基本权利。这也就为人们在网络上创造新字提供了保障和前提条件。网民在网络中可以随意说，随意写，只要不触及法律就被允许，这就是公民和网民的权利。再加之改革开放，经济繁荣，世界各国文化交流空前活跃，新事物、新观念层出不穷，这也为网民创造新字、新词提供了重要的文化环境。网络新词的产生既离不开网民的主观因素，也离不开当代民主的法治社会背景。

现代社会的快速发展，科学技术的日新月异，社会步入了快节奏的时代，这也导致人们的生活节奏变快，人们追求在更短的时间内做更多的事情，办事效率不断提高，以来适应这种快节奏的生活。这种快节奏影响了人们生活的各个方面，即使是网民也追求高效率的交流。于根元主编的《中国网络语言词典》中提到："大部分'网语'是网民为提高输入速度，对一些汉语和英语词汇进行改造，对文字、图片、符号等随意链接和镶嵌。"[1]这句话应用在网络新词中很适合，为了提高输入速度，对汉字使用符号进行改造，用有限的字来表达丰富的意义。网民在网络交流过程中，用最简洁的输入缩短了网络交际的时间跨度，因此创造了网络新词，并在新字的传播过程中达到了共识，一旦这种共识形成，参与到网络交际的人们就会形成认同感的愉悦。

21 世纪被称为"创造世纪"，国家注重培养人们的创造力和想象力，尊重个体，主张个性的解放，这些都注定了现代社会是张扬个性的时代。而作为时代的生力军，青年人敢于张扬自己的个性，突出自己的独特个性和创造性，敢于创新。网络新词的产生，也正是这些青年人起了主要作用，体现了他们丰富的创造力和个性的张扬。这也与当今社会多元文化的发展是分不开的。

从传播渠道看，网络媒体的发展为这些网络新词的产生与接受提供了物质条件和宽松的环境。

网络的诞生让人们的生活更便捷和丰富，让人们以最便捷的方式和最短的时间获取信息。所以，网络以最快的时间渗透到生活的各个领域，而文字、声音、图片、视频等多种形式是这个全新世界中进行信息交流的新媒介，而主要的传播媒介仍然是文字，再加之网络宽松无约束的环境，网络新词的产生就是一种必然现象。

网络传播有三个基本特征：全球性、交互性、超文本链接性。因此网络传播的速度很快，传播范围之广，无国界之分，交流环境宽松和松散自由。这为网络新词的快速传播与接受提供了条件。

网络拥有特殊的交流语境。如今，网络已成为在生活中广泛应用的传播工具，它构建了一个新的传播场域。网络是一个虚拟的交流空间，因此，它的交流语境就具有特殊性，它对人们的交流没有任何的约束，人们在这个虚拟世界没有任何顾忌，可以各抒己见，畅所欲言。因此，网络的自由空间注定了它的语言表达和应用可以无拘无束，这就为网络新词的产生提供了必要的环境。

网络不仅实现了信息传送的零距离，还实现人们交流的平等性。在网络上，每个人都可以积极参与，每个人不仅是信息的接受者，而且也可以是信息的制造者和传播者。网络新词的产生和接受与网络环境是息息相关的，没有这种宽松和平等的交流环境，网络新词也许就不会出现，也不会有如此快的传播和接受。网络给网络新词提供了一个重要的平台。网民可以在这个平台中随意地发挥自己的想象力和创造力，并且表现出来。

网络让人们最便捷地获取各种信息，也为人们迅速理解和掌握这些新造字提供了便捷的条件。人们第一次看到新造字的时候，会不知所措，字典里也没有关于这个字的任何信息，但是网络搜索却为这个字的查询与理解带来了便利的条件。因此，网络的便捷为这些新字的接受也起到了推波助澜的作用。

从传播主体看，传播者和接受者都是一个充满活力与热情的特殊的年轻群体。

据 2010 年《中国互联网络发展状况统计报告》统计，截至 2010 年 12 月，我国网民总数达到 4.57 亿。虽然网民年龄结构更加优化，2010 年 30

岁以上各年龄段网民整体从2009年底的38.6%攀升至目前的41.8%。[2]但是我们可以看到网络主体仍是30岁以上的年轻群体，这一群体占的比例达到中国网民的57.1%，因此年轻人是网络使用的主体，他们也是网络新词的创造者和使用者。网络新词的出现与年轻人身上本身所具有的特点是分不开的。

青少年思维活跃，敢于创新，勇于创新，也乐于创新。网络新词的出现正好体现了年轻人的创造力。在这个虚拟的世界中，他们可以最大限度地发挥自己的想象力，通过改变字形，赋予字形新的含义。

年轻人易于接受新事物，而网络作为当前最重要的交流工具，通过网络就可以接受和理解网络新词。随着网络新词文化的传播和蔓延，很快进入到年轻人的世界中，并在网络交流中广泛应用。

年轻人喜欢标新立异的交流方式，追求独特的个性。而网络新词打破传统汉字的规范，不仅具有了象形性，更具有丰富的表意内容。年轻人都有自己的群体归属感，并且归属感很强，他们希望自己能被别人或者自己所属的团体认可和接纳。因此，当网络新词出现时，他们会自发、主动、积极地接受并传播。网络新词就会像病毒一样，被年轻的网民迅速接受和传播。

从传播内容和载体看，汉字本身具有无穷的变化魅力和内在生成机制。

从网络中不难发现，网络新词大多都是单音节词，如“囧”“槑”“烎”等新字。单音节词符合了语言使用中的经济原则，更简练、更省时地传递信息。

我国造字用字的依据是“六书”，“六书”是汉字组字的基本原理。东汉许慎在《说文解字》中详细阐述了“六书”的构造原理，即“象形、指事、会意、形声、转注、假借”。象形、指事、会意、形声指的是文字的形体结构，转注、假借指的是文字的使用方式。“六书”体现了汉字的内在生成机制。如“囧”，外面的大“口”视为人的脑袋，里面的“八”视为人的眉眼，里面的小“口”视为嘴巴，表达沉重、郁闷的表情，具有很强的象形性。它是一个象形字，表现了人表情的外部特征。“六书”为网络之中创造新字提供了依据，而这也正是因为汉字存在着这些内在的生成机制，通过对同一事物或现象采取不同的造字法产生不同的汉字形体；

即便是同一种造字法，变换部首、笔画也可以制造出形体不同的汉字。

汉字是世界上独一无二的方块字，结构组合灵活。再加上汉字合体字组合模式多种多样，有左右、上下、左中右、上中下等，所以在汉字合体字中，部件只要重新排列组合就可以有不同的汉字出现。“烎”即是将“开”“火”两个字变成了上下结构的模式，“槑”是将两个“呆”变成了左右结构而变成的新字。这样的例子还有很多，这就说明了结构组合的灵活，也是网络新词出现的原因之一。

三、加强对网络新词规范的思考

网络新词的存在有它存在的合理性。网络新词从网络走到现实世界，对人们的影响越来越大。尤其是中小学生，他们接受新事物的能力强，更容易受到影响。所以，社会急切提出对网络语言和网络新词的规范和使用。国家对文字的整理很早就制定了一系列的规范文件，如 1955 年《第一批异体字整理表》、1963 年《统一汉字部首表》、1965 年《印刷汉字通用字形》、1986 年《简化字总表》等。2009 年，教育部就《通用规范汉字表》公开征求意见，对此网民也提出将一些常用的网络新词纳入到《通用规范汉字表》中。随着网络新词的大量出现，对网络新词的规范已迫在眉睫。

然而，对待网络语言中的新字，我们要一分为二地看待，既能看到网络新词给语言中注入的新活力，又要看到网络新词对语言交际的阻碍。因此对待网络中富有生命力的新字，像“囧”“槑”“烎”等，我们应该使用，将它吸收到我们的词汇中。而相反，影响我们生活交际的网络语言和网络新词我们应该将它淘汰。对待网络新词也应该是“取其精华，弃其糟粕”。

对于网络新词的规范我们从两个方面进行思考：第一个是以公民为主体，实践网络新词的使用；另一方面是以政府为主体，注重政府对语言文字的管理约束，以及倡导、引导。

公民的实践。在网络语言中，网络新词的发展也不能忽视民众的力量。因为网络语言也是人们用来交际的工具，如果网络语言从网络到现实中被大多数民众接受和认可，并且随着时间的积淀成为了一种“约定俗成”，那么它就可以成为一个新字进入到《通用规范汉字表》之中。如果网络新词中的有些字只是被网民所使用而没有在日常生活中被人们广泛地使用，那么它就应该随时间的发展而淘汰。如网络新词“囧”，它被人们广泛使用，在报刊、杂志上随处都可见到这个词，在电影名称“人在囧途”中也出现了这个词，那么它就该进入通用汉字表中。

政府的制约和引导。语言规范，不仅要看民众的接受程度和使用程度，还要有社会的力量。这种社会力量是需要政府来主导的，政府要及时主动地对社会语言问题采取各种政策。对待网络新词的规范，在社会和民众的承认度和接受度的基础上，政府也可以根据有关的法律法规如《出版物汉字使用管理规定》等，对新词加以制约和管理。对于网络新词，政府不能干预网民在网络中的使用，却可以对人们日常生活中的读物、报刊加以规范化，通过对媒体的规范和管理，引导人们对文字正确的使用。目前，一些网络新词却存在生搬硬套的现象，随意望文生义或附加“新”义。对于这种现象，政府应通过各种途径来积极引导网络新词在社会生活中的使用，更重要的是鼓励青少年不要受网络的影响，正确使用规范的汉字，引导学生在日常生活中避免使用不为大众所接受的不规范的网络新词。

随着社会的发展和时间的推移，一些词汇会因为缺乏新鲜感，而减少使用以至消亡；另一些词汇因符合语言发展规律而被接受，成为汉语言系统中的固定常用词汇。

网络新词的规范和引导是一个庞大而系统的工程，它需要全体社会成员的共同关注和努力。而社会、民众、青少年也应积极配合国家对网络新词的规范，主动约束自己的使用，使网络语言更加规范，网络新词能够有更文明的使用。

注释

[1] 于根元：中国网络语言词典［Z］. 北京：中国经济出版社，2001 年版。

[2] 中国互联信息中心（CNNIC）：2010 中国互联网络发展状况统计报告(10). http：//www. cnnic. net。

第二章

结构和功能

对结构单位的内部关系分析和外部功能探讨是语言学的两项基本任务。词、短语和句子都是语言的结构单位。往内部看，可以观察其结构关系，总结构成规律；往外部看，可以分析其组合分布，探究表达功能。格式和格式语法的讨论是当今语言学研究的热点之一。

李白被誉为唐代最伟大的诗人，在中国文学史上他引起的轰动是最强烈的。李白诗歌风格率真自然，内容涉猎面广，是唐代诗歌语言的代表。我们从现代语言学角度，利用汉语复合词语义构词法的研究成果，运用述谓结构分析和认知框架理论，对李白诗歌中的复合动词进行分类描写，并对其语义构词规律及其在李白诗歌中的使用情况进行探究。本课题的研究，能够对整个汉语词汇史的研究提供些许参考。

动词性语素加上形容词性语素组合而成的“动+形”合成词，在现代汉语中占有相当比例，而且使用广泛，其内部结构关系可分为支配、补充、偏正、并列、多重等几类。

“副词+名词”现象日益流行，受到很多学者关注。根据其中名词呈现出的特点，可分为语法的副名组合与修辞的副名组合。前者侧重表现关涉性的较客观的语义特征，后者侧重表现描述性的语义特征，二者的区别表现在结构形式、句法功能、语义、语用及演化趋向等五个方面。对副名组合现象作动态的语用的分析，将深化对此语言现象的认识。

“一脸汗”与“一碗烩面”属于不同的结构形式，二者在句法、语义、语用上都存在着明显的差异。“一脸汗”比较接近主谓结构；“一”不是基数词，意思相当于“满”或“全”，功能上相当于形容词；“脸”不是计量单位，语义特征记为［-量度］［+处所］；在句子中表示主观大量，具有夸张的意味。

汉语基本结构单位的“字”具有较强的“基元性”（primativity），而英语基本结构单位的“词”的“基元性”相对而言比较弱。汉语的“基本结构顺序”具有较强的“时序性”（time-sequence），而英语的“基本结构顺序”具有较强的“要闻性”（news-importance）。二者各有所长。任何一个民族语言的“基本结构单位”和“基本结构顺序”必定受到该民族“认知模式”的制约。汉族人的认知模式侧重于整体感知、意象思维、名物为本、类比推理。英国人的认知模式侧重于细部感知、抽象思维、动态为本、形式推理。

汉语“主语”和“宾语”不对应于英语“Subject”和“Object”。作为汉语的语法术语：“主语”和“宾语”，应该分别叫作“起语”和“止语”。

汉语句子内部词语的排序要受到综合因素的制约，具体表现为：语义的先决性、句法的强制性、语用的选定性。

格式流行语是一个全新概念。格式流行语具有两大特征：一是内涵的丰富性，主要是指作为格式流行语的“原初格式”，具有很强的表现力，可以容纳丰富的内涵；二是形式的开放性，主要是指具有格式上的可创造性，具有很强的扩张能力。格式流行语的来源，主要有走红的网络作品、畅销的书籍、风靡的广告语、流行的歌曲、热播的电视剧、著名的电影对白等。格式流行语可以分为五大类型：一是词缀格式，如“超×”“被××”等；二是短语格式，如“××那些事儿”“很×很××”等；三是语句格式，如“约我个××理由先”等；还有段落格式和篇章格式。格式流行语的形成原因可以归纳为四个方面：语言发展的类推规律、简约快捷的表达需求、追求新奇的心理需要和现代传媒的影响推动。

“且行且珍惜”是一流行语，其流行的原因主要有：网络事件的触发、网民仿拟的推动、出处挖掘的影响、心灵共鸣的激发和诗意表达的扩散，等等。

“被××”格式流行的原因主要是两个方面：一是“被××”格式在形式上新颖独特。与传统的“被”字句相比，“被××”格式中所有的施事者都被省略，后面可以跟动词、名词、形容词，可以当作一个词语来使用，往往表示不愉快或爱损害的意义。二是“被××”格式在内容上深刻丰富。这一格式真正触及了作为弱者一方的人们内心深处的委屈与无奈、关怀与焦虑，击中了这个时代的精神状况或权利困境。这一格式具有极强的能产性，利用“被”这一新兴“准词缀”形成一批带有该词缀的新词。

第一节　李白诗歌复合动词语义构词

动词是句法结构的中心，一向是汉语语法研究的重点。在胡裕树、范晓主编的《动词研究》中，有这样的说法："动词研究是汉语语法研究的第一号重要课题，也是语法研究中最复杂的问题。这是因为：动词比之其他词类，内部最为复杂；动词在句法结构中活动能力最强，大部分词类都要跟它发生一定的结合关系；……动词研究得好不好、透不透，对整个语法体系的建立，有极其重大的意义。"汉语词汇有着较强的复音化趋势。词汇发展到中古及近代汉语，新词、新义的数量猛增。所以研究唐代诗歌复合词动词，不仅能够有助于发现唐代诗歌的语言特点，还将有助于探究汉语词汇复音化的规律。

蒋绍愚先生在《唐诗语言研究》中说："晚唐五代时出现的新词语，其中很多应在初唐到中唐就出现了。而初唐到中唐时缺乏像敦煌变文那样典型的集中反映口语词汇的作品，因此，唐诗就成为研究唐代口语词汇的一项重要资料。"从蒋绍愚先生的话中我们不难得出这样的结论，唐诗有很高的语料价值，应该作为中古及近代汉语词汇研究，尤其是口语词汇研究的重点。

"李白诗歌上达宇宙辽阔，真人神灵；下及人间沧桑，田园风光。说古，他的诗歌内容涉及儒家文化、道家思想、游侠风骨、历史人物；谈今，他的诗歌内容涉及唐代社会政治、军事、思想、宗教信仰、绘画艺术、天文地理、动物植物、宫廷内外、边戍风尘、百姓疾苦、市井红粉、樵牧渔商等各个方面。"因此李白诗歌无疑能为我们提供丰富的复合动词语料，也能为我们展现一个真实的唐代复合动词的面貌。我们选用詹锳主编的《李白全集校注汇释集评》作为研究李白诗歌中复合动词的工作底本。不包括《李白全集校注汇释集评》中所收宋蜀本集外诗文，对诗文中的"一本下添"和"一作"的情况采用兼采之的态度。对于底本中出现的异文，在排列词条时一并录出。

我们采用意义标准、结构标准、语境修辞标准、频率标准来界定李白诗歌中的复合词和短语，以意义标准为主、结合语法功能标准来判定李白诗歌中的复合动词。

一、李白诗歌复合动词语义构词的分析方法

复合词内部语义关系非常复杂，复合词内部的构词语素往往不是直接表达出复合词的含义。传统的句法构词法把复合词分为主谓、动宾、偏正等类型，缺乏对复合词深层语义的揭示。而本书对复合词进行的语义构词法的结构分类，“能对复合词词素间错综复杂的语义关系作出更准确的描写、更透彻的分析与更合理的解释。”

（一）述谓结构分析

述谓结构分析使复合词的语义底部形式化，有助于揭示复合词内部语义结构的曲折性和复杂性，解释复合词语义构词的规律。述谓结构由谓词和论元组成。复合词中的构词语素可以作为论元和谓词，而述谓结构中的论元和谓词却不一定显现在复合词中，成为构词语素。谓词是述谓结构的中心，一元谓词是指支配一个论元的谓词，二元谓词是指支配两个论元的谓词，三元谓词是指支配三个论元的谓词。我们把复合词中不管是隐藏还是显现的语义归为五种语义范畴，即事物、处所、性状、动作、关系。其中处所范畴包括处所、时间和范围。这五种语义范畴中，事物和处所范畴对应述谓结构中的论元，性状、动作和关系范畴则对应谓词。以李白诗歌中几个复合动词为例：

（1）竦身：身：竦

（2）荣身：身：荣

（3）履虎：a，履，虎

（4）惜别：a，惜，（a，别，b）

（5）喘月（牛：喘），因为（牛，见，月）

（6）星离：离`〈a``〈a``，象，星星〉：离`〉

（7）空谈：谈`〈a，谈，b``〈b``：空〉

在上述（1）~（7）中，“竦”“荣”“履”“惜”“别”“喘”“因为”“见”“离”“象”“谈”“空”都是谓词。其中“荣”“空”是性状谓词；“竦”“履”“惜”“别”“喘”“见”“离”“谈”是动作谓词；“因为”“象”

是关系谓词。一元谓词和它的论元之间用“:”隔开；二元谓词和论元之间用“,”隔开。“a”和“b”都是论元符号，用来表示相对确定的论元。“星星”因为意义等同于“星”，为方便理解起见，用以在述谓结构式中代替“星”。在上述述谓结构中，有的论元和谓词显现为复合词的构词语素，如（3）和（5）中的谓词“履”和“喘”，论元“虎”和“月”。有的则是隐藏在语义底层的，在进行述谓结构描写时要把它们补充出来，如（3）中的论元“a”，（5）中的论元“牛”，谓词“因为”和“见”。

上述（1）~（3）是简单述谓结构，（4）~（7）叫作复杂述谓结构。其中（4）和（5）中包含从属述谓结构，即另一个简单述谓结构代替了论元的位置，或者说谓词不是支配的论元而是其他谓词。那么这个被支配的谓词所在的述谓结构就是从属述谓结构。（4）中的（a，别，b）从属于动作谓词“惜”，是它的从属述谓结构，（5）中的（牛：喘）和（牛，见，月）都从属于关系谓词“因为”，是它的从属述谓结构。

上述（6）、（7）包含降格述谓结构，即述谓结构本身还表示其他述谓结构的特征，这种降级到特征的地位的述谓结构是降格述谓结构。降格述谓结构中包含互参性成分，即所指相同的成分。

复合词述谓结构的描写展现了复合词内部的层次。比如：

（1）竦身：身：竦

（2）惜别：a，惜，（a，别，b）

（3）星离：离`〈a``〈a``，象，星星〉：离〉

上面（1）的语义结构只有一层，（2）有两层，（3）有三层。我们用X来表示一个述谓结构式，那么（1）的“身：竦”、（2）的“a，惜，X”和（3）的“离`〈X〉”处于第一层。（2）中的“（a，别，b）”和（3）中的“〈a``：离〉”处于第二层。（3）中的第二层降格述谓结构中又含有一个降格述谓结构，即“〈a``，象，星星〉”，它处于第三层。

（二）以格范畴论元类型为基础的语义结构类型分析

20 世纪 60 年代，美国语言学家菲尔墨提出了格语法理论。“格”其实是指同语言场景中的角色相联系的施事、受事、工具等语义范畴。这里用分析句子内部语义关系的格语法理论来分析复合动词底层的语义关系，把格角色类型分为：施事和受事、主事和客事、领事和属事、遭遇和对象、系事和说明、像事和喻事、处所、时间、范围、工具、材料、依据、结果、原因、与事、并联，共十六种。在分析复合动词的语义结构时，语义框架中的论元类型均用上述格范畴来表示。

在对复合动词进行述谓结构分析的基础上，可以对其语义结构类型进行划分，以进一步解释其底层语义特征。语义结构类型首先分成两大类，互参型和非互参型。在第一个语义层上带有降格述谓结构的叫互参型，这种复合词的述谓结构表现出来的是对其中某些场景因素的指称。非互参型则在第一个语义层上不带降格述谓结构，这种述谓结构表现出来的是对语义场景的陈述。互参型根据其互参成分的不同，分为论元成分互参型和谓词成分互参型。非互参型复合词根据第一个语义层上谓词的语义属性继续分类，分为并联型和支配型。并联型复合词第一个语义层上的谓词表示并联关系，支配型复合词第一个语义层上的谓词表示支配关系。支配型复合词又分为支配型谓词在前式和支配型谓词在后式。

上述几种复合词内部还可以继续分类。对于论元成分和谓词成分互参型复合词来说，如果它们的第三个语义层是从属述谓结构或降格述谓结构，那么这种互参型复合词就是复构式；如果不是，就是单构式。对于支配型和并联型复合词，则看第二个语义层是不是从属述谓结构或降格述谓结构来判断是单构式还是复构式。

比如前文中的“履虎”一词归为单构式支配型谓词在前式复合动词，语义框架归纳为“施事—动作—受事”；“星离”一词归为复构式谓词成分互参型复合动词，其语义框架归纳为“施事〈事件〉—动作”。

二、李白诗歌中复合动词的语义构词特点

从语义构词法的角度研究复合词有助于了解复合词语义从隐蔽的底层到表层的生成规律，对句法构词法理论是一种有意义的补充。

（一）语义结构类型的凸显性差异

复合动词内部语义结构复杂，底层语义曲折性和层次性很强。这是因为人们对世界认识的复杂化，也使得复合词意义结构复杂化。唐代很多复合动词在现代汉语中已经消失，但是当时人们对世界的认知方式却在复合词中留下了痕迹。经过对李白诗歌进行的穷尽式考察，收集到复合动词1048 例。通过对这些复合动词进行语义构词法分析，发现李白诗歌中的复合动词的语义结构类型可分为谓词成分互参型、支配型谓词在前式、支配型谓词在后式和并联型，共四大类。下面就李白诗歌复合动词列表说明其在所对应的四种语义结构类型中的总体分布情况。

表 2-1

	谓词成分互参型		支配型谓词在前式		支配型谓词在后式		并联型		总计
	数量	百分比（%）	数量	百分比（%）	数量	百分比（%）	数量	百分比（%）	
单构式	1	0. 4	226	94. 2	13	5. 4	0	0	240
复构式	230	28. 4	126	15. 6	6	0. 7	446	55. 2	808
总计	231	22. 0	352	33. 6	19	1. 8	446	42. 6	1048

如表 2-1 所示，李白诗歌中 1048 条语料中，并联型复合动词有 446 条，占总词数的 42. 6%；支配型谓词在前式共 352 条，占总词数的 33. 6%；谓词成分互参型复合动词有 231 条，占总词数的 22. 0%。并联型复合词的比例远高于其他几种类型。这是因为并联型复合动词大致对应句法构词法中的联合型复合词和连动式复合词，而战国时期以后，并列式复

合词的数量快速增长，并超过了偏正式复合词。到了魏晋南北朝时期，并列式复合词的比例已远高于偏正式复合词。李白诗歌中复音词的分类情况正说明了唐代诗歌中并联型复合词的数量之多。汉语词汇复音化的规律在李白诗歌里的复合动词中也得到了体现。

汉语中谓词成分互参型复合动词的单构式极少，经过朱彦对4236条现代汉语常用词和新兴词的考察，发现其中谓词成分互参型的单构式只占所有单构式复合词的1.6%，而李白诗歌中的谓词成分互参型的单构式只有1例，占所有单构式复合词的0.4%。这当然也是因为谓词互参型复合词的类型特点造成的，即其述谓结构式表现出来的是对性状、动作等的指称。而单构式的语义框架中只有一个谓词，所以就不如语义框架中有多个谓词的复构式更能生成谓词成分互参型复合词。

表2-1中没有论元成分互参型复合动词。很明显，论元成分互参型复合词以事物为目的物和焦点，不符合动词所要表达动作义的需要，所以李白诗歌中复合动词没有互参型中的论元互参型。

表2-1中也没有单构式并联型复合动词，因为复合动词都是事件并联型，述谓结构式为（X，和，Y）。

（二）不同语义框架的分布差异

表2-2

	序号	语义框架类型	词例	数量
复构式谓词成分互参型复合动词（230例）	1	事件—性状	乐酣、绝倒	78
	2	事件—关系—处所	野死、横溃	12
	3	事件—关系—时间	昼眠、宵征	3
	4	事件—关系—工具	囊括、凭览	2
	5	事件—关系—与事	同居、同盟	2
	6	事件1—方式关系—事件2	长歌、骋望	73
	7	事件1—目的关系—事件2	干谒、归飞	6
	8	事件1—原因关系—事件2	出祖、谪居	9
	9	事件1—结果关系—事件2	羽化	1

续表

	序号	语义框架类型	词例	数量
复构式谓词成分互参型复合动词（230例）	10	事件1—相似关系—事件2	奔流、醉舞	4
	11	事件1—时间关系—事件2	旅憩、星饭	3
	12	施事〈事件〉—动作	虎争、星离	7
	13	主事〈事件〉—动作	豹变、虎变	3
	14	遭遇〈事件〉—动作	灰灭、电灭	2
	15	施事〈事件〉—动作—受事	虎视、肩随	2
	16	主事〈事件〉—动作—客事	钩连、绵密	3
	17	施事—动作—受事〈事件〉	四顾	1
	18	施事—动作—处所〈事件〉	北上	1
	19	事件—关系—处所〈事件〉	冥栖、西笑	16
	20	主事—动作—客事〈事件〉	远忆、缅思	2

单构式谓词成分互参型复合动词只有1例，其语义框架类型是“施事—动作—受事”。而复构式谓词成分互参型复合动词数量较多，仅次于并联型复合动词。其中，“事件—性状”和“事件1—方式关系—事件2”这两种类型的复合动词数量最多，分别有78个和73个，分别占所有复构式谓词成分互参型复合动词的33.9%和31.7%，远远高于其他几种类型。这说明“事件—性状”和“事件1—方式关系—事件2”这两种语义框架能生成更多的谓词成分互参型复合动词。

在李白诗歌中复构式谓词成分互参型复合动词这一类型下，还发现一例“事件1—结果关系—事件2”框架类型的复合动词“羽化”。在朱彦对现代汉语常用词和新兴词的调查中，这一框架下是没有复构式谓词成分互参型复合动词的词例的，这说明现代汉语已经不用这一语义框架生成新词，而这一框架在中古及近代汉语中仍有较弱的生成谓词成分互参型复合动词的能力。

表 2-3

	序号	语义框架类型	词例	数量
单构式支配型谓词在前式(226 例)	1	主事—性状	荣身、倒履	12
	2	施事—动作	委质、折节	30
	3	主事—动作	得意、垂竿	17
	4	遭遇—动作	殒身、摧轮	4
	5	施事—动作—受事	岸帻、称觞	130
	6	施事—动作—处所	伏枥、还山	10
	7	主事—动作—客事	得道、蒙恩	13
	8	主事—关系—处所	在世	1
	9	主事—动作—处所	处世、连天	4
	10	主事—动作—结果	化石、结实	2
	11	遭遇—动作—对象	临岐、失路	3

从表 2-3 内容可见，在 226 例单构式支配型谓词在前式复合动词中，属于“施事—动作—受事”语义框架的复合动词有 130 例，占 57.5%，这一框架是生成单构式支配型谓词在前式复合动词的主要框架类型。同时，这种框架中的动词词素序悉数为 V+b，这种词序和句子的结构顺序相同。它的高能产性和词素序特点不能不说是受汉语句子表达习惯（即受事总是出现在动词之后）的影响。

表 2-4

	序号	语义框架类型	词例	数量
复构式支配型谓词在前式(126 例)	1	事件—性状	不忍、不偶	8
	2	施事—动作—事件	留行、侍寝	15
	3	主事—动作—事件	惜别、怀归	5
	4	事件—关系—处所	游冶、买死	12
	5	事件—动作—时间	司晨	1
	6	事件—关系—范围	乐命、淫乐	2

续表

	序号	语义框架类型	词例	数量
复构式支配型谓词在前式（126例）	7	事件—关系—工具	括囊、掩袂	2
	8	事件—关系—材料	沐芳、浴兰	2
	9	事件—关系—原因	感物、衔恩	4
	10	事件1—方式关系—事件2	呼天、进帆	3
	11	事件1—目的关系—事件2	献纳、留欢	16
	12	事件1—原因关系—事件2	喘月、卧病	12
	13	事件1—结果关系—事件2	按节、惊矫	3
	14	事件1—相似关系—事件2	吞声、流芳	2
	15	事件1—时间关系—事件2	呼卢、献凯	2
	16	事件1—范围关系—事件2	迷津	1
	17	施事〈事件〉—动作	辅翼、跃鳞	3
	18	遭遇〈事件〉—动作	倾家	1
	19	施事〈事件〉—动作—处所	投迹	1
	20	施事—动作—受事〈事件〉	振穷、征歌	18
	21	主事—动作—客事〈事件〉	拔俗、好古	4
	22	事件—关系—处所〈事件〉	冥搜、游方	8
	23	事件—关系—材料〈事件〉	包虎	1

如表2-4所示，在李白诗歌中，虽然复构式支配型谓词在前式复合动词在所有复构式复合动词中所占的比例不是最高的，但是其归属的语义框架类型最为丰富，达到23种之多。这说明复构式支配型谓词在前式复合动词语义结构中，谓词的语义属性和论元的格类型呈多样化特点。或者说在李白诗歌中，复构式支配型谓词在前式复合动词表达了更为丰富的语义。

表 2-5

	序号	语义框架类型	词例	数量	百分比（%）
单构式支配型谓词在后式复合动词（13 例）	1	施事—动作	龙蟠、虎啸	4	30.8
	2	主事—动作	颖脱、指挥	4	30.8
	3	遭遇—动作	肠断	1	7.7
	4	施事—动作—受事	自持、自勉	4	30.8

李白诗歌中发现的单构式支配型谓词在后式复合动词只有 13 例，而且有 4 种类型。而复构式支配型谓词在后式复合动词更少，只有 6 例；框架类型只有一种，即“事件—性状”，因此不再列表说明。

表 2-6

	序号	X1 和 Y1 的属性	词例	数量	百分比（%）
并联型复合动词（446 例）	1	X1 和 Y1 都是动作谓词	奔走、删述	443	99.3
	2	X1 是性状谓词，Y1 是动作谓词	端拱、寂灭	3	0.7

李白诗歌中的并联型复合动词在各类型中数量最多，有 446 例。其中大部分复合动词的词素 1 和词素 2 都是动作谓词，只有 3 例词素 1 是性状谓词，词素 2 是动作谓词。

语义框架的复杂化导致了复合词内部语义的层次性，体现了语义框架组合的递归规律，也表明了人类对世界认识的多元化和复杂化。按语义构词的层级数，李白诗歌中复合动词的语义框架可分为 3 种，只有一个语义层的叫单构式框架。通过单重成分替代式组合、单重特征添加式组合或混合式组合而生成的有两个语义层的叫单重组合框架，通过多重成分替代式组合、多重特征添加式组合或混合式组合而生成的有三个语义层的叫多重组合框架。李白诗歌复构式复合动词中包含一些多重组合框架的词例。不同层级的框架词例分布如下表 2-7 所示。

表 2-7

	谓词成分互参型	支配型谓词在前式	支配型谓词在后式	并联型	总数	百分比(%)
单构式	1	229	13	0	243	23.1
单重组合	223	115	6	445	789	75.1
多重组合	8	10	0	1	19	1.8

从理论上讲，复合词语义框架可以通过成分替代和特征添加的方式，无限组合套叠。但是，从表 2-7 不难看出，李白诗歌中的单重组合式框架下的复合动词有 789 例，占全部词例的 75.1%，远远高于另外两种框架的词例数。多重组合框架下的复合动词仅有 19 例，层次的复杂性反而降低了这种框架的构词力。所以可以说，不管是现代汉语复合词还是李白诗歌中复合动词的情况，都表明“框架的构词力与其复杂化程度之间基本上成一种反比关系”。

对李白诗歌中复合动词进行语义构词法的研究，是可行而有意义的。通过本书的研究，我们看到了唐代复合动词底部语义的层次性和复杂性，看到了汉语词汇化的历时节点特征，也让我们从复合动词的角度管窥到了李白诗歌的用词特点。

注释

[1] 胡裕树、范晓：《动词研究》，河南大学出版社，1995 年版，第 1 页。

[2] 蒋绍愚：《唐诗语言研究》，中州古籍出版社，1990 年版，第 113 页。

[3] 黄英：《李白诗歌语言研究——并列式复合词》，四川出版集团、四川辞书出版社，2007 年版，第 11 页。

[4] 朱彦：《汉语复合词语义构词法研究》，北京大学出版社，2004 年版，第 266 页。

[5] 朱彦：《汉语复合词语义构词法研究》，北京大学出版社，2004 年版，第 36 页。

[6] 朱彦：《汉语复合词语义构词法研究》，北京大学出版社，2004 年版，第 57—62 页。

[7] 董秀芳：《词汇化：汉语双音词的衍生和发展》，四川民族出版社，2002 年版，第107—108 页。

［8］朱彦的 4236 条语料来自《汉语水平考试词典》中按音序排列从 A—M 的所有双音复合词，《现代汉语新词语词典》（收录了从 1978 年改革开放到 1990 年间的新词新语新用法 3710 条）中所有双音复合词，以及《现代汉语词典》中的一批词语。

［9］朱彦：《汉语复合词语义构词法研究》，北京大学出版社，2004 年版，第 163 页。

参考文献

［1］方一新. 20 世纪的唐代词汇研究［J］. 浙江教育学院学报（哲学社会科学版），2003（6）.

［2］葛景春. 李白研究五十年［J］. 山西大学师范学院学报，2000（3）.

［3］黄英. 从《风俗通义》看汉代新生的复音词［J］. 西南民族学院学报（哲学社会科学版），2000（12）.

［4］黄月圆. 复合词研究［J］. 国外语言学，1995（2）.

［5］黄志强，杨剑桥. 论汉语双音节化的原因［J］. 复旦大学学报（社会科学版），1990（2）.

［6］贾彦德. 对现代汉语语义格的认知与划分［J］. 语文研究，1997（3）.

［7］陆俭明. 关于词的兼类问题［J］. 中国语文，1994（1）.

［8］马庆株. 自主动词和非自主动词［J］. 中国语言学报，1988（3）.

［9］马真. 先秦复音词初探［J］. 北京大学学报（哲学社会科学版），1981（1）.

［10］沈家煊. 语言研究中的认知观［J］. 国外语言学，1991（4）.

［11］王云路. 中古汉语词汇研究综述［J］. 古汉语研究，2003（2）.

［12］郁贤皓. 八世纪以来李白研究的十大热点［J］. 文史知识，2001（10）.

［13］曹炜. 现代汉语词汇研究［M］. 北京：北京大学出版社，2004.

［14］程湘清. 隋唐五代汉语研究［C］. 济南：山东教育出版社，1992.

［15］程湘清. 汉语史专书复音词研究［C］. 北京：商务印书馆，1992.

［16］崔立斌.《孟子》词类研究［M］. 开封：河南大学出版社，2004.

［17］董秀芳. 词汇化：汉语双音词的衍生和发展［M］. 成都：四川民族出版社，2002.

［18］董秀芳. 汉语的词库与词法［M］. 北京：北京大学出版社，2004.

［19］符淮青. 现代汉语词汇［M］. 北京：北京大学出版社，1985.

［20］符淮青. 词义的分析和描写［M］. 北京：语文出版社，1996.

［21］胡裕树，范晓. 动词研究［M］. 开封：河南大学出版社，1995.

［22］黄伯荣，廖旭东. 现代汉语［M］. 北京：高等教育出版社，2000.

［23］黄英．李白诗歌语言研究——并列式复合词［M］．成都：四川出版集团、四川辞书出版社，2007.

［24］蒋绍愚．唐诗语言研究［M］．郑州：中州古籍出版社，1990.

［25］马庆株．汉语动词和动词性结构［M］．北京：北京大学出版社，2005.

［26］徐杰．普遍语法原则与汉语语法现象［M］．北京：北京大学出版社，2001.

［27］郁贤皓．李白诗选译［M］．上海：上海古籍出版社，1990.

［28］詹福瑞，刘崇德，葛景春，等．李白诗全译［M］．石家庄：河北人民出版社，1987.

［29］詹锳．李白全集校注汇释集评［M］．天津：百花文艺出版社，1996.

［30］朱彦．汉语复合词语义构词法研究［M］．北京：北京大学出版社，2004.

［31］黄英．李白诗歌中并列式复合词研究［D］．成都：四川大学博士论文，2004.

［32］胡绍文．杜诗动词研究［D］．上海：复旦大学博士论文，2005.

［33］罗竹风．汉语大词典［Z］．上海：汉语大词典出版社，1994.

［34］徐中舒．汉语大字典（第5版）［Z］．湖北辞书出版社、四川辞书出版社，1986—1990.

［35］中国社会科学院语言研究所词典编辑室．现代汉语词典（第5版）［Z］．北京：商务印书馆，2005.

［36］广东、广西、湖南、河南词源修订组．商务印书馆编辑部编：词源（修订本）1—4合订本［Z］．北京：商务印书馆，1988.

第二节 “动+形”合成词的结构类型

“动+形”合成词是指由动词性语素（记作“动”）和形容词性语素（记作“形”）组合而成的一种形容词，并且，“动”在前，“形”在后。现代汉语中这种合成词数量很大，运用广泛，结构关系复杂。我们这里仅讨论双音节的“动+形”合成词的结构类型。

根据“动”和“形”间的结构关系不同，这类合成词大体可分为支配、补充、偏正、并列、多重等几类。

一、支配式

例如：无穷、叙旧、压惊、帮忙、保重、知足、治安、审美、跳远、跳高、偷闲、失常、出众、出奇、临危、腾空、称快、看老、看大等。这类动形组合中，“形”是“动”涉及、支配的对象，它们从不同的方面表现“动”所关涉的内容。根据“形”在结构中表现出来的不同语义和作用，又可细分为五个小类。

(一) 从上列的“无穷”到“失常”。再如：“歇凉、刻苦、耐烦、挖苦、革新、讨好、讨厌、传奇”等。这一小类的特点是：1. “形”是“动”直接涉及的对象、支配的内容；2. “形”处在被支配、关涉的位置上，原来抽象的意义变成了可指称的事物，即“事物化”了，因此意念上可以用“那”或“那个”来指称“形”；3. 整个组合体绝大多数是一个不及物动词，有的是形容词（如“刻苦”），少数是及物动词（如“挖苦、革新”）。

第一小类的“动+形”合成词跟由“动+名”构成的支配式合成词有明显的不同。“动+名”构成的支配式合成词，多数是及物动词，如“出席、列席、同意、起草、注意”等；有些是名词，如“司机、对象、积木、干事”；有的也是不及物动词，如“洗澡、挂号、鞠躬”；还有的是形容词，如“放心、生气、动人”等。

为什么会产生如此的差别呢？这是由形容词和名词的不同语法功能、语义特点造成的。“动+形”合成词中，“形”的谓词性较强，虽然做了被支配、关涉的成分，占据了宾语位置，但兼有描摹、形容、叙述事物的功能，基本属性没有改变，而且和“动”结合很紧，不易分离；它的谓词性功能依然存在，而形容词一般又不能带宾语。所以，在这种情况下，尽管“动+形”构成的支配式合成词中，“动”大多是及物性语素，但带上“形”做宾语以后，很少再带宾语。而“动+名”的支配式合成词中，名词性语素的谓词性较弱，还以动素为主要叙述中心，所以很多“动+名”的支配式合成词还可以再带宾语，成为及物动词。至于构成不及物动词的，是因为这些“动+名”组合多数是离合词，因为可以“离”，有了满足的宾语，所以不再带宾语。在“动+形”和“动+名”构成的名词结构中，这种差别看得更加清楚。例如，动词带上双宾语结构，都是“动+名+名”形式，而没有“动+形+形”形式。汉语中还有一种常见而又比较特殊的语言现象“动宾带宾结构”，如“通电全国”“寄语青年”等，也都是“动+名+名”构成。它说明处在被支配、关涉位置上的“形”和“名”是两种不同性质的语素，形容词性的语素尽管处在宾语位置上，其本质属性尚未改变。

（二）“出众、出奇、临近、临危、居奇、居多、腾空、悬空、坐困、示众”等。这一小类区别于第一小类的地方是：“形”不是“动”直接支配的对象、关涉的内容，而是和“动”具有多种关系。“出众”“出奇”中的“众”“奇”是“动”比较的对象，是“出于众”“出于奇”，“比众突出”“比奇突出”的意思，这是一种比较的说法。所以，它们也都是形容词。“临近”“临危”“居奇”“居多”“腾空”“悬空”“坐困”中的“形”表示“动”的处所或状况，可以在动形中加“于”表示方位或情况，所以，整个结构体大多构成一个副词，但又有区别。“临近”的“近”还可表示时间，这样和“临危”一样，整个组合体表示一种状况，中间如果加“于”，这个“于”是“到了”的意思。“居奇”“居多”中的“奇”和“多”也表示状况，但整个组合体构成不及物动词。“坐困”（守在一个地方，找不到出路）中的“困”相当于“动+名”组合。“坐地”“走路”中的“地”“路”是动词性语素直接表现的处所，可以说“把地坐”“反路走”“把困（地）坐”。而“腾空”类的“形”不是“动”表现的直接处所，而是相当于动名组合中的“写黑板”“看医生”之类，不能说

“把空腾”，而是“腾××于空”或“××腾于空”。“示众”中的“众”又是表示动词动作表现的范围和对象，是“示给众”“在众中示”之意。足见，形容词性语素（也包括形容词）具有能描绘事物状况，表现事物的众多细微差别的功能，是名词性语素（也包括名词）所不及的。名词性语素的意义具有单一性，和动词性语素组合以后只表示一种单一指称的事物。

（三）“看老、看大、见高、见长”等。这一小类的特点是：“形”表现“动”的情况。口语中有“三岁看大，五岁看老”之说，汉语书面语中有“三尺见高，五尺见长”的说法。这说的是小孩儿到了三岁时性格便基本定型，即“已经看出长大以后怎样的性格了”，到了五岁就更加定型，能看出“老时”的性格。“三尺见高，五尺见长”也表示猜测，揣度一种高度、长度，表示“有三尺那么高，有五尺那么长”。所以加了“有”以后就不能说“有三尺见高，有五尺见长”，因为“有”和“见”都表示猜测、判断，但前后两种情况也有区别。“看老”“看大”可以说成“看到了老（那种情况）”“看到了大（那种情况）”；“见高”“见长”不能说“见到了高”“见到了长”，只是表示一种判断。两者也都是不及物动词。

（四）“称快、告绝、告老、告急、叫好、叫苦、叫屈、叫冤”等。这一小类的“形”表现“动”直接称说的内容，即“形”是“动”所表述的内容，相当于“对这件事的看法”。其意思是“称的是快（感到快乐）”“叫的是好”“告的是急”等。这类“动+形”组合的合成词都是不及物动词。

（五）“晕高、碍难”等。这一小类中的“形”是“动”的原因，即“由于高而晕”“由于难而碍”，所以，可以在中间插入“于”表示“由于”。整个组合体也是不及物动词，后带宾语时需要加“于”，如“晕高于山上”“碍难于办这件事（碍难办事）”等。

二、补充式

例如：“提高、开阔、减少、抓紧、推广、说明、扩大、缩小、改善、削平、分清、加深、降低、巩固、看破、吃香、积久、看小、看轻”等。“形”从不同的方面对“动”加以补充、说明，使“动”的语义更明了、更生动、更准确。根据“形”在组合中的语义和作用不同，这类合成词又可分为下面几种情况。

（一）“看破、吃香、分明、积久、打平、拜服”等。这一小类“动+形”合成词的特点是：1.“形”是“动”的结果，表示动作发出以后“怎么样了”的情况，所以往往能在中间插入“得”“不”，表示可能和不可能，也可以在前面加“能”或“不”；2.因为只是表结果，所以不能在前面加“要”表示强调，有的中间或许可加，但表示的是意愿和决定，如：“至少要打平这场球。”

（二）“提高、开阔、减少、抓紧、推广、说明、扩大、缩小、改善、削平、分清、加深、降低、巩固、弄清、加重、贯彻、肃清、纠正、削弱、扰乱、把牢、补满、站稳、改良、查明”等。这一小类不同于第一小类的地方在于：1.“形”既可以补充说明动作的结果，又可以表示动作的目的，在不同的语言环境中有不同的意义。所谓“目的”就是“动”使“形”怎么样。如：“提高”即是“提之使高”或“提使之高”。王力先生把这种结构称为“使成式”，并认为是仂语（词组的旧称）。因此，在具体运用中，这类组合体后面加“了”，就表示结果；前面加“要”就表示目的。也能在中间加“得”“不”表示可能或不可能，或前面加“能”表示可能，加“不”表示否定。而且有些也常用于表劝告或禁止的否定，如：“不要扰乱秩序”“不要夸大事实”。2.这类“动+形”合成词都是一个个及物动词，这是因为整个组合体明显地以“动”为中心，而且这里的“动”大多是及物性的，如“提、抓、推、削、扩、纠、查、改”等。“形”只是补充、辅助作用，既不是被支配的对象又不是结构的重心，有时把它们去掉也基本讲得通，如：抓紧时间——抓时间，降低速度——降速度。所以，这种“动+形”合成词仍需再带宾语。这跟有些“动+名”合成词有点相似。如：出席会议——出会议。3.这类组合体中“动”和“补”结合得不紧，可插入别的成分或做肯否重叠，如“站稳”可以有下列变化：站得稳、站不稳、站稳站不稳、站得稳不稳。其余像“削平、推广、提高、把牢、削弱、加强”等，都可以类推。

（三）“看小、看轻、看重”等。这一类的特殊性在于，“形”不是直接补充、说明动词性语素本身的，而是叙述说明这个合成词带上宾语以后主语（一定是人或动物）主观上认为“宾语怎么样了”的情况。这有点类似于古汉语意动用法的味道。如：“他看小了小李”，不是“看”这个动词性语素本身的范围，“小李”的分量“小”了，事实上只是“他”主观上认为小李“小”，这和“扩大”“看破”类都有所不同。下面的变换看得更为清楚：

扩大	看破	看小
扩大范围（√）	看破红尘（√）	看小人（√）
扩大了范围（√）	看破了红尘（√）	看小了人（√）
扩范围范围大了（√）	看红尘红尘破了（×）	看人人小了（×）
扩范围使之大（√）	看红尘使之破（×）	看人使之小（×）
要扩大范围（√）	要看破红尘（?）	要看小人（×）
扩得（不）大范围（√）	看得（不）破红尘（√）	看得（不）小人（×）
很扩大范围（×）	很看破红尘（×）	很看小人（√）

可见，“看小”的“小”只是主观上的认为，“看破”的“破”已是看得清清楚楚了，“扩大”的“大”也是事实上已如此了。“看小”类还常用否定形式，如“不要看小了人”，但“形”不表目的。“看小”“看清”“看重”也不尽相同。虽然都可以说“看×某人”，但“把某人看小”可以说，而“把某人看轻（重）”不可以说；“很看小（重）某人”可以说，“很看轻某人”一般不说；“小看某人”可以说，但“轻（重）看某人”不能说。要说“轻看”换成“轻视”可以，但“重看”还不行，换成“重视”意思就变了。

在现代汉语中，“动+形”构成的补充式合成词是大量的，也是最为常见的。据统计，这一类型和上述第一大类的“支配式”在现代汉语中出现的频率最高，应用范围最广泛。以《现代汉语词典》为例，其收录这两类双音节“动+形”组合就有570个以上；大量的四字格成语也多采用这两种结构套合，如：“推陈出新、倚老卖老、标新立异、斩尽杀绝、历久弥新（坚）、去伪存真、争先恐后、称孤道寡”等。这充分说明，形容词性成分有和动词性成分紧密结合的功能，因为宾补是动词性成分最大量或必须涉及的对象。

三、偏正式

例如：“遗恨、遗老、遗少、游兴、战乱、专长、观众、听众、滚热、潜热、领空”等。

这一类的特点是：1.“形”是结构中心，“动”对“形”加以限制、修饰，意念上可在中间加入“的”。如“遗的恨（遗留下来的恨）”“遗的老（遗留下来的元老）”。2. 因为以“形”为中心，所以整个结构多数构成体现形容词特点的词，如不及物动词“默哀、并重”，形容词“死寂、死硬、滚热、滚圆、崭新”等。而且这类形容词因“形”部已带有描状程度，所以前面不能用“很”修饰；有些因整个组合的语义是指人、指事、指物的，所以构成名词，如“观众、听众、战乱、领空”等。

四、并列式

例如：“动静、动乱、顾惜、会通、拘谨、审慎、停妥、闹热”等。这一类的特点是：1.“形”和“动”是平行并列的关系，可在中间加入“和”，意思不变。有些可以颠倒“动”和“形”的位置。如“热闹、浮泛、俭省”等。2. 因为“形”和“动”平行并列，所以整个组合多数构成不及物动词和形容词。

五、多结构关系

例如：“看好、反正”等。这一类结构中，“形”和“动”互相牵制，产生多种结构关系、多重意义。这种结构的语义关系只有在具体的语言环境中才能体现出来。如“看好”一词可以有意动、特殊用法两种情况。

1. 意动：（1）赛前被视为夺标大热门的巴西、阿根廷和西德、荷兰（足球队）……不少人看好西德、巴西……

（2）（夺魁的趋势）南美欧洲双双“内讧”，似应看好巴西西德（队）。

这两例的意思是说，巴西、西德足球队实力雄厚，很多人都认为他们有夺魁的可能。这样的用法日渐普遍。

2. 特殊用法：（1）中国边贸势头看好。

（2）这套书的发行看好。

单就这里的“看好”来说，似乎是陈述式合成词，即“看起来好”，但就整个句子的语义来看，“好”不是陈述“看”的，而是陈述句中实际的主语。两句的扩展实际为："中国边贸的势头看起来良好"。"这套书的发行情况看起来良好"。因此，"看好"实际上是一个插入语部分省略后与一个形容词性成分谓语的套用。这种用法言简意丰，词约意明，足见"动+形"结构运用的精练性。

"反正"可以是支配式，也可以是并列式。如"拨乱反正"(支配式)，"反正我不去"(并列式)。

上述这种包含的语素相同、语素的排列顺序相同而意义不同，可做不止一种关系分析的结构，吴竞存、侯学超先生称之为"同形结构"。短语中我们常讲"多义短语"或"歧义短语"。像第五类这样的"动+形"合成词，我们不妨也称之为"多义合成词"或"多结构合成词"。

需要说明，有些貌似"动+形"合成词，其实不是，应该加以认真辨析。如"辨正"，"正"是动词性语素而不是形容词性语素，是"明辨是非，改正错误"之意。"辨正"是动词性语素的连用，是连动式合成词。

六、启示

通过以上论述、分析，我们可得到如下启示：

1. "动+形"合成词的结构关系复杂多样，表达意义繁丰细密，这是一般合成词所不具备的。

2. 现代汉语中，"动"和"形"关系密切，常常组合在一起，而且构词能力极强，具有旺盛持久的生命力。

3. 结构分析不能脱离语义分析，有时还需要结合语用考察。语法的结构（句法）、语义、语用紧密相关，互为作用，进行语法分析时，不可孤立地看待问题，而要多角度、立体式地综合考证。

参考文献

[1] 陈光磊．汉语词法论［M］．上海：学林出版社，1994.

[2] 刘叔新．汉语描写词汇学［M］．北京：商务印书馆，1990.

[3] 陆志韦．汉语的构词法［M］．北京：科学出版社，1957.

[4] 任学良．汉语造词法［M］．北京：中国社会科学出版社，1981.

[5] 吴竞存，侯学超．现代汉语句法分析［M］．北京：北京大学出版社，1982.
[6] 张寿康．构词法和构形法［M］．武汉：湖北人民出版社，1981.
[7] 周荐．汉语词汇结构论（增订本）［M］．北京：人民教育出版社，2014.
[8] 朱彦．汉语复合词语义构词法研究［M］．北京：北京大学出版社，2004.

第三节　现代汉语副词修饰名词现象

副词修饰名词作为现代汉语的一种表达形式，在20世纪30年代就已不是偶然现象。从鲁迅的“十分堂·吉诃德”到曹禺的“顶悲剧”，再到当前的“很淑女”“都厂长了”等，副名组合已由异端渐变为一种较普遍的新兴语言现象了。事实证明，副名组合有独特的语用价值，有一定的使用范围，能够为多数人理解并接受，有些副名组合可以进行有限的类推。尤其是近四十年来，副名组合在口头语体中、书面的文艺语体中被广泛地运用。学术界也对此新兴语言现象展开了热烈的讨论，产生了许多研究成果，如提出名词的描述性语义特征是副名组合得以显现的客观语义基础，对副名组合的美学价值的探讨等。

在仁者见仁、智者见智的讨论中，对副词能否修饰名词以及副词修饰名词的范围等问题甚至还存在很大分歧。要解决这些问题，关键是如何找到切入点，能够对副名组合有一个更系统而全面的把握，使研究大体上具有可操作性，从而形成一个较为公允的研究平台。而解决这一关键问题的前提，是要对现有的副名组合的范围、类型有一个由模糊到较为清晰的认识，不要在这一基础的现象问题上有太大分歧。否则，会形成你说东他道西的混乱局面，“话题”不统一，不利于进一步探讨和问题的解决。

静态而言，即从词组的平面而言或从规范的语法角度而言，副词是不用来和名词直接组合的；但是，从动态的角度而言，即从具体的语用平面或语言的策略性行为（源于语言规则又突破规则的语言行为）而言，副词是可以和名词直接组合的。桂诗春认为“语言的使用离不开语言规则，但又不仅是语言规则，还有一些别的制约因素在起作用”[1]，他认为副名组合是一种符合汉语习惯的语言的策略性行为。我们赞同这一观点。这种语言的策略性行为是具体的用例，是语用层面的，不宜轻易确定为某种静态的语法规则。比如有“很淑女”“很绅士”的说法，但在通常情况下，副词后面不能带名词目前仍是现代汉语的一般规律。但是，由于语言的策略性行为是有概率性的，也是有规律性的，因而，它也会松动某些语法规则，这也正是语言的发展所在。总之，作为符合汉语习惯的一种策略性行为，副名组合是存在于具体运用中的线性排列的新兴语言现象，必须做动态的分析。

副名组合应是副词的特征与名词的特征相结合的结构，但是由于组合中的副词过于复杂，也由于当前对名词的研究更深入些，因而可依组合中所显现的名词的特点，来给副名组合分类。我们认为由副词和名词组合而成的结构可分为语法的副名组合和修辞的副名组合。语法的副名组合中，名词体现的仍是名词的语法功能，因而称之为语法的副名组合；修辞的副名组合中，名词体现的不是普通名词具有的语法功能，而是在功能游移的状态下的一些修辞性的特征，如具有新奇感，具有诗意的或传神的效果，因而称之为修辞的副名组合。

当前对副名组合的讨论范围是不一致的，有的只谈或侧重谈修辞的副名组合，有的重点谈的是语法的副名组合，有的则将两类副名组合混淆而谈。

对一种语法现象作分析，应从句法的、语义的、语用的三个平面来研究，才会有较客观的全面的研究成果。语法的副名组合与修辞的副名组合是不同的。以下从两种副名组合的结构形式、句法功能、语义、语用及演化趋向几方面来分析其不同之处，力求对副名组合的类型有一个较系统的认识。

一、副名组合的结构形式

（一）语法的副名组合

主要有下列几种情况：

1. 副词位于名词主语前。例如：

（1）光流言，就够你受了。

2. 副词位于名词谓语前。例如：

（2）今天才正月初八。（时间名词做谓语）

（3）坡上净树。（“处所词+副词+事物名词”句式）

例（2）中的副名组合中的名词是具有循环意义的时间名词，在时间上可以周而复始，循环往复。

3. 副词与方位名词组合。例如：

（4）尽西头就是老王的家。（做主语）

（5）他走到最前面。（做谓语）

4. 副词与数量名短语组合。例如：

（6）那天晚上演了共两场电影。

名词带上了数量词，或者在事物及其数量已很明确时，能够受表示范围或频率的副词的修饰。又如“就老王一个人去了”。

5. 普通名词+不+普通名词，例如：

（7）什么亲戚不亲戚。

（二）修辞的副名组合

主要有下列几种情况：

1. 程度副词+名词。例如：

（8）吴天亮说完就走了，很首长，也很男人。（石钟山《幸福有多远》）

（9）这优雅的环境给人非常格调的想象。

2. 比+名词+还（更）+名词/越来越+名词。例如：

（10）这家伙真是比阿飞还阿飞。

（11）经理变得越来越绅士。

从以上具体的结构形式，可以看出语法的副名组合与修辞的副名组合是有差异的。语法的副名组合组建上有更多的条件限制，副词多表范围、频率、语气、否定等；名词与副词组合也是有选择的，如合成方位名词一般只同程度副词“最”等组合，单纯方位名词还能与“不”组合，如“不东”“不西”“山上净树”之类；对句式还有要求；所用副词也是极有限的“净”“光”等。总之，语法的副名组合显得活力不强，死板有余。

相比之下，修辞的副名组合具有较多的类推性，没有句式的限制，当然也存在组合上的内在制约性，如能构成修辞的副名组合的名词，都是可以性状化的名词。由于名词可性状化的程度不同，所以“抽象名词最多，具体名词次之，专有名词要少一些”。[2]修辞的副名组合显得更灵活些、自由些。

二、副名组合的句法功能差异

静态地看，或者单从词组的角度看，副词是不能和名词组合的。没有任何语境地来一个“很春天”或“仅书本”是不成立的；但是如果做动态的分析，即从实际运用的角度来看，副词是可以和名词组合的，因而副名组合是“在句子或短语中实际存在的副词与名词的线性排列的现象”。[3]

从句法功能上看，副名组合的内部是有差异的。

（一）在语法的副名组合中，名词的性质没有发生改变，而修辞的副名组合中名词往往被临时性质化或动作化了。例如：

（12）只渡口有一条羊肠小径。

（13）今天才星期四。

（14）她长得很明星。

（15）黄药师很宝贝黄蓉。（江南《此间的少年》）

例（12）、（13）是语法的副名组合，分别在句中做主语和述语，“渡口”和“星期四”的名词性质没有改变。由于它们前面只有一个副词，使它们的地位得到了某种突显。例（14）、（15）是修辞的副名组合，例（14）中“明星”突显的是它的性质意义，作用相当于一个形容词，意思是“具有明星的外貌和气质的状态”。例（15）中“宝贝”在其描述性语义特征的基础上被临时动作化了，突显的是动作性，意思是“像对待宝贝一样对待”，“很宝贝”的语意指向是黄蓉。

（二）语法的副名组合与修辞的副名组合所充当的句法成分是不均等的。

语法的副名组合的作用相当于名词，可以充当主语、谓语、宾语、定语，而修辞的副名组合作用相当于形容词或动词，可以充当谓语、定语、状语、补语。

语法的副名组合充当：

主语：只渡口有一条羊肠小径。

谓语：今天才星期四。

宾语：那天晚上演了共两场电影。

定语：把最左边的那件衬衣递给我。

修辞的副名组合充当：

谓语：吴天亮说完就走了，很首长，也很男人。（石钟山《幸福有多远》）

定语：这优雅的环境给人非常格调的想象。

状语：阿胡很骑士地让美芳在他背后坐好。

补语：她长得很明星。

例（12）属于一类较常见的语法的副名组合，主题的陈述性与范围副词的限定作用是这类副名组合得以成立的根本原因。我们知道，主题是属于语用平面的，它是表述的出发点、言谈的中心，一般代表旧的信息。主语是属于句法平面的，是句子或短语的主要成分。主题和主语可以分离，也可以合一。例如："我呀，最不愿意让人表扬了。"便是主题和主语合二为一的情况，画线部分既是主题，又是主语。汉语的主题是具有陈述性的（传统上认为只有谓词才具有陈述性），副词不应当视为专职的谓词修饰语，应当看作是陈述性成分的修饰语。"仅仅"应看作是状语性的主题修饰语，也就是说，它修饰的是一个成分（主题在此可理解为主语）。

（三）语法的副名组合与修辞的副名组合在对副词的选用上也是不均等的。

语法的副名组合更多地使用范围副词或时间副词，有时也运用表示肯定或否定的副词，少用程度副词。通常不具有述谓性（可充当谓语的性质）或需要其他词的配合才能具有述谓性的名词，常常使用"都""只""仅仅""光""单"等范围副词构成副名组合，如例（12）。当名词本身具有述谓性时，副词用"已经""刚刚""才"等时间副词，通常表示地点的转换或时间的推移，如"已经苏州了，离上海不远了"。

修辞的副名组合，大多数情况下运用"很""特""非常"等程度副词，如例（14）、（15）；有时也可以用否定副词等，如"他的创作风格一点儿也不尤利西斯"。

三、副名组合的语义差异

语法的副名组合与修辞的副名组合在语义上显现出以下几方面的差异。

（一）语法的副名组合与修辞的副名组合突显出的语义特征是不同的。

对名词的语义成分进行定性分析，可以大体划分出两类语义成分：关涉性语义成分和描述性语义成分。关涉性语义成分指“对名词的内涵起到说明、限制等介绍作用的客观性内容”[4]，是表示事物“要素”的部分，如事物的类属、构造、原料、用途、数量、时间、方位、处所等。描述性语义成分具有描述性，表述事物的性质，如事物的属性、特征、关系、特定表现等，如“淑女”的释义是“美好的女子”，“美好”是此词的描述性语义特征[5]，“女子”是关涉性语义特征。

一般而言，语法的副名组合侧重表现关涉性的较客观的语义特征，修辞的副名组合侧重表现的是描述性的语义特征。例如：

（16）仅仅坦克就有一千辆。

（17）阿胡很骑士地让美芳在他背后坐好。

例（16）中，突显的是“坦克”的类属，“仅仅坦克”是语法的副名组合；例（17）中，“骑士”突显的是骑士所表现的行为特征，有风度、讲义气，是描述性语义特征，“很骑士”是修辞的副名组合。

由于名词的描述性语义特征的强弱是不同的，依抽象名词、具体名词、专有名词而递减，因而能构成修辞的副名组合的可能性依次是抽象名词、具体名词、专有名词。如不说“很桌子”，因为“桌子”的描述性语义特征不明显。可以说“特雷锋”，但此类专有名词必须有较大的知名度，具有较广泛的可理解的描述性语义特征。

（二）语法的副名组合语义上具有明确性，而修辞的副名组合意义上具有不确定性和模糊性。例如：

（18）才高中生，就谈起恋爱来了。

（19）她的表现太高中生了，哪里像个大学生？

例（18）中“才高中生”是语法的副名，具有明确的语义是“才作为高中生”，表明身份的类属。而例（19）中“太高中生”的意思具有不确定性，指的是“学生气浓，不够成熟”等特点，不再指具体的“高中生身份”，对“高中生”的解释只能是一种大致的描述性语义，释义不是明确的。

（三）语法的副名组合语义上具有单一性，而修辞的副名组合在语义上具有丰富性。

我们知道，在某一特定的语言中，词义有理性意义（概念意义）和附加于理性意义之上的色彩意义[6]（性质意义、社会意义等）。理性意义是词义的核心部分，色彩意义有形象色彩、感情色彩、风格色彩等，词义中的各种色彩都是某一种特定语言的事实，具有民族性，都是全民所理解的。

语法的副名组合较之于相应的非副名形式，其理性意义是一致的，并且没有更多的色彩意义。例如：

（20）已经是厂长了，还不注意自己的穿着。

（21）已经厂长了，还不注意自己的穿着。

例（20）中是非副名组合，例（21）中是语法的副名组合，例（20）与例（21）的理性意义是一样的，色彩意义上也基本相同，只是语法的副名组合显得更简洁、更经济。

但是修辞的副名组合较之于相应的非副名形式，就显示出鲜明的丰富的色彩意义。例如：

（22）作为一个男子汉，他绝不软弱。

（23）作为一个男子汉，他绝不豆腐。

从理性意义上来看，“不软弱”与“不豆腐”的意思基本一致，但“不豆腐”具有强烈的形象色彩，把“不软弱”具象化，使表达更形象、表意更生动、意蕴更丰富。

同时，在有些时候，修辞的副名组合较之相应的非副名组合也有淡化感情色彩的作用。例如：

（24）学员高岗，籍贯广东，模样长得也很广东。

“很广东”的内涵意义是“个头矮、皮肤黑、塌鼻梁、高颧骨”等人们共识性的印象。一方面，“很广东”的表达简洁，另一方面，也具有中性的感情色彩，不容易引起读者的不好感觉，表达含蕴而委婉。

（四）语法的副名组合用的是名词的“本然意义”，而修辞的副名组合所用的是一种临时赋予的“异感意义”。[7]

在语法的副名组合中，名词的语义仍是它本来的客观意义，人们不会对名词有什么特别的感触。而在修辞的副名组合中的名词，是受到特定的语义条件的限制的，它要反映出说话人的某种特异感受，即被赋予了一种“异感意义”。如某人对“香港”从认识上有某些特异的感受或独特的认识，那么对能够引发他此种特异感受的现象，如他人的行为、神态、发型、衣着等，就会以“挺香港”“很香港”的形式表达出来。再比如“五月的香港很法国”（《青年参考》所用标题）中，“法国”不再是一个国家的名称——本然意义，而是表达了说话人对“法国”的一种独特的认识和感受。

四、副名组合的语用差异

（一）语法的副名组合对语言习惯、思维方式等语言的主体因素依赖性较强，而修辞的副名组合对社会背景、文化背景等语言的客体因素依赖性较强。

比如在语法的副名组合中，如果时间名词单独做谓语，直接对某个时间加以表述的时候，可以受某些表时间、频率的副词修饰。例如：

(25) 现在才六月。

(26) 今天已经星期天了。

又如在“处所词+副词+事物名词”的语法的副名组合中，主语必须是处所名词和短语，副词仅限于“净”“光”“只”等非常有限的范围副词，不能随意类推或用别的副词代替。例如只能说“山上净树”，不能说“山上总树”或“山上都树”。

可见，语法的副名组合在使用中对语言习惯等主体因素的依赖性很强，约定俗成在此中有巨大作用。

准确地说，“描述性语义特征”应是修辞的副名组合形成的语义基础。这种描述性语义特征可以在词语的字典释义中显现，也可能因种种因素未能或未及时能在字典释义中显现，而是存在于民族文化、社会时代等更广泛的背景中，积淀为某种性质意义。因而修辞的副名组合更多地依赖于语境（大可到社会，小可至语句）而使用，离开了具体语境，会影响到对意义的全面的准确的理解，有些时候甚至会不知所云。邢福义先生就认为“很淑女”“很绅士”之类的说法在香港流行的原因是“由香港特有的人文背景所决定的”。[8]在“我喜欢古筝的声音，非常古典，非常高山流水”一句中“高山流水”在具备古典文化素养的人心中，是具有曲调高雅或彼此互为知音的内涵的（《列子·汤问》中载有与此词语相关的伯牙和钟子期之间互为人生知己的美好又感伤的故事)。总之，社会背景、文化修养、地方风味、人际关系、社会关系等因素，对修辞的副名组合的形成都是有促进作用的。再如：

(27) 他这人特雷锋。

只有在了解雷锋的为人处世的基础上（即有一定的社会背景知识），才能理解“特雷锋”的含义是助人为乐、大公无私等崇高的品质。

由于词语的描述性语义特征不止一个方面，因而有时修辞的副名组合要借助一定的上下文才能领悟其特定含义。例如：

(28) 王四海为人很“四海”，善于应酬交际。

有了“善于应酬交际”的语义补充，才能准确理解“很四海”的具体内涵；而不是“四海为家”中表“范围广”的“四海”。

(二) 语法的副名组合和修辞的副名组合具有不同的语用效果。

在语用方面，语法的副名组合和修辞的副名组合都具有表达简洁的效果，但两者所突显的内容是不同的。先来看语法的副名组合，语法的副名组合有突显所表达的信息（已知信息或未知信息）的作用。从语用学角度看，话语结构的每一个片段，即反映在句法上的各个成分，其交际价值是不同的，一般来说已知信息放在话语的前面，而未知信息放在话语的后面。用两组句子来做个比较。

第一组：A. 仅仅坦克就有一千多辆。　　B. 仅仅是坦克就有一千多辆。

第二组：A. 今儿才正月初六。　　B. 今儿才到正月初六。

每组中的 A 句是语法的副名组合，较 B 句表达更简洁。第一组的 A 句较 B 句少了一个“是”字，“仅仅”作为状语性的主题修辞语，突显了已知信息“坦克”；同样，第二组 A 句突显了未知信息“正月初六”。

而修辞的副名组合在简洁的表达形式中，突显了生动丰富的性质意义(或是词义的细节显现)，使表达的意蕴更丰富，有扩大信息量的“增容”效果。如“她非常淑女也非常个性和城市化”中“淑女”突显了“举止优雅、端庄美好”等多个形容词的内涵，可以说是言简意丰。此类副名组合突显的是性质意义而不是类属。

(三) 从受众的语感上看也有差异。“语感是人们对于语言的感知判定能力，它是人们理解和运用语言的基础，标志着人们的语言水平。”[9]不仅如此，对于语言研究而言，语感有不可忽视的不可替代的作用。语法的副名组合一般不能给人新奇之感，而修辞的副名组合则给人新颖或俏皮之感，能实现语言陌生化的语用功能。因而语法的副名组合更多地出现在口语中，修辞的副名组合则更为文艺作品和新闻传媒所青睐。

五、副名组合演化趋向的差异

（一）语法副名组合中的名词的词类性质未改变，而修辞的副名组合中的名词是一种词类的功能游移，游移久了，可能形成兼类词，即兼属名词和形容词等。

语法的副名组合不构成“滋生”词语兼类的语言环境，其中原因已在“语法功能差异”部分论述。这里重点谈修辞的副名组合对形成兼类词的推波助澜的作用。

我们知道，词类转变是语言中的普遍现象，尤其是汉语，缺乏丰富的词的形态变化，这为词类的功能游移提供了方便。我们把词类转变看作一个过程，词类的活用是词类偶尔临时发生转变或词类正在转变中，词的兼类是词类转变的完成。经常活用为另外一类词，高发的活用频率被人们接受，就可能成为兼类词。名词、动词和形容词这三大实词最容易产生新词，产生的途径是不尽相同的：名词、动词一般是通过结构上的新的组合来形成新的词语，而形容词较多地则在原有形式的基础上通过词性裂变来形成新词。修辞的副名组合正是这样一种容易形成形容词的框架。修辞的副名组合中，如果某些名词频繁地使用，它的描述性语义特征就会反复加强，以至于取得与关涉性语义特征平齐的位置，形成两义并行的情况，由活用最终形成词的兼类现象：一个词形而兼有名词、形容词词性；在名词的结构槽中是名词，在形容词的结构槽中是形容词。比如“艺术”，《现代汉语词典》解释为：

（1）用形象来反映现实但比现实有典型性的社会意识形态，包括文学、绘画、雕塑、建筑、音乐、舞蹈、戏剧、电影、曲艺等。

（2）指富有创造性的方式、方法：领导～。

（3）形象独特而美观的：这棵松树的样子挺～。

其中（1）和（2）是名词，（3）是形容词。再如“民主”“科学”

“精神”等也如此。当然，既然从词类活用到形成兼类是一个过程，自然在这个过程中会有一个模棱两可的模糊过程，介于两者之间，形成词类难辨的情况。究竟哪些词能最终走向兼类，需要时间的检验和人们的普遍认可，最终也需要专家们的“敲定”。在形成兼类词的可能性中，描述性语义特征最强的抽象名词可能性最大，其次是具体名词，专用名词兼类的可能性最小。

（二）语法的副名组合与修辞的副名组合在类推方面的灵活性和范围上也有程度的不同。

在前面“语用差异”部分谈到，语法的副名组合的形成受到诸如语言习惯、思维方式、约定俗成等因素的影响，因而它的类推的灵活性及范围不及修辞的副名组合大。如“坡上净草”不能说成“坡上都草”或“坡上总草”，这种句式对副词的使用是极其有限的，几乎是不可以随意类推的。

修辞的副名组合的类推性虽然也是有限的，但它要比语法的副名组合灵活些、宽松性。它对句式没有什么过死的要求，求新求奇的语用要求，激活了它的类推作用，使之有“蔓延”的趋势。这种副名组合的类推作用也是因抽象名词、具体名词、专有名词而递减的。

六、结语和余论

从以上几方面的分析可以看出，副名组合作为语言实际运用中存在的副词与名词的线性排列现象，在外在形式上虽相似，但在其内部的具体的结构形式、句法功能、语义内容和语用效果上都有明显的差异，它们各自的演化趋向也有差异，是两大类不同的副名组合——语法的副名组合与修辞的副名组合。

语法的副名组合侧重表现关涉性的较客观的语义特征。修辞的副名组合侧重表现描述性的语义特征。语法的副名组合一般不呈现出“异质”感，修辞的副名组合呈现了新奇、诗意等修辞上的“异质”感。它们又都是语言经济原则的一种实现。

以下几种情况应不属严格意义的副名组合，兹提出供商讨。

“没问题”“没办法”中的“没”是动词，不应看作副名组合。《现代汉语八百词》中认为“没”有动词、副词两种词性，在“我没去”中

“没”是副词。当动词是说事物有无，当副词是说动作没发生。

“非常春天”，如果没有具体的语言环境，是一个有歧义的组合，不一定是副名组合。在“让我们在非常春天，采取非常行动”一句中，意思是“不一般的春天”，“非常”是古汉语的遗留格式。在“这家影楼非常春天”中，是副名组合，意思是“如春天般温暖”，“非常”是现代汉语中的程度副词。

“先狗他一下（试试）”（邵桂珍用例，认为是副名组合）、“幸亏荐头面子大”中，不是副名组合，“先”和“幸亏”修饰的是后面的整个动宾和主谓短语。副名组合虽是一种线性排列，但也要考虑结构层次和语义的关系，并非副词后面加上名词都是副名组合。

“突然事件”“偶然现象”中，“突然”“偶然”不是副词，而是形容词，也不应列为副名组合。因为“突然”“偶然”可以受程度副词的修饰，能放在“是……的”之中，如“这是很（偶）然的”，做谓语，这些显然都是形容词的语法特点。

注释

［1］桂诗春：《从“这个地方很郊区”谈起》，语言文字应用，1995 年第 3 期，第 25—26 页。

［2］储泽祥，刘街生：《“细节显现”与“副+名”》，语文建设，1997 年第 6 期，第 17 页。

［3］杨亦鸣，徐以中：《“副+名”现象研究之研究》，语言文字应用，2003 年第 5 期，第 43 页。

［4］施春宏：《名词的描述性语义特征与副名组合的可能性》，语文建设，2001 年第 3 期，第 212 页。

［5］描述性语义特征不一定出现在辞书的释义中，与社会、文化等多种因素有关。

［6］高名凯，石安石：《语言学概论》，北京・中华书局，1987 年版，第 112—113 页。

［7］邢福义：《“很淑女”之类说法语言文化背景的思考》，语言研究，1997 年第 2 期，第 4 页。

［8］同上，第 1—10 页。

［9］李宇明：《语法研究录》，北京・商务印书馆，2002 年版，第 152—153 页。

参考文献

[1] [英] 杰弗里·N. 利奇. 语义学 [M]. 上海：上海外语教育出版社，1998.

[2] 谭景春. 名形词类转变的语义基础及相关问题 [J]. 中国语文，1998 (5).

[3] 雷杰珍. 现代汉语副名结构浅析 [J]. 广东教育学院学报，1999 (4).

[4] 邵桂珍. 语法的“副+名”和修辞的“副+名”[J]. 暨南学报，2000 (9).

[5] 沈孟璎. 近 20 年来汉语语法的新变 [J]. 南京师大学报，2000 (5).

[6] 杨梅. “副名”的诗意存在 [J]. 语文建设，1998 (6).

[7] 史金生. 试论汉语主题的陈述性 [J]. 解放军外语学院学报，1994 (2).

[8] 王群力. 对“没问题”等三种“副+名”例证的质疑 [J]. 汉语学习，2003 (5).

[9] 范晓. 三个平面的语法观 [M]. 北京：北京语言学院出版社，1996.

[10] 邹韶华. 名词在特定环境中的语义偏移现象 [J]. 中国语文，1986 (4).

[11] 王珏. 现代汉语名词研究 [M]. 上海：华东师范大学出版社，2001.

[12]《世界汉语教学》《语言教学与研究》杂志编辑部. 80 年代与 90 年代中国现代汉语语法研究 [M]. 北京：北京语言学院出版社，1992.

[13] 邢福义. 关于副词修饰名词 [J]. 中国语文，1962 (5).

[14] 于根元. 副+名 [J]. 语文建设，1991 (1).

第四节　“一脸汗”结构

对外汉语课堂上，老师说：“名词借用为量词是现代汉语的普遍现象，如‘一锅稀饭’‘一碗面条’‘两筐苹果’‘三桶汽油’‘一脸大汗’等，其中的‘锅’‘碗’‘筐’‘桶’‘脸’都是名词借用为量词。”一个外国学生马上说：“昨天，我吃了两碗烩面，吃得两脸大汗。”全班同学哄堂大笑。

为什么可以说“两碗烩面”，而不可以说“两脸大汗”呢？这需要从“一脸汗”结构的特色说起。

从形式上看，“一碗烩面”与“一脸汗”都是“数+名 1+名 2”格式，结构相同，属于“同构形式”。事实上，二者的句法、语义和语用价值都有所差异。为称说对比方便，我们把“一碗烩面”“一脸汗”所代表的语言现象分为 A、B 两组：

A 组：

一碗烩面、一筐菠菜、一桶污水、一盆黄土、一杯开水、一瓶醋、一口袋小麦、一篮子黄瓜、一本子纪念文章

B 组：

一脸汗、一肚子学问、一腔热血、一脸沙粒、一身臭汗、一嘴脏话、一房顶霜雪、一街道人、一院子树叶、一鼻子灰

一、“一脸汗”结构的句法分析

“一脸汗”所代表的 B 组与 A 组的句法结构是不尽相同的。A 组中，“一”是基数词，名 1 是借用的计量单位，名 2 为计算的对象，整个结构为偏正短语。B 组貌似 A 组组成成分的语法形式，但语法形式的功能不完全相同。B 组中的“一”不是基数词，它的意思相当于“满”或“全”，功能上相当于形容词。从下面的变换中看得较为清楚：

一脸汗——满脸都是汗

一肚子学问——满肚子都是学问

一腔热血——满腔都是热血

一脸沙粒——满脸都是沙粒

一院子树叶——满院子都是树叶

根据朱德熙（1980）给出的同构条件：一是“层次构造相同”，二是“相对应的语法形式的功能相同”。A、B 两组显然不是狭义的同构形式，因为 A、B 中“一”的词性不同，功能也就不同。

“狭义同构”具有相同的变换形式（朱德熙，1980），变换形式不同，也应视为不同的句法结构。A、B 两组的变换形式有明显区别：

A 组是名词性短语，它的前面可以加上领属性定语。例如：

一碗烩面——老王的一碗烩面

一筐菠菜——隔壁张奶奶的一筐菠菜

一篮子黄瓜——菜农王三的一篮子黄瓜

一本子纪念文章——李老师的一本子纪念文章

B 组前面难以加上领属性定语。如：

一脸汗——*班长的一脸汗

一肚子学问——*校长的一肚子学问

一腔热血——*革命烈士的一腔热血

一身臭汗——*运动员赵谦的一身臭汗

一嘴脏话——*素质差者的一嘴脏话

一街道人——*张家村的一街道人

一院子树叶——*郑州中学的一院子树叶

可见，A、B 两组属于不同的句法结构。

A 组是典型的偏正结构，这没有异议。B 组属于什么结构呢？一般都看作偏正结构。我们倒同意刘顺的处理，倾向于将其看作主谓结构。“一+名 1”是主语，名 2 是谓语。其语法意义表示某处存在某事物，这种结构在形式上可以转化为相应的存现句形式。如：

一脸汗——一脸都是汗

一肚子学问——一肚子都是学问

一腔热血——一腔都是热血

一脸沙粒——一脸都是沙粒

一身臭汗——一身都是臭汗

一嘴脏话——一嘴都是脏话

一房顶霜雪——一房顶都是霜雪

一街道人——一街道都是人

一院子树叶——一院子都是树叶

不过B组很少单独成句出现，它经常嵌入到更大的结构中。由于结构上的作用，“一+名1+名2”之间隐含的谓语一般不出现，但在表层结构中也不是完全不能出现，如果与提示语构成主谓句的话，“是”也可以出现。如：

张小能一脸汗——张小能一脸都是汗

这位老院士一肚子学问——这位老院士一肚子都是学问

小李家一房顶霜雪——小李家一房顶都是霜雪

余得水一鼻子灰——余得水一鼻子都是灰

老丁一脸麻子——老丁一脸都是麻子

由于“一”是“满”或“全”的意思，具有全量义，因此，由“一+名1+名2”构成的主谓句具有周遍句的特点。陆俭明（1986）认为周遍句有三个重要的共同特点。一是“句子的自然重音都在主语上，而且一般都在主语的第一音节上”。二是“只能在主语前加‘是不是’，不能在主语后加‘是不是’，以形成反复问句”。三是“当作为分句时，如果加连词，只能加在主语之前，不能加在主语之后”。“一+名1+名2”构成的主谓句完全符合陆先生所谓周遍句的特点。

从重音位置上看：

张小能'一脸汗。

老丁'一脸麻子。

这位老院士'一肚子学问。

小李家'一房顶霜雪。

从形成反复问句的形式上看：

张小能一脸汗——张小能是不是一脸汗？

　　　　　　　　*张小能一脸是不是汗？

老丁一脸麻子——老丁是不是一脸麻子？

　　　　　　　　*老丁一脸是不是麻子？

这位老院士一肚子学问——这位老院士是不是一肚子学问？

★这位老院士一肚子是不是学问？

小李家一房顶霜雪——小李家是不是一房顶霜雪？

★小李家一房顶是不是霜雪？

从加连词的情况看：

张小能一脸汗——张小能如果一脸汗……

★张小能一脸如果汗……

老丁一脸麻子——老丁如果一脸麻子……

★老丁一脸如果麻子……

这位老院士一肚子学问——这位老院士如果一肚子学问……

★这位老院士一肚子如果学问……

小李家一房顶霜雪——小李家如果一房顶霜雪……

★小李家一房顶如果霜雪……

从以上讨论可以看出，A、B 两组属于不同的句法结构：A 组是名词性偏正结构，B 组比较接近主谓结构。

二、“一脸汗”结构的语义分析

从语义上看，A、B 两组也有明显的不同。考察 A 组可以发现，名 1 是名 2 的容器，名 2 的多少可以通过名 1 来量度，相应地就会有以下量度表示法。

一碗烩面——两碗烩面——三碗烩面……

一筐菠菜——两筐菠菜——三筐菠菜……

一桶污水——两桶污水——三桶污水……

一篮子黄瓜——两篮子黄瓜——三篮子黄瓜……

一本子纪念文章——两本子纪念文章——三本子纪念文章……

同时这种形式还可以通过重叠表示遍指。

一碗烩面——一碗一碗的烩面

一筐菠菜——一筐一筐的菠菜

一桶污水——一桶一桶的污水

一篮子黄瓜——一篮子一篮子的黄瓜

一本子纪念文章——一本子一本子的纪念文章

由此，可以说名 1 在语义上具有量度的特征，可记为［+量度］。在这一点上名 1 与典型的专用量词的作用是相同的。

在 B 组中名 1 不是名 2 的容器，名 2 的多少不能用名 1 来量度。比如“灰”的多少不论“鼻子”，“污水”的多少不论“裤子”，“学问”的多少也不论“肚子”，等等。因此，这一组也没有 A 组相应的度量表示。如：

一脸汗——⋆两脸汗——⋆三脸汗……

一肚子学问——⋆两肚子学问——⋆三肚子学问……

一腔热血——⋆两腔热血——⋆三腔热血……

一身臭汗——⋆两身臭汗——⋆三身臭汗……

一房顶霜雪——⋆两房顶霜雪——⋆三房顶霜雪……

同时也不能通过重叠形式表示遍指。如：

一脸汗——⋆一脸一脸的汗

一肚子学问——⋆一肚子一肚子的学问

一腔热血——⋆一腔一腔的热血

一身臭汗——⋆一身一身的臭汗

一房顶霜雪——⋆一房顶一房顶的霜雪

但这一组可以变换为“一+名 1+都是+名 2”和“满+名 1+都是+名 2”两种格式。如：

一脸汗——一脸都是汗——满脸都是汗

一肚子学问——一肚子都是学问——满肚子都是学问

一腔热血——一腔都是热血——满腔都是热血

一身臭汗——一身都是臭汗——满身都是臭汗

一房顶霜雪——一房顶都是霜雪——满房顶都是霜雪

变换明显看出，名 1 是名 2 存在的处所，在名 1 的处所内存在的都是名 2，名 1 的语义特征可以记为［+处所］。

通过以上讨论，可以把 A 组中名 1 的语义特征记为［+量度］［-处所］，将 B 组中名 1 的语义特征记为［-量度］［+处所］。

由此可以看出，在“一+名 1+名 2”格式中，“一”的意义与名 1 的语义特征是相互影响、相互制约的。“一”为数词时，名 1 的语义特征为［+量度］；名 1 的语义特征为［+量度］时，“一”是数词。“一”相当于形容词时，名 1 的语义特征记为［+范围］；名 1 的语义特征是［+范围］时，“一”相当于形容词。

三、“一脸汗”结构的语用价值

A、B 两组各自有着不同的语用价值。A 组学界讨论较多，不再赘述，这里重点讨论 B 组在句子表达方面的一些特点。

B 组“一+名 1+名 2”在句子中最常出现在两个位置上，一是在提示语的后面，与提示语共同构成主谓句，二是在双宾语句中作远宾语[1]。

（1）校园里一地树叶。

（2）黄头发青年一嘴脏话。

（3）别看他六十多岁了，仍然一头黑发。

（4）大汽车一跑，溅了王大妈一身脏水。

（5）一不小心，蹭了我一裤子油。

（6）泼妇吐了班主任李老师一脸吐沫。

例（1）、（2）、（3）是主谓句，例（4）、（5）、（6）是双宾语句。

“一+名 1+名 2”在句子中表示主观大量，具有夸张的意味。强调在名 1 的范围内，存在的都是名 2，没有例外。例（1）“校园里一地树叶。”既然是校园，肯定存在许多基本设施及与设施有关的东西，校园里不可能全是树叶，没有一点其他东西。说话人的真实意思是说树叶多，或者是表示需要马上清除树叶，或者表示校园打扫卫生的人懒惰等。运用了“一+名 1+名 2”这种格式，进一步突显了在名 1 这个处所里都是名 2，即在校园里都是树叶，明显地具有夸张的功能，表示主观大量。

注释

［1］关于“溅了王大妈一身脏水”这种结构，学界有不同的分析意见：马庆株、李临定《双宾语类型分析》（语法研究和探索．北京大学出版社，1985）认为是双宾语句，陈建民、张伯江认为是兼语句，我们采用前一种观点。

参考文献

［1］刘顺．现代汉语名词的多视角研究［M］．上海：学林出版社，2003.

[2] 邵敬敏．汉语语法的立体研究［M］．北京：商务印书馆，2000.

[3] 王珏．现代汉语名词研究［M］．上海：华东师范大学出版社，1999.

[4] 邢福义．汉语语法学［M］．长春：东北师范大学出版社，1997.

[5] 崔应贤等．现代汉语定语语序认知研究［M］．北京：中国社会科学出版社，2003.

[6] 马庆株．语法·语义范畴研究［M］．北京：北京语言文化大学出版社，1998.

[7] 朱德熙．现代汉语语法研究［M］．北京：商务印书馆，1980.

[8] 陆俭明．周遍性主语及其他［J］．中国语文，1986（3）．

第五节　基本结构单位和基本结构顺序

——汉英对比的认知研究

引　言

从《马氏文通》问世120年以来的汉语研究史是逐步向汉语特点回归的历史。

任何语言的特点都是在跟其他语言的对比中显示出来的。任何语言的特点主要表现在该语言的“基本结构单位”和“基本结构顺序”上。英语的基本结构单位是“词”，汉语的基本结构单位是“字”。这里的“字”按照《中国科技术语》2007年第5期“文字学名词”译为Sinogram。

汉语基本结构单位的“字”具有较强的“基元性”（primitivity），而英语基本结构单位的“词”的“基元性”相对而言比较弱。基元性指的是“字词音节数”跟所表达的“概念复杂度”之间的“正相关性”。基元性有利于建立富有“理据性、透明性、层次性”的概念系统和语汇系统。

汉语的“基本结构顺序”具有较强的“时序性”（time-sequence），而英语的“基本结构顺序”具有较强的“要闻性”（news-importance）。二者各有所长。

任何一个民族语言的“基本结构单位”和“基本结构顺序”必定受到该民族“认知模式”的制约。我们在认真学习了前辈和时贤的许多论著之后，从“认知语言学”的理论框架中体会到：汉族人的“认知模式”侧重于“整体感知、意象思维、静物为本、类比推理”；包括英国人在内的西方人的“认知模式”侧重于“细部感知、抽象思维、动态为本、形式推理”。

我们从上述“认知模式”的侧重点出发，遵照吕叔湘先生“追究它们何以有此异同”的教诲，试着解释汉英语基本结构单位和基本结构顺序何以有此异同。

一、语言的基本结构单位和基本结构顺序

（一）汉语是“组装型语言”而英语是“合成型语言”

如果把有交际功能的“语言”比喻为有实用功能的“机器”，把语言备用单位的“字词”比喻为机器备用单位的“零件”，就可以用机器制造厂的生产过程来比喻语言的生成过程。

以“组合为机器成品时是否需要再加工为标准”，可以看出汉语和英语的不同。

汉语相当于划分为“加工车间”和“组装车间”的机器制造厂。在这种“组装车间”里，对“加工车间”送来的零件不需进行任何“再加工”而直接组装为机器成品。例如从“加工车间”送来了三个零件（单音节词）：“他、她、爱。”到“组装车间”后不需进行任何“再加工”，只要按“机器功能（句子意义）”直接组装成为句子：“她爱他。”

英语相当于划分为“零件车间”和“合成车间”的机器制造厂。在这种“合成车间”里，对“零件车间”送来的零件还需按“机器功能（句子意义）”进行必不可少的“再加工”才能够合成为机器成品。例如从“零件车间”送来了三个零件（原形词）：“he，she，love。”到“成品车间”后还需要进行下列的“再加工”：①按“第三人称单数现在时”的规则把“love”加工成“loves”，②按“宾语要用宾格”的规则把“he”加工成“him”。然后才能合成为句子：“She loves him。”

汉语具有“组装时不再加工”的特性，可称为“组装型语言”（assembly language）；英语具有“合成时仍需再加工”的特性，可称为“合成型语言”（synthesis language）。

（二）汉语和英语在“基本结构单位”上的同和异

1. 汉英语基本结构单位的“同”在于该语言单位在物质载体上的“有界”（bounded）。

徐通锵提出：汉语的基本结构单位是“字”。英语等印欧语的基本结构单位是“词”，并指出基本结构单位的三条标准是：“现成性、离散性和

语言社团的心理现实性。”（徐通锵，2001）

潘文国对基本结构单位所提出的四条标准是：“天然单位、民族认识世界的基本单位、语言各平面研究的交会点、语法上承上启下的枢纽位置。”（潘文国，2002）

学习了上述的论点以及沈家煊（1995）提出的“有界”的认知概念之后，我们体会到：语言的“基本结构单位”是人在认知上的“有界”在语言结构单位中的体现，因而可定义如下：

任何语言的基本结构单位都是该语言在物质载体上明显“有界”的单位。

汉语以“单音节·方块形”为物质载体的“字”在声波载体上的“有界”是：“西安”读作［xi’an］，不读作“［xian］（先）”；在光波载体上的“有界”是“西安”为两个方块形。

英语的“词”在声波载体上的“有界”是：两个“词”之间有适当的停顿；在光波载体上的“有界”是两个“词”之间有“空格”（space）。

2. 汉英语基本结构单位的“异”在于其“基元性”（primitivity）上的强弱之差。

“基元性”是“字词音节数”跟所表达的“概念复杂度”之间的“正相关”。其倾向性如下：

①“基本概念”（basic concept）多用“单音节”而少用“多音节”的字词来表达。

②“复合概念”（compound concept）多用“多音节”而少用“单音节”的字词来表达。

世界各种语言的“字词音节数”跟“概念复杂度”没有“绝对成正比”的，所以只能比较其“倾向性”。如果某种语言在大多数情况下都符合上述两条标准，则判定该语言的“基元性”强。

“基本概念”是：在自然环境和日常生活中具有“常见性”并且“不再分解”的概念。

下列24个“基本概念”的语言形式中：汉语都是“单音节词”；而英语有9个“单音节词”，15个“多音节词”。这从一个侧面反映了汉英“基本结构单位”在“基元性”上的强弱。

空间：天（sky），　地（earth），　山（mountain），　河（river）；

时间：早（morning），　午（noon），　晚（evening），　夜（night）；
季节：春（spring），　夏（summer），　秋（autumn），　冬（winter）；
度量：深（deep），　浅（shallow），　宽（wide），　窄（narrow）；
婚配：婚（marry），　家（family），　夫（husband），　妻（wife）；
亲属：父（father），　母（mother），　儿（son），　女（daughter）。

表2-8中有33个概念，其中汉语共用10个单音节的“字”，英语共用33个不限音节的“词”。

表 2-8

	公 male	母 female	小 young		
马 horse	公马 stallion	母马 mare	小马 foal	小公马 colt	小母马 filly
牛 ox	公牛 bull	母牛 cow	小牛 calf		
羊 sheep	公羊 ram	母羊 ewe	小羊 lamb		
鹿 deer	公鹿 stag	母鹿 doe	小鹿 fawn		
猪 pig	公猪 boar	母猪 sow	小猪 piglet		
狗 dog	公狗 dog	母狗 bitch	小狗 puppy		
猫 cat	公猫 tomcat	母猫 tabby	小猫 kitten		

“公”和“母”是“对称”的基本概念，汉语都用单音节来表达，很对称；但是英语“male（公）”用单音节，“female（母）”却用多音节，显得不对称。“母马”是由两个基本概念组成的复合概念。汉语用双音节的“母马”来表达；而英语却用单音节的“mare”来表达。复合概念“小公马”由三个基本概念所组成，汉语用三音节的“小公马”来表达；而英语却用单音节的“colt”。请看：

马　←单音节词←一个基本概念的简单概念→单音节词→horse
母马　←双音节词←两个基本概念的复合概念→单音节词→mare
小公马　←三音节词←三个基本概念的复合概念→单音节词→colt

汉族人认为左端汉语的“马、母马、小公马”像“金字塔”那样有理据、有层次、有系统性。而右端英语的“horse，mare，colt”都是单音节，难以体现构词的理据性、层次性、系统性。

汉语历史上也有这种现象：古汉语有“牡［公牛］、牝［母牛］、犊

［小牛］”，现在“牡、牝、犊”都已经从《2500常用字》中退出，在口语和文学作品中已经出现了用“初生小牛不怕虎”来取代“初生之犊不怕虎”，用“公鸡报晓”取代了“牝鸡司晨”。

从“倾向性”来看，汉语的“基元性”比较强，而英语的“基元性”比较弱。所以，汉语的基本结构单位可以叫作“基元单位”；而英语的基本结构单位不能叫作“基元单位”。

3.“基元单位”具有下列特征：

①形式上的“单纯性”。表现为字音上的“单音节”和字形上的“方块形”。基元单位本身像“体形短小、形状规整”的砖头，所构成的高层单位也因而“体形短小、形状规整”。

②意义上的“元素性”。所承载的“基本概念”在认知世界中具有“不再分解性”。汉语的基本结构单位——“人”，具有基元性，所构成的高层单位“男人、女人”很简明。英语的基本结构单位“man”不具有基元性而含有两个义素［+男，+人］，所以“man”构成的高层单位“chairman”仍含有［+male（男）］的义素。英国当选为chairman的女士不愿就职，不得不改为chairperson。英语的“brother”有基元性，而汉语的“哥”不具有基元性，因为含有［+elder（年龄较大）］的义素。

③数量上的“有限性”。表现为几千年来常用汉字始终保持为三千多字。不管新时代新知识如何爆炸，也不管英语的新词如何剧增，汉语只用有限的“字”组装成无限的“新词语”。汉族人知识聚合网络的一个“节点”贮存一个“字”，节点之间的“箭头”连接相关的各个“词（字组）”。英语知识聚合网络的一个节点贮存一个“词”，出现新知识的新词，英语就得增加一个新词的节点；但是汉语不需增加新的“节点”，只需在原有“节点”之间增加新的“箭头”就行了。

图2-1表示，汉族人的知识聚合网络中，本来节点“激”和“光”之间并没有箭头，有关节点相连分别构成“激动、激情、感激、光辉、反感、反光”等。英语laser传入以后，起初音译为“莱塞”或“镭射”，都不合适。于是有人想到把“激”和“光”这两个节点用箭头连接起来就组成了新词“激光”，体现了汉族人用熟字造新词的创造力。别人看见这个新词，跟“灯光、烛光、荧光”等进行“类比推理”而懂得了“激光”的意思，体现了汉族人见熟字懂新词的领悟力。

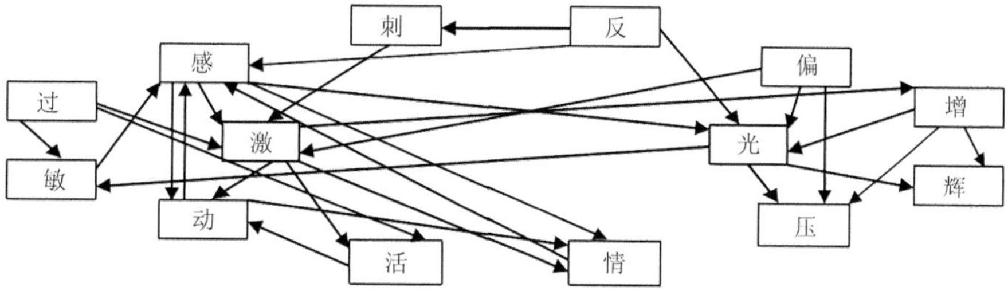

图 2-1

④意象上的“联想性”。汉字跟客观世界有一定的“象似性”。形声字一看“意符”就知道其“义类”。化学元素周期表上的英语元素名称，看到的是一百多个没有分类的元素；而汉语的元素名称，看到了四类元素：“钅”旁是“固体金属”（钠、钾）；“石”旁是“固体非金属”（碳、硅）；“氵（水）”旁是“液体”（溴、汞）；“气”旁是“气体”（氢、氧、氮、氯）。

（三）汉语和英语的“基本结构顺序”

1. 汉语和英语的“基本结构顺序”上的“同”和“异”

我们在认知语言学“象似性”理论的启发下从现代汉语的实际语序中提升出来的语序理论：“预想论”的基本论点是“先想到的就先说，后想到的就后说”。（鲁川，2005）

“预想论”体现了“语言是思维的外在表现”的理论，所以是全人类普遍适用的语言学理论。这体现了汉语和英语的“基本结构顺序”上的“同”。各民族语言的“语序模式”有许多差别，则是由于各民族语言的“预想原则”的不同。例如汉语的“预想原则”遵守“时序性优先”，而英语的“预想原则”却遵守“要闻性优先”。如果有两件事：A 事较早发生而比较次要，B 事较晚发生而比较重要，那么汉语的“语序模式”为“一 A 就 B”（他一离开大学就结婚了）。但是英语的“语序模式”为“B as soon as A”（ He got married as soon as he left university ）。这体现了汉语跟英语的“基本结构顺序”上的“异”。归根结底，这都导源于汉语跟英语的“认知模式”。

2. 认知语言学对汉语和英语的“基本结构顺序”的研究

近三十多年来，从认知语言学“象似性”的角度对现代汉语的研究异常活跃，硕果累累。

①戴浩一于 1985 年在 Haiman 所编论文集《*Iconicity in Syntax*》（句法的象似性）中发表了著名论文《*Temporal sequence and Chinese word order*》（时间顺序和汉语的语序），提出了汉语“时间顺序原则”（the principle of temporal sequence，PTS），即“两个句法单位的相对顺序取决于它们所表示的概念世界里的状态的时间先后”。（Tai，James，H-Y. 1985）

（1A）　她　　在桌子上　　跳。

汉语因为“在桌子上”在先就先说；“跳”在后就后说。遵守“时序性优先”。

（1B）　She　jumped　on the table.

英语认为“jumped”重要就先说，“on the table”次要就后说。遵守“要闻性优先”。

（2A）　她　　跳　到桌子上。

汉语因为“跳”起来在先就先说；“到桌子上”在后就后说。遵守“时序性优先”。

（2B）　She　jumped　onto the table.

英语仍然认为“jumped”重要就先说，“onto the table”次要就后说。遵守“要闻性优先”。

②徐通锵（2001：215）指出：戴浩一“时间顺序原则”只适用于有生话题句。而无生话题句的语序主要决定于说话人择取事物特点的观察视角，而后顺着这一视角依次对事物的各个部分进行描写。徐通锵先生把这称为“空间顺序原则”，并且还举出茅盾的《白杨礼赞》对于“白杨树”的描写顺序为证。我们认为徐通锵先生的论述是有道理的，但是还需要作一点修改。

③我们觉得徐先生所说的话题的［±有生］应改为［±动象］。因为作为植物的“白杨树”也有生命，也是［+有生］，却受到言者观察顺序的制约。如果说“白杨树”是［-动象］，就对了。

来看看［+动象］的句子：“石头从山顶滚到了山涧里。”汉语临摹其“运动时间顺序”。言者先看见“石头”在山顶就先说，后看见“石头”

在山涧就后说。“石头［+动象］”却是［-有生］。

再来看［-动象］的句子：“靠门的病床上躺着一个昏迷的病人，腿部打着石膏。”汉语临摹其“观察空间顺序”。言者首先看见显眼的很大空间靠门的病床上就先说，其次才看见人体的整体空间一个昏迷的病人就后说，最后看到最小的空间腿部打着石膏就最后说。句中的“昏迷的病人”是［-动象］，不是以“自身运动的时间”来制约言者的“叙述顺序”，而是以“是否显眼的空间”来制约言者的观察顺序，进而制约言者的叙述顺序。于是，我们提出：

叙述句分为：主体持续运动的“动象句”；主体相对静止的“静象句”。

汉语临摹：“动象句”的主体运动“时间顺序”；“静象句”的言者观察“空间顺序”。

所谓“空间顺序”实质上体现为言者的“观察时间顺序”，因而可并入“广义时序优先”。显然，这里的“广义时序优先”(可简称“时序优先”）比戴浩一的“时间顺序原则”深入了一步。

二、认知模式对语言基本结构单位的制约

季羡林先生指出：“语言文字是思想的外在表现形式，而思想的基础或出发点则是思维模式。东西方思维模式是根本不同的。西方的思维模式是分析、分析、再分析，认为永远可以分析下去。而东方的思维模式则是综合，其特色是有整体概念和普遍联系的概念。”（见《语言论》的“序”）

季先生说的“思维模式”跟本书的“认知模式”是一致的。

汉族人的认知模式侧重于：整体感知、意象思维、静物为本、类比推理。

英国人的认知模式侧重于：细部感知、抽象思维、动态为本、形式推理。

（一）“整体感知”与“细部感知”对语言基本结构单位的制约

1. 由于认知模式侧重于整体感知，汉族人对语音的敏感单位是“音

节”，使汉语就成为重视“音节”的语言。“声调”是整个音节的升降而不只限于元音音位，强调“音节辨义的整体性”。汉语“音节结构的规整性（最多4个音位）”和“音节类型的有限性（仅24种）”（鲁川，2002），形成了“既成音节的稳固性”即“既成音节的神圣不可改变性”。于是，一旦汉语的一个“音节”成为“既成音节”，就再也不能改变它。如汉语要表达相当于英语用“形态变化”来显示的“语法标记”，就不能改变“既成音节”，只可能“添加新音节”，即“虚词”只能是依附于“既成音节（实词）”的“添加音节”。例如汉语表示“走”的意思可用一个单音节“实词”，附加各种语法标记就只能“添加新音节（虚词）”：“走着”“走了”“走过”等。

汉语在表达语法意义的形式上永远保持“单音节实词+单音节虚词→多音节词语”。这就是说，“整体感知”导致了汉语基本结构单位是单音节的“字”，不准改变既成音节内的音位。

2. 由于认知模式侧重于细部感知，英国人对语音的敏感单位是“音位”，这使英语成为重视“音位”改变而并不在乎“音节”多少的语言，强调音节内“音位的辨义功能”。英语“音节结构的多样性”和“音节类型的无限性”形成了音节内音位改变的灵活性。英语若要表达相当于汉语添加新音节（虚词）来显示的语法意义，就用“改变既成音节结构（添加或改变音位）”的“形态变化”。例如英语表示“go”的意思可用一个单音节“实词”，显示各种添加的语法意义就用形态变化：“goes”“went”“gone”等，即“单音节原形词+单音节形态素→单音节形态词”。当然，英语也可用“单音节原形词+单音节形态素→多音节形态词”，如“go+ing→going”。总之，都是以“改变既成音节结构”为代价来实现“形态变化”的。这就解释了英语有“形态变化”在于英语“音节结构的多样性”和“音节类型的无限性”导致的“既成音节内音位改变的灵活性”。这为英语“改变既成音节结构”来显示“形态变化”提供了语音上的便利条件。

英语没有汉语那种“音节的神圣不可改变性”，相反的是对音节数量的满不在乎。这就是说，“细部感知”导致了英语基本结构单位是不限音节的“词”，可灵活改变既成音节内的音位。

（二）“意象思维”与“抽象思维”对语言基本结构单位的制约

1. 由于认知模式侧重于意象思维，表现为汉语对客观世界有很强的“象似性”（iconicity）。汉语基本结构单位的“字”在字音上有丰富的“拟声”现象，甚至有的“因声而得名”。例如“喵”模拟“猫”的叫声，而以“喵”的声符“苗”为声符构成了形声字“猫”。汉字是“自源性文字”，不是记录语音的“符号的符号”，而是跟“口语”（spoken language）平等的“书语”（written language）。汉语的“象形字、指事字、会意字、形声字”都在不同程度上显示了这种“象似性”。学习汉语的外国人面对这些未见过的字——“鱽鲂鲆鲃鲉鲊鳆鲐鲚鲡鲱鲯鳗鳇鳊鲮”，也知道都是“某一种鱼”。所以，“意象思维”导致了汉语基本结构单位必然是“单音节跟方块形”结成统一体的“字”。如果改动既成方块字的一个笔画就破坏了原来的“象似性”。所以要附加语法意义，只准增加“虚字”而不准改动既成“实字”的笔画。这样，就完全杜绝了汉语搞“形态变化”的可能性。

2. 由于认知模式侧重于抽象思维，表现为英语的文字是“他源性文字”，舍弃了跟客观世界的“象似性”。英语的文字只是记录语音的抽象的“符号的符号”。英语基本结构单位只是语音中心主义的“词”，其书面形式只不过是记录了词音并在词的音间隔处加上空格（space）而已。

（三）“静物为本”与“动态为本”对语言基本结构单位的制约

1. 由于认知模式侧重于静物为本，汉族人对客观世界的认识强调“物质”是“运动”的主体，而“运动”只是“物质”的属性。同为基本结构单位，汉语认为“名物字”重于“动作字”，表现在造字时总是以“名物字根”构成“动作字”，很少以“动作字根”构成“名物字”。例如：

“手”的活动字含“扌”：打、抓、扶、抱。“足”的活动字含“⻊”：踢、踩、跺、蹬。

“口”的活动字含“口”：咬、吃、呼、唱。“心”的活动字含“忄”：恨、怕、忧、慌。

“水”的活动字含“氵”：流、洗、淋、浇。“火”的活动字含“火”：烧、烤、炸、炒。

汉语在造句时可以有“名词句”。古代汉语有“鸡声茅店月，人迹板桥霜”的诗；现代汉语有“鲁迅绍兴人”之类的“名词谓语句”。在形容词做谓语时，不需要“系动词”。

2. 由于认知模式侧重于动态为本，英国人对客观世界的认识强调“运动”是“物质”存在的唯一形式。同为基本结构单位，英语认为“动词”重于“名词”，多以“动词性词根”构成“名词”，较少以“名词性词根”构成“动词”。例如下列构词量较多的“词根”都是“动词性词根”：

ceed［走］，cept［拿］，cess［离］，count［讲］，cred［信］，cur［跑］，dic［说］，draw［抽］，duc（t）［导］，fect［做］，fer［运］，fin［完］，flu［流］，lect［聚］，leg［送］，ped［走］，plic［弯］，pressg［压］，rupt［断］，sequ［随］，sens［感］，sist［站］，spect［看］，struct［构］，tain［持］，tect［盖］，tend［伸］，test［证］，tract［拉］，vent［来］，vert［转］，vis［视］。

英语把“谓语动词”看作句子的中心。在形容词做谓语时，“系动词”仍是必不可少的。

（四）“类比推理”与“形式推理”对语言基本结构单位的制约

1. 由于认知模式侧重于类比推理，汉语在造字、造词上都强调“类比”和“类聚”。

汉族人最初造的表示基本概念的“基元字”往两个方向发展。

基元字→字根：如“衣→衤”，“心→忄”。字根能造出大批的“字族”。
→“衤”→衬、衫、裤、裙、袍、袖。“忄”→情、怕、忧、恼、恨、懂。
→类字：如“衣”→“□衣”，“心”→“□心”，能造出很多的“字组（多音节词）”。
→“□衣”→棉衣、皮衣、睡衣、雨衣。“□心”→良心、恒心、粗心、雄心。

汉族人用“字（单音节词）”和“字组（多音节词）”表示认知世界的“概念分类系统”。

以汉语的“车”字为例。英语没有跟汉语“车”字相对应的语言单位，vehicle不像汉语的“车”那样，能成为“类别”标识，因而成为可从“合体字”和“复合词”中提取出来的“公因子”。

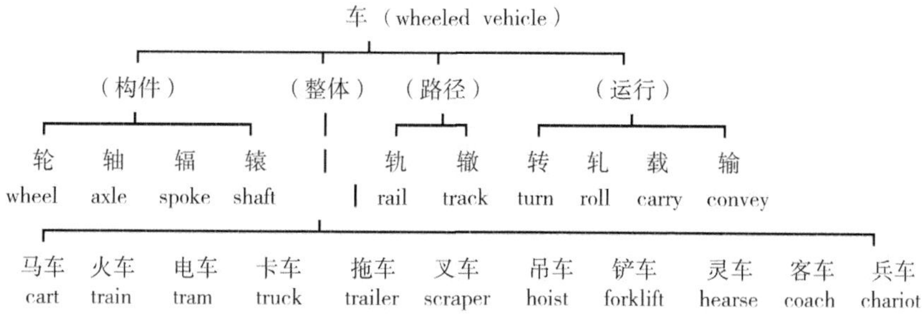

汉语以“字”为出发点而构成的“义类”具有很好的“系统性”和“层次性”。

2. 由于认知模式侧重于形式推理，英语在给词命名时不太强调“类比”，而强调“形态”。

比方说，在很早的古代，一个汉族人和一个英国人同时走进一个大森林，看见了一种未见过的动物：头上有树枝状的角，褐色皮毛上有梅花斑点，腿细长，尾巴短。汉族人把它命名为“鹿”，英国人把它命名为“deer”。继续往前走又看见另一种动物，汉族人在“类比推理”的制约下觉得它跟“鹿”大概是同“类”，但它的鼻子像是骆“驼”，就命名为“驼鹿”。英国人看到驼鹿时并不跟“deer”进行类比就直接命名为“elk”。再往前走又看见另外一种动物，汉族人在“类比推理”的制约下觉得它仍然跟“鹿”是同“类”，但它的脖“颈”特别“长”，于是就把它命名为“长颈鹿”。英国人看到长颈鹿的时候，既不跟“deer”进行类比，也不跟“elk”进行类比，就直接命名为“giraffe”。

三、认知模式对语言基本结构顺序的制约

（一）由于认知模式侧重于整体感知、意象思维、静物为本、类比推理，汉族人总把占有一定空间的“物件”看作从总体到部分的“整体系统”而如实“类比”地临摹其“静物之象”，并把显眼的整体大空间置于语序前部，然后按由大到小的顺序逐步展开叙述。如果是一个“名词词组”，其顺序模式就是：［处所（大空间）+物体（小空间）］。例如：桌上的电脑。如果是一个“存在句”，其顺序模式就是：［处所（大空间）+存在+物体（小空间）］。例如：桌上有电脑。

把经历一定时间的“事件”看作从起始到结束的“整体时间序列”而如实“类比”地临摹其“事件序象”，并把运动的起始置于语序前部，然后按事件时间由起始到结束的顺序逐步展开叙述。如果是叙述一个“简单事件”的“单句”，其句子模式就是：{主体+时间+空间+行动+客体}。如：研究生 昨天 在图书馆 查阅 资料。如果是叙述几个“事件”的“复句”，其句子模式就是：{[先发生的小句]+[先发生的小句]}。如：他一离开大学 就结婚了。

（二）由于认知模式侧重于细部感知、抽象思维、动态为本、形式推理，英国人对于占有一定空间的“物件”不是整体地类比地“临摹物象”，而是抽象地形式地细细划分，并且把其中体现表述重点的目标性部分凸显出来而置于语序前部，然后按空间由目标性部分到背景性部分的顺序逐步展开叙述。如果是一个“名词词组”，其顺序模式就是：[物体（目标性）+处所（背景性）]。如： a pencil on the desk。如果是一个“存在句”，模式就是：[存在+物体（目标性）+处所（背景性）]。如：There is a pencil on the desk。对经历一定时间的“事件”不是如实类比地“临摹序象”，而是“抽象、形式”地划分为若干个情节部分，并且把其中具有相对重要性的情节部分突显出来而置于语序前部，然后再按事件情节由重要性情节部分到次要性情节部分的顺序逐步地展开叙述。如：He got married as soon as he left university 。特别是“动态为本”对英语的顺序有下列显著影响。

①“动态为本”使单句中“谓语动词”的序位要领先，摆在仅次于主语的“第二位”上，并跟主语紧密相连保持“一致关系”。而把诸如“时间 T”“场所 L”等各种状语都推到句子的后部。我们可以说：汉语常用句序为“STLVO”，而英语常用句序为“SVOLT”。

②“动态为本”使复句中表示最后动态（终局、后果、结论）的小句的序位要领先，摆在表示原因、假设、条件的小句的前面，从而达到“要闻性优先”的基本顺序。

（三）根据上述对比研究，可推出“英汉填表翻译法”，举例如下。（鲁川、孙文访，2008）

表 2-9

Example 1	The graduates	consulted	the data base	in the library	last Friday
Example 2	The policeman	caught	a thief	on the bus	yesterday
Semantic Role	Subjective	Verbal	Objective	Location	Time

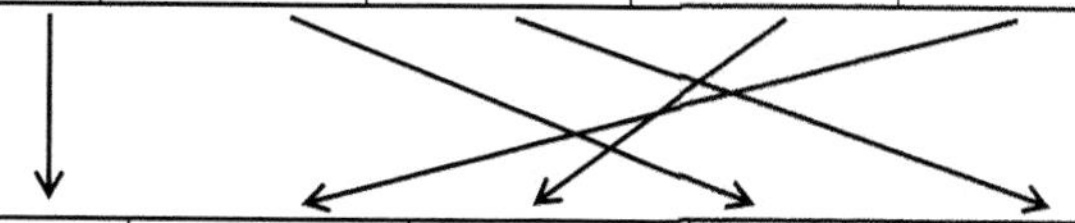

语义角色	主体	时间	处所	述谓	客体
例句 1	研究生们	上星期五	在图书馆	查阅了	数据库
例句 2	那个警察	昨天	在公交车上	抓了	一个小偷

参考文献

[1] 李瑞华．英汉语言文化对比研究 [M]．上海：上海外语教育出版社，1996.

[2] 刘钦荣．预计度．与汉语句子的语序 [J]．云南师范大学学报，2004 (3)．

[3] 刘钦荣．汉语句子顺序的再思考 [J]．中州学刊，2004 (3)．

[4] 鲁川．汉语句子的语义成分和语用成分 [A]．语法研究和探索 [C]．北京：北京大学出版社，1988.

[5] 鲁川．动词大词典 (人机两用) [M]．北京：物资出版社，1994.

[6] 鲁川．汉语语法的意合网络 [M]．北京：商务印书馆，2001.

[7] 鲁川．汉语的“语位” [J]．语言教学与研究，2002 (4)．

[8] 鲁川，缑瑞隆，刘钦荣．汉语句子顺序的认知研究和交际研究 [J]．汉语学习，2002 (2)．

[9] 鲁川．汉语的根字与字族 [J]．汉语学习，2003 (3)．

[10] 鲁川．立足汉语实际的信息语言学 [J]．语言科学，2003 (4)．

[11] 鲁川．“预想论”：现代汉语顺序的认知研究 [J]．世界汉语教学，2005 (1)．

[12] 鲁川，缑瑞隆，董丽萍．现代汉语基本句模 [J]．世界汉语教学，2000 (4)．

[13] 鲁川，孙文访．*Chinese in Tables* 汉语句式表 (英汉对照) [M]．北京：华语教学出版社，2008.

[14] 鲁川，王玉菊．汉字“示音度”的定量研究 [J]．汉语学习，2005 (3)．

[15] 鲁川，王玉菊．常用字的“定型字义”和二字词的“词义方程式” [J]．汉

语学习，2006（2）.

[16] 鲁川，王玉菊．汉字信息语法学［M］．济南：山东教育出版社，2008.

[17] 潘文国．汉英语对比纲要［M］．北京：北京语言文化大学出版社，1997.

[18] 潘文国．字本位与汉语研究［M］．上海：华东师范大学出版社，2002.

[19] 潘文国，谭慧敏．对比语言学［M］．上海：上海教育出版社，2006.

[20] 潘文国，叶步青，韩洋．汉语的构词法研究［M］．台北：台湾学生书局，1993.

[21] 沈家煊．"有界"与"无界"［J］．中国语文，1995（5）.

[22] 司显柱．对汉英语言结构比较研究的思考［J］．江西财经大学学报，2003（5）.

[23] 徐通锵．语言论［M］．长春：东北师范大学出版社，1997.

[24] 徐通锵．基础语言学教程［M］．北京：北京大学出版社，2001.

[25] 徐通锵．汉语研究方法论初探［M］．北京：商务印书馆，2004.

[26] 王菊泉，郑立信．英汉语言文化对比研究［M］．上海：上海外语教育出版社，2004.

[27] 王玉菊，鲁川．"汉语一千字"作为通用语义符号的设想［J］．解放军外国语学院学报，2007（4）.

[28] 严晨松．汉英词汇透明度比较［J］．解放军外国语学院学报，1990（1）.

[29] 杨自俭，李瑞华．英汉对比研究论文集［C］．上海：上海外语教育出版社，1990.

[30] 张岱年，成中英等．中国思维偏向［M］．北京：中国社会科学出版社，1991.

[31] 赵元任．赵元任语言学论文选［C］．北京：清华大学出版社，1992.

[32] Haiman, J. 1980. The Iconicity of Grammar: Isomorphism and Motivation. *Language* 56.

[33] Tai, James, H－Y.［戴浩一］1985. Temporal sequence and Chinese word order. *In Iconicity in Syntax*, edited by J. Haiman. Amsterdam: John Benjamins.

第六节 主语和宾语

英语跟汉语是当今世界上最主要的两种相距遥远的语言，全面深入地进行英汉对比研究具有极其重要的理论意义和实用价值。

一、英语的主语宾语以及这两个术语不适于汉语

我国语言学界关于“主语”和“宾语”问题进行了持久的争论。

1955 年 7 月，我国语言学界举行了“主语宾语问题大讨论”讨论的论文集《汉语的主语宾语问题》，由中华书局出版。

参与讨论的学者主张汉语的主语要兼顾：①作为全句陈述对象的“句法主语”；②谓语动词的“语义主体”；③句子开头的“语用话题”。

事实上这 3 点是很难兼顾的。

（一）主语（subject）这个术语不适于汉语

英语句子成分的“基础”是“英语是形态语言”。英语的主语是：句子中具有主格形态并跟谓语动词保持一致关系的全句的陈述对象。

①主语跟谓语动词在“人称”和“数”上具有严格的“一致关系”。

②主语是全句的陈述对象，在句子中都必须是句法“主格”。

③主语既可在谓语动词之前，也可在谓语动词之后。

汉语句子成分的“基础”是“汉语是非形态语言”。汉语句子中只有“语义主格［里层主格］”而没有“句法主格［表层主格］”。句子中也不存在主语跟谓语动词之间的一致关系。汉语的句法分析用英语的术语“主语（subject）”就会想到“主语”是句子谓语动词的“语义主体”。在“王冕死了”这个句子中，说“王冕”是主语，人们都同意。而在“王冕死了父亲”这个句子中，仍说“王冕”是主语，就很难接受。如果把“王冕死了父亲”这个句子译成英语，再从英语译回汉语就成了“王冕的父亲死了”。如果一个英语句子的谓语动词是“死了”，那么此句的主语

必定“死了”。“王冕”没有死，不能做英语句子的主语，主语只能是“（王冕的）父亲”。在汉语中，“王冕死了父亲”这种句式绝不是个别现象，而是地道的汉语常用句式。当今的汉族人都是这样说的：“祥林嫂死了丈夫。”“张大娘死了儿子。”“刘二婶死了三只鸡。”

汉语句子开头的“起始语”就是“全句陈述对象”。说话者在句子开头先说出作为全句陈述对象的“起始语”，就是希望听话者在听到之后产生“起始语怎么了”的悬念而急于听下去。最后才说出揭晓性的“终止语”，消除了听话者的悬念。因此，汉语的陈述句大致是：

句首“起始语”提出“悬念”，句尾“终止语”给出“揭晓”。

在“王冕的父亲死了”这个句子中，起始语是“王冕的父亲”，悬念是“王冕的父亲怎么了”。述语直接给出揭晓“死了”。这个句子只传递了“直接信息”，没有传递“联想信息”。

在“王冕死了父亲”中，起始语是“王冕”，悬念是“王冕怎么了”；语调上扬的述语“死了”表示句子尚未结束，把悬念缩小为“王冕的哪位亲人死了”；最后的终止语“父亲”揭晓了“王冕失去了的亲人是作为家庭经济顶梁柱的父亲”。这个句子不仅传递了直接信息“王冕的父亲死了”，更重要的是传递了“联想信息”。起始语所造成的悬念是“王冕怎么了”，使听话者联想：“死了父亲以后的王冕会怎么样。”听话者会联想到：“失去了挣钱养家的父亲，可怜的王冕就不能像别的孩子那样去上学，他不得不小小年纪就去打工，给别人放牛……”

“王冕死了父亲”这种句式叫作“涉损句”，是汉语常用句式之一。句式由三个部分组成：

事件涉及的利益受损者+损失性变动+变动的主体。

可见，主语（subject）这个术语不适于汉语句法。

（二）宾语（object）这个术语不适于汉语

英语宾语是：句子中具有宾格形态并受谓语动词支配的客体。

①宾语是句子的“谓语动词”在语义上支配的“客体（受事）”。

②宾语必须是句法上的“宾格”。

汉语只有“语义主格［里层主格］”而没有“句法主格［表层主格］”。如果汉语句法分析用“宾语（object）”就会想到“宾格”是语义“客体”。在“他天天吃饺子”中，说“饺子”是“吃”的宾语，大家都同意。而在“（妻子出差了，）李老师天天吃食堂”中，说“食堂”是“吃”的宾语，就很难接受。把“李老师天天吃食堂”译成英语，再从英语译回汉语，就成了“李老师天天在食堂吃饭”。英语句子的谓语动词如果是“吃”，那么宾语必须是“食物”。但是“食堂”不是食物，就是说“食堂”不能吃，也就不能做宾语。英语只能说“在食堂吃饭”，不能说“吃食堂”。

汉语句子“李老师天天在食堂吃饭”中，起始语是“李老师”，悬念是“李老师怎么了”。而“终止语”是“饭”（吃的当然是饭），没有揭晓任何“新信息”，也就没有促使听话者产生“联想信息”。

在汉语句子“（妻子出差了，）李老师天天吃食堂”中，起始语是“李老师”，悬念是“李老师怎么了”。而“终止语”是“食堂”，揭晓了已经有自己小家庭的李老师天天吃饭居然不在家里而偏偏在“食堂”。这就使听话人联想到，即使“妻子出差了”也可自己动手做饭，何必“天天吃食堂”呢。再想想就明白了，原来李老师是一个不会做饭的笨男人或不愿做饭的懒男人。

像“吃食堂”这样的语言现象绝不是个别的，而是体现了汉语特色的地地道道的汉语。

通行的汉语教材中，作为对汉语宾语的分类，在许多宾语的头上都戴上了“语义帽子”。

如下列“宾语”，译成英语都不是“宾语”。

施事宾语：台上坐着主席团。　当事宾语：农场死了八只羊。

工具宾语：吃大碗；写毛笔。　方式宾语：吃包伙；写楷体。

处所宾语：吃馆子；写黑板。　方向宾语：朝西南；闯关东。

原因宾语：躲暴雨；挠痒痒。　目的宾语：考驾照；排戏票。

上述所谓“宾语”，都是句子的“终止语”，功能是揭晓“起始语”提出的悬念。它位于句子的末尾，相当于语用上的“句尾焦点”。

二、汉语的起语和止语

（一）吕叔湘先生曾经提出过汉语的“起语”和“止语”

吕叔湘先生在《从主语、宾语的分别谈国语句子的分析》中指出：不妨不用“主语”和“宾语”这两个名称，改用“起语”和“止语”。

1986年，在“第四次现代汉语语法学术讨论会”上，鲁川先生曾问过吕叔湘先生，他所倡议的汉语的“起语和止语”的英语译名是什么。吕先生回答说仍是subject和object。

这就会使我国语言学界认为吕叔湘先生只是想改subject和object的译名，并未想改术语的本身，所以未引起重视。1979年，吕叔湘先生的《汉语语法分析问题》中，在谈到“主语和宾语问题”时，他并未坚持应该改为“起语和止语”。

（二）我们建议：汉语改用“起语”和“止语”

经过长期的思索，我们建议汉语句子的“起语”和“止语”定义如下：

起语（Initial）是在汉语句子开头提出悬念的，全句的“被评述语”。

既然“起语”是句子的起始语，就不存在“后置”。

止语（Final）是在汉语句子末尾消除悬念的，全句的“揭晓语”。

表2-9中可看到英语“宾语”跟汉语“止语”位置的不同。英语句子是“要闻性优先”，把希望听话者早知道的“重要信息”排在“前部”。

汉语句子是“时序性优先”，引起悬念的“起语”排在句子“前部”；揭晓悬念的“止语”排在“后部”；句子涉及的其余信息为“过渡语”，排在“中部”。过渡语有逐步缩小“揭晓语”搜索范围的功能。

汉语句子的基本模式为：“起语+过渡语+止语”。

三、英语的双宾语在汉语中是“补语”加“止语”

汉语句子的“述语语块”之后最多只能有两个“语块”，如果只有一个语块，那么它就是“止语”。如果有两个语块，那么靠前的就是“补语”，在句尾的就是“止语”。至于现有语法术语中的“双宾语”，可把“近宾语”称为“补语”，“远宾语”称为“补语”。吕叔湘先生说过：不叫“宾语”叫什么呢？不妨叫作“补语”。(吕叔湘，1979)

〈1〉　王栋　　送　　给刘英　一本汉英词典。
　　[起语]　[述语]　[补语]　[止语]

〈2〉　王栋　把汉英词典　送　给刘英了。
　　[起语]　[状语]　[述语]　[止语]

任何语块，凡是应作“悬念语”的，在汉语句子中都可“移位”到句首做“起语”。这种移位叫作“起语化”(initialization)。凡是应作为“揭晓语”的，在汉语句子中都可“移位”到句尾做“止语”。这种移位叫作“止语化”(finalization)。这就是汉语的特色。

四、英语的主语宾语跟汉语的起语止语之对比

英语主语宾语跟汉语起语止语之对比是英汉对比中的重要部分。当然，科学术语的实质性定义比字面的名称更重要。考虑到汉语语法中“主语宾语”已沿用多年，也可用严格定义的方法来区别二者。

(一) 英语的主语跟汉语的主语

1. 英语“主语”的定义是：“句子中具有主格形态并且跟谓语动词保持一致关系的全句的陈述对象。”

2. 汉语“主语”的定义比英语宽泛，既包括①，也包括②：

①“作为谓词的主体并且位于句子开头的能够提出悬念的全句的陈述对象”。如：“王冕的父亲死了。”

②“不是谓词的主体但是位于句子开头的能够提出悬念的全句的陈述对象”。如：“王冕死了父亲。”

既然“主语”是句子开头的悬念语，当然就不存在“后置主语”。

(二) 英语的宾语跟汉语的宾语

1. 英语“宾语”的定义是：“句子中具有宾格形态并且受谓语动词支

配的客体”

2. 汉语“宾语”的定义比英语宽泛，既包括①，也包括②：

①“作为谓语动词支配的客体并且位于句子末尾能够揭晓悬念的全句的终止语”。如：“李老师天天吃面条。”

②“并非谓语动词支配的客体但是位于句子末尾能够揭晓悬念的全句的终止语”。如：“李老师天天吃食堂。”

既然“宾语”是句子结尾的终止语，当然就不存在“前置宾语”。

参考文献

[1] 李瑞华．英汉语言文化对比研究［M］．上海：上海外语教育出版社，1996.

[2] 刘重德．英汉语比较研究［M］．青岛：青岛出版社，1998.

[3] 吕叔湘．从主语、宾语的分别谈国语句子的分析［C］．汉语语法论文集［A］(1984)．北京：商务印书馆，1946.

汉语语法分析问题［M］．北京：商务印书馆，1979.

[4] 鲁川．汉语语法的意合网络［M］．北京：商务印书馆，2001.

知识工程语言学［M］．北京：清华大学出版社，2011.

[5] 王玉菊．汉字信息语法学［M］．济南：山东教育出版社，2008.

[6] 孙文访．一百句式汉语通（英汉对照）［M］．北京：华语教学出版社，2011.

[7] 潘文国．汉英语对比纲要［M］．北京：北京语言文化大学出版社，1997.

[8] 王菊泉，郑立信．英汉语言文化对比研究［M］．上海：上海外语教育出版社，2004.

第七节　“三个平面”与汉语句子语序规律

“三个平面”理论的倡导者胡附、文炼先生指出：“语序所表达的，有的属于语义，有的属于句法，有的属于语用。”[1]“句法、语义和语用三个平面既有区别也有联系。对句子进行语法分析必须严格区分这三个平面，又要看到它们之间的联系。”[2]

汉语句子内部词语的排序要受到综合因素的制约，具体表现为语义的先决性、句法的强制性、语用的选定性。

一、语义的先决性

句子排序时首先要考虑怎样最能充分地表达要传递的语意内容。人们在选词造句时，所选词语内容在语意上的轻重叫作词语的“语意分量”。对于语意分量较轻的内容往往选择简单的词语形式，对于语意分量较重的内容往往选择复杂的词语形式，并希望排在句尾以引起重视。例如：

(1) 屈原的《离骚》张自强会背。

(2) 张自强会背屈原的《离骚》。

(3) 屈原的《离骚》张自强倒背如流。

★ (4) 张自强倒背如流屈原的《离骚》。

为什么例（1）、例（2）、例（3）都能够成立，而例（4）却不能成立呢？因为“会背”的语意分量较轻，所以放在句尾或句中都可以。而“倒背如流”的语意分量较重，所以只能放在句尾，不能放在句中。例（4）没把“倒背如流”放在句尾，当然也就不通了。

二、句法的强制性

句法对句子语序的制约具有强制性。句子语序必须绝对符合句法的规范，必要时可以改变句型以满足语义或语用的要求。

句法的强制性具有民族性。例如，英语特指疑问句中疑问词（Who，What，When，Where，Why等）的语序，强制规定必在句首。而汉语的特指疑问句中疑问词（何人、何物、何时、何地、何故）的语序，却没有任何强制性。反之，汉语中由介词“被”加名词构成的状语，其序位强制性地规定在主语之后和谓语中心语之前，绝不准出现在谓语中心语之后。如“玛丽被她丈夫杀了”绝不能说成“*玛丽杀了被她丈夫”。而英语强制性规定，带介词“by”的状语必须在谓语动词之后。这句话的英译是：“Mary was killed by her husband.”

如果我们坚持要把“她丈夫”排在汉语句子的句尾，按汉语句法，只能把被动句改为判断句：

(5) 玛丽被她丈夫杀了。（被动句）→杀了玛丽的是她丈夫。（判断句）

三、语用的选定性

语用的选定性，是指在充分考虑语义制约和句法制约的基础上，按照“语言环境”和“语用意图”从几种合法的语序中“选定”交际效果最佳的语序。请看下面两组句子：

(6A) 经理　摔碎了　玻璃杯子。

(6B) 经理　把玻璃杯子　摔碎了。

(6C) 玻璃杯子　被经理　摔碎了。

(7A) 经理　把玻璃杯子　摔得粉碎。

*（7B）经理　摔得粉碎　玻璃杯子。

(7C) 玻璃杯子　被经理　摔得粉碎。

上例，第6组的述补结构是“摔碎”，而第7组的述补结构是“摔得粉碎”。为什么（7B）是错误的呢？

首先，要从“语义的先决性”来看：在第6组中用来表示结果的是简单形容词“碎”，语意上没有加以强调，对于这个“碎”的安排在什么序位没有限制。而在第7组句子中用来表示结果的是复杂形容词“粉碎”（粉碎成几十小片），语意上加以强调，要求这个“粉碎”能够作为焦点而排在句尾。

其次，从“句法的强制性”来看：第6组句子中的“摔碎”是不带“得”的述补结构，它排在什么序位，句法没有限制。第7组句子中的“摔得粉碎”是带“得”的述补结构，汉语句法有一条强制性规则：凡是带“得”的述补结构之后都不能带宾语。所以，“摔得粉碎”一定要排在句尾。

最后，从“语用的选定性”来看：在第6组句子中，语义和句法都没对句子序位的安排加以限制，任凭语用全权安排。于是“语用”就只按语境来排序：

在（6A）中，以“经理”为话题，以“玻璃杯子”为焦点，意在强调“经理摔碎了的是什么”。

在（6B）中，以“经理”为话题，以“摔碎了”为焦点，意在强调“经理把玻璃杯子怎么了”。

在（6C）中，以“玻璃杯子”为话题，以“摔碎了”为焦点，意在强调“玻璃杯子被经理怎么了”。所以，第6组的三个句子都正确。

在第7组句子中，“语义的先决性”要求把表示“结果”的复杂形容词“粉碎”在语意上加以强调，作为焦点而排在句尾。“句法的强制性”要求把带“得”的述补结构排在句尾。两者都要求把“摔得粉碎”排在句尾。“语用的选定性”当然该保证把“摔得粉碎”排在句尾作焦点。于是，（7A）把“经理”排在句首作话题，（7C）把“玻璃杯子”排在句首作话题，都是把“摔得粉碎”排在句尾作焦点，这两个句子当然都正确。而（7B）偏偏没把“摔得粉碎”排在句尾，当然是错误的。

从上述讨论中我们可以看到，在不受语境影响的条件下，有一个符合“语义先决性”和“句法强制性”的原始句。在语境的影响下，由“语用的选定性”对原始句适当移位以实现“话题化”和“焦点化”，最后形成具有最佳交际效果的句子。

注释

［1］胡附，文炼：句子分析漫谈［J］. 中国语文，1982年第3期。

［2］胡裕树，范晓：试论语法研究的三个平面［J］. 新疆师范大学学报，1985年第2期。

第八节　格式流行语

根据国家语言资源监测中心的界定，流行语是“某一时期、某一范围广为传播的词语”，“包括已有的词或者语言符号，或者是一个新词，或者是由若干个词组成的短语。”[1]目前对流行语分类的研究，主要是从流行语的使用主体和范围角度进行的，如“青少年流行语”“大学生流行语”“校园流行语”“民间流行语”“网络流行语”等，因此，以流行语的外在形式为切入点考察其分类将是新颖而有意义的。

从外在形式看，流行语可以分为两大不同的类型。湖南卫视《超级女声》播出之后，一夜之间大街小巷都在“PK”；央视春晚节目《卖拐》面世之后，第二天全国人民都在“忽悠”。某高校毕业生在网络上发布“被就业”的帖子后，“被自杀”“被广告”“被小康”等类似表达形式充斥于报刊和网络的字里行间，以致让人感觉俨然进入了“被时代”。吃面少年说出“哥吃的不是面，是寂寞”之后，仅《大河报》上就在较短时间内出现类似的大量新闻标题：“哥买的不是房，是焦虑”“哥秀的不是泳装，是勇气”“咱交流的不是牌技，是感情”等。[2]前两例流行语是作为完整的词语广为传播的，是整体复制，而后两例流行语广为传播的不是完整的词语，而是一定的格式。我们将前两例称为“单纯流行语”，后两例称为“格式流行语”。这里重点探讨格式流行语。

一、格式流行语的特征

格式流行语，作为与单纯流行语相对的概念，是指以一定的语言格式出现的流行语。换言之，该类流行语众多表达形式的背后有一个共同的“原初格式”。单纯流行语则是指以完整的词语形式出现的流行语。与单纯流行语相比，格式流行语具有以下特征。

1. 内涵的丰富性

单纯流行语虽然高频率地出现在不同的语言环境中，但它所表现的内容是相对确定的。如“打酱油”这一流行语，来自广州一位市民在就“艳照门事件”接受某电视台采访时所说的话：“关我×事，我是出来打酱油的。”此话一出，“打酱油”便迅速在网络上流行开来。网民如果要表示不清楚或不想谈论某事时，就会用“打酱油”代之，表现出对时事不关心、不评论，只管做自己事情的态度。“打酱油”的内涵是相对确定的。再如“审美疲劳”“欺实码”“俯卧撑”“为什么呢”等，都具有固定的内涵。

而作为格式流行语的“原初格式”，具有很强的表现力，可以容纳丰富的内涵，就像一只魔法口袋，可以装进许多新的内容。如由《谁动了我的奶酪》形成的“谁动了我的××”格式，“用于表达某人某方面的利益受到损害非常恰切”[3]。其中的“利益”可以是现实生活中各种各样的问题，像工作、金钱、地位、名誉等。由“黎叔很生气，后果很严重”形成的“××，后果很严重”格式，可以用来指称任何可能引起十分严重后果的事情。

2. 形式的开放性

在整个流行过程中，单纯流行语是被作为一个整体来运用的，外在形式上没有什么变化。如“躲猫猫”“不差钱”“山寨”“雷”等。

而格式流行语具有格式上的可创造性，具有很强的扩张能力。格式流行语的“原初格式”一经产生便会脱离其原来所属的领域，被广泛运用于其他场合，并通过仿拟等修辞手法创造出类似的话语，可以在空白处移植进各种词语，开放性很强，回旋余地很大。如赵传的歌曲《我很丑，可是我很温柔》，由于其开放的形式，具有突出的新生类推潜能。这一格式被改编出许多新的版本：“我不完美，可是我很真实”；“我不漂亮，可是我很酷”；“我不富有，可是我很快乐”；“我不成功，可是我很自信”；“我不多情，可是我懂得珍惜”；“我很老，可是我很新潮”。

格式流行语形式上的开放性还表现在对“原初格式”的改变和突破。这种改变和突破表现在：一是在保留“原初格式”原来框架的基础上，替换其中的多个词语。如“我的地盘我做主”被改造为：中产阶级的地盘，古典主义来做主；我的发展你做主。二是采用不同于“原初格式”的句式。可以改用疑问句，如：“高考专业户”，都是网瘾惹的祸？一条被子引发4护士“守灵”事件？我的身体，为什么不让我做主？等等。也可以改用否定句，如：肥胖不是脂肪惹的祸。三是通过转变角度，翻新出奇。

《谁动了我的奶酪》可以改变“动”的对象“奶酪”，也可以改变“动”的主体来表达新的事实。如：网卡市场：谁在挪动“奶酪”；在别人之前，自己动自己的奶酪。

二、格式流行语的来源

夏中华在《流行语产生的途径》一文中指出，流行语产生的途径存在于各种“传播媒介”，像“网络”“报章书刊”“影视作品”“主持人的话语”“歌词”“广告”等。[4]格式流行语“原初格式”的来源也是如此。它们产生于某一领域，影响巨大，然后向其他领域扩张，形成流行之势。格式流行语的来源主要有：

1. 走红的网络作品

网络是一个新兴媒体，在语言和文化的传播中发挥着越来越大的作用。胡戈创制的网络短片《一个馒头引发的血案》曾在网络上迅速传播，可以说达到了“地球人都知道”的程度，很快成为格式流行语。一个醉汉引发的街头“恶斗”，一个皮头引发的思考，类似标题屡屡见诸报端。再如当年明月所写的《明朝那些事儿》风行网络之后，“××那些事儿”便迅速出现在网络、报纸等各类媒体上。

2. 畅销的书籍

美国作家斯宾塞·约翰逊写作的《谁动了我的奶酪》一书，据称“全球销量超过2000万册”，是“全球第一畅销书”，这就促成了“谁动了我的××”格式。仅报纸的新闻标题对这一格式的运用就很多，如谁动了我的林地；谁动了我的“上路权”；谁动了我的假肢；谁动了我的生育权；谁动了我的进京指标；等等。[5]白岩松的《痛并快乐着》一书，产生了“×并快乐着”的流行格式。

3. 风靡的广告语

广告在当今社会可谓无孔不入，一些新奇的广告语人们耳熟能详，可以脱口而出。中国移动的“动感地带”广告词“我的地盘我做主”，通过各种手段风靡各大校园。“我的××我做主”格式也随之流行开来，不但挂在大学生的口头，而且出现在新闻媒体上。如：区药店：我的舞台我做主；我的林地我做主；我的大学我做主等。再如“今天你喝了没有?”也形成了“今天你×了没有?”的新格式，被竞相模仿。

4. 流行的歌曲

流行歌曲是一种大众文化形式，深受年轻人的喜爱。流行的歌曲名和有表现力的歌词都会形成格式流行语。台湾歌手张宇一曲《都是月亮惹的祸》，便形成了“都是××惹的祸”的流行格式。如：都是溺爱惹的祸；都是竞争惹的祸；都是原油惹的祸；都是贪婪惹的祸；等等。歌词“对面的女孩看过来”流行之后，就产生了“对面的××看过来”的流行格式。

5. 热播的电视剧

电视作为一种传播形式，也极大地影响着词语的传播。一些电视连续剧热播之后，往往会产生格式流行语。轰动一时的《将爱情进行到底》，其名称演变成“将××进行到底”格式，经常用于表示进行某种行动的强大决心。如：伊朗总统誓言要将核计划进行到底；将省油进行到底；将维权进行到底。《爱你没商量》也形成了“×你没商量”的流行格式。“宰你没商量”“骗你没商量”“整你没商量”等说法不断出现。

6. 著名的电影对白

冯小刚执导的《天下无贼》中有一句对白流行甚广，叫作“黎叔很生气，后果很严重”，不少报刊拟制新闻标题时沿用这一格式。如：国人很生气，后果很严重；预算不准确，后果很严重。

三、格式流行语的类型

教育部语言文字信息管理司副司长王铁琨教授在界定流行语时说：“从语言特点来看，在研究中基本把流行语控制在十个字以内。”[6]但格式流行语的格式却不限于十个字以内，有的格式会超过十个字，如下列的段落格式和篇章格式。根据格式流行语“原初格式”的不同，可以归纳出格式流行语的五种类型。

1. 词缀格式

一些格式流行语以词缀的形式出现，可以分为前缀格式和后缀格式。

前缀格式。如“被××”格式[7]。其中的“被”相当于一个新兴的“词缀”，利用这一新兴“词缀”形成了一批带有该词缀的新词语。从“被自杀”起，“被代表”“被小康”“被幸福”“被增长”“被自愿”“被广告”

“被保险”“被民意”“被网瘾”等层出不穷。一旦遇到不知情、不情愿、被逼迫、被强加的情况，人们就会用“被××”格式表达自己的不满和无奈。再如：“超×”格式，“超强”“超好”已经成为不少青年人的口头禅。

后缀格式。如“××门”格式。“门”意指政治丑闻，来自尼克松的“水门事件”。最近以“门”作为后缀的用法不断出现在主流媒体，如法炮制的有王学兵的“手机门”，央视主持人的“哈欠门”“补妆门”，陈冠希的“艳照门”，周立波的“分手门”，日本丰田的“召回门”，韩峰的“日记门”，等等。再如“×吧”格式。“酒吧”流行以后，以“吧”作后缀的各种行业涌现出来，“网吧”“书吧”“听吧”“彩吧”“股吧”“聊吧”“考吧”“贴吧”“闪吧”“茶吧”“泥吧”“话吧”等。还有“×奴”格式。如“车奴”“房奴”“节奴”“垄奴”“墓奴”“证奴”“孩奴”等。“××族”格式，用以指具有共同属性的一类人群，如“上班族”“打工族”“追星族”“蚁族”“月光族”“考碗族”“套牢族”“穷忙族”“淘宝族”等。

需要指出的是，传统现代汉语语法认为，词缀“能表示附加的意义和起语法作用”[8]，有的重在词汇意义，有的重在语法意义，如“头”“子”“儿”“老”“阿”等。但在格式流行语中的“词缀”，除了具有语法意义外，还有明显的词汇意义。如“门”，指具有“丑闻”的词汇意义；“超”有“特别”的词汇意义。

2. **短语格式**

一些格式流行语以短语形式出现。由网络流行开来的《明朝那些事儿》形成了“××那些事儿”的短语格式，被广为运用。如“老虎那些事儿”（《羊城晚报》2010. 02. 18），“财经那些事儿”（搜狐财经），“名片那些事儿”（《广州日报》2010. 02. 08），“年终奖那些事儿”（网易财经），“中专那些事儿”（榕树下网站）等。由“很傻很天真”形成的“很×很×”格式，由于符合已内化在人们心中的中国五言诗句如“春眠不觉晓”等的“二三”节拍韵律，又能很好地起到强调突出夸张作用，所以受到人们的青睐。如：我们的祖国“很好很强大”；偷车人“很怕很后悔”；有些网页“很黄很暴力”；合同条款“很黑很霸王”；等等。

3. **语句格式**

出自周星驰的电影《大话西游》的“给我个××理由先”格式，由于副词“先”置于动词之后，是对现代汉语传统语法的“叛逆”，虽然来自方言，但极具新奇性，因而受到热捧，在口语中被广泛运用。如："给我个不知道这句话的理由先！""不如你给我个升级的理由先。"前面所分析的"谁动了我的奶酪""我的地盘我做主"等，也是很受欢迎的语句格式。

4. **段落格式**

一些著名的段落，会成为模仿的对象。如朱自清的散文《匆匆》的第一段，就成为人们竞相模仿的格式。

朱自清《匆匆》之原版：燕子去了，有再来的时候；杨柳枯了，有再青的时候；桃花谢了，有再开的时候。但是，聪明的，你告诉我，我们的日子为什么一去不复返呢？

朱自清《匆匆》之电脑故障版：硬盘小了，有再换的时候；内存低了，有再加的时候；屏幕窄了，有再买的时候。但是，聪明的，你告诉我，为什么刚买的电脑就出现故障呢？

朱自清《匆匆》之.com版：股票跌了，有再涨的时候；工作没了，有再找的时候；老婆跑了，有再娶的时候。但是，聪明的，你告诉我，我们的风险融资为什么一去不复返呢？

朱自清《匆匆》之猪肉版：老婆离了，有再找的时候；孩子跑了，有回来的时候；煮熟的鸭子飞了，有飞回来的时候。但是，聪明的，你告诉我，那块上好的猪肉为什么一去不复返呢？[9]

5. **篇章格式**

篇幅较短的名篇，其格式也会因不断被套用而流行。这种情况类似于古代的词牌，同一词牌如《念奴娇》《卜算子》等，可以创作出许多首不同内容的词。

刘禹锡的《陋室铭》的篇章格式，从古到今被不少人加以模仿，成为人所熟知的一种格式。请看《网游铭》：

学不在高，识字就行；水不在深，会灌则灵。网络自由，唯我纵横。呻吟或矫情，喜怒有人哄，笑骂无所忌，发帖就光荣。闲就来聊天，赚点星，无老大之脸色，无所谓之言行，鼠标点键盘，三十真从容。FANS云，只为开怀！

另外有《关系铭》《考试铭》《明星铭》《作业铭》《女友铭》《男友铭》《西游铭》《麻将铭》《娱乐铭》《诊室铭》《学生铭》等[10]，实例很多，这里不一一列举。

这五种格式，以词缀格式、短语格式和语句格式最为常见，流行性较强，而段落格式和篇章格式相对少见，流行性较差。大概是因为前三种格式，形式短小，可容纳的内容较多，且易于模仿，易于传播；而后两种格式内容太多，需要一定的语言表达能力和水平才能模仿，传播不易。

四、格式流行语的形成原因

辩证法告诉我们，有果必有因。蔚为壮观的格式流行语群体的形成，有着多方面的原因。

1. 语言发展的类推规律是其内在原因

从语言学来看，格式流行语的形成符合语言发展的类推规律。王德春在《语言学概论》中说："类推规律就是语言按类推而变化，一种语言事实按其他事实的特征类推而改变自己的结构特征。这条规律在所有语言的一切发展时期都起作用。""一个语言单位受别的单位影响进行类推变化时，必须具有同该单位类似的特征。"[11]格式流行语就是以类推的形式产生的。格式流行语利用现有的处于横组合关系中的话语——词缀、短语、句子、段落或篇章，可以在不同的场合、不同的对象上任意复制、戏仿，灵活套用，去表达新的概念和新的事物，带来更多的新鲜感和互动积极性。

2. 简约快捷的表达需求是其时代原因

随着人类社会进入信息时代，人们的物质生活一日千里，精神世界日新月异，生活节奏也大大加快。在这样的社会背景下，人们迫切需要找到一种既快捷又易懂的表达手段，"既能使表达者方便地称说，又能使接受者轻松地理解"[12]，格式流行语作为一种仿照现成格式创造出的新言语形式，恰好能够满足人们的这一需求。因为"原始创新"非常费时费力，而"拿来主义"是最为快捷省力的方式。运用格式流行语，一方面人们借助现成格式进行类推替换，创造出各式各样的"新语"用以表达各式各样的认知和情感，不用过于耗费精力；另一方面，接受者根据"原初格式"提供的语境意义可以轻松地理解"新语"的具体含义，与熟知这些格式流行语出处的交际对象产生"心有灵犀一点通"的心理效应，能够获得精神上的认同和满足，产生自得其乐的交流快感。

3. 追求新奇的心理需要是其心理原因

追求新奇是人类的天性，人们在不断的创新过程中展示着这一天性。唐代的诗歌达到了不可企及的高峰，宋人无法超越，只好另辟蹊径，创造了宋词这一崭新的形式。而元人感到词已是无法逾越的高峰时，便创造了元曲这一新形式。明清人无法超越元曲，却想到了长篇小说这一崭新的形式。近代人因此创造了电影，现代人因此创造了电视剧。现代人们追求新奇的心理更加强烈，新旧的更迭更加迅速，甚至到了“各领风骚三五天”的程度。语言现象也是如此。当新奇独特的语言现象出现时，人们的眼睛自然会为之一亮，精神会为之一振。追求新奇的心理一方面促成了语言表达者积极创造格式流行语的动机，另一方面又构成了语言接受者热情接受格式流行语的心理。格式流行语是“旧瓶装新酒”[13]，是利用现有的语言格式，表达一种新的思想，创造一种新的意境，既增强了语言的表现力和感染力，又能收到简洁凝练、新颖别致、幽默讽刺等修辞效果。年轻人乐于追求时尚，张扬个性，再加上他们接受新事物能力强，速度快，因而加速了格式流行语的传播。正是这种独特新奇的审美情趣，催生了人们努力创造格式流行语的强烈动机，从而也促成了格式流行语的大量产生。

4. 现代传媒的影响推动是其外部原因

随着现代传媒技术的飞速发展和手段的日益快捷，特别是网络发展由静态的“读互联网”升级为分享的“写互联网”[14]，为格式流行语的产生和传播注入了新的活力。无论是通俗歌曲还是影视作品，是畅销书籍还是广告语言，都为格式流行语提供了极为丰富的素材。如前所析，一首备受欢迎的流行歌曲，一部热播的电视连续剧，一句耳熟能详的广告语，一个引人注目的春晚节目，一本十分畅销的好书，常常会产生一些流行格式，产生出许多格式流行语。“爱你没商量”“将爱情进行到底”等即是范例。格式流行语的广泛传播和运用可以说是强势媒体对现实语言的一种强势介入。现代传媒对格式流行语的广为传播功不可没。

总之，格式流行语因其极强的构造创新能力，特别适合今天这个飞速发展的信息社会，也特别适合人们语言天赋的自由挥洒，因其快捷新奇受到人们的青睐。但是，格式流行语在给汉语带来生机和活力的同时，它的无节制重复使用又会出现“李杜文章万口传，至今已觉不新鲜”的现象，削弱其自身的旺盛生命力，使其失去应有的新奇感。如果缺乏创意、盲目求速，缺乏思想理论锋芒，格式流行语的健康发展就会受到严重影响。

参考文献

[1][6] 王铁琨．流行语界定有道［N］．社会科学报，2010-2-25.

[2] 大河报，2009.

[3][5] 汤玫英．巧借流行文化　仿拟新颖标题［J］．新闻爱好者，2008（6）.

[4] 夏中华．流行语产生的途径［N］．社会科学报，2010-2-25.

[7] 汤玫英．被××格式流行原因探析［J］．新闻爱好者，2009（12）.

[8] 黄伯荣，廖序东．现代汉语［M］．北京：高等教育出版社，2007.

[9] 龙翔．酷语模因的社会语用探析［J］．社会科学家，2008（6）.

[10] 百度搜索之百度知道“仿拟《陋室铭》”条目．

[11] 王德春．语言学概论［M］．上海：上海外语教育出版社，1997.

[12] 郑燕萍．关于仿拟流行语的观察与思考［J］．福建师范大学福清分校学报，2007（4）.

[13] 朱大可．2010、2009 年度大众文化关键词：戏仿至上［N］．社会科学报，2010-2-25.

[14] 李永刚．网络原住民的语文运动［N］．社会科学报，2010-2-25.

第九节 “且行且珍惜”流行原因

2014 年 3 月以来，又一个新的流行语风靡中华大地，不断地出现在报章杂志、网络论坛里，高频率地出现在人们的日常交际中。它就是“且行且珍惜”。我们拟从微观的角度对“且行且珍惜”流行的原因进行探析。

一、网络事件的触发

许多流行语的流行都起源于特定事件的触发。可以说，没有特定事件的触发，便不会有该流行语。比如“打酱油”这一流行语，就源于广州电视台采访一位市民，问他对于陈冠希艳照门的看法，这位市民说：“关我鸟事，我是出来打酱油的。”再如“走你”的流行，源于中国第一艘航空母舰上引导员指挥舰载飞机起飞时那潇洒的动作和口中的念念有词——“走你”。其他的诸如“俯卧撑”“躲猫猫”“楼歪歪”“猪坚强”“神马都是浮云”等，都有其引发的特定事件，多为新闻事件、新闻人物的浓缩和概括。

“且行且珍惜”同样来源于一个特定事件。2014 年 3 月 31 日凌晨，演员文章首次回应“出轨门”，承认了“劈腿”传闻。文章发布一则标题为“致周一见”的长微博公开道歉，称“时至今日都是我咎由自取”，“我必须重新梳理自己，坦诚面对并诚恳道歉。”文章发布声明 3 分钟后，马伊琍也写了一条微博：“恋爱虽易，婚姻不易，且行且珍惜。”[1] 马伊琍面对婚姻变故时颇显才华的表态，使得“且行且珍惜”爆红网络。

二、网民仿拟的推动

一个流行语流行的突出表现就是人们大量地使用和仿拟。有了大量的使用和仿拟，才会形成流行的壮观景象。如一名大学生发帖说自己“被就业”（自己没有就业而校方却统计他就业了）后，“被自杀”“被代表”

“被自愿”“被捐款”“被幸福”“被结婚”“被离婚”“被小康”等多种表达方式纷纷出现，“被××”式语句在网络、报纸上风行起来。

马伊琍的微博发表后，引来众多网友模仿。这种模仿分为两种方式。第一种是模仿她微博的那 13 个字，保持“且行且珍惜”的原貌。例如：“创业虽易，赚钱不易，且行且珍惜。”“网站虽易，赚钱不易，且行且珍惜。”“读研虽易，就业不易，且行且珍惜。”“失业虽易，求职不易，且行且珍惜。”等等。另一种是运用“且行且珍惜”的格式，而更换了其中的“行”字。如：“看博容易，发博不易，且看且珍惜。”“熬夜虽易，入睡不易，且眠且珍惜。”“生孩虽易，养孩不易，且养且珍惜。”“听课虽易，过关不易，且学且珍惜。”“吃饭虽易，减肥不易，且吃且珍惜。”等等。第二种方式中，动词“行”被换成了更适合说话语境的动词，似乎比单纯用“行”更准确，更具有表达力。

三、出处挖掘的影响

“且行且珍惜”成为流行语后，有不少人询问这句话的出处，就有不少人开始挖掘并回复这句话的出处。对“且行且珍惜”出处的挖掘，进一步扩大了它的影响范围。

有人说，它出自《辞海》。《辞海》中的原句为：“相离莫相忘，且行且珍惜。”意思是：虽然我们相互道别，但是请不要忘记一起走过的日子，不管走了多远，不管分开多久，都要珍惜曾经一起度过的岁月。这两句的语言风格虽然有点貌似古诗，但笔者查阅《辞海》，在“且”字下面的解释中并没有这样的用例，显然是网友假托的。

有人说，“且×且××”的句式早已有之。在司马迁的《史记·淮阴侯列传》中就有记载，汉高祖闻韩信已诛，“且喜且怜之”。

有人说，现代作家林语堂用过“且行且珍惜”。林语堂说过：“人生不过如此，且行且珍惜。自己永远是自己的主角，不要总在别人的戏剧里充当着配角。”[2]

还有人说，它是台湾一首歌曲的名字。《且行且珍惜》最初是台湾歌手伍思凯作曲并演唱（陈道明作词）的一首歌曲，收录于 1993 年发行的专辑《不同》中。在改写部分歌词后，由台湾歌手张信哲翻唱（陈道明、厉曼婷作词)，收录于1996年发行的专辑《梦想》中。[3]

关于“且行且珍惜”的出处尽管众说纷纭，但正是在这种种不同的说法里，让寻找“且行且珍惜”出处的人们更加了解这一表达的前世今生，认识到这一表达涉及的名人和典籍，对“且行且珍惜”的印象更加深刻。

四、心灵共鸣的激发

“流行语总是从不同的角度，表达着网民的价值观念和文化心态的取向以及内心深处隐秘的心理。”[4] “且行且珍惜”之所以取得良好的流行效果，有一个非常重要的原因是它表达了一种当今社会的普遍心理，引发了人们的心灵共鸣。

“且行且珍惜”的字面原始含义是：一边走着，一边珍惜着。“行”是动词，代表人的行为，意指走在人生路上；“珍惜”是表示心理活动的动词，意指对待人和事的态度；二者是行为和心理的完美统一。

当今时代的现实生活中，生活节奏加快，人们来去匆匆，精神紧张，心理负担很重，许多应该珍惜的东西如亲情、友情、健康等被抛在了一边，只有当失去的时候才感到追悔莫及。社会需要珍惜而缺乏珍惜，几乎成了一种公认的社会现象。人们呼唤“珍惜”，在待人做事的过程中都需要“珍惜”。在这种情况下，“且行且珍惜”反映的是一些人甚至是整个社会的共同心理：行色匆匆中要学会感恩，学会珍惜。“且行且珍惜”十分契合人们共有的心理，短时间得到热捧和广泛模仿也就不足为奇了。

五、诗意表达的扩散

古人说：“言而无文，行之不远。”“且行且珍惜”的流行，不仅与其表达的意思容易引起共鸣有关，而且与它充满浓浓的诗意，容易得到大家的认同有关。

当有网友询问“且行且珍惜”的出处时，有人给出“相离莫相忘，且行且珍惜”这样的答案，让人感觉像一首古诗中的诗句，很有《古诗十九首》的韵味。单从节奏来分析，它就是一句极好的诗。它符合前二后三的五言诗节奏，念作“且行/且珍惜”，这与“床前/明月光，疑是/地上霜”

“春眠/不觉晓，处处/闻啼鸟”等五言古诗，节奏不是一样的吗？这种节奏经过千百年的传承，已经融入到每一个中华儿女的血脉之中。当我们读到这样的节奏，就会感到熟悉、优美，从内心深处加以欣赏。如果写成“且珍惜且行”，念起来就非常别扭，得不到大家的认同。前几年流行的“很傻很天真”“很好很强大”也是同样的五言诗节奏。

富有诗意的语言表达方式和节奏，为“且行且珍惜”的流行增加了砝码，它的流行是诗意的扩散。

总之，“且行且珍惜”成为广为流行的流行语，决不是偶然的，而是有其复杂的原因的，既有网络事件的催化、网民仿拟的推动，也有出处挖掘的影响、心灵共鸣的激发，更有诗意表达的扩散。

注释

[1] http：//qu. 8684. com/e_ 520963.

[2] 百度百科，http：//baike. baidu. com/subview/166563/5144009. htm。

[3] 百度百科，http：//baike. baidu. com/subview/166563/5144010. htm。

[4] 汤玫英：《网络语言新探》，郑州・河南人民出版社，2010 年版。

第十节 “被××”格式流行原因

自从“被自杀”在网上横空出世以来，“被小康”“被就业”“被增长”等，这种看似荒谬的“被××”格式迅速蹿红网络，并借力传统媒体，在中国大地如滚雪球一般流行起来。上网随便搜索一下，仅“被就业”“被时代”的相关网页就超过110万个，各类“被字案”的帖子、新闻等更难以计数。因此，有人称中国已经进入了“被时代”。“被××”流行的原因主要有以下两个方面：

一是“被××”格式在形式上新颖独特。

在现代汉语中，谓语部分包含“被”字的句子，称为“被”字句。从语法角度分析，目前流行的“被××”格式，与传统的“被”字句相比，具有截然不同的形式，显示出新颖独特的特点。

“被”字后面的施事者全部省略。传统“被”字句有两种主要形式，一是有施事者。作为介词，“被”的一个重要作用是引出施事者。“被”字的后边一般用名词，表示施行动作的人或事物。如：“夜空被焰火照得光彩夺目。”二是省略施事者。当施事者无须说出、不愿说出或无从说出时，施事者就被省略，“被”就直接用在动词前面。如：“他的心灵第一次被震撼了。”

“被××”格式抛弃了传统“被”字句的第一种形式，完全采用第二种形式，所有的施事者都被省略，“被”字后面直接连接动词。如：“于是我们看到别人‘被就业’了，没几天我们发现自己也‘被增长’了。”施事者被省略之后，表达形式更为简洁利索，符合网络语言的简洁性特点。“被”字后面连接名词、形容词或不及物动词。传统“被”字句省略施事者后，“被”字后面直接连接的是动词，而且是及物动词。如：“小明的钱被抢了。”“小王被打了。”“被××”格式的“被”字后面跟的词除了及物动词如“被代表”外，还可以是不及物动词如“被自杀”“被增长”“被就业”，也可以是名词如“被小康”，更可以是形容词如“被开心”“被幸福”“被和谐”。这种与“被”搭配的词性的增多，增强了这种格式的灵活性和表现力。

“被”字后面只用双音节词。传统“被”字句中的动词位置可以是单音节词、双音节词，甚至是词组。如：“美国总统肯尼迪被刺。”“这句话可能被误解。”但是，就目前来看，“被××”格式用的全是双音节词，如“被退休”“被下降”“被用水”“被离婚”等。

“被”后面的词义多是表示如意、愉快情绪的。传统的“被”字句大多用于表示对主语来说是不愉快或受损害的情况。如：“忽然，门被撞开了。”“敌人被赶走了。”但“被××”格式中的词义多为褒义，表示如意、愉快的情绪，如“被开心”“被小康”“被和谐”等，但加上“被”字后，却表现了相反的意思和不自由、不情愿、不知情的状态。如那些原本在小康达标水平之下的群众，一夜之间就“被小康”了。

“被××”格式往往作为一个词语使用。“被××”格式脱胎于“被”字句，却有自己独特的个性，常常被作为动词使用。如：“高校敢于明目张胆地让自己的学生‘被就业’，而国家统计局则年复一年地让普通公民的收入‘被增长’。”“被××”格式在形式上呈现的这些不同于传统“被”字句的新颖特点，使之很容易受到人们的青睐。

二是“被××”格式在内容上深刻丰富。

“被××”格式的流行，也和它所表达内容的深刻性、表现能力的丰富性有很大关系。

“被××”格式表达的内容十分深刻。任何一种流行语都是一个时期政治、经济、社会的精练缩写或者描摹。“被××”格式生动反映了当今社会某些方面的社会现实。从百姓角度看，那些“被××”的人一般都是困难群体，面对的往往是强大的公权力，“被××”格式红极一时，表现出的是公众对个体权利的无奈诉求。这一格式真正触及了作为弱者一方的人们内心深处的委屈与无奈、关怀与焦虑，击中了这个时代的精神状况或权利困境。

“自杀”本来是一个主动性行为，人们却创造了“被自杀”这种看似矛盾的表达方式。而这一表达方式又很好地表现了社会现实的某一方面，引起了人们强烈的共鸣。阜阳“白宫”举报人事件，举报人离奇死亡却被认定为“自杀”，然后不了了之。“瓮安事件”中，17 岁学生的不明死亡虽经三次尸检，但依然被有关部门认定为“自杀”。在一连几起被社会高度关注的死亡事件中，当事人的死因都被当地官方归结为“自杀”。人们质疑这种集中性的巧合，开始在网络上使用并大量传播“被自杀”一词，来表示对一些非正常死亡案件的质疑。

“就业”也是主动性行为，但有应届大学毕业生在网上发帖称自己“被就业”了，他自己在完全不知情的情况下突然就业了，就业协议书上赫然是一个从没听说过的公司名称和该公司的公章。这一表达方式立即引起高校毕业生的认同。

作为被管理者的老百姓，有几个人没有几次“被××”的经历，有许多人都有“被××”的无奈。所以本来是一己一时的情绪表达，却引发出波澜壮阔的群情涌动：质疑、委屈、愤怒、指责、无奈、调侃、无聊，畅快淋漓地在“被”字旗下倾泻而出。有人说，“被××”现象折射出了普通百姓挥之不去的“被动性”命运；有人说，“被××”现象扭曲了中国社会，背后隐藏着对社会基本规范及公权力的信任危机；也有人说，“被××”现象预示着公民意识已深入人心，公民社会正在逐渐成型。

“被××”格式可表现的内容十分丰富。“被××”格式中“被”相当于一个新兴的“准词缀”，“××”可以是符合表达意图的任何内容。因此，这一格式具有极强的能产性，利用这一新兴“准词缀”形成一批带有该词缀的新词。它固定于词头，具有很强的构词能力，可以不断地创造新词。但意义并未完全虚化，还有明显实在的意义，是词义的重要组成部分。从“被自杀”起，此类词语不断推陈出新，“被小康”“被代表”“被增长”等一个个你方唱罢我登场，不断丰富着汉语的词汇。一旦遇到自己不愿意做的事情，而被有关部门或人员强制去做或者在自己不知情的情况下被说成做了某事，人们就会想到用“被××”的格式表达出来。可见，这一格式具有十分强大的表现力和扩张力。

总之，“被××”格式形式上新颖独特，符合当今社会求新求奇的时代心理，内容上用于表现人们主体意识与权利意识的集体觉醒和对失衡的公共权力的不满情绪，入木三分，再加上互联网技术的进步，为公众提供了广阔自由的公共舆论空间，“被××”格式的流行就在情理之中了。

第三章
语义和认知

句法、语义、语用紧密相关，语义往往是分析的基础。人们认识客观事物的结果通过语言记录表达，对语言现象的解释涉及语义、心理、文化、思维以及效果等诸多因素。语言的认知研究方兴未艾，前景看好。

名量词“节”“段”“截”是现代汉语中常用的量词，它们的用法有分工也有重合。从人与外部世界的互动经验出发，结合认知语言学的基本理论对量词“节”“段”“截”的用法进行分析，分辨它们的异同，并给出认知解释，对对外汉语教学中的量词教学具有一定的实用性。我们的探讨涉及三个方面。一是量词“节”的语义认知分析。指出“节”的本义为“竹节”，后引申泛指两段物体之间相结节的地方，并由此发展出量词义，作为量词具有“分段均匀”“以细长的柱体为背景”的意象。二是“段”“截”的语义认知分析。指出量词“段”由“断”假借而来，最初为动词，表示截开、分开之义，由此发展出量词义用来计量被断开的物体，具有“分段自然”“边缘整齐、完整”“以长条状物体为背景”的意象。“截”的本义和“断”同，后来发展出“截取”“截去”的意思，作为量词主要凸显“从整体上截取”“短小”“边缘不整齐”的意象。三是量词“节”“段”“截”的对比分析，明确了三个量词各自的计量范围。

名量词“颗”“粒”都主要用于计量体积较小的球状物体，它们的用法分布既有交叉也有区别，非常复杂。运用认知语言学的原型理论、范畴化理论和隐喻理论，结合汉字语义演变的轨迹对它们的用法做了系统的对比分析。我们从四个方面进行分析。一、指出量词“颗”“粒”是对外汉语教学中的重点和难点，从认知的角度对其用法的异同作出解释非常必要。二、对量词“颗”的语义原型、语义发展轨迹进行了梳理，并指出量词“颗”的语义特征为“类球体、较小、具有个体性”。三、对量词“粒”的语义原型和语义发展轨迹进行了分析，并指出其语义特征为“类球体、极小、缺乏个体性”。四、对“颗”“粒”的用法进行了辨析，指出具有“类球体、较小、具有个体性”特征的事物多用“颗”计量，具有“类球体、极小、缺乏个体性”的事物多用“粒”计量，而同类事物既可以用“颗”计量又可以用“粒”的，则使用不同的量词时突显的意象是有差别的。

对外汉语教学中量词“头”与“只”是个难点。认知语言学的传入和兴起为我们解决这个问题提供了一条有效的途径。运用认知语言学的一些基本原理并结合汉字词义演变的轨迹对量词“头”“只”的用法作系统分析，并对其容易混淆的用法作一些探讨，力求能给出合理且充分的解释，对量词的对外汉语教学具有一定的实际价值。我们的探讨分为三个部分。一、对量词“只”的语义原型及发展轨迹进行了梳理，认为“只”的本义为“一只鸟”，量词“只”的用法来源于“鸟”和“一枚”两个系统，所计量的事物多具有“会飞”“动作敏捷”“体形小”“单个”等原型意象。二、对量词“头”的语义原型和发展轨迹进行了分析，认为“头”的本义就是人或动物头颅，作为量词，最初计量范围非常广，可以计量大多数动物，后随着量词的逐渐丰富，计量范围缩小，集中到计量头部突显的动物，后来又发展到计量部分和动物头颅具有一定相似性的其他事物。三、对量词“只”“头”的用法进行了对比分析，认为具有“会飞”“动作敏捷”“体形小”的特点的动物一般用量词“只”，具有“头部突出”“体形笨重”的动物一般用量词“头”。但是范畴的边缘是模糊的，相近的范畴会有交叉重叠的部分，因此，有的动物既可以用“只”计量也可以用“头”计量。

“股、束、缕、绺”是计算长条状物体的量词，用法有分工也有重合，纷繁复杂，但都可以从认知上找到其制约因素。以认知语言学的范畴化理论和意象分析为指导，揭示这 4 个量词不同的认知基础，这对对外汉语教学大有帮助。“股”是个体量词，其原型意象有 4 个要素：（1）修长圆柱体；（2）整体的一部分；（3）有支撑功能；（4）内部蕴含力量。运用中，突显本身有力，有引申用法。“束”是集体量词，其原型意象有 3 个要素：（1）不定量集合体；（2）线形个体组成的圆柱体；（3）受外力束缚而获力。运用中，突显外力赋力，没有引申用法。“缕”是集体量词，其原型意象有 3 个要素：（1）线形个体组成的长条形；（2）绵长柔软；（3）自然聚集，结合松散。运用中，突显虚、轻、飘，有引申用法。“绺”是集体量词，其原型意象有 3 个要素：（1）线形个体组成的长条形；（2）绵长柔软；（3）人为加工，结合紧密。运用中，突显实、重，没有引申用法。

“幅”是现代汉语中一个很常用的量词，我们在分析“幅”的认知语义的基础上，结合现代汉语和古代汉语中的例证把其意义细分为形式、内容和功能三个层面，并作出解释，进而分析其运用的规律与条件限制。

“座”和“台”这两个量词的认知基础有同有异，极易混淆。我们从其本义入手，梳理“座”与“台”的语义发展，对比分析二者的语义基础并进行义项切分，以利于更为清楚地认识这两个词的差异。

表示事物间比较的语义和语言表达形式，在任何语言中都存在，但比较具体的语义范畴、句法形式和语用功能在各种语言中却有所不同。在汉语作为第二语言的教学中，表比较的语法项是教学难点，也是教学容量很大的语法项目。汉语比较句由比较项、比较词、比较点构成，分为平比和差比两种类型。运用调查分析的方法，对《对外汉语教学语法大纲》中与比较句及比较有关的语法项目和对外汉语教材《发展汉语》中与比较句有关的语法点进行归纳分析，探讨汉语比较句的教学重点和教学难点。通过设计问卷，针对《发展汉语》初级综合（Ⅱ）教材中出现的7个比较句式进行调查。调查不同阶段留学生对汉语比较句的掌握情况，总结出对外汉语教学中比较句的偏误类型及成因，提出消除偏误的方法，并结合现行教材说明其在实际中的运用。通过对问卷调查的结果进行分析，发现留学生有关“比”字句的使用多数是正确的，但是也有一部分存在这样或那样的偏误，这些偏误主要出现在比较项A、B和结论项的类型，比较项A和B某些成分的省略以及该句式的否定式三个方面。偏误产生的原因主要有三个：母语负迁移、目的语知识的过度泛化和交际策略的影响。最后，以《发展汉语》初级综合（Ⅱ）第8课《旧梦》中的比较句知识点进行实际教学的说明。

恭维语作为语言系统中的一个重要分支，给人类的社交生活增色不少，它保证了社会中人际交往的有效性，促进了社会生活的正常运转。在现代社会中，随着科技的发展和信息化的高速推进，中外交流的频率在逐渐增加，中外文化的融合和对撞也愈加频繁。由于汉语和美语本身的差异，在语言交流的过程中产生了许多问题，尤其是在恭维语的恭维方式和恭维习惯上，中美在语言理解上经常出现歧义，甚至理解为完全相反的意义，对中外文化的交流造成了一定阻碍。但是，目前对于恭维语的研究局限于行为理论和礼貌原则，因此，我们有必要使用一种全新的理论——评价系统对汉语恭维语和美语恭维语进行更深入、更全面的比较和研究，以此来帮助我们更清晰地认识汉语恭维语和美语恭维语在恭维方式和习惯用法上的差异，使我们能够更顺利地进行文化交流。我们以评价理论为基础，以《家有儿女》和《新成长的烦恼》两部情景喜剧为语料来源，分析了汉语恭维语和美语恭维语在态度系统上的异同，得出了一条结论：在态度系统中，美语恭维语偏向于使用情感类词语，而汉语恭维语偏向于使用判断类词语。同时，我们还对差异的原因进行了探究，旨在加深彼此间的理解，减少跨文化交际中的文化冲突。

汉语中同义词的大量出现，极大地丰富了汉语词汇宝库。同义词的产生是由多方面因素造成的：社会变动、语言接触、“塔布”现象、缩略语、方言、语体、析字、通假等，不同的来源构成了不同的风格、色彩及情调。

《淮南子》是一部包罗万象、熔铸古今的以道家思想为旨归的巨著，东汉时期不少耆旧宿儒曾为之作注，今流传于世的唯许慎、高诱二家。许、高二注各有所长，许注质朴，高注宏富，后出转精。今研究者多从事高注训诂学成就研究，而较少关注许注的训诂学成就及思想。与高诱注相比，在具体的解词释义上，许慎注不乏胜义，较高注更为精当，体现了许慎训释字词的原则、方法，是许慎训诂学思想的集中体现。对许慎注《淮南子》的训诂学成就加以总结，对于总结许慎的学术思想、丰富许学的内涵具有重要的学术意义。

第一节 第二语言教学视角下的名量词“节、段、截”的语义认知研究

汉语是量词型语言，量词数量多，用法灵活。本族人靠语感随心而用，但往往说不出道理；外国人学汉语缺少语感，面对众多的量词及其复杂用法，常感难以应付。若能找出量词用法的理据，外国人学起来就容易些了。

名量词“节”“段”“截”是现代汉语中常用的量词，它们都可以用来计量成段的物体，具体搭配有分工也有重合，纷繁复杂。例如：

节 a. 一节甘蔗　一节青竹　一节骨头　一节电池
一节柜台　一节课　两节文字　两节诗歌
b. ?一节马路　?一节蜡烛　?一节树干　?一节历史　?一节生活

段 a. ?一段甘蔗　一段骨头　一段铁丝　一段木头　一段马路
一段文字　一段话　一段生活　一段历史　一段时间
b. ?一段电池　?一段课　?一段树桩　?一段砖头

截 a. 一截绳子　一截木头　一截水管　一截蜡烛　一截铁丝
一截树桩　一截砖头　一截甘蔗
b. ?一截历史　?一截生活　?一截课　?一截电池

（注：以上前加“?”的例子表示在现代汉语普通话中不规范或者不自然的说法。）

上述结构中，量词“节”“段”“截”的用法存在大量的交叉重合，例如“甘蔗”既可以论“节”也可以论“段”，还可以论“截”；“骨头”等既可以论“节”，也可以论“段”；“木头”“铁丝”等既可以论“段”也可以论“截”；同时它们的用法也有各自的分工，我们说“一节柜台”“一节电池”，但是不说“一段柜台”“一段电池”或者“一截柜台”“一截电池”；我们说“一段马路”“一段生活”，不说“一节马路”“一节生活”或者“一截马路”“一截生活”；同样，我们说“一截砖头”“一截树桩”，不说“一节砖头”“一节树桩”，不说“一段砖头”“一段树桩”。如

此复杂的用法分布，对于本族人来说可能并不是什么问题，可以凭借语感使其对号入座，但是对于外国的汉语学习者来说，汉语量词的使用似乎缺乏客观的、统一的规律，掌握起来比较困难，在使用过程中也经常会闹出一些笑话。

传统的量词研究多是以描写为主，先笼统地说明量词计量对象的大体形状，再列出“名+量”的搭配结构，缺乏深层解释。例如，郭先珍《现代汉语量词用法词典》对“节”的解释为“用来计量某些独自成段的东西”；对“段”的解释为“用于计量条状物截断的部分”；对“截”的解释为“用于计量东西被截断的部分”。这样的解释显然未能清楚地说明三者的异同，也未对其各自的用法作出进一步的解释，不能满足量词在对外汉语教学中的要求。

认知语言学从人与外部世界的互动经验出发，探讨语言结构的成因和用法的理据，为语言学中尚未解决的问题提供了新的研究思路和方法。在对量词的研究方面，认知语言学的基本观点是：“量词与名词的选择性共现关系实际上是它对名词代表的概念进行范畴化的反映。”[1]“汉语的‘数词+量词+名词’的句法结构反映了‘数目+形状+事物’的语义结构，体现了汉民族在认知客观事物时突显形状的特点。即使一些无形可象的抽象概念，汉语也会通过意象转换、隐喻等途径，通过量词的选择来赋予它们某种形象。”[2]因此，我们将从人与外部世界的互动经验出发，结合认知语言学的基本理论对量词“节”“段”“截”的用法进行分析，分辨它们的异同，并给出认知解释，以期能对对外汉语教学中的量词教学提供帮助。

一、量词“节”的语义认知分析

“一般来说，单位词是由普通名词演变而成的，并且它们的语法意义就是由它们的本来意义引申的。”[3]量词“节”就是由名词演变来的。《说文》：“节，竹约也。”“节”的本义是竹节，后引申泛指两段物体之间相结节的地方，如木节、关节、骨节等，并由此发展出量词义。由于自然生长的竹子每节之间长短相当，节与节分布均匀，所以量词“节”具有“分段均匀”的意象；由于一节竹子是整体的一部分，当我们想到一节竹子的时候，通常是以一整根竹子为背景的，所以，“节”还具有“以细长的柱体为背景”的意象。因此以“节”计量的事物通常“分段均匀”，且是整体中的一段，具有“以细长的柱体为背景”的意象。“甘蔗”“莲藕”“车厢”等都具有这样的特点，是“节”计量对象中的典型成员。“柜台”单从外形上看和桌子差不多，但是桌子通常是单个存在的，不符合“以细长的柱体为背景”的意象，所以我们一般不说“一节桌子”。而传统的柜台往往是一节紧挨着一节，连成长长的一条，每节柜台的长短大致相同，因此，从视觉上看，柜台符合“分段均匀”“以细长柱体为背景”的意象，一般也以“节”计量。

以“节”计量的事物中，还有一些比较特殊，我们分别进行解释。先来看“电池”，电池是个体存在的，不是某个整体事物中的一段，为什么也可以用“节”计量，而且是其中比较典型的例子呢？这是因为，电池虽然是一个个体，但是在过去，电池发挥功能的时候，通常是几节连用的，如放在收音机或者手电筒里（这是过去电池在普通百姓家最常见的用途），这样就会形成一个意象：一节电池通常是一长串电池中的一段。这符合量词“节”的意象要求，因此是可以论“节”的。科技发展到现在，虽然有时候一节电池就可以了，或者电池摆放方式发生了变化，但是，“量词的使用是一种范畴确认或语法归类，最初使用量词的对象的认知原型，在相当程度上制约着同类对象的量词选取。”[4]所以以“节”计量电池的用法沿用至今。当然，这里说的是柱状的电池，其他形状的电池另有量词搭配，不属于本书的讨论范围。

“课”也是“节”计量对象中比较特殊的一个，它和其他事物不一样，是抽象事物，看不到摸不着，为什么也可以用“节”计量呢？认知语言学中的隐喻理论很好地解释了这个问题。隐喻理论认为，人们在认知过程中倾向于把抽象的、难以把握的事物以相似性为基础隐喻成具体的、容易把握的事物。“课”是时间要素，时间本身是抽象模糊、不容易把握的，人们常以具体事物的概念来感知时间。汉族先人在很长一段历史时期都沿河而居，河流在他们的日常生活中占据着重要的地位，河水自上而下川流不息与时间自古而今永不停息的变化非常相似，因此，人们往往把时间隐喻成流水，通过具体可感的水流来认识抽象的时间。“逝者如斯夫”“时间的河流”“时光如水”“岁月悄悄流走”等表达式就是这种认知方式的体现。所以，“一节课”在时间的序列中不是孤单的，是以“时间的河流”为背景的。通常我们会把一天或者一周的时间均匀地分成若干节课，也就是说，“一节课”是若干节课形成的序列中的一个环节，具有“分段自然”“以细长的柱体为背景”的意象，以“节”计量就很好理解了。“两节文字”“两节诗”的用法也是人类认知过程中的一种概念隐喻，这里不再另外解释。

二、量词“段”“截”的语义认知分析

“段”和“截”的用法和语义都非常接近，为了便于解释和对比，我们把“段”“截”放在一起讨论。先来看“段”。“段”，《说文》解释为“椎物也”，即今天的“锻”，本义是冶炼金属的意思，这和量词“段”之间似乎并没有什么联系，是怎样发展出量词义的呢？实际上，“段”作量词是由“断”字假借来的[5]，正如《段注》所言：“分段字自应作断。”可见，“段”字作为量词，其本字应该是“断”。“断，截也”（《说文》），表示截开、分开之义，为动词，由此发展出量词义来计量动作的结果——被断开的物体。再看“截”。“截，断也”（《说文》），亦为断开、分开之义，在此基础上发展出了量词义。从《说文》的释义来看，“段”和“截”是同义词，可以互相解释。对它们的解释分别是“截开”和“切断”，也看不出有什么区别。那么它们之间是否存在一些不同，又是什么样的不同呢？

根据我们对大量文献的考察比对，“截”在文献中出现稍晚于“断”，最初它们的语义和用法没有什么区别，都表示断开、截开之义。例如：

二人同心，其利断金。（周《周易》）

太子抽剑断鞅，乃止。（春秋《左传》）

截涉者胫而视其髓。（战国《吕氏春秋》）

截竹为筒，破以为牒，加笔墨之迹，乃成文字，大者为经，小者为传记。（东汉《论衡》）

但是在语言的发展过程中，它们的语义逐渐产生了分化，大约在战国晚期，“断”由“断开某物”发展出“某物自己断开”的意思。例如：

日事遇晦曰晦，四体偏断曰败。（战国《穀梁传》）

君因先自断其缨而出，国中皆不服缨。（战国《韩非子》）

根断枝叶落，何时当复连；采华著日中，能有几时鲜。（东汉《佛经》）

以上例子中的“断”是不及物动词的用法，均表事物自己裂断之义，与“截”不能互换。我们知道，一个物体如果自己断开，那么断开的部位应该是相对薄弱的环节，是物体自然分段的部位，断开后的各部分应该是边缘比较整齐、完整的。因此，“断”假借为“段”发展出量词义后，计量对象通常具有“分段自然”，分段结果“边缘整齐、完整”的意象。而且，自然断开的事物本身应该是比较容易断的，以长条状物体居多，从上述取自文献中的例句来看也确实如此，所以量词“段”的计量对象还往往是长条状物体断开或者被截断的部分，含有“以长条状物体为背景”的意象。“甘蔗”“骨头”“绳子”“木头”“钢管”“马路”“铁轨”等，本身都是长条状物体，当我们说“一段骨头”“一段绳子”“一段钢管”或“一段马路”时，自然是以整体的、长条状的骨头、绳子、钢管、马路为背景的，是它们的一部分，而且这部分也具有“边缘整齐、完整”的意味。“生活”“时间”“历史”等虽然是抽象事物，但在认知过程中常被隐喻为具象的“旅程”或“路程”，具有长条形具象事物的特征，因此，当我们说“一段生活”“一段历史”时，在意象中通常会突显这段生活的起点和终点，赋予其整齐性、完整性。

“截”大概在六朝时期语义开始分化，由“断开”“截开”某物引申出“截取”“截去”的意思，即从某个整体事物中截取或截下一部分。例如：

或有人来截手足，不起嗔恚忍力强。（六朝《东晋译经》）

见尼裸身挥刀，破腹出脏，断截身首，支分脔切。（六朝《搜神后记》）

大王，如截子头，虽得千头，不免子死。（六朝《百喻经》）

以上“截手足”“截其鼻”“截其足”等例子中的“截”就已经不再是“截断”之义，而是“截取”或“截去”。“截断”的对象通常是长条形的，有将事物分段的意味，而“截去”“截取”则不一定，它更多地强调从一个整体上截下一小部分，而对截下部分的形状和完整性则没有要求。另外，从语义指向上来说，“截断”是指向整体事物的，而“截取”或“截去”则是指向被截下部分的，例如我们可以说“截去一个桌子角”，但是一般不说“截断一个桌子角”，这就和“断”有了较大的差别。因此

“截”发展出量词义后往往强调其动作性，突显计量对象“从整体上截取”这个意象，计量对象通常是“短小”“边缘不整齐”的。例如“一截水管”“一截蜡烛”“一截铁丝”“一截树桩”“一截砖头”中的“水管”“蜡烛”“铁丝”“树桩”“砖头”，都是“从整体上截取”的一部分，突出了“短小”“边缘不整齐”的意象。

三、“节”“段”“截”的对比分析

前面的分析结果可整理如下：

“节”的本义为“竹节”，受语义原型的影响，量词“节”所计量的事物往往具有“分段均匀”“以细长的柱体为背景”的意象。量词“段”是由“断”假借而来的。“断”本义为“断开某物”后引申出“某物自己断开”之义，并在这个意义的基础上发展出量词的用法，计量对象往往具有“分段自然”“边缘整齐、完整”“以长条状物体为背景”的意象。“截”的本义和“断”同，为“断开”“截开”之义，后来又发展出“截取”“截去”的意思，强调从某个整体上截下一小部分，又因为“截”必然是人为的，所以发展出的量词“截”突显“从整体上截取”“短小”“边缘不整齐”的意象。

“节”“段”虽然都可以计量成段的事物，但具体的搭配有同有异，在计量同一种事物时，突显的意象也不相同。“节”和“段”的用法交叉较多，但“节”强调“分段均匀”，“段”强调“分段自然”“边缘整齐、完整”。所以我们说“一节课”，不说“一段课”，因为每节课时间的长短都是一致的，分段非常均匀；说“一段历史”，不说“一节历史”，因为每段历史延续的时间都有长有短，很不均匀。我们可以说“两节文字”，也可以说“两段文字”，但是突显的意象却不同：“两节文字”除了强调分段的自然外还强调分段的均匀性，而“两段文字”则只强调分段的自然，计量对象的整齐性、完整性。

“段”和“截”都计量事物被截断的部分，但由于语义原型的不同，“段”计量的事物分段比较自然，形态整齐、完整，通常是条状的；而“截”的计量对象通常是从整体上截取下的一小部分，相对其整体来说比较短小，具有不太整齐、完整的意味，也不一定是条状的。例如，我们可以说“一段历史”“一段时间”，但是不能说“一截时间”“一截历史”。“一段木头”和“一截木头”突显的意象也是不同的，相比之下，“一段木头”比较长，木头的形状也应比较整齐、完整，而“一截木头”一般是从一段木头上截下的一小段，比较短，形状也不一定整齐。

量词的用法虽然很复杂，但并不是没有规律的，如果能从人与外部世界的互动经验出发来探讨量词的用法，往往能挖掘到其深层的理据和广泛的规律，在对外汉语教学中能收到良好的效果。

参考文献

［1］张敏．认知语言学与汉语名词［M］．北京：中国社会科学出版社，1998：71.

［2］缑瑞隆．认知分析与对外汉语示形量词教学［J］．云南师范大学学报，2006（3）：14—18.

［3］王力．汉语史稿［M］．济南：山东教育出版社，1988：311.

［4］萧国政．汉语量词把的意义分类及用法——面向第二语言教学的认知解释与功能研究［J］．江汉大学学报，2004（1）：5-10.

［5］刘世儒．魏晋南北朝量词研究［M］．北京：中华书局，1965：123.

第二节　量词“颗”“粒”的语义系源研究及认知解释

名量词“颗”“粒”都主要用于计量体积较小的球状物体，它们的用法分布既有交叉也有区别，非常复杂。我们运用认知语言学的原型理论、范畴化理论和隐喻理论，结合汉字语义演变的轨迹对它们的用法做了系统的对比分析，指出量词“颗”的语义特征为“类球体、较小、具有个体性”，量词“粒”的语义特征为“类球体、极小、缺乏个体性”，并对二者的交叉用法从认知的角度进行了充分的解释。

一、量词“颗”“粒”是对外汉语教学的重点和难点

量词“颗”“粒”是现代汉语中的常用量词，在对外汉语教学中也具有非常重要的地位。其中量词“颗”属于《对外汉语教学初级阶段词汇大纲》中的二级词汇，在北京语言文化大学出版社出版的《汉语教程》中出现在第三册，在北京语言文化大学出版的《发展汉语》中出现在初级下册，属于初、中级汉语水平的学生需要掌握的生词；量词“粒”在《发展汉语》中出现在初级下册第 2 课的课后练习中，属于初级汉语水平的留学生应该了解的词语。可见，“颗”“粒”都是现代汉语中使用频率较高，外国留学生较早接触的量词，对它们进行深入的研究具有一定的现实意义。

量词“颗”“粒”都主要用来计量体积较小的类球体物体，但用法分布却非常复杂，既有一定的交叉性，也有各自不同的计量对象。例如：

颗：

一颗珍珠	一颗金丹	一颗钻石	一颗子弹
一颗石子	一颗葡萄	一颗汗珠	一颗纽扣
一颗星星	一颗炮弹	一颗牙齿	一颗头颅
一颗沙子	*一颗芝麻	*一颗种子	*一颗尘埃

粒：

一粒珍珠　　一粒钻石　　一粒子弹　　一粒葡萄

一粒尘埃　　一粒沙子　　一粒芝麻　　一粒种子

＊一粒星星　＊一粒炮弹　＊一粒红心　＊一粒头颅

（注：上例中标“＊”的例子为不规范或不常用的说法。）

如此复杂的分布情况，对于本族人来说并不是什么问题，可以凭借语感使其对号入座。但是对于外国汉语学习者来说，汉语量词的使用似乎没有一个统一的、客观的规律，掌握起来比较困难，即使在课堂上学习过，在使用过程中也经常会闹出一些笑话。因此，如果能找出其潜在的规律，并借助人类的认知经验予以解释，对于汉语量词的对外教学自然是十分有用的。

目前对于这两个量词已经有一些研究，但大都止步于对其用法的描写和传统的语义分析，未走出“知其然，不知其所以然”的层面。其中较早对这两个量词进行系统说明的应数刘世儒先生。刘世儒先生认为：“‘颗’的本义为‘小头’，由此引申开去，很多‘圆形’之物就都可以用它作量词；‘粒’的本义是‘米粒’，作量词最初是计量‘谷粟’一类的东西，后逐渐扩展开来，凡‘小而圆’的东西就都可以用它计量。”[1]此外，陈晓丽从家族相似性的角度对两个量词进行了辨析：“‘颗’所称量的事物的家族相似性就是‘小而圆’，‘粒’的家族相似性是‘小和圆珠形’。”[2]樊中元认为“两者都计量小的圆形的物体，但‘粒’计量的物体比‘颗’更小”。[3]

以上的研究基本上可以代表当前人们对于“颗”“粒”的认识。但是在广泛搜集材料的基础上，运用新的理论和方法来审视这些研究的话，我们认为还存在一些尚未解决的问题：

首先，上述已有的研究认为“颗”“粒”均可以计量“小而圆”的物体，但“粒”计量的物体比“颗”更小，即计量对象小的程度是二者的主要区别。但是从上文所列举的现代汉语中的用例来看，“颗”和“粒”的用法存在大量的交叉现象，例如我们可以说“一颗珍珠”也可以说“一粒珍珠”，可以说“一颗葡萄”也可以说“一粒葡萄”，这种现象如何解释？是违背语言规律的赘余现象，还是存在着符合人类认知的深层理据？

其次，根据上述研究的观点可知，虽然“颗”的计量对象比“粒”大，但总的来说还是要计量“小而圆”的物体。但是在现代汉语语料中，我们发现除了计量“珍珠”“头颅”“心”等形体相对较小的物体外，还有大量的以“颗”计量星球的用例，如何解释这个现象呢？另外，在调查语料的过程中，我们也发现多个以“颗”计量“沙子”的用例。按照上述已有的研究观点，像“沙子”这种极小的物体，应该属于量词“粒”的计量范围，那么“一颗沙子”的用法是否有其合理存在的认知理据呢？

基于此，我们将运用认知语言学的相关理论和方法对上述问题进行分析，以求得出合理、充分的解释。

二、量词“颗”的系源及认知解释

“颗”从“页”，“果”声。“页”本义为“头”，所以“颗”字应与头有关，《说文》将其解释为“小头也”，是恰当的。既然为“小头”，“小”应为“颗”的语义特征之一，段玉裁注曰：“引申为凡小物一枚之称……”也证明了这一点。但是，“颗”语义特征中的“小”为“头”之“小”，根据人类的感知经验，人或动物头颅的典型意象是相对的“较小”，而不是“极小”，因此，“颗”语义特征中的“小”界定为“较小”是比较合适的。我们再来看“头”的特征。就一般的人或者动物来说，“头”的大致轮廓都应该是圆的，是一个立体的“类球体”，所以在词义的发展过程中，“类球体”的轮廓特征也成为“颗”的一个重要语义特征。另外，对于一般的人或其他动物来说，“头”是唯一的，是以个体的形式存在的。也就是说，其存在状态具有较强的“个体性”，这也成为“颗”的一个重要语义特征。

总起来看，量词“颗”的语义原型“小头”具有“较小”“类球体”“具有个体性”的特征。

我们知道，量词并不是从一开始就独立存在的词类，绝大多数量词都是从其他类的词演变过来的。很多量词在演变的过程中乃至这一演变完成之后，仍保留着它们作为其他类词时所具有的特征。这些意义特征使得它们在称量事物时都会有一种要求，即要求所称量的事物的特征与量词本身的特征具有一定程度上的一致性。我们认为“颗”的本义“小头”所具有的语义特征正是量词“颗”的语义认知基础，并制约着其与名词的搭配，要求进入“颗”的计量范围的事物具有某种程度的“较小”“类球体”“具有个体性”的特征。从我们收集到的“颗”作为量词的最早用例来看，也确实如此。例如：

今送梨三百颗。（晋·王献之《杂贴》）

于是乃以桃一一掷上，正得二百二颗。（晋《神仙传》）

师曰，欢喜则不无，如粪扫堆头，拾得一颗珠。（唐《佛语录》）

正只闻得房里一阵臭气……探手打一摸，一颗人头。（宋《宋四公大闹禁魂张》）

以上例子中的“梨”“桃”“珍珠”“人头”都具有“较小”“类球体”“具有个体性”的特征，较高程度地切合了“颗”的语义特征，是“颗”的计量范畴中比较典型的成员。在汉语发展史上很长一段时间内，这些物体一直用“颗”来计量，而且一直沿用到现代汉语中。特别是“头”，更是其中的核心成员，很少用别的量词称量。从认知的角度来说，这是因为“颗”的语义原型就是“头”，因此，“头”在特征上完全符合量词“颗”对计量对象的要求。像这样由某个名词衍生出量词义并用来计量该名词的方式是汉语量词形成的一个重要途径，例如“一只鸟”“一粒米”“一块土”等都属此类。

在现代汉语中，从收集到的语料来看，量词“颗”的计量对象大致可以分为：头颅类；心脏类；星球类；珍珠宝石类；子弹类；体积较小的水果类；水珠类；杂类，如纽扣、牙齿、糖等。其中，头颅类、心脏类、珍珠宝石类、体积较小的水果类、水珠类、杂类中的事物都基本具有“较小”“类球体”“具有个体性”的特点，符合量词“颗”的计量要求，以“颗”计量不难理解。例如：

每条龙的嘴里含了一颗小钢球。

不断地从西山衔来一条条小树枝、一颗颗小石头，丢进海里。

王海容衣着依旧，永远是 3 颗扣子。

一个马萨诸塞州人用嘴接住了从 268 英尺外扔来的一颗葡萄。

到 2 岁时就出齐了 20 颗乳齿。

弯下身拾取两颗鹅卵石，放入空袋。

大佛身上贴满了金叶，镶嵌着无数颗珠宝。

一副棋包括若干颗棋子和一个棋盘。

一颗地雷突然爆炸，造成6名美军士兵受伤。

地球只是太阳系中一颗普通的行星。

但是，“星球类”都是很庞大的物体，为什么也可以用“颗”计量呢？这是因为语义的形成是以人类认知上形成的意象为基础的。对于某个客观物体，人们由于观察角度、范围和注意力的不同而形成不同的意象，并反映在语言表达式中。虽然星球的体积实际上十分庞大，但是人类一般是站在地球上，隔着茫茫千万光年的距离来观察它们的。在这样遥远的距离上，庞大的星球在观察者的眼中就只是无尽苍穹中的一个点，因此，我们形成的星球的意象就具有了“小”的特点，符合“颗”语义特征的要求，因此，可以用“颗”计量。可见，语言中的意义并不是纯客观的，而是受认知制约的，是主客观互动的结果。我们关于星球的意象正是其用“颗”称量的认知理据。

三、量词“粒”的系源及认知解释

“粒”，《说文》释之为“糂也”，段玉裁注之曰：“……按此当作米粒也。米粒是常语……《广韵》‘粒’下皆云米粒，可证。……赵注云‘粒米，粟米之粒也’。”《段注》认为，“粒”的本义就是“米粒”，且为“粟米之粒”，可见“谷粟粒”是“粒”最初的语义原型，有“粒”成为量词之前的用例为证。例如：

粒食之民。(春秋《墨子》)

七日不尝粒。(战国《吕氏春秋》)

“谷粟粒”的一个典型特征就是“小”，与“颗”的语义原型“小头”相比，“谷粟粒”要小得多，所以我们以“极小”作为“粒”的一个语义特征，以区别于“颗”语义特征中的“较小”是合理的、有效的。就外形轮廓上来说，“谷粟粒”是立体的“类球体”。此外，不论是在收割前还是收割后，“谷粟粒”常态的存在方式都是集体的，在人类的认知过程中，其个体的完整性和独立性往往被忽略，形成“缺乏个体性”的意象。

总结起来看，“极小”“类球体”“缺乏个体性”是“粒”最初的、最典型的语义特征。如上文所述，名词最初的语义原型特征在其语法化为量词后依然存在，并制约着其作为量词的用法，要求它所计量的对象在一定程度上和这些特征具有一致性。

“粒”作为量词，最初自然是用来计量“谷粟”一类的东西的。例如：

状如粟一粒。(《拾遗记》卷四)

翌于饭中得一粒谷，先取食之。(《高僧传·义解篇》)

君无半粒储，形影不相保。(傅玄《灾旱诗》)

隋唐以后，除了计量“谷粟”类之外，开始扩展到计量丹药、珍珠宝石等事物：

炼九转神丹……服之一粒……（五代《敦煌变文集新书》)

赠蓝田美玉十斤，紫府云丹一粒，叙语永日……（北宋《太平广记》)

在现代汉语中，以“粒”计量的事物大致可以分为：谷粟类；珍珠宝石类；沙粒、尘埃、碎屑；水珠类；体积较小的水果类，如葡萄、荔枝等；杂类，如牙齿、纽扣等。这些物体都符合或基本符合“极小”“类球体”“不具有个体性”的特征，基本符合“粒”的计量要求，因此，可以用“粒”计量。例如：

就连每一粒原子都经过了重新组合。

一立方米的空间里也只有一粒尘埃。

把一粒砂糖分成两半，每一半仍是砂糖。

有的蜘蛛一次只产几粒到十几粒卵。

岛上每一粒米、每一口水都得从陆地运来。

新年到，西班牙人都吃12粒葡萄，以祈岁岁吉祥。

发觉有一粒晶莹的泪珠也正从铃铃的脸上往下流落。

一年后，一粒子弹果然在他眼前飞过……

刀柄上镶着一粒光泽柔润的明珠。

建材机械厂生产的金刚石刀具，大小仅为一粒衬衣纽扣的四分之一。

每人都吃了一粒脊髓灰质炎疫苗糖丸。

四、量词“颗”“粒”用法的辨析

总结前面的论述，我们可以将量词“颗”“粒”的语义特征分列如下：

颗：［类球体］+［较小］+［个体性］

粒：［类球体］+［极小］+［缺乏个体性］

对比可见，“颗”“粒”都是计量小的类球体物体的，具有一定的相似性，属于近义量词，因此它们的计量范围也存在一定的交叉，如珍珠宝石类、水珠类、体积较小的水果类等，都既可以论“颗”也可以论“粒”。

它们之间也存在着重要的区别，即“小”的程度和是否具有“个体性”。一些相对较大，而且存在状态具有个体性的事物，如“星球”“头颅”“心”等就只能论“颗”，而不能用“粒”计量。同样，一些“极小”的，而且存在状态“缺乏个体性”的物体，如“尘埃”“碎屑”等则只能论“粒”。但是这里还有一个比较特殊的例子：沙子。沙子是极小的，而且不具有个体性，所以一般情况下是论“粒”的。例如：

不过，这需要在小水滴内落入某种异质，如一粒灰尘或一粒沙子。

……人显得微不足道，犹如沙漠中的一粒沙子。

但是我们也收集到一些以“颗”计量沙子的用例。例如：

大夫轻轻地、灵巧地把病人的眼皮分开，从中取出一颗沙子。

他始终是林彪眼中的一颗沙子……

从收集到的语料看，这里的沙子都是“眼中的沙子”。可以想象，对于非常敏感的眼睛来说，即使是一粒极小的沙子，也是“大”的，而且，这种语境下的沙子一般是个体存在的，上述两例中数词皆为“一”也可以证明这一点。可见，在这种特殊的情景下，沙子的性状在人们的意象中已经发生了改变，成为［+具有个体性-极小］的物体，相比之下，更符合“颗”作为量词的语义要求，以“颗”计量就可以理解了。

但是这里还存在一个问题：我们知道，人类语言发展的一个重要原则是“经济性原则”，即倾向于用较少的语言形式表达较多的语义内容，以减轻人类记忆的负担。那么，上文提到的在现代汉语中大量存在的既可以论“颗”又可以论“粒”的语言现象是否违背了这一原则呢？

对于这个问题，我们可以从三个方面来认识：

第一，同一类事物中的不同个体有其不同的个体特征和存在方式，例如珍珠有大小之分、长圆之别，子弹、宝石、金子等也都有大小、形状上的差异，这些差异都需要选择不同的量词加以体现，正如何杰《现代汉语量词研究》指出："汉语量词的理据是有不同选择侧面的，正是这种选择使用使量词在表现同一客观事物上却表现出不同的语义重点。"[4]同是计量珍珠，颗粒较大的，我们一般会选用"颗"来计量，而颗粒极小的，则一般选用"粒"为其量词；同样，对于颗粒较大的金子，我们一般也会论"颗"，而对于颗粒极小而且细碎的，论"粒"就比较符合语感了。

第二，在某种特定的时空和情感背景下，我们会着意突出事物的某一方面特征以满足情感和表达的需要。例如，对同一颗珍珠，如果我们有意突出它的珍贵和显著，一般会选用"颗"作为量词，相反，则选用"粒"来计量。对于一串葡萄中的一个个体，如果我们着眼于它作为个体的存在状态，就会自然地选择"颗"为其量词；相反，如果我们着眼于它作为一串葡萄中的一个的存在状态，就更倾向于选择"粒"来对其进行计量。

第三，从范畴化的角度看，人类在形成和理解某个范畴时，总是从一个认知原型出发，根据家族相似性梯度向边缘扩展。离开原型越远的范畴成员，与原型的共同点越少。两个相邻的范畴的边缘部分常常有重合的现象，即某个成员既拥有甲范畴的部分特点，又拥有乙范畴的某些特点，呈现出亦此亦彼的特点。

量词"颗""粒"所计量的对象实际上就分属于两个范畴。用量词"颗"计量的事物一般都具有"较小""具有个体性"的特征，而"粒"计量的事物则具有"极小""缺乏个体性"的属性。当有的事物处于两个范畴的交叉过渡部分时，则既可以论"颗"也可以论"粒"。

五、结语

量词"颗"的语义原型为"小头"，具有"类球体""较小""具有个体性"的语义特征；量词"粒"的语义原型为"谷粟粒"，具有"类球体""极小""缺乏个体性"的特征。二者的区别不仅在于计量对象"小"的程度不同，也在于其是否具有个体性的特征。完全符合"颗"的语义特征的物体是"颗"计量对象中的典型成员，一般论"颗"不论"粒"；同样，完全符合“粒”的语义特征的物体是“粒”计量范围的典型成员，论“粒”不论“颗”；它们共同的计量对象往往是不完全符合“颗”或“粒”的语义特征要求，因而处于它们各自计量范畴边缘的个体。另外，人们选用不同的量词，也是对同一类事物中不同个体的特征或同一个物体不同属性进行突显的一个手段。对于同一类物体，当我们用“颗”计量时，往往有突显其相对的显著性和个体性的意味。而选用量词“粒”则倾向于计量一类物体中极小的个体或者着意突显某一个物体缺乏个体性的存在状态。

量词的用法虽然很复杂，但并不是没有规律的，如果能从人与外部世界的互动经验出发来探讨量词的用法，往往能挖掘到其深层的理据和广泛的规律，在对外汉语教学中能收到良好的效果。

参考文献

[1] 刘世儒．魏晋南北朝量词研究［M］．北京：中华书局，1965：116-117.

[2] 陈晓丽．量词“颗、粒、枚”的认知语义特点［J］．忻州师范学院学报，2008（1）：41-43.

[3] 樊中元．论配同关系量词“颗”与“粒”［J］．广西师范大学学报，2009（6）：84-87.

[4] 何杰．现代汉语量词研究［M］．北京：民族出版社，2001.

第三节　量词“只”“头”的认知分析与对外汉语教学

量词的用法一直是对外汉语教学中的一个难点，什么样的名词要和什么样的量词搭配，往往让很多外族学生迷惑不解。本族人虽然依靠语感大都能恰当运用，但也很难说清楚个中原因。过去人们往往单从汉字的本义上探求理据，虽然能解释个别量词的某些用法，但是还不具备普遍性和充分性。20世纪末期，认知语言学的传入并兴起为我们解决诸多语言问题提供了很多启示，也为量词的对外汉语教学提供了一个新的途径。我们依据认知语言学中的隐喻及家族相似性等基本理论，并结合汉字词义演变的轨迹，对用法上有交叉且外族学生容易混淆的量词“只”“头”进行认知分析，力求能给出合理且充分的解释，为对外汉语教学提供实际的帮助。“只”“头”是现代汉语常用的量词，它们既可以称量动物也可以称量其他事物，既有共同计量范围，又有各自独立的称量范畴，其用法比较复杂。对此，大多数本族人往往知其然不知其所以然，外族人更是莫名其妙，如果能找出其中某种规律性的东西，对对外汉语教学自然是非常有用的。

一、“只”的语义原型及其与名词的搭配用法

量词“只”是“隻”的简化字，《说文》释之为“鸟一枚，从又持隹。”即“只（隻）”本义为“一只鸟”，为名词，后来又发展出量词义。“只”作为量词，用法很多，但基本上都可以概括在两个系统内：源于“鸟”的系统和源于“一枚”的系统。从“鸟”这个意义发展出来的量词义最早也是用来称量鸟类的，直到现在“鸟类”仍然是量词“只”所称量的事物范畴中最典型的成员。在考察语料中，从最典型的鸟（如知更鸟、麻雀）到鸟类中的边缘成员（如鸵鸟、鸡、鸭等），几乎都可以用“只”来计量，鲜有例外。认知语言学的研究表明，词义的引申以及词的用法的发展所遵循的重要原则之一是家族相似性，“只”所称量对象的扩展也是

如此。以鸟类“会飞”“小巧”“敏捷”的属性为基础，“只”发展出可以称量其他“会飞”或者“小巧”“灵敏”的昆虫的用法。如：

一只飞蛾　　一只苍蝇　　一只萤火虫

由此又发展到称量一些“小巧”且“灵敏”的动物。如：

一只兔子　　一只猫　　　一只松鼠

一只跳蚤　　一只蚂蚁　　一只蟑螂

进一步发展，“只”渐渐可以用来称量“小巧”或者“灵敏”的动物。如：

a. 一只螃蟹　　一只蜗牛　　一只甲鱼

b. 一只老虎　　一只狮子　　一只豹子

c. 一只大象　　一只熊猫　　一只骆驼

其中a类动物具有体形“小巧”的特点；b类中的老虎、狮子等虽然不“小巧”，但是它们长期生活在野外，为了捕食猎物，都练就一身善于奔跑跳跃的本领。c类动物比较难理解，它们既不“小巧”，也经常给人以行动迟缓的印象，为什么也可以用“只”称量呢？让我们对它们的意象再仔细分析一下。大象是动物中的“巨无霸”，它给人们的印象除了体形庞大、行动缓慢等属性外，还有一个突出的特点就是具有一条长长的鼻子。象的鼻子在大象的生活中发挥着重要功能，如移动物体、采摘食物、清洁身体等高难度动作，所以象鼻子给人以“灵巧”“敏捷”的印象。而且就视觉形象而言，象的鼻子非常具有显著性。由于象鼻子这种功能重要、视觉显著的属性，自然引起人们的注意并在意象及语言表达中得到突显，其结果就体现在量词“只”的选择上。熊猫虽然看起来憨态可掬，但实际上既会爬树又会翻墙，相对于它庞大的体形来说，行动也是相当灵敏的。骆驼自古以来就是沙漠中最有效的交通运输工具，在人类和其他动物无法施展的沙漠这个环境中，它是最“敏捷”的动物，因此它们也都可以进入量词“只”计量的范畴。

此外，还有一类量词“只”是来源于“一枚”这个意义系统的。这里我们还需要引入另外一个词“双”。《说文》：“雙，隹二枚也”，即“鸟一枚”称“只”，“鸟二枚”为“双”。可以设想，由于语义上的相关性，“只”“头”在由名词义发展出量词义的过程中，必然相互影响制约，以至形成了相关但彼此独立的称量范围，即“双”用来称量成对的东西，而

“只”则计量成对出现的事物中的一个。如：

一双眼睛　一双手　一双脚

一只眼睛　一只手　一只脚

“只”用于称量“手”“脚”最初可能限于两手两足的人，然后很自然地推广到四足的兽类。如：

两只爪子　　四只蹄子

筷子可以用“只”称量，最初可能是因为当筷子发挥功能的时候都是成“双”出现的，但是除此之外，筷子闲置不用的时候，还经常以“把”的状态存在，因此，渐渐地，“只”的计量范围就突破了“双数之一”的条件限制，也可以用来称量群体中的个体。如：

一只碗　　一只盘子

再由此向外扩展，用法就更宽泛了。

一只手表　　一只煤炉　　一只警钟

一只箱子　　一只板凳　　一只小船

这些都是个体器物，既不是双数之一，也不一定是群体中的个体，但是它们都有形体相对小巧的特点（试比较“一只小船”“一艘轮船”），说明量词“只”的两个词义系统在语言的使用中也是相互影响的。

二、“头”的语义原型及其与名词的搭配用法

“头”与古代的“页”“首”为同源字，其本义指人的头，后来泛化到也可以指人以外的其他动物的头。对于人和动物来说，“头”是具有代表性的，如看一张照片，主要是看头部（尤其是正面），对于动物也大体如此。因此，在语言表达中，人们经常用“头”来指代人或者动物的整体，并由此引申出“头”的量词义，来称量有头之物。“头”作为量词，最初的使用范围是非常宽泛的，尤其是到了南北朝时期，不但可以计量几乎所有的兽类，而且还推广到禽类及有些昆虫。例如：

获杂畜十余万头。（《南魏书·祥瑞志》）

获马五万匹，牛二十万头。（《魏书·太宗传》）

恒以驴数头运粮上山。（《洛阳伽蓝记》卷五）

猎得十余头猪。（《魏志·吕布传》）

上幸西苑，亲射虎三头。（《魏书·世祖记》）

望蔡县获白鹿一头。（《南齐书·瑞星志》）

丹阳悬获白兔一头。（《南齐书·瑞星志》）

山中养鼠数十头。（《南齐书·杜京产传》）

王病服之，下蛇十余头。（《金楼子·说蕃篇》）

有白龙三头降于祠所。（《高僧传·神异篇》）

子真表献金鱼一头。（《南齐书·祥瑞志》）

休安陵获玄龟一头。（《南齐书·祥瑞志》）

率民养一猪，雌鸡四头，以供祭祀。（《齐民要术序》）

又有鹅三四头高鸣切飞。（《宋书·符瑞志》）

梦见青蝇数百头来在鼻子。（《魏志·管辂传》）

可见，在南北朝时期，几乎所有的“有头之物”都可以用“头”称量，这也是语言经济性的一个体现。但是经济性之外，人们还要追求语言的美感和表达的准确性，因此在语言的发展过程中，量词越来越丰富，量词系统内部的分工也渐趋精细，很多动物都渐渐从“头”的计量范围中分化出来。如蛇、蚕、鱼等，其条状的外形特征因具有视觉上的显著性而在意象中得以突显，逐渐进入量词“条”的计量范围；而苍蝇、鸡、鹅等给人最直接的印象是“会飞”“敏捷”“小巧”，因此也逐渐为“只”所计量。这样，“头”的计量范围就从“有头之物”缩小到“头部突出的动物”。

牛、猪、羊在上古同为祭祀所用的三牲之一，其头部常被割下装盘用以供奉神灵。祭祀在历史上很长一段时间具有无可替代的重要性，因此牛、猪、羊头部的用途不可忽视，具有功能上的突出性而被突显；狮子、鹿和大象的头部不但是其整个身体上最主要的功能部件，而且与其他动物相比较而言，其头部显得特别大且具有形态上的独特性（如狮子头上有引人注目的鬃毛，大象的头上有长长的鼻子和牙，鹿、特别是梅花鹿头上有长长的鹿茸），容易引起人们视觉上的注意而被突显，因此，它们都依然保留在量词“头”的计量范畴内。又因为这些可用“头”来计量的动物不但都具有头部突显这一属性，而且都具有体形较大、较笨重的特征，因此在语言的使用过程中，人们也将“体形大且笨重”作为“头”所计量的动物的一个属性而渐渐固定下来，因此，有些动物虽然头部不具有典型的突显性，也会因为“体形大且笨重”而仍然用“头”来计量，于是“一头骆驼”“一头老虎”“一头驴子”的说法就依然保留着。

此外，因为头位于人和动物身体的最上端或最前部，具有思维上的先导性和行为上的先觉性，因此又引申出“最初”“最先”等含义。所以，古人曾以“头”来形容新鲜的水果、馔食，如：“果食新鲜，故曰头也，如今人荐果曰头熟、献鱼曰头水。”（清·郝懿行《证俗文》）并由此发展出以“头”来计量新鲜水果、食物的用法，如“谢赐果食一头”“谢赐公德净馔一头”，由此泛化开来，就有了“一头葱”“一头姜”“一头韭菜”“一头大蒜”等用法。需要注意的是，在现代汉语中，以“头”来称量水果、馔食的用法已几乎不见；以“头”计量葱、姜、韭菜的用法也大多散见于方言口语中，只有“一头大蒜”的用法进入了现代汉语普通话中。当然，这并非偶然，而是有深层理据的。“一头大蒜”中的大蒜指的不是长条状的蒜苗，也不是单个的蒜瓣，而是由蒜瓣簇拥在一起形成的位于整颗蒜顶端的圆形块体，从其所处位置和形状上看，都和头的原型意象非常接近，而且在视觉上和功能上都具有显著性，因此以“一头”来计量“大蒜”的用法符合人们的认知规律，从而能“永葆青春”。

除了计量以上这些具体的事物，量词“头”还可以计量一些抽象的关系，如“一头亲事”“两头关系”等。这些抽象的关系显然和“头”没有什么直接的关系，为什么能用“头”计量，只有从认知上去分析。认知语言学的隐喻理论揭示了人类认知抽象事物的一般规律，即把抽象的、难以理解的、难以把握的事物隐喻成具象的、容易把握的事物。把双方或者多方之间抽象的关系隐喻成一条把彼此联系起来的线，那么关系的双方就是线的两头，这样我们就可以用作为名词的“头”来代替关系的一方或者双方，如“两头受气”“两头落空”等，再从这个意义上的名词“头”引出量词义用于计量一些抽象的关系，这就是“头”可以计量抽象关系的认知理据。

三、“只”“头”的对比分析

从认知语言学的角度看，量词与名词的选择性共现关系实际上是它对名词所代表的概念进行范畴化的反映。通过以上分析我们知道，进入量词

“只”所称量范畴的事物多具有“会飞”“动作敏捷”“体形小”的特点，或者通过隐喻、转喻以及意象的转换，与此有某种相关性；量词“头”所称量的事物范畴多具有“头部突出”“体形笨重”的特点，或者与“头”的语义原型有某种内在联系。那么为什么有的动物（如羊、狮子、象、鹿等）既可以论“头”也可以论“只”呢？对这个问题我们可以从两个方面加以解释。

首先，人们在认知事物时更容易注意到其最为突出的属性，但是对同一个事物，在不同的时空及情感背景下，人们可以选择不同的属性加以突显。例如，同是椅子，当我们突显其主要功能部位——与人体接触的“面”时，可用“张”来对其称量，一张椅子；当我们对其视觉上具有显著性的“靠背”加以突显时，就可以用量词“把”来称量，一把椅子。对于上述动物，当人们在意象中更多地注意到其头部的显著性或体形大且笨重的特征时，便会在语言中选用量词“头”来限制；而当人们着意突显其体形小巧或者行动的迅捷时，便会选择量词“只”对其计量。如对于成猪，我们一般用“头”来计量；而对于小猪，人们更容易注意到它体形小巧、行动敏捷的特点，因此很少论“头”，而说成“一只小猪”似乎更恰当一些。

其次，量词“只”“头”所称量的名词实际上各自代表了一个概念的范畴，而范畴中各成员的地位是不平等的，其中有典型成员和边缘成员之分。而且，W. Labov 曾用实验证明：范畴的边界具有模糊性，而模糊性的存在又会导致不同范畴边缘成员的交叉重叠。前面已经说过，用量词“头”来计量的动物，其范畴内成员一般都具有体形大且笨重的特点，而量词“只”所计量的动物其范畴内成员一般都具有体形相对较小的属性。但是有的动物在体形上既不是很大也不是很小，分属于两个范畴的边缘，是其交叉过渡的部分，因此，既可以论“头”也可以论“只”，如“一只羊”“一头羊”都是符合人们的语言习惯的。

需要注意的是，这里笔者虽然从两个方面对同一个语言现象分开来进行解释，但实际上人们对语言的选择和运用通常是认识事物过程中几种认知原则相互作用的结果。由此可见，认知语言学虽然历史较短，但是已经在第二语言的教学中表现出了强大的解释力。在量词的对外汉语教学及研究中，恰当地引入认知语言学的基本原理并结合相关的汉字文化知识，有利于教师对量词用法的深刻认识和合理解释，能有效提高教学效率。

参考文献

[1] 缑瑞隆．认知分析与对外汉语示形量词教学［J］．云南师范大学学报，2006（3）：15.

[2] 缑瑞隆．意象理论与对外汉语教学［J］．郑州大学学报，2002（4）：100.

[3] 赵艳芳．认知语言学概要［M］．上海：上海外语教育出版社，2000.

第四节　示形量词“股、束、缕、绺”的用法及认知基础

汉语的许多量词具有提示计量对象形状的功能，而且分工细致，用法复杂。其分工与计量对象的形状（点、线、面、体、长、短、粗、细等）、质感和特点（刚、柔、松、紧等）密切相关。不同形状、不同质地的物体要用不同的示形量词计量；不同形状、质地的物体还可以通过不同的量词显示出大小、长短、粗细、轻重等方面程度上的区别。即使是无形的物体或抽象的事物，汉语也总是通过隐喻、转喻及意象转换等手段赋予其某种形状，并通过量词的选用等方法来显示。示形量词和名词的组配，既有客观的基础（物体的形状、质地及特点等），也有主观因素的制约（如汉语用示形量词提示物体的形状就体现了汉民族认识客观世界的某种心理偏好）；既有可论证的一面（量词的用法总是以某种方式受制于认知原型、遵循认知规律），又有约定俗成的一面（如同样的物体，不同的方言区使用的量词不同）。这诸多因素相互竞争、相互协同、综合作用，造成了量词纷繁复杂的用法。对于这些用法，汉族人从小就耳濡目染，心领神会，成为一种语言直觉（语感）。外族人主要是成年人学习汉语，缺乏这种直觉，不明就里，面对眼花缭乱的量词用法，常常感到玄妙无常，难以应付。解决这个问题的方法之一是找出汉语量词用法的理据性，增强教与学的自觉性。这里分析一组具有“条状”意象的量词。

一、股

《说文·肉部》：“股，髀也。”本义指人的大腿。《战国策·秦策一》：“读书欲睡，引锥自刺其股，血流至足。”《左传·僖公二十二年》：“宋师败绩，公伤股。”股是身体尤其是下肢的一个主要部分，通过隐喻，引申指“事物的一部分”“单位的一个部门”。股的形状是修长的圆柱体，股的功能是支撑人的躯体。支撑躯体需要力量，因此，股又有“有力”的意

味，“股肱”一词的意思就缘于此。

总的看来，“股”的原型意象有以下几个要素：

①修长圆柱体；

②整体的一部分；

③有支撑功能；

④内部蕴含力量。

量词“股”是从名词发展出来的，其用法以不同方式、不同程度地受制于上面的原型意象。“股”用于计量长条状物体，与其他计量长条状物体的量词如“条、根”等相比，“股”更突显“内部蕴含力量”的方面。请看下面的例子（本书中的例句均出自北京大学 CCL 语料库）：

（1）把两三股条状的面拧在一起，用油炸熟。

（2）它是用三股钢丝拧成直径 5 毫米的一根钢丝。

（3）大家都想购买一件价廉物美的呢袍料，或是两磅三股的毛线。

（4）突然发现在十三股道上，有三个孩子正在铁道上低头玩耍。

（5）海洋中的射水鱼，能从口里喷出一股水流，准确地射落岸边的昆虫。

（6）雨水冲刷着泥土、火山灰，形成一股股巨大的洪流冲向低处。

（7）人们刚登上这里时，能看到一股股“白烟”从地下冒出。

（8）大量的气体和火山灰猛烈喷发出来，形成股股黑烟。

（9）光子火箭发动机类似于手电筒，手指一按它的按钮，一股光就射了出去。

（10）忽然对面来了大股金兵，兵士们都吓呆了。

（11）……率部组织反击，消灭了这股敌人。

很显然，上述各句中“股”计量的物体都是长条状的，但它们还有其他长条状物体所不具备的“有力”的意象。（1）~（3）句中“股”计量的对象都是三条条状物拧结成的一个更大的整体，①、②两种要素是显性的。③、④则是隐性的。当三（或几）条条状物拧结成一个整体时，它们就是“支撑”整体的部分。同时，由于“拧结”，不仅加强了整体的力（拉力），它们各自也蕴藏、积聚了自身的张力。（4）句中的“道”指“铁道”，“铁道”的形状与两腿的形状有许多相似之处，只是由直立平行的变成了平铺并行，“支撑”的方向也由直立向上改为平铺向上了。既然

“支撑”，自然也就需要“有力”了。（5）和（6）两句说的是“水流”，（7）和（8）两句说的是“烟”，（9）句说的是“光”。水、烟、光这三种物体本来存在的方式都是弥漫性的，如果呈现成条状，一定是某种“力”起作用造成的。这种“力”实际上是外力。但从视觉效果上看，奔腾的洪流，喷射的水流，冒出或喷出的烟柱，本身就具有一定的势能和力量。如果突显其“蕴藏能量”的要素，就选用“股”来计量（量词“条”也可计量水流，但它突显“软”“缓”，如“一条大河波浪宽”中的“大河”就不含“有力”的要素）。（10）和（11）两句中“股”计量的对象是由人组成的队伍。“队伍”修长的意象来自队列的形状和行军时运动的路线。队伍尤其是军队是要执行任务（打仗）的，它当然需要力量。用“股”计量队伍，军队就突显了其“有力”的一面。

“股”还可以引申用于计量无形的物质或抽象的事物。例如：

（12）它的树叶有股难闻的味儿。

（13）中国加入世贸协议，给疲软的中国经济带来一股东风。

（14）心中油然荡起一股感激之情。

（15）楚王看他带着剑，又听他说话那股狠劲儿。

（16）一股全国范围的 MBA 热也从此掀起。

（17）秦昭襄王见蔺相如这股势头。

气味儿是无形的物质，它也是弥漫性存在的。当人类的嗅觉器官进入某种气味儿的存在范围，感知到它时，我们总是将它知觉为向我们运动而来的东西（所以汉语常用“扑鼻而来”“钻进鼻孔”“散发”这类字眼儿来表述气味儿）。运动需要力量，所以气味儿也可以具有“有力”的要素。运动的轨迹是长条状的，人类的嗅觉器官鼻子的孔道是条状圆柱体（或类圆柱体），气味儿进入鼻子之前沿圆柱形通道到达鼻腔，这个过程自然会给人以“长条状”的联想，于是气味儿又具有了“条状”的要素。这样一来，用“股”计量气味儿就顺理成章了。

（13）句中计量的是“风”。风是流动的空气，也就是运动的物体，自然就有了力量（“风力”一词就是证明）。风的边界虽然是模糊的，但它的运动轨迹是长条状的，经过意象转换而使风获得了条状物的意象，所以用“股”计量（而不用“条”计量）。（14）句说的是情感，用“股”计量与我们对它的体验有关。情感是人受到外界刺激而产生的各种心理反应，如喜怒哀乐、爱恨情仇等。各种情感都会促使人作出某种行为，所以它往往是人们从事某项活动的一种动力。由于人的许多活动的轨迹都是线条状的，这个意象转换到动力（情感）上，就使情感具有“线条状”“有力”的意象。(15)～(17)三句说的是抽象的“力量”和“势头”。前者通常是通过物体的运动而被知觉的，而物体运动的轨迹多是线条状的，通过意象转换“力”就具有“线条状”“有方向”的要素，可以用“股”计量了。“势头”是事物发展的趋势。事物的发展可以隐喻成物体的“运动”，有方向，有动力，轨迹当然也是线条状的，用“股”计量就是可以理解的了。

二、束

“束”是象形字，甲骨文的“束”像一个捆扎了两端的口袋。《说文·束部》：“束，缚也。”本义是动词义，即“捆绑”。《左传·襄公二十八年》：“士皆释甲束马而饮酒，且观优。”量词“束”是由“捆绑”义发展来的，起初是定量集体量词，到南北朝时演变为不定量的集体量词。

量词“束”的用法与“捆绑”义有关，其原型意象包含如下要素：

①不定量集合体；

②线形个体组成的圆柱体；

③受外力束缚而获力。

这种意象制约着量词“束”对名词的选择。请看下面的句子：

(18) 陆逊命令将士每人各带一束茅草和火种。

(19) 买一枝鲜花要2元，凑成一束怎么也得20多元。

(20) 清朝高级官员帽顶后面还拖着一束孔雀翎毛，称为花翎。

(21) 燃上一束香，鞠了三个躬。

(22) 还要从新郎、新娘头上各剪一束头发，绾在一起，作为信物。

(23) 他高兴得了不得，将一束钞票在他妻子面前一扬一扬地说……

例(18)～(23)各句中，“束”计量的对象有两重“长条状”意象：一重是集体的形状是长条状的；第二重是组成集体的个体也是长条状的。个体组成集体是外力“束”的结果。这些都与“束”的意象要素十分吻合。(23)句中的“钞票”无论是个体还是集体，都是不太典型的长条状，但也是程度上的区别，可以看作是“长条”的边缘成员，用“束”计量突显了其“捆扎”的一面。

有些事物，如“光”“水”等如果在某种外力的制约作用下形成了细长形状，也常用“束”计量。例如：

(24) 舞台正中，一束耀眼的聚光灯下……

(25) 忽然，前方有一束手电光，那光直朝我照过来。

(26) 扫描仪发出一束激光，在所拍摄的物体上上下移动。

(27) 将房间遮暗，仅让一束阳光射进室内，在这束光照射的地方放一块三棱镜。

(28) 那妇女向我投来一束冷冷的目光。

(29) 抢先扑进她眼帘的，是亲人一束束哀怨的目光。

(30) 500余米宽的黄河洪流收成一束，从20余米高的断层石崖飞泻直下。

(31) 只要把吸进的水从“枪管”中逼射出来，化成一束湍急的水流，就能达到射击昆虫的目的。

(32) 牧场主的手稍一用力，一束洁白的奶汁喷射而出。

如果没有外力的束缚，光、水都是弥漫性存在的。因此，经验告诉我们，只要这两种物质呈现出了长条状，就可以断定一定有某种力的束缚、约束，不管束缚是否看得见。从上述句子的内容，我们大都很容易看出它们受到了束缚，只有（28）和（29）两句中的“目光”有点费解。当人的眼睛盯着目标看时，目标以外的景物就不被感知。目光从眼睛到目标的传播历程被我们体验为细长的路线，称之为“视线”。从另一个角度看，“视线”是由“目光”受外力（注意力）束缚而形成的，或者说“目光”是以“视线”的形状存在的。所以，“目光”用“束”来计量，突显了注意力对目光的约束。

三、缕、绺

“缕”的本义是线。《说文·糸部》：“缕，线也。”量词“缕”是从名词发展出来的，用于计量不定集合量的细线状物体。“缕”的认知原型有以下三个要素：

①线形个体组成的长条形；

②绵长柔软；

③自然聚集，结合松散。

量词“缕”计量的物体都具有这三个要素。例如：

（33）笑盈盈地把一缕浸过香水的白线拴在客人的手腕上，以表达良好的祝愿。

（34）望着两鬓悄然添了几缕白发的冀朝铸，总理动了感情。

（35）脸上的血色没有了，披肩长发一缕缕往下掉。

（36）然后放几块豆腐，几叶青菜，几缕粉丝，热腾腾地在炉子上一咕嘟……

（37）从假山上垂下来几缕小草，柳叶般地，又荡荡地垂到下面清澈的水面上。

（38）只能从棉衣里拉出一缕缕的棉花。

“缕”还有引申用法，用于计量某些与“线”有某种相似之处的物体和有相似心理体验的抽象事物。例如：

（39）家家户户的小院里每天都升起缕缕淡淡的炊烟，摇摇晃晃，直奔天际。

（40）在老爷爷心里，她是一缕阳光。

（41）此时，一缕霞光照射在他脸上。

（42）……但不能出来吸一口新鲜空气，就一缕清风。

（43）身上的热量在干冷的空气中散发出来，变成了缕缕白气。

（44）阵阵山风送来缕缕果香，劳作其间的年轻人禁不住亮开嗓门唱山歌。

（45）远处飘来一缕琴声，隐隐约约，像贝多芬的《月光曲》。

（46）他态度诚挚，眼里流露出一缕柔情。

（47）多了一层朦胧，添了一缕遐想。

（48）电视剧《小爽的一家》透出缕缕温馨。

例（39）~（45）各句中的声、光、烟、风、味都是人类感官可以感知的自然现象，它们与“缕”的原型意象有了一些区别：除了“光”“烟”在视觉上还不时可以体现出由线条状个体组成的集合体这个特征外，“风、味、声”已不具备这个特征了。用量词“缕”来计量，突显了它们量少、轻柔、绵长的特征，而且，这样的特征往往与人们的心理联想密切相关。比如（45）句中的“一缕琴声”，声音在空间是弥漫性传播的，可人耳接收到微弱的声波时，会产生时断时续、轻柔飘浮的感受。同时，我们通常将声音体验成沿线条形路线移动的物体，通过意象转换，将这种“线条形路线”转移到声音上，使声音获得了“长条形”的特征。其余各例中的“阳光、果香、清风”的情况与此类似，不难理解其中的道理。至于（39）句中的“炊烟”和（43）句中的“白气”，其视觉形象和成缕的细线之间的相似之处显而易见，只是不太能区分出集合体中的个体了。（46）~（48）三句中的“柔情”“遐想”“温馨”都是无形的抽象事物，用“缕”来计量更是与我们对它们的体验有关。这几个概念都有空灵、轻柔的意味，与“缕”的意象有相似之处。人们将这些抽象的事物隐喻成线状物来认识，于是就有了（46）、（47）、（48）各句中的表述。也因为此，像“情感”“温度”之类的抽象概念，还可以用其他计量细长物体的量词计量。如：

丝丝凉意　　一丝温暖

没有一丝一毫的怜悯之情

“绺”最初是计量丝、线的量词。《说文·糸部》：“绺，纬十缕为一绺。”在以后的使用过程中，“绺”计量对象的范围不断扩大，用于计量细线状物体的集合体。显然，“绺”的原型意象与“缕”有相同之处：

①线形个体结合成的长条形；

②绵长柔软。

但也有不同之处。“绺”一开始就是计量丝、线的定量集体量词，而且是计量纺织品的纬线，作为丝织物的纬线，当然是紧密结合编织在一起的。因此，“绺”的意象中第三个意象与“缕”不同：

③人为加工，结合紧密。

“绺”计量的对象中，最典型的当然是丝线毛发之类。例如：

（49）吕洞宾留着五绺长须，身背宝剑。

（50）我把这两绺头发拧成一股，一起放进去了。

（51）她小心地让一绺头发遮住右边额头上的伤痕。

“绺”“缕”都可以计量毛发，但意象上有区别：由“缕”计量时，毛发是自然相接的集合，有松散飘逸的意象；用“绺”计量时，常有经过人工梳理、加工的意味，毛发结合较紧密，有整体飘动的意象。“绺”也可计量某些独体的条形物。例如：

(52) 一绺鲜血从鼻子里流淌出来。

(53) 衣服撕得粉碎，一绺一绺地拖在地上。

(54) 唯有马尾巴上那一绺红绸子，像蜡烛似的燃烧着。

(55) 午饭时有一绺咸驴肉塞进了她的牙缝儿。

在这些句子中，“绺”计量的对象都是分不出组成部分或者说组成成分结合十分紧密的条形物。这与“缕”计量的“炊烟”“白气”是不同的。另外，同“缕”相比，“绺”一般不计量无形的物体和抽象的事物，请对比下列表达式：

一缕乡情	?一绺乡情
缕缕情思	?绺绺情思
一缕清风	?一绺清风
缕缕果香	?绺绺果香

为什么会出现这种不对称呢？原因当然是多方面的，但无疑与人的认知有关，即与“绺”“缕”二者的原型意象有关。“缕”的原型意象中“自然聚集，结合松散”的要素，对于细长的丝或线来说，松散的聚集容易受外力（如风）的影响分散、飘荡。这给人以“虚”“轻”“飘”的印象，而“情感”“风”“气味”这些事物本身也给我们以“虚”“轻”“飘”的感受。这就很容易使人们在心理上将二者加以类比并建立联系。“绺”的原型意象中有“人为加工，结合紧密”的要素，经验告诉我们：细小的物体，一旦紧密结合形成一个整体，其体积和重量就会增加。所以，“结合紧密”的线容易给人以“实”“重”的印象，而这种印象与我们对“情感”“风”“气味”的心理体验不吻合。当然，轻与重、实与虚都是相对的。

四、小结

“股”“束”“缕”“绺”四个量词中，“股”是个体量词，其他三个是集体量词。从它们计量的对象的形状来看，都是长条状的，但大小程度有所不同。一般来说，“股”“束”计量的长条物较大，“缕”“绺”计量的较小。“股”“束”都含有“有力”的要素，但前者突显物体本身的力量，后者强调物体因受外力强制约束而获得的张力；前者可引申计量“气味儿”“势头”“力量”等无形的或抽象的事物，后者不行。“缕”“绺”都有“绵长柔软”的要素，前者突显细线状物体自然、松散的结合，后者突显细线状物体人为、紧密的结合；前者有“虚”“轻”“飘”的意味，后者有“实”“重”的意味；前者可引申计量光、声、烟、味、情等较空灵的物体及抽象的事物，后者没有这种引申用法。为清晰起见，将这 4 个量词的共同之处与区别概括在表 3-1 中。

表 3-1　示形量词“股、束、缕、绺”的异同表

项目 量词	分类	原型意象	突显	引申用法
股	个体量词	（1）修长圆柱体 （2）整体的一部分 （3）有支撑功能 （4）内部蕴含力量	本身有力	有
束	集体量词	（1）不定量集合体 （2）线形个体组成的圆柱体 （3）受外力束缚而获力	外力赋力	无
缕	集体量词	（1）线形个体组合的长条形 （2）绵长柔软 （3）自然聚集，结合松散	虚、轻、飘	有
绺	集体量词	（1）线形个体的长条形 （2）绵长柔软 （3）人为加工，结合紧密	实、重	无

参考文献

[1] 何杰 . 现代汉语量词研究 [M]. 北京：民族出版社，2001.

[2] 马庆株 . 汉语语义语法范畴问题 [M]. 北京：北京语言文化大学出版社，1998.

（注：本节与缑瑞隆先生合作。）

第五节 量词“幅”的义项分析

一、引言

丰富而独特的量词广泛存在，是现代汉语区别于英语等语言乃至汉藏语系区别于非汉藏语系的一个重大而鲜明的特征。量词的研究起步较晚，由于其语法形式简单，在形式语法占主导地位的时期，也一直不被重视。近十年来，随着语义研究和认知理论的兴起，量词独特的研究价值逐渐显现出来，成为研究的热点之一。现代汉语中，“幅”是一个很常用的量词，根据《现代汉语词典》对“幅”的注解“用于布帛、呢绒、图画等”，这个量词主要基于被使用对象的质地。但是，“布帛和呢绒”属于材质的范畴，一个“等”字到底还可以涵盖多少内容？“一幅地”“一副……的样子”是否成立？该如何解释？

我们从“幅”的本义出发，分析其认知语义基础，然后结合“幅”在现代汉语和古代汉语中的例证对其搭配情况作出解释，最后基于分析对“幅”的义项进行合理的分析。

二、量词“幅”的认知语义基础

自许慎《说文》以来，我国传统的词汇研究历来重视解析字（词）的本义。本义之所以重要，在于它是把握整个词义的入手和中心环节。[1]汉语的量词大多来自名词和动词，它们的语法意义又都与其所源自的本义密切相关，即“它们的语法意义就是由它们的本来意义引申的”[2]。它们的语法意义离不开它们的本义。因此，我们从“幅”的本义说起。

众所周知，量词并不是一个从一开始就独立存在的词类，绝大多数的量词起源于名词或者动词，量词“幅”是从名词“幅”演变而来的。《说文解字》：“布帛广也，从巾畐声。”段玉裁注：“凡布帛广二尺二寸，其边曰幅。《左传》：‘夫富如布帛之有幅焉。’为之制度。使无迁也。引申为邪幅。《小雅·邪幅在下传曰》：‘幅、偪也。所以自偪束也。’”可见，“幅”的本义是指布帛类织品的宽度。如：故幅广二尺七寸。（西汉《淮南子·时则》）此处“幅”为名词，意义为布帛的宽度。“七出菱花镜一奁，精金区环四指，若亡绛绡单衣一袭，香文罗手藉三幅，七回光雄肪发泽一盎，紫金被褥香炉三枚，文犀辟毒箸二双，碧玉膏奁一合。”（东汉《赵飞燕外传》）此处的幅与奁、指、袭、盎、枚、双、合的位置相同，而这些词已经具备了量词的作用，并且“藉”是古时祭祀朝聘时陈列礼品的草垫，此处的“幅”可以认为是从名词“宽度”向量词转变的用例。到了唐代，量词的用例更为清晰和繁多，如：“水风浦云生老竹，渚暝蒲帆如一幅。”（唐李贺诗）“编蒲为帆，大者或数十幅，自白沙泝流而上，常待东北风，谓之潮信。”（唐·李肇《唐国史补·卷下》）作为量词来使用离不开布帛，如：一幅布、一幅刺绣。“布帛”曾作为书画作品的载体被广泛应用，因此，“幅”作为量词首先运用于布帛类织品的计量。例如：

浑身锦绣，变成两幅布裙，头上梳钗，变作一团乱蛇。（五代《敦煌变文集新书》）

承大喜，取白绢一幅，先书名画字。（明《三国演义》第二十四回）

这里的“布裙”“白绢”都属于布帛织品，并且，“白绢”的作用是来书写名与字的。

并且，“幅”还可以用来表示布帛上的承载物。例如：

信手取看时，是一幅词，上写着《浣溪沙》。（明《喻世明言》第二十四卷）

词义的构成是复杂的，也是多变的，但是“义素”是体现于语素的意义组合即语义搭配之中。那么，按照所能查阅到的资料可以发现，“幅”的意义发展轨迹为：布帛类织品的宽度→量词（布帛类织品）→量词（布帛上的承载物）。其中“幅”包括［布帛类+宽度］两个义素，“一幅布裙”一词包含［布帛类+宽度+服饰］三个义素。“一幅白绢”包括［布帛类+宽度+书写功用］三个义素，“一幅词”包含［布帛类+宽度+承载物］三个义素。这些搭配中，有两个核心的语素意义就是［布帛类］+［宽度］。

三、汉语中的“一幅N”及相关问题的解释

第1组

A 一幅地毯 一幅头巾 一幅银幕 一幅床单 一幅门帘

这一组中“地毯、头巾、银幕、床单、门帘”的质地一般均为布帛或是呢绒制品。五代时期有“两幅布裙”的用例，明代有“白绢一幅”的用例。但是，在今天的现代汉语中人们已经不再用“幅”作为“裙子”的量词，也不再用“幅”表示绢布的宽度。因而简单地用“用于布帛和呢绒”来说明量词“幅”的用法似乎欠妥，因为不是所有的“布帛、呢绒”制品都可以用“幅”来作为量词。那么“一幅地毯”，比如：精耕细作的农田如同一幅由黄绿不一的颜色拼接得整整齐齐的巨大地毯。（王朔《浮出海面》）“一幅头巾”，如：当他们走出那个小庄户院的时候，他们远远地看见一幅蓝格子头巾正在河滩的青杨树林里闪动。（张承志《黑骏马北方的河》）“一幅银幕”，如：房间里漆黑，月光洒进窗户像一幅挂着的银幕，人影晃动演着皮影戏。（王朔《许爷》）“一幅床单”，如：仿佛无意地挡住一幅晾晒的床单。（毕淑敏《预约死亡》）“一幅门帘”，如：小卧室是用磨光的油松木隔成的，卧室正面挂着一幅绿色门帘。（毛姆著、刘文荣译《人性的枷锁》）这其中的“地毯、头巾、银幕、床单、门帘”从其材质上来说，它们一般均为布帛类，从制作工艺上来讲，具有“纺织”的特点。虽然功用种类各异，但是从其形状特征方面考虑，发现它们拥有一个共同的特点，即均具有“类似四方形”的特征。并且“幅”本义是“布帛类织品的宽度”，从材质、制作工艺、外形特点这几个方面，“地毯、头巾、床单、银幕”具有“幅”本义所含有的特点。

第2组

B 一幅图画 一幅绘画作品 一幅地图 一幅插图 一幅图片 一幅剪影 一幅照片

C 一幅字 一幅书法作品 一幅标语

D 一幅条幅 一幅立轴 一幅画轴 一幅屏条

在材质发展的历史过程中，布帛已经有了若干的替代品，比如纸、玻璃、塑料、金属等，并且这些材质的制作工艺非常繁多，外形也不拘一

格。那么，仅从材质、制作工艺、外形特点方面去考虑“幅”作为量词的使用对象又显得有些单薄。因此，我们从承载物的内容方面将本组分为三个小类，B 组“图、画”类，C 组“文、字类”，D 组为整体“隐喻”类。

B 组短语中的“图画、绘画作品、地图、插图、图片、剪影、照片”都是在一定可以供来书写或印制的材质上的承载物，也就是在布帛或者布帛类替代品上的承载物。具体而言，这种承载物主要是“图、画”，是绘制在布帛或替代品上的承载物，只是制作工艺有所不同。如：比如说给儿童呈现一幅不完整的图画，要求他指出图中缺少的部分。（张梅玲《“弱智”测试引发的思考》）其中，“剪影”如：假如灯光从身后射来，就在地上留下一幅马戏团的剪影：驯兽女郎和她的大狗熊。（王晓波《白银时代》）“剪影”是照人脸、人体或物体的轮廓剪纸或者借助灯光成型，虽然不是书写或印制在载体上，但是，同样是利用了载体并运用视觉效果制成的形状。而“照片”是把感光纸放在照相底片下曝光后经显影、定影而成的人或物的图片，与书写和印制不同的地方在于这是一种化学和物理的处理。

C 组短语中“字、书法作品、标语”是另一种承载物“文字”。例如：

他写了一幅字、四言诗给冰心，称冰心为“文坛祖母”。（胡乔木《不成样子的怀念》）

不几天，他将一幅精心裱好的书法作品送到老干部手里，这位老干部喜出望外。（纪一、柴火《邵华泽的书家人格》）

张治中一行人走进下榻的北京六国饭店时，抬头见到一幅大标语写着：欢迎真和平，反对假和平！（尹家民《周恩来与张治中卫立煌的交往》

D 组短语中，“条幅”如：为了表示自己打心眼里的钦佩，过年他写了一幅条幅，花钱装裱得极精致，恭恭敬敬送把余自悦。（陈世旭《将军镇》）“立轴”如：正面三间朝北的平房，砖墙瓦顶，北墙上挂了一幅大立轴，上书“文昌帝君之神位”，纸色已经发黑。（汪曾祺《故人往事画轴》）“屏条”如：“寒假近来了，他为我刊了一个石章，又送我一幅屏条，我就高高兴兴地带回家里去。”（唐韬《三迁》）“画轴”如：“国内这两年散文潮头迅猛，但要在一幅小小的画轴里既拓意境、又发真情，且伏契机。”（谢轮《舒婷“移情别恋”》）。

隐喻是通过另一类事物来理解和感受某一事物的一种认知活动，相似是建立隐喻的认知基础，隐喻过程是源域概念向目标域概念的映射。从认知规律上来讲，人类最初认识的事物往往是具体有形的，当认知进入高级阶段后，就获得了参照已知的去表达新的、难以定义的概念的能力。而量词通常是从名词发展而来的，当名词被借用为量词的时候，通常也保留名词所表示事物的特征，所以由它们参与所组成的［量+名］格式，实际上还保留［名+名］格式的表义功能，尤其是其中的［喻体+本体］的语义关系因此得到了延续。由隐喻式引申产生的名量词“幅”，主要通过“相似联想”实现，引申前后的两个意义之间存在某种“相似性”。如 D 组短语“一+幅～～”中，“幅”依然保留了名词的事物特征［布帛类及其替代品+宽度］，“立轴”“条幅”“屏条”“画轴”的事物特征则为［具有载体+长条形+承载字画功用］，因此，“幅”和“立轴”等之间有着相似的特征：载体、外形特征。并且，“立轴”“条幅”“屏条”“画轴”这四者已经不是具体指字画本身，也不是单指载体，而是把内容和形式融为一体，是总称，并且规定了悬挂的方式、形状特点，所以它们应为整体隐喻类。

那么，在载体本身发生了巨变之后，可以把注意力从载体转移到承载物。综观这第 2 组短语，可以发现，第一，作为承载物而言，主要有“图、画、字”。第二，反观这些承载物的载体，虽然从材质方面“纺织”这一特点在消失，但是这些替代品的使用目的依然是原本布帛所充当的功用。第三，从这些事物整体效果而言，依然保留了类似四方形的特点。第四，从功用上来看，这些事物均为装饰性用品。

第 3 组

E 一幅玻璃窗　一幅相架　一幅相框

F 一幅……景色　一副……的样子　一副笑模样儿　一副老爷相　一副姿态

这一组短语又发生了一定的变化，E 组短语中，“玻璃窗、相架、相框”已经从材质、制作工艺、功用和“幅”本义所指代的内容没有多少联系了。然而，如：

封闭严密的环形巨幅玻璃窗下面，一个典型的南方城市沉浸在阳光中。(王朔《橡皮人》。

当时房内是否确有一种使人痴迷的馥郁香气，印象里是有的，她在一幅银框的有机玻璃相架内笑吟吟地望着我，香气从她那个方向的某个角落

里逸放。(王朔《动物凶猛》)

那么，为什么能在现代汉语中出现这样的用例呢？从物质层面的角度来看，“玻璃窗”属于玻璃制品，是“布帛的替代品”，那么此处不同的是，它没有再承载任何内容，但是，装饰性的功用还是存在的，并且，窗子也具有类似四边形的特点。“相架”“相框”和“幅”的本义的联系就更远了，它们只是照片制作过程中和使用过程中的工具而已，“相框”所具有的也就是外形的特点，而“相架”用“幅”作为量词，只能理解为物体使用过程中的延展。

F组短语中“景色、样子”不是具体指代一种静止的装饰性物品，而是一种较为宽泛的对“人、物”进行概况的内容。如：

夜间，这里灯火辉煌，呈现出一幅壮丽的景色，令人留连忘返。(《人民日报》，1995)

因为不让她说，她就急了，这是她历来的性格，她一副受气的样子，叫喊道……(《变形记》)

总要郑重其事地做出一副优美的姿态，以便日后骄人。(孙绍振《照片和面具》)

我天生就一副笑模样儿。(《编辑部的故事·人工智能人》)

在做事赚钱的时候不得不忍气吞声的向人奴颜婢膝外，他总是要做出一幅老爷相。(梁实秋《男人》)

之所以使用“幅”作为量词，可以从以下方面考虑：首先，“景色、样子、姿态”具有图画的特点，是承载物的范畴。其次，就其载体而言，“景色”的载体比较宽泛，是自然界，“样子”的载体是面孔，“姿态”的载体是“人”，无论是“自然界”，还是“面孔”或者“人”都具有一定的面积。最后，从功用上来看，“景色”是人的感官知觉的体验，“样子、姿态”是人对对象具体表情、态度所进行的评价。

四、结语

通过以上的分析，“幅”用作量词有三个方面的语义分析。一是形式层面，这个方面主要考虑载体的材质和载体的形状，材质方面应该多为布帛、呢绒类或者其替代品。如：一幅地毯、一幅头巾、一幅玻璃窗；形状方面应具有一定的宽度和广度，大多具有类似四边形的特点。又如：一幅门帘、一幅立轴。二是内容层面，承载物主要多是“图、画、字”，当然也有具有“图、画、字”相关性质的事物、景物、人物等。如：一幅字、一幅画、一幅照片、一幅……景色。三是功用层面，可以从静态和动态来考虑。“图、画、字”这一类物品主要是一种静态的装饰品，而“景、人”是在动态地发展的。并且，无论动态还是静态，这些都源于人主观的感受。因此，从以上三个层面解释“幅”这一量词的用法似乎更为科学一些。

注释

［1］苏宝荣：《词义研究与辞书释义》，上海·上海辞书出版社，2000 年版，第 49 页。

［2］王力：《汉语史稿》，北京·中华书局，1980 年版，第 238 页。

参考文献

［1］苏宝荣．词义研究与辞书释义［M］．上海：上海辞书出版社，2000.

［2］吕叔湘等．现代汉语八百词（增订本）［M］．北京：商务印书馆，1999.

［3］石毓智．语法的认知语义基础［M］．南昌：江西教育出版社，2000.

［4］王力．汉语史稿［M］．北京：中华书局，1980.

［5］胡壮麟．认知隐喻学［M］．北京：北京大学出版社，2004.

［6］李计伟．量词“幅”的义项分立与对外汉语教学［J］．语言教学与研究，2006（6）.

［7］北京大学汉语语言学研究中心语料库。

第六节 量词“座”与“台”的语义比较

汉语的量词十分丰富，按照汉语的习惯各种量词都搭配有相应的名词或者动词，其中的规律十分严格。要探讨现代汉语量词形成的由来，必须研究古代汉语。现代汉语的词汇、语法是由古代汉语词汇、语法发展变化的结果，是经过千百年演变和累积而成的。

我们从“座”与“台”的各自本义出发，分析各自的认知语义基础，然后对比分析二者在现代汉语和古代汉语中的例证，对其搭配情况作出解释，最后对“座”与“台”的各自义项进行合理分析。

一、座

“座”在古代汉语中是一个后起字，表示“座位”或者“坐具”。中国古代最初是没有凳子、椅子之类的“垂足而坐”的坐具的。在较为远古的时代，我国古人都是用“席”的，也就是通常所说的“席地而坐”。如汉·傅毅《舞赋》：“陈茵席而设~兮，溢金罍而列玉觞。”再比如《孔子讲学图》中所画，孔子周围的72弟子坐在几张席子上听孔子讲学。这时人们所坐的席子，便是人们最早的坐具。到了晋、唐以后，出现了各种形状的凳子，比如在唐代壁画中，人们可以看到方形凳、长条凳、圆形凳和椭圆凳等。著名的唐画《纨扇仕女图》中所画的腰圆形凳子，便是其中之一。唐朝以后，又逐渐出现使人们坐得更舒适的椅子。明朝著名文人方以智曾在《通雅》一书中考证过，后世通行的桌子、椅子，皆是唐朝末年以后兴起的。在名画《韩熙载夜宴图》中，我们可以看到五代南唐一位著名文人、宰相韩熙载坐在高背椅上的情景。韩熙载是盘腿坐在那把椅子上的，同画中另外两位官员则都已经“垂足而坐”了。

从“席地”到“垂足而坐”，坐具从无足到低足到高足，那么，表示的“座位或坐具”这一意义的“座”的空间范畴就开阔起来。“座位或坐具”是一个承载物，这个承载物按空间的方向可以向上、向下扩展，向上可以引申为坐位上的人。如：

（1）“凄凄不似向前声，［满座］重闻皆掩泣。”（唐·白居易《琵琶行》）

（2）“韩冬郎即席为诗，相送［一座］尽惊。”（唐·李商隐《韩冬郎即席为诗》）

例（1）中的“座”指的是在场就座的听琵琶女演奏的客人。而“满”指的是“所有”，那么“满座”的意义就是“所有在场就座的听琵琶女演奏的客人”。因此，满座=满（所有的）+座（客人）。例（2）也是如此，“一座”指的是“所有送行酒宴上的宾客”。

“座位或坐具”这一承载物向下可以引申为器物下面的垫子、底座。如：

（3）至沙洋堡，立炮~十有二。（《元史一》三一《忙兀台传》）

东汉的小说《赵飞燕外传》中有这样一则用例。如：

（4）琉璃屏风一张，枕前不夜珠一枚，含香绿毛狸藉一铺，通香虎皮檀象［一座］，龙香握鱼二首，独摇宝莲一铺，七出菱花镜一奁，精金区环四指，若亡绛绡单衣一袭，香文罗手藉三幅，七回光雄肪发泽一盎，紫金被褥香炉三枚，文犀辟毒箸二双，碧玉膏奁一合。

其中有“一张、一铺、一座、二首、三幅、四指、二双”等比较明显的同类结构，类似于我们今天的“数+量”结构。这里的“一座”指的是虎皮檀木的象，这里的“座”指的是有底座作为承载物的事物本身。这个句子中的结构是“屏风+一+张、珠+一+枚、象+一+座”，也就是“名+数+量”。鉴于早期词类使用多比较灵活，从形式上看，这里的“座”也具有了量词的位置特点，这句可以理解为，“一张屏风、一枚不夜珠、一座虎皮檀象”。既然已经说明了事物的名称，那么“座”的指称事物的意义也就弱化了，那么，“座”位于数词之后的地位被人们沿用下来，又加上它与所要表达的事物有关联，因此，逐渐被人们当作计量所要指称事物的量词。

宋以后，“座”作为量词使用的用例就繁多起来。例如：

（5）又前行五七步，见［一座］宅，朱户兽环。（北宋·小说《大宋宣和遗事》）

（6）又去官中下状，用钱就襄阳府城外五里头为这尹宗起立［一座］

庙宇。（北宋·小说·话本选集《万秀娘仇报山亭儿》）

(7) 李生正看之间，只见江口有［一座］小亭，匾曰“秋江亭”。（元·小说·话本选集《苏知县罗衫再合》）

这几个用例中，都出现了“数词+座+名词”的结构，这时的承载物由“人”延伸到“任何事物”，这里的名词“宅、庙、亭”等均具备了向某一承载物的上面的空间继续延伸的特点。

在《现代汉语词典》中量词“座”注释为：多用于较大或固定的物体。这些物体都是有底座的器物或者建筑物，如一座山、一座水库、一座高楼、一座洋房、一座自鸣钟等。

在“座”的现代意义中，主要由两部分组成，具体意义和抽象意义；在具体意义中，又可以从构成方式角度分为“人工”和“天然”两类。在“人工”这一类中，从模式大小又分为“大型人工”和“小型人工”。大型人工建筑物中，又可以从人类社会角度进行切分，分别有“民用、生产、娱乐、交通等”。小型人工，主要是一些承载物和器物。

座的现代意义见下图：

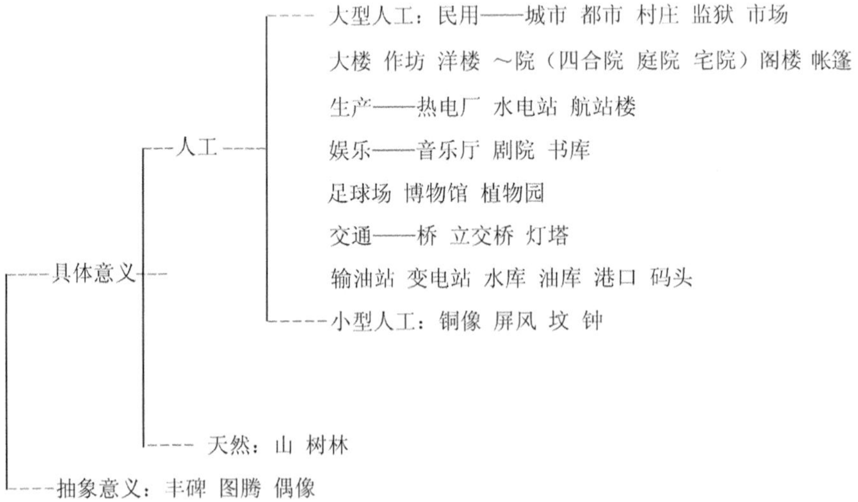

“座”的古今语义发展图示：

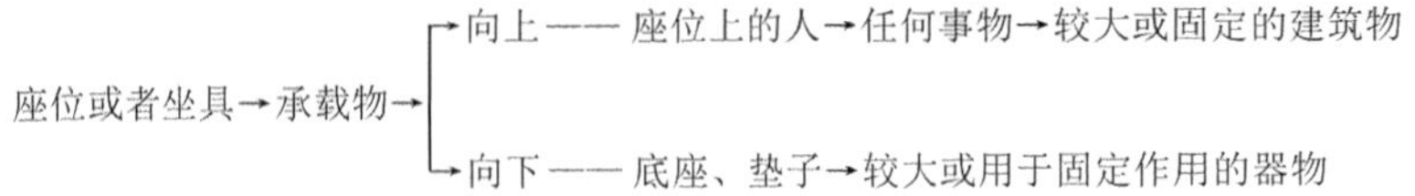

二、台

《说文解字·至部》："台（臺），观，四方而高者。"许慎认为"台"是"高而上平的建筑物，供眺望、游览之用"。从这里发现，"台"具有三个特点：横向上——四方形；纵向上——具有一定的高度；顶端具备平整的特点。《诗经·大雅·灵台》："经始灵~，经之营之。"

"台"也可以引申表示外形上类似于高台形状的器物。这里的器物可从两个方面发展，扩大或者缩小。

扩大可以表示"比地面稍高的一种设备"。如：唐·韩偓《席上有赠》："莫道风流无宋玉，好将心力事妆~。"进而引申于高台上的事物。

缩小可以表示类似于高台形状的搁置器物的底座。如：烛台、香炉台等。

并且许慎所言的"上平"这一特点的发展过程发生了一定的变化，"上平"逐渐演变为"下平"，或者说"底座的下方和承载物之间具有一定的接触面"。

《现代汉语词典》的注释为：1. 用于正常演出的戏剧、歌舞等，如：一台戏、一台晚会；2. 用于机器、仪器等，如：一台机床、三台天文望远镜。这两个语义也正符合了"台"的语义发展类型，戏曲、晚会都是在四方形高台之上进行表演的活动，机器和仪器的外形特征具备了"台"的语义发展特点，横向上具有一定的形状，纵向上具有一定的高度。根据事物形状的变化，"台"的纵向上的发展变化不大，但是"上平"的特点也发生了形状上的变化；原本的四方形特征慢慢发展为各种形状，而"下平"的特点却一直保留下来。

"台"的古今语义发展图示：

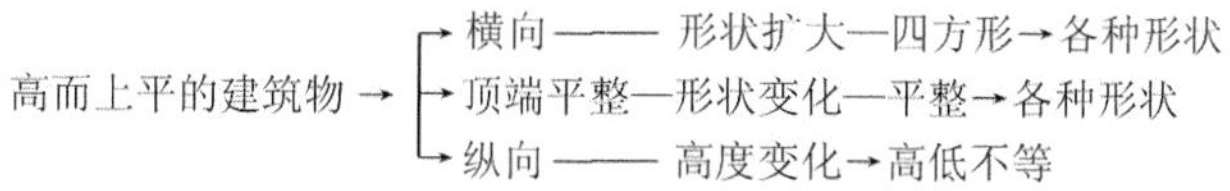

三、对比分析

量词"座"与"台"的对比分析见下表：

	纵向	横向	实体	形状
座	+	+/-	+/-	-
台	+	+	+	+

（“+”代表“发生变化”；“-”代表“没有发生变化”。）

根据“座”“台”语义的整体发展，分别从“纵向、横向、实体、形状”四个方面对二者进行对比分析，从对比分析表可以发现，“座”与“台”在纵向的发展方面具有变化的共同特征，但是方向略有不同：“座”的语义沿着上、下两个空间方向分别延伸，上可指“人”，下可指“物”；“台”的语义在纵向方面是单向的高低变化。在横向这一变化发展方面具有相似的特征：“座”所适用的形状面积变化主要体现在两个方面，一个是保留原本的大小，一个是有所扩大；“台”的横向适用范围却明显地扩大了。在实体方面，“座”有具体意义和抽象意义之分，“台”一般用于有具体的意义的事物。而不同主要在于形状的变化上，“座”的意义发展过程中没有强调形状的改变，而“台”的意义发展中形状的发展变化却是十分明显的。

第七节　初级阶段留学生比较句习得情况调查与研究

表示事物间比较的语义和语言表达形式在任何语言中都存在，但具体的语义范畴、句法形式和语用功能在各种语言中却有所不同。在对外汉语教学中，表比较的语法点是教学难点，也是教学容量很大的语法项目。近年来，从对外汉语教学的实际需要出发对汉语比较句系统进行分类以及多角度的研究逐渐增多，而且更注重研究汉语比较句的教学规律和习得规律。

一、比较句与对外汉语教学

（一）比较句的特点与类型

比较句是运用比较词对两个或多个人或事物进行比较的句型。《实用现代汉语语法》第六章“比较的方式”中提到，在现代汉语中，比较事物、性状、程度的高下、同异或差别的方式可以分为两大类：一类是比较事物、性状的同异的，即平比；一类是比较性质、程度的差别、高低的，即差比。

1. 平比

平比的格式有两种：“A 跟 B 一样”和“A 有 B 这么（那么）……”。

在第一种格式“A 跟 B 一样”中，A 和 B 代表两种相比较的事物或性状，“一样”是比较的结果，有时，“一样”后面还可以有形容词或表示心理活动的动词以及某些动词短语等，“A 跟 B 一样+形容词/动词”表示 A 在哪一方面跟 B 一样。例如：“小李和我一样高”中小李是 A，我是 B，一样是比较的结果，“高”表示小李在身高方面跟我一样。“A 跟 B 一样”的否定式是“A 跟 B 不一样”，有时，也可以用“不跟……一样”，这种格式否定的是“跟……”，不是否定“一样”。这种格式的疑问形式是“A 跟 B

一样不一样?”平比中除“跟……一样”以外，还可以用“跟……相同”。否定式是“跟……不一样（不相同）”。以上格式中“跟”也可以换成介词“与”“和”“同”等。

平比的第二种格式“A 有 B 这么（那么）……”表示的意思是 A 和 B 两种事物相比较时，以 B 为标准，A 达到了 B 的程度。例如：“弟弟有我这么高”的意思是弟弟和我相比较时，以我为身高的标准，弟弟达到了我的程度。“有”有“达到”的意思，“那么”或“这么”指示性状或程度，远指时用“那么”，近指时用“这么”，这种格式多用于疑问句和反问句。它的否定式是“A 没有 B 那么（这么）……”，意思是 A 没有达到 B 的程度。

2. **差比**

差比的格式有四种：“比”字句，“不比”句，“没有”句，“不如”句。

“比”字句主要分为“A（主语）+比 B（状语）+谓语”“主语+A 比 B（状语）+谓语”两种。第一种作为比较方面的谓语可以是形容词、动词以及形容词短语、动词短语、主谓短语等，第二种往往表示同一事物在不同时间或不同处所情况有所不同。汉语本体研究中，对“比”字句的研究比较重视，关注“比”字句中心语、结构助词“的”、定语、主谓短语、比较项等的省略问题。可以看出，汉语“比”字句的本体研究主要着重于句中各成分所起到的语法作用及省略。

“不比”句是指“A 不比 B……”句，它的基本句义是“A 跟 B 差不多”，即二者相差不明显。例如：小李不比我高，它的意思是小李和我差不多高。本体中对此的研究主要集中于其与“A 没有 B……”句的对比。

“没有”句是指用“没有”进行比较的句子，其形式是“A（主语）+没有 B（状语）+谓语”。这种格式所表示的意义是 A 达不到 B 的程度，比较时以 B 为标准。“A 没有 B……”意思相当于“B 比 A……”，即：A 没有 B 好=B 比 A 好。所以本体中将“A 没有 B……”视为“A 比 B……”相对应的否定式。本体对“没有”句的研究也简要阐述了其结构特点、可用谓语和注意事项。

“不如”句是指用“A（主语）+不如 B……”表示比较的句子，意思是“A 没有 B 好”，也可以说成“A 不如 B 好”。“不如”是动词，在句中可以做谓语。如果要比较的不是好坏，而是其他方面，那就必须在 B 后明确说出比较的方面。在本体研究中也特别强调在用“不如”的句子里，表示比较方面的形容词多是正向的，如“高”“大”“好”“干净”等。

（二）语法大纲中比较句的情况

《对外汉语教学语法大纲》由王还主编，北京语言学院出版社 1994 年出版，以下简称“语法大纲”。语法大纲将比较句放在第五章句子（三）特殊句式中，名称为“比较的方式”，同样分为平比和差比两种情况。平比格式为“A 跟 B 一样”“A 有 B（那么）（这么）……”两种。

语法大纲中的差比格式较多。

“比”字句有六种：

“A+比 B+形/动”

“A（主语）+比 B（状语）+‘早’‘晚’‘多’‘少’等+动+补”

“A+比 B+动+‘得’+程度补语”

“A+比 B+动（表示提高、减少之类）+宾”

“主语+A 比 B+形/动”

“A 比 B 更（或‘还’‘再’）……”；

“不如”句一种：“A（主语）+不如 B……”

语法大纲中也提到了比较句中某些成分的省略问题。

《汉语水平等级标准与语法等级大纲》是国家对外汉语教学领导小组办公室汉语水平考试部制定的对外汉语教学的等级标准和水平大纲，高等教育出版社 1996 年出版，以下简称“语法等级大纲”。语法等级大纲将比较句归于“几种特殊句型”，分布于甲、乙、丙、丁四级。

甲级语法等级大纲：“比”字句、跟（和、同）……一样、有（没有）……这么（那么）；

乙级语法等级大纲：一天比一天（一次比一次、一个比一个……）、像……这么（那么）……、跟（同、和）……这么（那么）……、……不如……；

丙级语法等级大纲：A 比 B+“早、晚、多、少”等+动+数量补语、A 比 B+动+“得……”（程度补语）、带有“更、在、还”的比较句；

丁级语法等级大纲：A 与（和、跟）B 相近似、A 高于（重于、大于、强于……）B、A 高过（长过、胜过、强过……）B、A 近似于（相当于、区别于、不亚于……）B、……，以……居多、A 比 B（名）还 B。

语法等级大纲对比较句的分类较为细致，一目了然，没有涉及省略问题。

可以看出，关于对外汉语教学的各语法大纲均将比较句列为特殊句式，同时也是重点句式。语法大纲对差比句的关注高于平比句，且在差比句中，“比”字句占有很大的比例。比较句贯穿于汉语学习者的整个学习环节，分布于甲、乙、丙、丁四级，是覆盖面很广的语法项目。同本体中对比较句的研究相比，各大纲更重视比较句的基本格式，减少对比较句各部分所做句子成分的描述，降低汉语学习者的学习难度，使比较句更为学习者所理解、接受。

（三）教材中比较句的出现情况（以《发展汉语》为例）

1. 比较句知识点的说明

《发展汉语》初级综合（Ⅱ）对比较句进行了系统说明，涉及七种主要句式，出现次序体现为由易到难，循序渐进。

（1）肯定式：A 跟/和 B 一样（+adj. /V）

否定式：A 跟/和 B 不一样（+adj. /V）　A 不跟/和 B 一样（+adj. /V）

疑问式：A 跟/和 B 一样（+adj. /V）+吗　A 跟/和 B 一样不一样

（2）肯定式：A 比 B+adj. /VP

否定式：A 没有 B+adj. /VP　A 不比 B+adj. /VP

疑问式：A 比 B+adj. /VP+吗

（3）A+比+B+还/更+adj. /VP

（4）A+比+B+adj. /VP+一点儿/得多/多了

（5）A+比+B+adj. +数量词

（6）A 不如 B（+adj. /VP）

（7）A+有/没有+B+（这么/那么）+adj. /VP

可以看到，这七种句式基本涵盖了各语法大纲所涉及的比较句基本句型，难度由易到难，循序渐进。在说明肯定式后，介绍否定式及疑问式，形成了完整的语法体系。

2. 课文中比较句的情况

第 8 课《旧梦》

A 跟/和 B 一样（+adj./V）：司苔拉真的像姐姐一样照顾我。

A 比 B+adj./VP：司苔拉比我大。

A 比 B+adj./VP+程度或数量：但只比我大一点儿。

她比中国女孩子高得多，我比她矮一头。

A+比+B+还/更+adj./VP：她说广东话比我还好。

第 9 课《爱的教育》

A 不如 B（+adj./VP）：因为我的学习成绩不如别人好，运动也不如别人好，什么都不如别人。

A+有/没有+B+（这么/那么）+adj./VP：现在谁有我这么幸福。

A 比 B+adj./VP：我觉得全班同学都比我好。

由此可以看出，课文中出现的比较句均是课后需讲解的句式，没有过于繁杂的其他比较句式进行干扰，易于学习者理解和掌握。在学习新句式时，不忘对以前学习过的比较句式进行复习，并在完成某语法点的学习后配有适当的练习进行巩固。

二、比较句教学难点分析

汉语比较句的教学难点涉及比较句的结构和语序。按照比较句的构成情况，比较句的结构一般分为比较项、比较词、比较方面等几个部分，我们从这几个方面对比较句教学的难点进行分析。

（一）比较项的异同

比较项一般用 A、B 来表示，可由名词、代词、动词、形容词、动词短语、形容词短语等充当。《发展汉语》中的平比知识点是（1）、（7），差比知识点是（2）、（3）、（4）、（5）、（6）。这几种比较句中的比较项多为名词、代词，较为简单，学生也易于掌握。

（二）比较词的异同

平比的比较词为“跟/和……一样/不一样” “有/没有”，用“跟/和……一样/不一样”作为比较词的平比句表示两个比较项之间为平等的关系，前后两个比较项基本没有差异。用“有/没有”作为比较词的平比句表示的是以B为标准，比较项A在某方面达到或没有达到B的程度，这种句式常用于疑问句和否定句。

差比的比较词为“比”“不如”，用“比”作为比较词的差比句，前后两个比较项并不是平等的关系，而是A在某方面大于B。此种比较句的否定式比较词是“没有”或“不比”，用“没有”作为否定词时，表示比较项A在某方面小于B；用“不如”作为否定词时，表示A和B差不多。例如，“今天没有昨天冷”表示昨天冷，今天比昨天热，“今天不比昨天冷”意思是今天和昨天的温度差不多。用“不如”作为比较词的差比句与“没有”句差不多，不同的是用“不如”的差比句作为比较方面的形容词基本上都是表示好的方面，而用“没有”的差比句可以表示好的情况，也可以表示不好的情况。例如，可以说“这件衣服没有那件难看”，而不能说“这件衣服不如那件难看”。即使在没有形容词的情况下，使用“不如”的差比句也暗含有“A没有B好”的意思。

（三）比较方面的异同

平比中的第一种“A跟/和B一样”，“一样”是比较的结果；有时“一样”后面还可以有形容词或表示心理活动的动词，表示A在某方面和B一样。例如“我的笔和你的一样”表示我的笔在大小、颜色、长度、粗细方面和你的一样；“我的笔和你的一样粗”则表示我的笔和你的在粗细方面一样，其他方面不知道。作为比较方面的动词，在此种格式中需要是表示心理活动的动词，如：喜欢、爱、想、要……例如“我跟哥哥一样喜欢运动”这句中表示我跟哥哥在喜欢运动方面一样。在这种句式中，作为比较方面的形容词，常有温度、高度、宽度、长度、数量等意思。

平比的第二种“A+有/没有+B+（这么/那么）+adj./VP”，表示A在某方面达到或没有达到B的程度，这里的某方面即比较方面。此种句式中作为比较方面的形容词多为正向形容词，如高、好、漂亮等。另外，动词谓语句里也可以用这种句式。例如，“你们没有我了解中国”表示在了解中国这一比较方面，你们没有达到我的程度，我更了解中国。

差比第一种“A 比 B+adj./VP”，作为比较方面的谓语，可以是形容词、动词、形容词短语、动词短语等。例如，“今天比昨天冷”表示今天和昨天在温度方面进行比较，今天的温度低于昨天，比较方面是温度。差比的第二种“A+比+B+还/更+adj./VP”、第三种“A+比+B+adj./VP+一点儿/得多/多了”、第四种“A+比+B+adj.+数量词”，都属于第一种的扩展情况。

差比第二种“A+比+B+还/更+adj./VP”在作为比较方面的谓语之前加上副词“还/更”，表示在肯定 B 已经达到一定程度的基础上，强调 A 的程度更高。例如，“今天比昨天还暖和”表示在肯定昨天已经很暖和的基础上，强调今天的温度达到的程度更高。此种句式在用“更/还”时，有细微的不同：“更”表示 B 达到一定程度，A 比 B 又深一层，一般来说没什么特殊的感情色彩。而用“还”则含有说话人认为 B 的程度已经够高了，A 比 B 程度更深，“还”强调程度的作用较明显。

差比第三种“A+比+B+adj./VP+一点儿/得多/多了”在作为比较方面的谓语之后加上“一点儿/得多/多了”，表示比较二者差别的程度，“一点儿”表示差别小，“得多/多了”表示差别大。例如“他比我大一点儿”表示他和我在年龄方面进行比较，他比我大，但是我们年龄的差别小，有可能只有两三岁。在此种句式中需注意，在形容词前不能加表示程度的词语，如一点儿、很、非常等。

差比第四种“A+比+B+adj.+数量词”在作为比较方面的谓语之后加上具体的数量词，表示二者差别的具体量。例如，“这件衣服比那件便宜 10 元”表示这件衣服和那件衣服在价钱方面进行比较，这件衣服便宜，便宜的具体量是 10 元钱。

差比第五种“A 不如 B（+adj./VP）”与差比第一种“A 比 B+adj./VP”的否定形式“A 没有 B+adj./VP”差不多，不同的是：前者作为比较方面的形容词大多是好的方面，如高、大、好、漂亮等，后者的形容词可以是好的也可以是不好的。再者，如果比较的是好坏，“A 不如 B”本身就可以构成一个完整的句子，在作为比较方面的形容词不出现的情况下，它的意思也是“A 没有 B 好”；如果比较的不是好坏，是其他，则必须在 B

后出现比较的方面，而“A 没有 B”这一句式必须出现作为比较方面的形容词、动词、形容词短语、动词短语等。例如“我学习成绩不如他”这句话中虽没有出现作为比较方面的形容词，但这句话暗含的意思是我学习成绩不如他好。如仅仅是“我不如他”，则会使听者产生理解上的偏差，不明白比较方面是什么。

（四）省略

一般来说，无论平比还是差比，比较项所用词语的词性是大致相同的，如比较项是短语，短语的结构也应相同。基于这种情况，为使语言更为简练，在不改变原句意思的情况下便会出现省略。

留学生在初级阶段对比较句省略的学习与掌握一般情况下不会过于深入，省略的形式与内容也不会过于复杂，以省略中心语为主。如果比较项 A、B 都是“名、代词定语+的+中心语”的结构，且中心语相同，多数情况下可以省略比较项 B 的中心语，只留下“名、代词+的”的结构，即“A（名、代词定语+的+中心语）比 B（名、代词定语+的）+adj./VP”。例如，“我的书比他的厚”这一句中，比较项 A（我的书）和比较项 B（他的书）具有相同的中心语“书”，从而省略了比较项 B 的中心语，使语言更为简练。需注意的是此种省略结构中不能省略“的”，如省略，则会改变原句意思。例如，上句如省略“的”，原句则变为“我的书比他厚”，比较项为“我的书”和“他”，与原句意思不符。

三、比较句习得情况调查与分析

（一）留学生比较句习得情况调查与分析（问卷）

1. 调查目的

比较语义和形式，在任何语言中都存在，但具体的语义范畴、句法形式和语用功能，在各种语言中却有所不同。在汉语作为第二语言的教学中，比较句是个难点，也是一个教学容量很大的语法项目。汉语比较句是指句中含有比较词语或比较格式的句子，在结构上由比较项、比较词、比较方面等部分构成。现代汉语比较句从语义上可分为：平比句、差比句，它们都有鲜明的句法特征和语义特征。外国学习者学习时经常出现理解误差，这对于一个初学汉语者来说是很常见的现象。这些偏误主要出现在比较项 A、B 和结论项的类型，比较项 A 和 B 某些成分的省略以及该句式的否定式三个方面。究其原因，就是因为外国学者的生活背景、思维方式、语言习惯等诸多方面因素与汉文化以及汉语言存在较大差别，以致造成如此偏误。那么，要改变这种偏误，就要从以上这些因素中着手，综合加以考量，逐一加以改正，才能真正与汉语相对接，进而达到真正领悟汉文化的精髓。

我们拟采用基于调查问卷的研究方法对留学生比较句的使用作一考察，以便在教学中采取有效的方法来帮助他们正确使用这类句式。

2. 调查对象

调查对象为渤海大学国际交流学院 A、B 两班的留学生，共 25 人。A、B 班均为初级班，A 班使用教材为《发展汉语》初级综合（Ⅰ），B 班使用教材为《发展汉语》初级综合（Ⅱ），没有高级班的学生接受调查。从学生的学习情况看，既有还未接触差比句，只学过平比句的初级班学生（如 A 班），也有刚刚学完汉语比较句整个语法体系的，对所学内容还没来得及巩固的初级班学生（如 B 班）。不同水平的学生所出现的偏误必然会有所不同，通过对调查结果的分析，试图展示留学生在初级阶段比较句习得时那些具有反复性及顽固性的偏误。另外，学生的年龄层次也具有差异性，汉语学习时间、学习目的也不尽相同。

3. 调查的主要内容

此次调查针对《发展汉语》初级综合（Ⅱ）教材中的 7 个比较句式进行调查。分别为：

（1）肯定式：A 跟/和 B 一样（+adj. /V）

否定式：A 跟/和 B 不一样（+adj. /V）　A 不跟/和 B 一样（+adj. /V）

疑问式：A 跟/和 B 一样（+adj. /V）+吗　A 跟/和 B 一样不一样

（2）肯定式：A 比 B+adj. /VP

否定式：A 没有 B+adj. /VP　A 不比 B+adj. /VP

疑问式：A 比 B+adj. /VP+吗

（3）A+比+B+还/更+adj. /VP

（4）A+比+B+adj./VP+一点儿/得多/多了

（5）A+比+B+adj.+数量词

（6）A不如B（+adj./VP）

（7）A+有/没有+B+（这么/那么）+adj./VP

这7种比较句式各有需要注意的重难点。调查问卷采用了判断题、写否定句、选择题、完成对话和改错五种题型，兼顾主客观，突出重点难点。

4. 调查结果的分析

通过对问卷调查的结果进行分析，我们发现留学生有关“比”字句的使用多数是正确的，但是也有一部分存在这样或那样的偏误，这些偏误主要出现在比较项A、B和结论项的类型，比较项A和B某些成分的省略以及该句式的否定式三个方面。

（1）比较项A、B和结论项的类型

充当结论项的形容词前不能用“很”“非常”“太”等程度副词，一般不能带“不”“没（有）”等否定副词。要表示两事物的大概差别，可在谓语后加“一点儿”“一些”表差别很小，加“得多”“多了”表差别很大；同时还可以在这些成分前加“更”“还”表示比较，此时表示比较项A在程度上又深了一层，同时含有B已经有了一定程度的意思。如：“这本书比那本书更厚”（第二题3）表示“那本书厚，这本书更厚”。而要表达否定意义时，我们可根据具体情况选择“没有”句或“不比”句。虽然结论项后可以加“一点儿”“一些”“得多”“多了”等，但它的否定式“不比”句后只能带“多少”，强调超过的程度很小。

比较句（4）“A+比+B+adj./VP+一点儿/得多/多了”这一形式在形容词前不能加表示程度的词语。如：“我比他一点儿高”（第一题2）是错的，“一点儿”这一表示程度的词语应放在形容词后面，正确的为“我比他高一点儿”。

当比较句（5）要表示A、B的具体差别时，数量词应该放在形容词的后面，而不是前面。如：“哥哥比我3岁大”（第一题4），数量词“3岁”应放在形容词“大”的后面，正确的句子是“哥哥比我大3岁”。

比较句（6）A不如B（+adj./VP）这个句式与“A没有B+adj./VP”差不多，两者不同的是：前者的形容词全部都是好的方面，而后者的形容词既可以表示好的情况，也可以表示不好的情况。如："白云的汉语比马克好吗?"（第四题 3）回答的时候可用"不如"，因为"好"这一形容词表示的是好的方面。

（2）比较项 A 和 B 某些成分的省略

关于比较句中比较项某些成分省略的问题，李临定认为"比"字句有完全式和简略式之分，完全式中"比"前后所含成分是相等的，简略式是由完全式简略某些成分形成的。他指出"比"字句的构造规律是"比"右项的简略不能快于左项，及左项要大于或等于右项。所以一般而言，我们说"这棵树比那棵更高""这棵树没有那棵高"（第三题 2A、D），而不说"这棵比那棵树高"（第三题 2C）。

（3）各句式否定式

比较句（2）A 比 B+adj./VP 的否定式有两种：A 没有 B+adj./VP、A 不比 B+adj./VP，这两种否定式有细微的差别。这朵花比那朵花漂亮（第二题 2）的两种否定："这朵花没有那朵花漂亮"的意思是那朵花比较漂亮，而"这朵花不比那朵花漂亮"则是说这朵花和那朵花差不多漂亮。除了这两种正确的否定式外，留学生还容易写出"这朵花比那朵花不漂亮"这样的错误形式，把否定词"不"放在了结论项的前面，这时应强调"不"的位置以及两种正确否定式。

（二）比较句偏误类型

1. A 跟/和 B 一样（+adj./V）

第一类：弟弟比我一样高。

这类句子是比较事物、性状的同异的，即平比句，具体来说，就是比较事物或性质相同还是不相同，一样还是不一样。要表示平比时，汉语中不用"比"，而要用"跟/和"。这一类属于句式选用的偏误，应将"比"改为"跟/和"，学生在初接触比较句时较易犯这类偏误，但经过教师纠正一两次后便不易再犯。

第二类：我跟爷爷一样吃。

作为比较方面的形容词范围较宽，而动词则限定为表示心理活动的动词，如：喜欢、想等，上句中的"吃"为一般动词，不属于心理动词的范围，所以不可用。如想表示比较方面是吃的东西，可说"我吃的东西和爷爷一样”。

第三类：我的书和他一样厚。

此种偏误是由于省略不当造成的。如果比较项 A、B 都是“名、代词定语+的+中心语”的结构，且中心语相同，多数情况下可以省略比较项 B 的中心语，而不能连同“的”一起省略；如省略，则会改变原句意思。例如，上句应为“我的书比他的厚”，比较项为“我的书”和“他的书”，而不是“我的书”和“他”进行比较。

2. A 比 B+adj. /VP

第一类：今天比昨天很冷。

这类比较句，作为比较方面的形容词或动词前面不可有程度副词，如很、非常、太等。如需表示比较项之间的差别，可在形容词或动词后加“一点儿/一些”表示差别小，“得多/多了”表示差别大。所以上句可为“今天比昨天冷得多”。

第二类：这本书比那本书不厚。

要表达否定意义时，否定副词“不”应放在“比”的前面，而不是放在形容词或动词前。除了“不比”句外，我们还可根据具体情况用“没有”句表示否定。所以上句应为“这本书不比那本书厚”或“这本书没有那本书厚”。

第三类：我的比你的照相机好。

　　　　我的照相机比你好。

此种偏误同样是由于省略不当造成，第一句中如需省略，我们一般选择省略比较项 B 的中心语，而不是 A。李临定（1986）认为“比”字句有完全式和简略式之分，完全式中“比”前后所含成分是相等的，简略式是由完全式简略某些成分形成的。他指出“比”字句的构造规律是“比”右项的简略不能快于左项，即左项要大于或等于右项。所以，一般来说第一句应为“我的照相机比你的好”。第二句所出现的省略偏误和“A 跟/和 B 一样（+adj. /VP）”的第三类偏误相同，在此不作赘述。

第四类：他比我学习汉语。

如果作为比较方面的是动词，一般来说应是表示心理活动的动词，具有程度的语义特征。此类同“A 跟/和 B 一样（+adj. /V）”的第二类，因此上句“学习”不符合要求，他要表达的意思可能是“他比我喜欢学习汉语”。

3. A 没有 B+adj. /VP　　A 不比 B+adj. /VP

他不比小王高。

他没有小王高。

这两种格式都可作为“A 比 B+adj. /VP”的否定形式，两者的区别在于：用“不比”时表示比较项 A 和 B 在比较方面差不多，用“没有”时强调突出比较项之间的差别。如上句，“他不比小王高”的意思是他跟小王差不多高，“他没有小王高”意思是他比小王矮，突出差别。这两个句子单独看都是正确的，但当结合具体的语境时，应选择使用。

4. A+比+B+adj. /VP+一点儿/得多/多了

他的汉语比我一点儿好。

差比句中如要比较二者差别的程度，可在形容词后加“一点儿/得多/多了”，但在形容词前不可加表示程度的词语。如上句，表示程度的词“一点儿”放在了形容词“好”的前面，属于偏误，应为“他的汉语比我好一点儿”。

5. A+比+B+adj. +数量词

爸爸比妈妈三岁大。

当要表示比较项 A、B 二者差别的具体量时，数量词应放在形容词谓语的后面做补语，而不应该放在前面做状语。所以，上句应为“爸爸比妈妈大三岁”。

6. A 不如 B（+adj. /VP）

第一类：我不如他懒。

如选择“不如”作为差比的否定形式，所涉及的形容词必须着眼于好的、积极的方面，反映说话者肯定的态度。因此上句中的“懒”明显不符合此种句式对于积极意义的选取，可改为“我没有他懒”。

第二类：他不如我高三厘米。

“不如”句一般形容词多具有语义上的模糊性，比较项 A 与 B 之间的差别是不确定的。唐厚广（1997）认为我们只能知道 A 在比较方面的程度达不到说话者已知信息 B 的程度，而差多少我们不知道，所以在形容词后不能带表示具体差别的数量补语。因此上句形容词“高”后的“三厘米”表示具体差别，不能带，应为“他不如我高”。

7. A+有/没有+B+（这么/那么）+adj./VP

第一类：女儿有妈妈那么很漂亮。

和“A 比 B+adj./VP”的第一类偏误相同，作为比较方面的形容词前不能用“很、非常、特别”等程度副词。

第二类：弟弟有我这么高一点儿。

此类偏误是混淆了“A+有/没有+B+（这么/那么）+adj./VP”与“A+比+B+adj./VP+一点儿/得多/多了”这两种句式，“有/没有”句不是表示差别，而是表示比较项 A 与 B 的相似性，即 A 在某方面有/没有达到 B 的程度，因此形容词后不能用“一点儿/得多/多了”等表示差别大小的补语。

第三类：这本书有那本书没意思。

郑懿德（1997）、张豫峰（1998）和刘苏乔（2002）在他们的文章中都提到，表比较的“有”字句作为一般陈述句时，在使用上对其后的形容词的语义有特殊的限制。他们一致认为虽然多数形容词本身无所谓褒贬义之分，但放在具体的语境中以后，多数情况下应该选用说话者所喜欢、所倾向的意愿类形容词。如果用在疑问句、反问句或者是答句中，则没有这样的限制。因此，上句可改为疑问句“这本书有那本书没意思吗?”这样较易被听者接受。

第四类：我没有玛丽那么打篮球。

虽然动词谓语句中也可用“有/没有”句这种格式，但这时的动词大多和人的感情有关，如“喜欢”“想”“了解”等。上句中的动词“打”只是一般动词，与人的感情无关，所以可改为“我没有玛丽那么喜欢篮球”。

第五类：我的家乡没有这儿难看。

徐燕青（1997）通过分析大量的语料指出“没有”句的语用倾向主要是用于对比较项 A 某种性质的否定、厌恶或贬斥，因此所选择的形容词具有褒义倾向的情况远远高于其有贬义的倾向。史有为（1994）也曾撰文专门进行论述，他认为“没有”句中的形容词通常要选择“意愿类”形容词。上句中的形容词“难看”是具有贬义倾向的，不符合要求。

（三）比较句偏误产生原因及消除偏误的方法

1. 母语负迁移

在不熟悉目的语规则的情况下，第二语言学习者，尤其是初学者经常会依赖母语；尤其当目的语与母语之间具有相似性时，学习者更会倾向于使用母语的语法规则来代替目的语的语法规则，这样便容易造成母语的负迁移。由于学习者的母语背景不同，其出现的负迁移状况也有所不同，产生不同的偏误。

如母语为韩语的汉语学习者在学习“A 比 B+adj./VP”这一句式中，容易发生的偏误是将“很、一点儿、非常”等程度副词置于形容词或动词前，例如说“今天比昨天很冷”。这是受韩语中“보다”后可出现绝对程度副词，以及绝对程度副词和相对程度副词界限不清两方面的影响。从“比”字句结论项来看，韩语中是所有的程度副词均可进入“보다”句表达比较义，这些词在单独使用时分为表绝对义、表相对义及兼表绝对相对义三类。而汉语中绝对程度副词、相对程度副词用法上界限比较清晰，绝对程度副词不能进入“比”字句，相对程度副词可以；兼类词只有“比较（副）”一个，也不能进入“比”字句。在“今天比昨天很冷”这一句中，程度副词“很”如使用韩语语法规则，可出现在形容词前表示比较义，而在汉语中绝对程度副词“很”不可进入比较句，如想表达此意，可表达为“今天比昨天冷多了”或“今天比昨天还冷”。“母语对目的语习得的影响绝对不是在某一个语法点上产生单一的迁移，而是成系统的。相关语法点一个影响着另一个，成套地产生迁移。以上述的‘比’字句的偏误为例，韩语中‘보다’结论项的泛化性与绝对程度、相对程度的模糊性是两大相关性很强的语法性质。这两个大的语法性质相互影响，共同形成了其他几类偏误。”

通过分析我们可以发现，由于母语负迁移所产生的偏误大多与不同语言间的词汇界限或语序相关。因此在进行教学时，教师需提醒学生注意汉语的比较句与其母语表比较义句式的差别，特别强调所用词汇的选择，汉语比较句语序不可随意调换等方面，加深学习者印象。对学习者会出现的母语负迁移偏误，教师可提前进行预测，讲解时重点强调可能出现偏误的方面。

2. **目的语知识的过度泛化**

学生在掌握了一定的目的语知识后，常常将所学到的目的语知识运用到新的语言点中，恰当地运用可化难为易，调动学生的学习积极性。但由于学习者所掌握的目的语知识是不全面的，当他们将其不恰当地套用在新的语法点上时，容易造成目的语知识的过度泛化，产生偏误。

如“A 比 B+adj. /VP”这一句式的否定形式有两种：“A 没有 B+adj. /VP”“A 不比 B+adj. /VP”。这两者具有细微的差别。例如“弟弟没有我高”和“弟弟不比我高”，前者表示弟弟比我矮，后者表示弟弟和我差不多高。这两者的细微差别如果教师没有讲解清楚，学习者容易将其等同，造成了否定形式的泛化。“如果说因为‘母语负迁移’造成的偏误主要出现在学习者汉语学习的初级阶段，到了中高级阶段‘目的语知识的过度泛化’则逐渐占了优势。因此要减少这类偏误，很大程度上依赖于教师能够从句法、语义、语用各个角度讲明各种语言现象的规则，尤其要向学生讲明各种相近语言现象的细微差别，尽量减少学生过度泛化的机会。”

3. **交际策略的影响**

在学习一种语言尤其是在目的语国家学习时，学习者为了更好地与人交流而有意识地采取一种方法或技巧，使交际活动顺利进行，即交际策略。恰当地使用交际策略是学习者将所学知识运用到实践中去的有效方法，能帮助学习者的语言水平不断提高，但初学者常会因急于表达而采用一些不恰当的交际策略。如简化策略，即学习者故意减少自己认为是目的语中的多余成分。例如“他的书比我厚”，说话者将比较项 B 中的“的”连同中心语一起省略，此种偏误是由于省略不当造成的。如省略，则会改变原句意思，上句应为“我的书比他的厚”。

对于不恰当的交际策略，教师需有一定的容忍度，但对于单个语法点的常见错误应及时纠正，否则只会使学习者在运用该句式时出现的偏误越来越多。

双语学习者在目的语使用过程中常会出现偏误。减少偏误，培养学生的言语交际能力是对外汉语教学的任务。留学生学习汉语，关键是要多在实际中使用；只学习语法知识而不进行实际运用，语言能力不会有大的提高。所以我们教过一种句型之后，就要鼓励他们多说多用，帮助他们建立汉语语感。通过大量地接触真实言语，扩大学生的语言输入，进而使学生自觉进行言语实践，反复练习，以达到脱口而出的程度。一旦建立了语感，他们出现的偏误自然就会减少，利用汉语进行日常交际的能力也自然会有很大的提高。

四、教学中的应用（以《发展汉语》为例）

对比较句的教学在《发展汉语》初级综合（Ⅱ）中分两课进行，针对第8课的“A比B+adj./VP”这一语法点设计教案，探讨其在教学中的应用。“A比B+adj./VP”属于比较句差比的基础句型，掌握其基本用法对学习者来说并不难，需强调的是其否定形式“不”的位置及两种否定形式的细微差别。

第8课 旧梦（比较句语法点教案）

一、授课对象的水平

B班留学生（学习汉语半年以上）

二、教学计划

通过语法学习，掌握比较句“A比B+adj./VP”的语义特征和准确用法，并能完成相关练习。

三、教学重难点

掌握“A比B+adj./VP”的结构及其使用规则，通过不同情境的练习帮助学生在交际中准确使用。

四、教学过程

1. 展示语法点（通过课文中句子引入）（1分钟）

提问复习表示两种事物相同的说法。

通过课文句子“司苔拉比我大”引入新的语法点“A比B+adj./VP”。

2. 解释语法点（归纳法、引导性的发现法）（6分钟）

“A比B+adj./VP”表示A和B不同，A>B

举例说明：今天20摄氏度，昨天17摄氏度，今天比昨天热。

否定表达：A没有B+adj./VP

A不比B+adj./VP

在此说明两者的差别：用“没有”时A<B，“不比”时A和B一样或

差不多。

举例说明：弟弟没有我高。（我高，弟弟矮。）

弟弟不比我高。（我和弟弟差不多高。）

强调否定词要放在“比”字的前面。（板书或 PPT 展示时用不同于句子的颜色突出显示“不”，引起学生注意。）

在这里可以多举几个例子，让学生转换成“A 比 B+adj. /VP”的否定形式。

如：我的照相机比你的好。

他比我努力。

这本书比那本书厚。

让学生仔细阅读课文，找出课文中类似的比较句。（归纳法）

3. 练习语法点（循序渐进）（3 分钟）

在讲课过程中进行机械性的练习，让学生重复例句，或者替换再进行重复。讲解过后可进行有意义、交际性的练习，如定向问答、改写句子等。练习时可用 PPT 显示图片，让学生利用图片造句，更直观且易激发学生兴趣。

五、教学方法

情景引入法、归纳法、引导性的发现法。

六、课堂小结

“A 比 B+adj. /VP”表示 A 和 B 不同，A>B，其否定形式“A 没有 B+adj. /VP”和“A 不比 B+adj. /VP”，二者具有细微差别。

五、结论

留学生有关比较句出现的偏误多种多样，总的来说主要在比较项 A、B 和结论项的类型，比较项 A 和 B 某些成分的省略以及该句式的否定式这三个方面。偏误产生的原因主要有三个：母语负迁移、目的语知识的过度泛化和交际策略的影响。消除偏误的方法也应从这三方面着手进行解决。教师了解出现偏误的原因后应在教学时着重强调，引起学生注意，加深印象。再者，留学生学习汉语，关键是要多在实际中使用，所以我们教过一种句型之后，就要鼓励他们多说多用，反复练习，以达到脱口而出的程度。一旦建立了语感，他们出现的偏误自然就会减少，利用汉语进行日常交际的能力也自然会有很大的提高。

参考文献

[1] 孟国．对外汉语十个语法难点的偏误研究［M］．北京：北京大学出版社，2011.

[2] 孙德金．对外汉语语法及语法教学研究［M］．北京：商务印书馆，2006.

[3] 周小兵，朱其智，邓小宁等．外国人学汉语语法偏误研究［M］．北京：北京语言大学出版社，2007.

[4] 王顺洪．日本人汉语学习研究［M］．北京：北京大学出版社，2008.

[5] 丁声树等．现代汉语语法讲话［M］．北京：商务印书馆，1952.

[6] 刘月华等．实用现代汉语语法（增订本）［M］．北京：商务印书馆，2003.

[7] 吕叔湘．现代汉语八百词［M］．北京：商务印书馆，1980.

[8] 邓守信．对外汉语语法点难易度的评定——对外汉语教学语法探索［M］．北京：中国社会科学出版社，2003.

[9] 李大忠．外国人学汉语语法偏误分析［M］．北京：北京语言文化大学出版社，1996.

[10] 吕文华．对外汉语教学语法探索［M］．北京：语文出版社，1994.

[11] 刘顺．现代汉语语法的多维研究［M］．北京：社会科学文献出版社，2005.

[12] 王寅．认知语法概论［M］．上海：上海外语教育出版社，2006.

[13] 朱德熙．语法答问［M］．北京：商务印书馆，1985.

[14] 卢福波．对外汉语教学实用语法［M］．北京：北京语言文化大学出版社，1996.

[15] 徐燕青．“没有”型比较句的初步考察——兼及“不像”型比较句［J］．世界汉语教学，1997（1）．

[16] 周小兵．学习难度的测定和考察［J］．世界汉语教学，2004（1）．

[17] 赵金铭．教外国人汉语语法的一些原则问题［J］．语言教学与研究，1994（2.

[18] 鲁健骥．外国人学汉语的语法偏误分析［J］．语言教学与研究，1994（1）．

[19] 包华莉．“比”字句删除法的商榷［J］．语文研究，1993（1）．

[20] 李蓝．现代汉语方言差比句的语序类型［J］．方言，2003（3.

[21] 李成才．“跟……一样”用法浅谈［J］．语言教学与研究，1991（2）．

[22] 李讷，石毓智．汉语比较句嬗变的动因［J］．世界汉语教学，1998（3）．

[23] 刘惠英. 小议“比”字句内结论项的不对称结构 [J]. 汉语学习, 1992 (5).

[24] 马真. “比”字句比较项 Y 的替换规律试探 [J]. 中国语文, 1986 (2).

[25] 殷志平. “比”字句浅论 [J]. 汉语学习, 1987 (4).

[26] 尚平. 比较句系统研究综述 [J]. 语言文字应用, 2006 (2).

[27] 王茂林. 留学生“比”字句习得的考察 [J]. 暨南大学华文学院学报, 2005 (3).

[28] 夏群. 汉语比较句研究综述 [J]. 汉语学习, 2009 (2).

[29] 陈珺. 比较句语法项目的习得难度考察 [J]. 华南师范大学学报, 2010 (3).

[30] 陈珺, 周小兵. 比较句语法项目的选择和排序 [J]. 语言教学与研究, 2005 (2).

第八节　基于评价理论态度系统的汉美恭维语对比

一、恭维语的定义及研究现状

恭维语是说话者对受话者或第三者的称赞，是日常交际中说话者对周围人或事物的评价、判断、欣赏，是一种积极的评价行为。大多数恭维语都具有以下两个特点：1. 就说话者而言，是一种欣赏的表达；2. 恭维的内容一般包括受话者的所属物、成就或者个人品德。

恭维语是一种积极的评价行为。首先，它有利于建立或者维持交际双方的良好关系。无论在汉语还是在美语环境中，使用恭维语一般都可以使受话者感觉良好。其次，恭维语还可表示感谢，说话人往往会通过恭维的方式直接或间接地表示对受话人的感激之情。最后，在一些语境下，说话者也可以使用恭维语达到某种目的。除此之外，恭维语还具有打招呼、开启话题、表示祝贺、表示欣赏、缓解矛盾等功能。因此，熟练地掌握恭维语，可以提高沟通效率，使我们更顺畅地进行沟通。

国内外学者对恭维语的研究取得了丰硕的成果，但是无论是对汉语恭维语还是英语恭维语的研究，都存在一定的局限性。首先，由于所有的学者都是以 Searl 的言语行为理论和 Leech 的礼貌原则为基础进行研究，视角比较单一，缺少多样性；其次，现有的汉语恭维语和英语恭维语的对比研究实际上是汉语和所有以英语为官方用语的英语语系国家的研究，范围过于宽泛，缺少针对性；最后，现有的恭维语研究，无论是汉语恭维语还是英语恭维语都只是停留在分析和对比阶段，没有指出对现实生活有何种意义和作用，缺少实践性。

二、研究的理论基础

我们研究的理论基础是评价系统理论。在研究语篇意义和文化意义时，评价是很重要的一个方面，对事物评价的不同，往往透露出文化的差异。评价系统（The Appraisal Systems）是在 Martin 指导的对澳大利亚新南威尔士州的中学和其他场所语文水平研究的基础上发展起来的。后来 Martin 和 Peter White，Rick Iedema 以及 Joan Rothery 一起将该研究发展成为“评价系统”。评价系统讨论的是语篇或说话人表达、协商、自然化特定主体之间的关系以及意识形态的语言资源。评价系统的中心是“系统”，焦点是“评价”。语言是表现评价的手段，通过语言，可以看出语言使用者的态度、观点和立场。评价系统包括三个子系统：介入系统（Engagement）、态度系统（Attitude）和级差系统（Graduation）。介入系统包括自言（Monogloss）和借言（Hrterogloss），用来衡量说话者的声音和语篇或对话中各种判断的关系。态度系统包括情感类别（Affect）、判断类别（Judgement）和鉴赏类别（Appreciation），指各种价值，说话者用它们来对人或事物做判断。级差系统包括语势（Force）和聚焦（Focus），语势指的是说话人借助语势把人际印象以及他们的言语容量提高或降低；聚焦指的是说话者把语义焦点变得模糊或清晰。评价的这些方面常常在同一个话语中同时出现。

评价理论是系统功能语言学的新发展，是在对人际意义的研究中发展起来的新词汇语法框架，属于阐释性（interpretive）研究。“评价理论是关于评价的——即语篇中可以协商的各种态度、所涉及的情感的强度，以及表明价值和联盟读者的各种方式。”（Martin & Rose，2003：23）

三、主要内容和方法

（一）研究内容

恭维语明确或含蓄地表明了说话人对除了自身以外的某人（通常是受话者）的某些“好”事物，包括所有物、品质、才智或能力的称赞。恭维语实际上是一种积极的评价。因此，可以从评价系统的视角下对恭维语进行重新审视。但是由于时间有限，并且介入系统只是对说话者的声音大小、语篇长短或对话中的关系判断进行比较和确定，这些问题会因为说话者的成长经历、语言习惯、所处环境和工作性质等的不同而产生较大差异，不具有普遍性，因此暂不作深入研究。我们仅从态度系统、级差系统两方面探索汉语恭维语和美语恭维语的异同点。具体而言，我们试图研究以下两个问题：

1. 汉语恭维语和美语恭维语在态度系统上存在哪些差异；
2. 产生汉语恭维语和美语恭维语差异的原因。

（二）数据分析法

我们将语料按照评价系统的类别，分为态度系统、级差系统两大类，其中态度系统又分为情感类别、判断类别和鉴赏类别，其中判断类别又细分为社会尊重和社会许可两小类，鉴赏类别分为反应、构成和价值三小类。我们将按照统计的方法，对 389 条语料进行统计，分别计算出各个类别的具体数值以及所占百分比，并对汉美恭维语在数值和分布上的特点进行对比分析，找出二者的异同之处。

四、语料来源

所有语料都来自《家有儿女》《新成长的烦恼》的剧本以及电视剧对白。为求准确，我们将剧本和电视剧互为参照，以电视剧对白为准，共摘录了 389 条语料，其中汉语语料 202 条，美语语料 187 条。我们选择这两部电视剧的原因有三点：第一，两部电视剧均为情景喜剧，情景喜剧的语言通常生动活泼，贴近生活，最接近于日常交际用语；第二，两部电视剧题材相近，都讲述的是青少年的学习和生活，内容具有可比性；第三，《家有儿女》《新成长的烦恼》都制作、上映于 21 世纪初，在时间上具有可比性。

五、态度系统下的汉语恭维语和美语恭维语对比

这里对从《家有儿女》中摘录出的 202 条恭维语用例按照评价理论的系统进行分类，找出汉语恭维语在分布以及频率上的特点。

（一）态度系统下的汉语恭维语研究

态度系统包含情感类别、判断类别和鉴赏类别三大类，说话人通过使用表示情感、判断和鉴赏意义的词语来表达自己对人对事的态度。例如：

（1）（邻居胖婶看见夏雪，一把抱住夏雪。）

胖婶：哎哟这孩子，我一见着她就喜欢她，我太高兴了！你什么时候抽空给我们佳佳复习复习功课，让她提高提高学习水平啊？

夏雪：行，怎么都行。您先放开我。

在例（1）中，胖婶用“喜欢”“高兴”两个表示情感态度的词，表达她对夏雪的喜爱，对夏雪进行恭维，目的是让品学兼优的夏雪给自己的女儿佳佳补课。从夏雪的反应可以看出，对于胖婶这样过于热情的恭维，她并不怎么受用。

（2）刘星：我明白了！

妈妈：你明白什么了？

刘星：对于表姑她们可以用我们政治老师的说法，要一分为二。适合我们的呢，我们一定要去学习；不适合我们的呢，就千万不能学习。

妈妈：这孩子的认识相当的有水平啊！行啊你，你现在很懂事儿嘛你！

刘星：谢谢，谢谢！

在汉语语境中，“懂事儿”，是社会和父母对孩子行为的期待，“懂事儿”意味着孩子的行为符合社会的规范，“不懂事儿”意味着孩子的行为违反了社会规范。参照评价理论，母亲使用的是态度系统中表示判断意义的词语来对孩子进行称赞的。

（3）小雪：爸爸，你看，那时候我妈妈多年轻，多漂亮啊。你再看你多帅呀，你再看我多可爱、多小啊，对不对？

爸爸：对对对，你那时候笑得可好看了。（呈无奈状）

例（3）中，小雪用“年轻”“漂亮”来形容亲生母亲所具有的特质，

用“帅”和“小”来形容爸爸和自己当时的特质。小雪使用的是鉴赏系统中表示质量意义的词语来对爸爸进行恭维的，同样，爸爸也用表示鉴赏意义的词语给了小雪回应。

我们将所选用例加以鉴别和统计，发现与态度系统相关的词语共出现523次，其中表示情感的词语出现59次，占态度系统词语总量的11.28%；表示判断的词语出现278次，占态度系统词语总量的53.15%；表示鉴赏的词语出现186次，占态度系统词语总量的35.56%。参见表3-2。

表3-2 汉语中情感、判断和鉴赏类别恭维语在态度系统中的分布情况

	次数	百分比（%）
情感	59	11.28
判断	278	53.15
鉴赏	186	35.56
总计	523	99.99

1. 情感类恭维语

情感是说话者对人或事物采取的最明显的态度。从以上统计可以看出，直接的情感表达在汉语恭维语中所占比例是最少的，表示情感的词语共出现59次；动词出现的频率最多，例如“谢谢”一词出现了21次，占表示情感意义词语的35.59%。例如：

（4）（刘梅看小雪喜欢猩猩，趁着她去夏令营的时候把屋子布置得都是猩猩元素。没想到小雪改喜欢星星了。）

刘梅：小雪啊，对不起，给我五分钟，我保证给你的房间收拾得干干净净的。

爸爸：阿姨也不知道你什么时候突然改变兴趣了。

刘星：老妈是先给你一个惊喜。

小雨：对！

小雪：老妈，谢谢你。（母女二人相拥）

在夏东海和刘梅这个再婚家庭结合的初期，女儿小雪对刘梅有抵触情绪，不愿意让刘梅做她的妈妈。为了和小雪搞好关系，刘梅做了很多事情，尤其是费尽心思给小雪布置房间。虽然房间布置得不合小雪的心意，但是小雪感受到了刘梅的用心，因此，对刘梅表示感谢。同时，这一句谢谢，也表示了小雪对刘梅的接受，是对刘梅所做事情的认可，是对刘梅的一种恭维。在汉语中，“谢谢”一词在亲人或者相熟的朋友之间并不常用，即使使用，表达的感情除了单纯的谢意之外，往往还包含着更多的意义。这些意义需要结合语境具体分析，如例（4）中表示说话者对受话者的接受。因此，有必要将“谢谢”纳入恭维语的范畴。

此外，动词“敬佩”“佩服”也常在语料中出现，二者意义相同，将二者合并在一起计算，共出现 9 次，占表示情感意义词语的 15.25%。例如：

(5)（刘星的作文是抄小雪的，爸爸妈妈让他去跟老师承认错误。）

妈妈：回来了？

爸爸：怎么样？

刘星：奖状黄了，也向老师承认错误了。我算是没脸见人了，我这前半生就这么毁了……

妈妈：这才是妈的好孩子呢！

爸爸：就是！我对你这种敢于直面错误、承认错误的勇气，有点儿敬佩呀！不愧是咱家第二条男子汉！

妈妈：由于你勇于承认错误，爸爸妈妈决定，MP3 送给你！

(6) 爸爸：梅梅，我发现你对小雪真有耐心，真佩服！

妈妈：爱心，耐心，宽大为怀，你急，我都不可能急！

例（5）中爸爸通过“敬佩”一词，表达了自己的情感态度，对刘星进行称赞和恭维；例（6）中“佩服”一词也明显地体现了爸爸对妈妈的情感态度。

“喜欢”和“爱”也是表达情感中较常出现的动词。其中，“喜欢”共出现 5 次，占表示情感意义词语的 8.47%；“爱”出现 4 次，占表示情感意义词语的 6.80%。

(7) 妈妈：办网站？

小雪：就是结交更多的朋友，讨论感兴趣的话题。

妈妈：那得多少钱呢？

小雪：租服务器，一年大概一万块钱吧！

妈妈：你的意思是，用你爸这一万块钱稿费，给你租个服务器？

小雪：这也算个大件了吧？

妈妈：成，只要对你有好处，钱的事儿你不用考虑！

小雪：妈妈，你比我亲妈还亲。我太爱您了！

“喜欢”和“爱”明确地表达了说话者的情感态度。形容词出现的频率比动词略少，因为所选取语料来自再婚家庭这一特殊群体。“亲”字的使用最为频繁，共出现 17 次，占表示情感意义词语总量的 28.81%。

(8) 妈妈：别对她（小雪）太厉害啊。我也挺心疼她的！

爸爸：这还有点儿亲妈的样儿！

妈妈：去！讨厌！

刘梅不是小雪的亲生母亲，所以爸爸用“亲妈”这个词，说明了爸爸对刘梅肯定的情感态度，是对刘梅的肯定性评价，也是对刘梅的恭维。

《家有儿女》中表示情感态度词语的使用情况见表 3-3：

表 3-3　汉语恭维语中表示情感态度的词语使用情况

	百分比（%）
谢谢（动词）	35.59
敬佩（动词）	15.25
喜欢（动词）	8.47
爱（动词）	6.80
亲	28.81
其他（如开心、香等）	5.06
动词合计	67.71
形容词合计	32.27

(9)（夏东海给刘梅做了鸡蛋和长寿面，作为生日早餐。）

妈妈：小哥，你怎么这么好，这么乖呢?!

爸爸：因为，今天是世界上最美的老婆大人的生日，我就要让你开开心心！

妈妈：我太开心了！

“开心”一词，也明确表达了妈妈的情感态度，是她对爸爸为她生日所做的事情的称赞。汉语中“谢谢”是对接受别人给予的或提供的恩惠时说的感激的话，是对他人的感谢；动词“敬佩”指对人尊敬而佩服，它表示的尊敬和佩服的程度比较深；“喜欢”和“爱”是状态动词，表示内心的一种状态。由于是再婚家庭，所以“亲”字出现频率很高，它表示一种亲近的关系，例如用“亲妈”来恭维刘梅，是肯定了她和小雪之间的关系；出现次数较少的形容词，如“开心”“香”等，都属于正向形容词。从以上分析我们可以推断出，在汉语中我们可以使用表示感谢、关系亲近、内心喜悦状态的词和一些正向的形容词来对他人进行恭维，这些词主要是在情感态度方面对恭维对象进行肯定。

2. 判断类恭维语

判断系统属于伦理范畴，指一系列有制度规定的规范对人类行为的肯定和否定评价的意义。和判断有关的社会规范有：规则和规定、社会期待以及价值系统。我们在作判断的时候，可以把一个行为判定为道德的或不道德的、合法的或不合法的、社会可接受的或不可接受的以及正常的或不正常的。判断系统可分为社会认可（social sanction）和社会尊重（social esteem）两个子系统。社会认可与是否真实可靠和是否正当有关，与社会尊重和行为规范、能力及坚忍（某人可靠与否）有关。我们发现，在汉语语境中，人们对他人的恭维多集中在是否符合伦理规范上。在所统计的202条语料中，涉及态度系统的词语共523个，其中涉及判断类的词语共278个，占53.15%，在总数中占到了半数以上。在表判断的278个词语中，涉及社会尊重的有204个，占表判断类的73.38%；涉及社会认可的词语有74个，占表示判断意义词语的26.62%。

(10)（刘星在用土豆和番茄模仿爸爸给妈妈道歉的样子。）

小雪：刘星，你真是个天才！

刘星：那是！拟人是我最擅长的修辞方法！

(11)（夏东海不愿意为了宣传电影而说话。）

小雪：爸，我支持您！

刘星：我们为您而骄傲！

妈妈：我也支持你，现在不晚吧？

记者：夏导，我刚才在外面都听见了，我为你的勇气和正直感到钦佩。

爸爸：您过奖了过奖了。我其实觉得特别过意不去，特意把您叫到家里来，结果是这种情况。

记者：这样，正式采访时我们只谈创作不谈别的。

例（10）是小雪对刘星能力的恭维与赞扬，属于社会尊重范畴；例（11）是记者对夏东海的真实、正当两方面特质的赞扬，属于社会认可范畴。

社会尊重的三个次子系统分别是行为规范、能力、坚忍。人们最爱对他人的能力进行恭维，涉及能力的词语共107个，在涉及社会尊重的204个词语中占52.45%；行为规范也常常是恭维的内容，在涉及社会尊重的204个词语中，涉及行为规范的词语共65个，占31.86%；坚忍是人们在社会尊重这个范畴中恭维得最少的，共出现32次，占15.69%。

（12）（夏东海在练拳击。）

小雨：爸爸，您还会练拳击呀？

爸爸：什么叫会呀?！在爸爸会的各种东西中，拳击是最不值得一提的一项！

小雨：爸爸你真厉害！

爸爸：那是，爸爸是谁呀，爸爸是爸爸！

（13）（大家以为夏东海有外遇，刚好刘梅回来。）

妈妈：爸，你咳嗽了？

姥姥：闺女啊，回来了？走，屋里歇着去。

小雪：妈，回房间我给您捶捶腿。

刘星：我给您揉揉腰。

小雨：我给您唱首歌。

妈妈：我这刚出去这么两天，怎么都这么听话呀！

（14）刘梅：行啊你夏东海，见义勇为啊！

孩子们：爸，真勇敢！爸，您这回怎么这么勇敢呢？

爸爸：我正想告诉你们呢，真正的勇敢呢，不是在小事儿上和人计较去争强斗狠，而是在真正的危险面前临危不惧。

妈妈：记住了吗？

孩子们：记住啦！

爸爸：还有，这个真正的男子汉，首先要宽容为怀，与人为善，不怕别人说自己软弱。这也是一种勇敢！

妈妈：你说得真好！

例（12）中，“厉害”是小雨对爸爸能力的称赞，对爸爸会各种各样东西的能力进行恭维。例（13）中，“听话”是一种行为规范，中国人对孩子的要求大多是要听家长的话，听老师的话，所以妈妈说孩子们“听话”，也是对孩子们符合社会行为规范的评价。例（14）中，“见义勇为”“勇敢”都是大家对爸爸勇斗歹徒行为的称赞，属于坚忍范畴。

社会判断中涉及社会尊重三个方面的使用情况见表3-4。

表3-4　社会判断中表示社会尊重的汉语恭维语使用情况

	数量	百分比（%）
行为规范	65	31.86
能力	107	52.45
坚忍	32	15.69
合计	204	100

社会许可在判断类中所占比例不大，只有26.62%。具体而言，在社会许可的两个子系统中，对他人行为是否正当的评价占到绝大多数，共出现69次，占社会许可的93.24%；对他人真实性的评价相对较少，共出现5次，占社会许可的6.76%。

（15）（小雪的同学林凡追小雪。）

妈妈：还戴着牙套呢？什么时候摘呀？

林凡：还有半年吧。

妈妈：你妈真关心你的牙，真成！但是你怎么不爱学习呢？

（林凡一口饮料喷了出来。）

（16）（夏雪打碎了花瓶，以为要挨批评。）

妈妈：今天，值得表扬的是夏雪！她虽然把花瓶打碎了，但是她不光把客厅打扫得干干净净，而且在冰箱上留下了检查。她这种真诚对待错误、勇于承担责任的品质非常好。我非常高兴！我决定把手机奖励给她！你们要好好向她学习！

小雪：谢谢妈妈！

例（15）中，小雪妈妈对林凡妈妈关心、在乎林凡的牙齿的行为做了肯定的评价。母亲关心孩子，是正常、正当的行为，小雪妈妈的目的在于说服林凡放弃小雪，先给予肯定评价，然后再引出实质性的话语。在例（16）中，妈妈对小雪打碎花瓶但是主动承担责任，诚实地承认自己的错误的行为给予了肯定性评价，对小雪的行为进行了赞扬并予以奖励。

社会判断中涉及社会许可的两个方面见表3–5：

表3–5　社会判断中表示社会许可的汉语恭维语使用情况

	数量	百分比（%）
是否正当	69	93.24
是否真实	5	6.76
合计	74	100

从以上用例中，我们发现在判断系统中，人们对词语的选用也有一定的规律。“听话”“懂事儿”“勇敢”“厉害”“天才”“棒”等词语的出现频率非常高。“听话”表示的是听从、服从上级或者长辈的话；“懂事儿”指能够自觉遵守社会规范；“勇敢”指具有做正义的事情所需要的勇气和胆量；“厉害”“天才”“棒”等词语都是对他人具有的能力进行较高程度的肯定。由此可知，我们在用汉语对他人进行恭维的时候，我们也可以选取表示符合社会规范意义的词、表示勇气胆量和表示对他人能力肯定的词。

3. 鉴赏类恭维语

鉴赏涉及美学范畴下的价值以及“社会评价”这一非美学范畴，可分为三个子范畴：反应（reaction）、组成（composition）和价值（valuation）。在统计中，表示鉴赏意义的词语共出现186次，占整个态度系统的35.56%。在鉴赏子系统中，涉及反应的词语出现128次，占鉴赏系统的68.82%；涉及组成的词语共出现8次，占鉴赏系统的4.30%；涉及价值的词语共出现50次，占鉴赏系统的26.68%。下面我们先具体看一下反应范畴。反应由两部分组成，首先是质量，表示质量的词语共出现105次，占反应范畴的82.03%；其次是影响，表示影响的词语共出现23次，占反应范畴的17.97%。

（17）小雪：妈，您来了。

亲妈：小雪儿啊，我的小雪儿越来越漂亮了。

（18）妈妈：这是夏雪的弟弟。

老师：他们姐弟俩感情真是太好了！姐姐受了伤，弟弟这么伤心，我很感动。

妈妈：是，他们俩感情特好。（无奈状）

例（17）中，“漂亮”是小雪的亲生母亲对小雪所具有的特质的评价。这里我们把“漂亮”归入鉴赏而不是评价，是由于人被看成了实体而不是动作行为的发出者，因此属于鉴赏中的质量范畴。例（18）中，“感动”是夏雪和刘星的感情对老师的情绪产生的影响，属于影响范畴。

我们再来看组成范畴。组成范畴由平衡和细节两部分组成。从我们收集的语料来看，涉及组成范畴的语料很少，共出现 8 次，占鉴赏系统的 4.30%，并都属于细节这一范畴。

（19）刘星：在小雪的书里呀，爸是一只懒散而虚荣的猫！

爸爸：真不愧是自己的亲生闺女，生动，准确！

妈妈：你为什么把你爸爸写成是猫啊？

小雪：难道不是吗？他每天都睡懒觉，连他的臭袜子都是您洗的！如果让我用一种动物来比喻他的话，我就觉得他是一只懒猫。

妈妈：小雪，说爸爸是猫，多没礼貌啊！

刘星：妈，您先别急着替我爸打抱不平，您还是先关心一下自己的形象吧。

妈妈：你那书里是怎么说我的呀？

小雨：一只火鸡。

刘星：她在书里呀是这么写您的，说您是又爱发火又爱着急，听风就是雨。

爸爸：一针见血，生动！

刘星：还说您快手快脚，风风火火。

小雪：您整天都冲着刘星叫唤，芝麻大小的事儿都着急。如果让我用另一种动物来比喻您的话，那就是火鸡。

例（19）中，“生动”“准确”是爸爸对小雪写的小说的评价，属于细节范畴，是爸爸对小雪的肯定。

最后，我们再看价值范畴。价值是对人或事物是否重要、是否有价值的判定。根据统计，表示价值的词语共出现 50 次，占鉴赏系统的 26.88%。

（20）（她说了她的创业计划之后。）

小雪：你们觉得怎么样啊？

爸爸：好啊！不错不错！

妈妈：创意相当精彩！

（21）胖婶：老夏啊，看你这一家子多好啊！这爱人是业务骨干，这女儿是三好学生，这俩儿子一个是海归，一个是小帅哥，哎哟真好，你看看！

爸爸：（把手抽出来）那个，您先坐会儿。

胖婶：甭客气，我坐不住。

例（20）中，“创意”是妈妈对小雪创业计划价值独创性的肯定性评价，属于价值范畴；“业务骨干”“三好学生”是胖婶对刘梅作为护士、夏雪作为学生的价值上的肯定性评价，也属于价值范畴。

综上所述，在鉴赏系统中，反应占最大比重，为68.82%。其中，反应范畴中的质量类又占了绝大多数；价值次之，占26.88%；最后，组成范畴所占比重最小，为4.30%。鉴赏系统中各子系统的恭维语分布情况如表3-6所示。

表3-6　鉴赏系统各子系统中汉语恭维语的使用情况分布

		次数	百分比（%）	合计次数	合计百分比（%）
反应	影响	23	17.97	128	68.82
	质量	105	82.03		
组成	细节	8	100	8	4.30
	平衡	0	0		
价值		50	100	50	26.88
总计				186	100

从所举用例我们可以看出，在表示鉴赏意义的时候，我们可以选取能够表示某物或某人所具有的某种正面特征的词，比如“漂亮”“美丽”“可爱”等；我们还可以选取表示某人某事有价值的词语，如“重要”“非你不可”“有创意”，等等。

（二）态度系统下的美语恭维语研究

我们从《新成长的烦恼》第一部、第二部中共摘录出语料 187 条，其中第一部 76 条，第二部 111 条。在这里，将按照评价理论的系统对这 187 条语料进行分类，找出美语恭维语在分布以及频率上的特点。

我们将语料加以鉴别和统计，发现与态度有关的词语共出现 437 次，其中表示情感意义的词语出现 171 次，占态度系统的 39. 13%；表示判断意义的词语出现 165 次，占态度系统的 37. 76%；表示鉴赏的词语出现 101 次，占态度系统的 23. 11%。具体分析数据请参见表 3-7。

表 3-7　美语中情感、判断和鉴赏类恭维语在态度系统中的分布情况

	次数	百分比（%）
情感	171	39. 13
判断	165	37. 76
鉴赏	101	23. 11
总计	437	100

（22）Lizzie：Mom.

Mom：Oh ，what have I done to annoy you now?

Lizzie：Okay，I guess I' ve been a little hard on you.

Mom：Yeah.

Lizzie：Then I' m sorry …？ Because I'm really glad that you could come along on this trip.

Mom ：You are?

Lizzie：Yeah.

Mom ：Honey，I know having your mom along wasn't exactly what you had in mind for this weekend.

Lizzie：Well，not exactly. But I think everyone really kind of wishes that you were their mom right now. And I'm really glad that you' re mine.

（23）（妈妈在修爸爸没有修好的水管。）

Matt：You broke the sink，didn't you，Dad?

Dad：Did not.

Matt：It's okay. Mom will fix it. (singsong)：Mom, Mom, she's our man If she can't fix it, no one can! Go, Mom!

(24) Lizzie：Here you go, Kate.

Kate：Hmm... Who is invited?

Lizzie：Well, everybody.

Kate：And everybody starts with me?

Lizzie：Oh, of course, Kate. We couldn't have a party without you.

Kate：So you do understand how this school works, McGuire. Maybe there is hope for you after all.

以上三个例句分别代表情感、判断、鉴赏三个子系统。例（22）中，利奇用"glad"一词，明确地表达了她对妈妈陪她野营这件事儿的情感态度，是态度中的情感范畴；例（23）中，马特对妈妈修理水管这一才能给予强烈的肯定性评价，属于态度中的判断范畴；例（24）中，利奇强调了凯特对于派对的重要性，是对人或事物价值的判断，属于态度中的鉴赏范畴。

1. 情感类恭维语

从表3-7中我们可以看出，美语恭维语中，表示情感意义的词语出现的频率最高，共出现171次，占39.13%。其中，动词"love"出现的次数最多，高达59次，占表情感意义词语出现频率的34.50%。例如：

(25)（妈妈知道Matt将要在网络上进行自己的脱口秀之后非常高兴。）

Matt：We're interviewing you. Lanny got a webcam for his birthday so we're starting our own talk show on the Internet. We premiere tonight.

Mom：Well, I think that's great. And I would love to be a guest.

以上句子中，妈妈用"love"直接、明确地表达了她愿意做马特脱口秀节目的嘉宾这一情感态度，并且是对马特脱口秀节目的肯定性情感评价。

形容词"favorite"和"love"一样，也可以表达说话人的情感态度。"favorite"共出现了5次，占表情感词出现频率的2.92%。

(26) Andie：It's just I'm such a fan of your work.

Gordo：My work?

Andie：That video you made last year where everyone revealed their deepest thoughts about school. It's one of my all-time favorite student films.

Gordo：Really?

例（26）中，“favorite”一词传达了安迪对戈多作品的肯定性评价，属于情感范畴。

动词“like”出现了42次，仅次于“love”，占表情感词语出现频率的24.56%。“like”同样表达对人或事物喜爱的情感，但是程度不如“love”深。例如：

（27）Frankie：The thing is，you're so cool，and I really like you. But I know I made things bad for you，which isn't good – the whole being bad thing，so...

Lizzie：So what you're saying is we shouldn't see each other anymore.

“like”一词表达了弗兰克对利奇肯定的情感态度，弗兰克喜欢利奇，从情感态度上来说，是对利奇的肯定性评价。

“like”和“love”两个动词共占表情感词语出现频率的59.06%。此外，动词“thank”出现次数也比较多，共出现22次，占表情感词语总频率的12.87%。

（28）（万圣节Party，米兰达的父母桑切斯夫妇带来很多鬼神玩具。）

Kate：Hi，Mrs. Sanchez. How are you? Mr. Sanchez. Oh，how interesting.

Mr. Sanchez：Day of the dead is one of my favorite holidays.

Mrs. Sanchez：Yeah，and on EI Dia delos Muertos in Mexico. People go to the cemetery and have a meal with the dead. Oh，it's a lot more fun than in sounds. There's dances and all kinds of stuff.

Kate：Thank you so much for sharing this with us. It's going to make our Fright Night so much more interesting.

Mrs. Sanchez：Well，it's our pleasure.

在这一例句中，凯特用“thank”表达了她对桑切斯夫妇所分享故事所持的感谢的态度。这里需要说明的是，由于本书只研究恭维语，不涉及恭维语答语，所以在答语中的“thank”我们没有统计在内。形容词“glad”出现的频率也比较高，据我们统计，共出现34次，占表情感词语出现频率的19.88%。例如：

（29）（利奇和马特被手铐铐了一天，共同经历了一天后。）

Matt：If I had to spend the day with a dopey sister，I am glad it was you.

Lizzie：Thanks. If I had to spend the day with a dork-head brother，you probably weren't the worst one.

在本句中，马特对姐姐利奇的肯定评价，通过“glad”一词表达了出来，“glad”表达了弟弟马特的庆幸和喜悦的情感。

情感态度也可通过其他词和短语来表达。

(30)（利奇打算自己赚钱，她决定在饭店当服务员。）

Lizzie：A job? What a great idea！I could get a job！Oh，I'm sorry. Were you saying something，Miranda?

Miranda：Huh? Oh，no，I think getting a job's a great idea. Uh，I think they're looking for a new busboy.

例（30）中，利奇的情感态度通过“what a……”表达出来了，表达的是她对米兰达出的主意的肯定和情感上的欢喜之情。

《新成长的烦恼》中表示情感态度的词语使用情况见表3-8。

表3-8　美语恭维语中表示情感态度的词语使用情况

	百分比（%）
love	34.50
like	24.56
thank	12.87
glad	19.88
favorite	2.92
其他	5.28

和汉语恭维语一样，在美语恭维语中，状态动词“love”“like”的使用相当频繁，表示感谢意义的动词“thank”的使用也比较多；形容词中，正向形容词“glad”出现的频率也比较高。那么我们在使用美式英语恭维他人时，可以选取表示感谢、内心喜悦的词和正向形容词。

2. **判断类恭维语**

统计显示，美语中表示社会判断的词语共出现165次，占态度系统的37.76%。其中，涉及社会尊严的词语共出现106次，占表示社会判断词语出现次数的64.24%；涉及社会认可的词语共出现59次，占表示社会判断词语出现总次数的35.76%。

在社会尊严的三个子系统行为规范、能力、坚忍中，美语语境下的人们对他人的肯定性评价主要集中在对他人能力的肯定上，对他人能力肯定的词语共出现67次，占表示社会尊重意义词语的63.20%；对他人的行为是否符合社会规范的评价出现了36次，占表示社会尊重意义词语的33.96%。在社会尊重范畴中，坚忍（可靠）是人们涉及最少的一个子范畴，人们对他人是否坚忍（可靠）的评价共出现3次，占表示社会尊重意义词语的2.83%。

（31）（利奇认识一个七年级的新生，打算帮助她更好地融入校园生活，她们成为朋友。）

Lizzie：You're more than just a sevvie. Okay, everything may seem a little confusing right now but don't worry. I'll help you out.

Andie：Wow, Lizzie. I'll never be like you. You're so...... together. And I'm so not.

Lizzie：Oh, I know it may seem that way. But if it wasn't for my friends last year. I would've never survived.

（32）（Gordo 为了准备录制录像带拍摄了一些黑白的照片，给 Lizzie 和 Miranda 看。）

Gordo：I'll show you excellent. These are the stills. I shot of you guys the other day.

Lizzie：Oh, cool. I didn't know you shot black and whites.

Gordo：Yeah, well. I'm experimenting with different tones. You know, for the video.

Miranda：Oh, cutting edge. I like it.

（33）Dad：Well, I just figured, if I took away all the stuff they're fighting over there'll be nothing left for them to fight about and they'll just have to work out their problems together.

Mom：Wow. That's very forceful of you.

例（31）中，安迪对利奇的肯定，主要集中在能力上面，“together”（稳定可靠、办事效率高）典型的是对他人能力的称赞。例（32）中，“cool”“cutting edge”分别是利奇和米兰达对戈多拍的黑白照片的评价；

“时髦”是对一个人的行为或者穿着走在社会规范前沿的肯定性评价，属于社会规范范畴。勇敢、大胆、有力等都属于坚忍范畴，所以例（33）中，“forceful”是妈妈对爸爸坚忍（可靠）的肯定性评价。判断系统中社会尊重范畴的三个子系统在美语恭维语中分布情况见表 3-9。

表 3-9　社会判断中表示社会尊重的美语恭维语使用情况

	出现次数	百分比（%）
行为规范	36	33.96
能力	67	63.20
坚忍	3	2.83
合计	106	99.99

下面我们再来具体看看在社会认可范畴中美语恭维语的分布情况。社会认可有两个子系统——是否正当以及是否真实可靠。从统计来看，涉及对他人行为是否正当的评价的词语共出现 57 次，占社会认可子系统的 96.61%；而对真实性的评价只出现了 2 次，占表示社会认可子系统的 3.39%。详见表 3-10。

表 3-10　社会判断中表示社会认可的美语恭维语使用情况

	数量	百分比（%）
是否正当	57	96.61
是否真实	2	3.39
合计	59	100

(34)（利奇表示米兰达要恋爱了，戈多质疑称米兰达还不了解瑞恩。）

Miranda: Yes, I do. Didn't you hear that monologue? He was sensitive, he was cute, he was funny.

Gordo: All right, all right, enough. I've got to start hanging out with some guys.

(35)（电视台进行校园拍摄，大家很兴奋，唯独戈多冷眼旁观，称大家挤在镜头前仿佛动物，并对利奇和米兰达表达了自己当导演的愿望，被一旁的导演看上。）

Director: I love your energy. Love and against. Very real very Refreshing.

Lizzie：Oh yeah, he is.

Director：You have a unique way of looking at things.

Miranda：Oh, he does.

Director：Two very important skills if you want to be a director.

Gordo：Oh, I do.

“Sensitive”是敏感、感性的意思。在美语语境中，感性是正当的、合适的。“insensitive”相对来说就是行为欠妥或者反应过于迟缓。例（34）中，米兰达对她男朋友的肯定性评价中，就包含了行为或表现正当这一肯定评价。例（35）中，导演对戈多的称赞是“real”，是真实、自然，很显然是对戈多表现出的真实性的称赞。

与汉语不同，我们发现在表示判断意义的恭维语中，美国人偏向对行为引领社会潮流而不是符合社会规范进行称赞，比如用“cutting edge”（时髦）、“cool”（酷）等词。但是在真实性和坚忍等方面，汉美恭维语选取的都是表示真实、勇敢、大胆、有力等意义的词语。因此，我们在用美语恭维他人时，要注意到汉美恭维语之间的差别，尽量避免用表示“懂事儿”“听话”等意义的词语，以免给他人造成不快。

3. **鉴赏类恭维语**

在统计中，表示鉴赏意义的词语共出现 101 次，占整个态度系统的 23.11%。在鉴赏系统中，反应范畴的词语共出现 76 次，占鉴赏系统的 75.25%；涉及价值的词语共出现 25 次，占鉴赏系统的 24.75%。统计中未发现涉及组成的词语。我们先具体看一下反应范畴。反应同样分为两部分——质量和影响，首先是质量，表示质量的词语共出现 54 次，占反应范畴的 81.82%；其次是影响，表示影响的词语共出现 23 次，占反应范畴的 28.95%。

（36）（学校组织拍摄年鉴并且选拔最什么什么奖。）

Lizzie：Wow. I never realized Miranda was so <u>poised.</u>

Miranda：Hey, guys, catch this. I've had people come up to me and tell me they're going to vote for me as Most Poised. Me, maybe a “Most.”

Lizzie：This is so exciting, my best friend, Most Poised. And Gordo's going to be Most Photographed.

（37）Larry：You're looking quite <u>fetching</u> today.

Miranda：Hands off，okay? There should be at least two feet between us at all times.

例（36）中，“poised”是利奇对米兰达本身所具有的特质的一种称赞，属于对质量的肯定性评价；例（37）中，“fetching”是米兰达对拉里产生的影响，是对米兰达的肯定性评价，属于影响范畴。

价值也是鉴赏中的一个重要方面，是对人或事物是否重要、是否有价值的判断。涉及价值的词语共出现 25 次，占鉴赏系统的 24.75%。

（38）Lizzie：You know what，Larry? I like your story. It's very creative.

Larry：Thank you.

“Creative”是对拉里创作的故事价值的评价，利奇认为拉里的故事很有想象力、创造性，是对拉里作品的肯定性评价。

在鉴赏系统中，反应范畴占的比重最大，为 75.25%，反应范畴中的质量又占了绝大多数；价值所占比重较少，为 24.75%；统计中未发现涉及组成范畴的词语。美语恭维语在鉴赏系统及其子系统上分布情况见表 3-11。

表 3-11　鉴赏系统各子系统中美语恭维语的使用情况分布

		次数	百分比（%）	合计次数	合计百分比（%）
反应	影响	22	28.95	76	75.25
	质量	54	81.82		
组成	细节	0	0	0	0
	平衡	0	0		
价值		25	100	25	24.75
总计				101	100

从以上用例中我们可以看出，同汉语恭维语一样，美语中表示鉴赏意义的恭维语也大多是表示某人或某物具有某种正面特征的词，如“poised”“beautiful”；表示某人某事有价值的词语，如“creative”“important”等也可以用来表示恭维语中的鉴赏意义。

六、态度系统下的汉美恭维语差异及其原因分析

在汉语恭维语用例中，与态度有关的词语共出现523次，其中表示情感意义的词语出现59次，占表示态度系统的11.28%；表示判断意义的词语出现278次，占态度系统的53.15%；表示鉴赏意义的词语出现186次，占态度系统的35.56%。美语恭维语用例中，与态度有关的词语共出现437次，其中表示情感意义的词语出现171次，占表示态度系统的39.13%；表示判断意义的词语出现165次，占态度系统的37.76%；表示鉴赏意义的词语出现101次，占态度系统的23.11%。参见表3-12。

表3-12　态度系统下汉语和美语恭维语的使用情况分布

	汉语		美语	
	次数	百分比（%）	次数	百分比（%）
情感	59	11.28	171	39.13
判断	278	53.15	165	37.76
鉴赏	186	35.56	101	23.11
总计	523	99.99	437	100

通过以上数据的对比可以看出，在汉语恭维语中，表示判断意义的词语出现的频率最高，占了半数以上，表示鉴赏意义的词语次之，表示情感意义的词语出现的频率最少，只占十分之一左右；在美语恭维语中，表示情感意义的词语出现的频率最高，表示判断意义的词语仅次于情感类词语，而表示鉴赏意义的词语出现的频率最低。就分布来看，美语恭维语中表示三种类别的词语分布得较为平均，三种类别词语的差别不是很大；而汉语中三种类别词语分布差别很大，判断类占了绝对优势。

判断系统和鉴赏系统分别有各自的子系统，下面我们具体看一下这两个系统。判断系统分为社会尊重和社会认可两个子系统。在汉语语料中，表示社会尊重的词语出现了204次，占判断系统的73.38%；涉及社会认可的词语74个，占判断系统的26.62%。在美语语料中，涉及社会尊重的词语出现106次，占表示社会判断意义词语出现次数的64.24%；涉及社会认可的词语共出现59次，占表示社会判断类词语出现总次数的35.76%。

表 3-13　汉语恭维语和美语恭维语在社会尊重以及社会认可方面的分布情况

		汉语		美语	
		次数	百分比（%）	次数	百分比（%）
社会尊重	行为规范	65	23.38	36	21.82
	能力	107	38.49	67	40.61
	坚韧	32	11.51	3	1.82
社会认可	是否正当	69	24.82	57	34.55
	是否真实	5	1.80	2	1.22
合计		278	100	165	100

从表 3-13 可以看出，无论人们使用汉语或者美语，在恭维他人时，都首先倾向于肯定他人的能力，其次是肯定他人的正当行为，最后是对符合社会规范的行为的肯定。在具体数值方面，美语恭维语对能力和正当行为的肯定所占的百分比略多于汉语恭维语，而汉语恭维语对符合社会规范行为的肯定所占的百分比略多于美语恭维语。不同的是，汉语恭维语对坚忍（可靠）方面的肯定性评价明显多于美语恭维语。

鉴赏系统分为反应类别、组成类别和价值类别三部分。在汉语语料中，表示反应类别的词语出现 128 次，占鉴赏系统的 68.82%；表示组成类别的词语共出现 8 次，占鉴赏系统的 4.30%；表示价值类别的词语共出现 50 次，占鉴赏系统的 26.88%。在美语语料中，表示反应类别的词语共出现 76 次，占鉴赏系统的 75.25%；表示价值类别的词语共出现 25 次，占鉴赏系统的 24.75%。统计中没有发现表示组成类别的词或短语，参见表 3-14。

表 3-14　汉语恭维语和美语恭维语在鉴赏类别中的分布情况

		汉语		美语	
		次数	百分比（%）	次数	百分比（%）
反应	影响	23	12.37	22	21.78
	质量	105	56.45	54	53.47
组成	细节	8	4.30	0	0
	平衡	0	0	0	0
价值		50	26.88	25	24.75
总计		186	100	101	100

在鉴赏类系统上，汉语恭维语和美语恭维语的分布较为一致，都首先集中在对人或事物质量的肯定上，其次是对人或事物有没有用或者有多大用处即价值的肯定上。不同的是，美语恭维语中影响类词语所占的比例比汉语中多，而汉语语料中涉及了部分细节类词语，美语恭维语在组成类词语上完全没有涉及。

综上所述，汉语恭维语和美语恭维语在态度系统词语的整体分布上差别较大，汉语恭维语多集中在社会判断系统上，鉴赏系统位列第二，而有关情感系统的词和短语最少。美语恭维语多集中在情感系统中，其次是判断系统，而鉴赏系统最少。从各个子系统内部来看，美语恭维语和汉语恭维语都倾向于肯定他人的能力、符合社会规范的行为、正当的行为、质量、影响以及价值；但是在具体数值上汉美恭维语略有差异，如美语恭维语中对能力的肯定数量略多于汉语，汉语中对符合社会规范的行为的肯定数量要多于美语恭维语。汉语恭维语中，对坚忍（可靠）的肯定要远远多于美语恭维语。此外，汉语恭维语涉及了组成类别，而在美语语料中未发现。

尽管汉语恭维语和美语恭维语在态度系统上有一定的相同之处，如都肯定他人的能力、价值等，但是差异还是显而易见的。其中一个显著的差异就是美语恭维语中情感态度占了态度系统的绝大部分，而汉语恭维语中情感系统所占比重最小。造成此种差异的原因可以归结为中美语言习惯、思维方式不同。无论是在家庭生活还是在社会活动中，中国人一般都不会主动对他人或某一事物发表赞赏或者下具有判断性质的言论。“沉默是金”“少说多听”一贯是中国人坚守的行为守则。即使要对他人或事物发表看法，通常也会选择比较委婉、含蓄的表达方式。中国人大多不善于向他人直接地表达自己的感情，无论是喜爱还是厌恶，中国人的表达都很含蓄。美国人对人或事物的看法则往往直言不讳，并且美国国人主张直接、主动地表达对他人的感情，常常把“love”“miss”等词挂在嘴边。在思维方式上，中国人是“趋同思维”，即总爱寻求与他人相同或类似的看法。人们不喜欢标新立异，不喜欢表现得太引人注目，“枪打出头鸟”“出头的椽子先烂”是人们千百年来口口相传的俗语。所以在恭维他人时，中国人也尽量不表达自己的情感态度，而是尽量从能力、可靠等他人所具有的客观品质方面加以称赞。与中国人不同，美国人恰恰是“趋异思维”，即强调个人的特殊性，强调个人的价值。对于某问题的看法，无论别人认同与否，美国人通常鲜明地表达出自己的看法，亮出自己的情感态度。

另外，汉语恭维语中涉及判断系统的词语数量明显多于美语恭维语。这种情况主要是由于中美文化传统、价值观的差异所决定的。经历了长达两千年的封建社会，中国人非常重视“礼”。“礼”指的是一种民族内部自然形成的包括禁忌在内的习俗与规范，它涉及社会结构和规则构成。“礼”的本质实际上就是一系列社会规范。孔子认为，“礼”是一个人乃至一个国家立足的根本。所谓“不学礼无以立”“礼者天地之序也”。受儒家思想的影响，人们非常重视社会规范，“君君臣臣、父父子子”“君为臣纲、父为子纲、夫为妻纲”“非礼勿视、非礼勿听、非礼勿言、非礼勿动”的思想在人们心中根深蒂固。现代社会，礼教对人的严重束缚已经解除，但是人们仍然注重下级对上级的绝对服从，注重对社会各种规则和制度的遵守。“集体主义”也是中国人历来推崇的价值观。我们自古注重集体的利益，“温、良、恭、俭、让”是中国人一向遵守的行为规范。孟子曾教育世人“老吾老以及人之老，幼吾幼以及人之幼”，强调人与人之间的和谐相处。中国人思考问题时，常常也是从大局出发，为他人着想。如果集体的利益和自己的利益发生冲突，中国人往往会选择牺牲自己的利益，对集体有着很强的依赖性。因此，汉语恭维语中对他人符合社会规范行为和坚忍的恭维比较多，涉及判断意义的词语比较多。

但是美国历史相对较为短暂，同时也很快地进入了工业社会，联邦法治深入人心，这就使得美国国民心中并未建立根深蒂固的等级观念，人们更加注重自由和平等。与中国人不同，美国人崇尚“个人主义”价值观。美国人更注重个人的价值和利益，强调每个人的作用、鼓励个性，提倡个人奋斗、向上拼搏进取的观念。他们认为个人是构成社会的最小单位，没有个人也就无所谓社会。因此在对他人恭维的时候并不特别看重对社会规范的遵守，反而是一些引领社会潮流的行为往往得到赞扬。

七、结语

我们以恭维语作为研究对象，以评价系统作为理论基础对中美情景喜剧中的恭维语做了对比研究，发现汉美恭维语在态度系统上，美语偏向于使用情感类恭维语，而汉语偏向于使用判断类恭维语。

另外，通过分析后，还有以下发现：

首先，汉语恭维语和美语恭维语存在一定的相似之处。从态度系统的各子系统上看，二者都倾向于肯定他人的能力、符合社会规范的行为、正当的行为、好的质量、正面的影响以及重要的价值。从级差系统上看，二者都是强势语势占优势。其次，二者的差异还是显而易见的，具体表现为：

1. 美语恭维语比汉语恭维语更侧重于对他人能力方面的恭维。

2. 汉语中对符合社会规范的行为和坚忍（可靠）这一特质的肯定要多于美语恭维语。

此外，我们还对造成汉美恭维语差异的原因进行了探究。由于文化传统的差异，造成中美两国价值观的根本不同，价值观的不同则是汉美恭维语差异的根本原因。思维方式也是造成汉美恭维语使用方式差异的另一个重要原因。如中国崇尚“礼”，美国崇尚“自由”，二者所导致的不同的思维方式也就对汉美恭维语的差异产生了一定的影响。中美语言在词汇上的差异，如汉语程度副词较多、美语程度副词较少等也是影响汉美恭维语差异的重要原因。我们对汉美恭维语差异原因的探究，旨在能在跨文化交际过程中加深彼此的理解、减少文化冲突。我们的探讨还存在不少局限。所有语料皆来自情景喜剧中，并非真实语境下的语料。尽管情景喜剧较为贴近真实生活，但是经过艺术加工后，毕竟不同于真实语境下的语料，因此可能会影响研究的准确程度。另外，我们并未涉及恭维语答语的研究，答语是研究恭维现象的一个重要的方面。

参考文献

[1] 陈其光. 语言积淀层 [A]. 纪念王力先生九十诞辰文集 [C]. 山东教育出版社，1992.

［2］ 段成钢．恭维语的跨文化对比研究［J］．四川外语学院学报，2000（2）：74-77.

［3］ 方瑞芬．汉语语境中恭维语和恭维应答年龄差异研究［J］．安徽大学学报（哲学社会科学版），2008（6）：55-59.

［4］ 傅佳．中英文恭维回应语执行策略的对比分析［J］．咸宁学院学报，2008（4）：84-86.

［5］ 黄曼茜．英汉恭维语的文化折射［J］．湖北广播电视大学学报，2009（5）：101-102.

［6］ 江晓红．语际语用学的课堂研究——恭维语与恭维语回应的可教性探析［J］．肇庆学院学报，2005（1）：67-71.

［7］ 李念蔚．从语用学的角度谈恭维语的性别差异［J］．濮阳职业技术学院学报，2007（20）：50-51.

［8］ 李先进．从跨文化视觉透析英汉恭维语异同［J］．湘潭师范学院学报（社会科学版），2008（5）：212-215.

［9］ 林卫杰．恭维语反应方略分析［J］．牡丹江师范学院学报（哲学社会科学版），2003（51）：51-53.

［10］ 黎娜．英语学习者恭维应答语：谦虚还是赞同［J］．咸宁学院学报，2005（2）：91-93.

［11］ 罗丽莉．中西恭维语的对比研究及对外语教学的启示［J］．宁波工程学院学报，2008（3）：118-121.

［12］ 齐慧静，常天龙．跨文化视角下的英汉恭维语对比分析［J］．东南大学学报（哲学社会科学版），2009（11）：208-210.

［13］ 任怡霖．恭维语回应中的语用迁移研究［J］．重庆交通大学学报（社科版），2007（6）：121-123.

［14］ 孙新爱．汉语恭维语分析［J］．沧州师范专科学校学报，2007（4）：36-37.

［15］ 石秀珍．从恭维或赞美语论日常交际中中美文化的差异［J］．安康师专学报，2004（16）：57-59.

［16］ 石秀珍，屈萍．英汉恭维语的语用差异及其文化理解［J］．牡丹江教育学院学报，2011（2）：35-37.

［17］ 吴锋针．恭维语在实施过程中的文化差异［J］．台州师专学报，2002（1）：39-44.

［18］ 王晓燕．汉语恭维语的顺应性研究［J］．长江大学学报（社会科学版），2001（6）：75-76.

［19］ 吴长墉．美国英语中的恭维语［J］．国外外语教学，1996（1）：45-48.

[20] 王华．英汉恭维语的对比分析及对外语教学的启示［J］．南昌高专学报，2010（3）：54-55.

[21] 王利君，邹白茹．中美文化中不同社会地位对恭维语应答策略的对比研究［J］．湖南农业大学学报（社会科学版），2008（1）：105-107.

[22] 王君兰．中美文化中恭维语语用差异与语用失误［J］．常熟理工学院学报（哲学社会科学版），2009（5）：98-102.

[23] 汪金凤．中英恭维语中能力话题的文化差异分析［J］．山东商业职业技术学院学报，2009（4）：89-91.

[24] 雪征．社会语言学视角下的中美恭维语对比［J］．琼州学院学报，2009（3）：146-148.

[25] 小剑，李柏令．外国来华汉语学习者英语恭维语回应中的"语用反向迁移"实证研究［J］．语言教学研究，2011（2）：56-68.

[26] 席于霞．中西日常交际中的恭维语语用对比分析［J］．十堰职业技术学院学报，2009（1）：77-79.

[27] 尤亚纯，张发祥．恭维语应答的社会地位差异分析［J］．郑州航空工业管理学院学报（社会科学版），2008（4）：64-65.

[28] 席于霞．浅析中西方恭维语的社会文化意蕴［J］．南昌教育学院学报，2009（1）：17-19.

[29] 张晓丽：大学生恭维语回应策略研究［J］．宜春学院学报，2010（5）：94-95.

[30] 张金科，段成钢．恭维语研究中的普遍论与相对论观点［J］．科技创新导报，2008（9）：148-151.

[31] 张超英．社会行为中书面恭维语之避讳语[J]．佳木斯大学社会科学学报，2008（3）：159-160.

[32] 朱亚夫．英汉恭维语差异探微［J］．广州师院学报（社会科学版），1998（3）：69-74.

[33] Halliday，M. A. K. *An Introduction to Functional Grammar* [M]. London：Edward Arnold，1994.

[34] Herbert，R. 1988. The ethnography of English compliment and complimentresponses：A contrastive sketch [A]. In Oleksy，W.（ed.）.

[35] Holmes，J. 1986. Complimentsand compliment responses in New Zealand English [J]. *Anthropological Linguistics*.

[36] Johnson，D. & D. Rosen. 1992. Complimenting and involvement in peer reviews：Gender variation [J]. *Language in society*.

[37] Manes, J. & N. Wolfson. 1981. The compliment formula [A]. In Coulmas F. (ed.). *Conversational Routine: Explorations in Standardized Communication Situations and Prepatterned Speech* [C]. The Hague: Mouton.

[38] Martin, James & Rose, David. 2003. *Working with Discourse* [M]. London & New York: Continuum.

[39] Wolfson, N. 1989. *Perspectives: Sociolinguistics and TESOL* [M]. Cambridge: Newbury House.

第九节　同义词成因

在任何一种语言中，名词都是数量最多、地位很高的词类。汉语中以名词至关重要，这一点与西语大都以动词为中心有很大的不同。汉语名词中的同义词（这里指狭义的同义词——等义词）特别多见，它们的外延内涵完全一致，“指称的事物和现象相同”，只是“词的风格、情味或色彩……有区别”。我们试图从外部和内部不同语言环境的角度，探寻这类同义词的成因。

一、外部因素

斯大林说过：“语言的词汇对于变化是最为敏感的，它处于几乎不断变化的状态中。”陈原先生也说：“语言是一个变数，社会是另一个变数。两个变数互相影响，互相作用，互相制约，互相接触而引起的互相变化。……语言毫不含糊地随着社会生活的步伐而发生变化。”“一切名词都是现实世界客观事物的反映。”

1. 新旧词交替使用产生同义词

社会的变动，经济的发展，科学的进步，新事物的出现，人们认识的提高，思维的活跃和丰富，都会通过新词的出现，迅速而明确地反映出来。但旧词并不因此而变得毫无意义，更不会立即全部消失。实际情况往往是，在相当长的时间内，新旧词并存并用，于是产生了大量的同义词。如：

洋车——自行车；姘妇——二奶；洋火——火柴；厕所——卫生间；

门房——传达室；学堂——学校；同窗——同学；保证书——军令状；

媒人——介绍人；戏子——演员；薪水——工资；杂物铺——百货商店；

伙计——营业员；牢房——监狱；掌柜的——经理；账房先生——会计

2. **语言接触产生同义词**

语言是文化的载体，在人类的发展过程中，当不同民族的文化相互交流与碰撞时必然会在语言中留下深刻的痕迹。美国著名语言学家萨丕尔就曾经说过："语言，像文化一样，很少是自给自足的。""一种语言对另一种语言最简单的影响是词的'借贷'。只要文化有这种借贷，就可能把有关的词也借过来。"各种语言都有从外族语言中吸收进来的词语。汉语词汇在自身的发展过程中，除通过自身的演变不断丰富外，也从其他语言中吸收外来成分，绝大多数外来词经过"汉化"过程，比如通过音译、意译、音译加汉字语素等手段成为汉语词汇。随着时间的洗涤和冲刷，有些外来词已演变成现代汉语的基本词，难以辨认其外来身份。如：

吐司（英）——烤面包片；安琪儿（英）——天使；拜拜（英）——再见；

的士（英）——出租汽车；色拉（英）——凉拌菜；粉丝（英）——崇拜者；

三明治（英）——夹心面包；香格里拉（英）——世外桃源；

乌托邦（英）——空想主义；布尔什维克（俄）——多数派，共产党人的代称；

物语（日）——童话故事；浮屠（梵）——塔；刹（梵）——佛寺；

戈壁（蒙古）——沙漠；雅克西（维吾尔）——好；扎西德勒（藏）——吉祥如意

现在，经常会碰到一些外来词直接而不加变动地被引入汉语中的情况（用其义也用其音）。如：E-mail（电子邮件），VIP（贵宾），ABC（基本知识），UFO（飞碟），WTO（世界贸易组织），WHO（世界卫生组织），APEC（亚太经济合作组织）等。这些词也可以归入汉语同义词之中。因为这实际上也是转写的一种方式。事实上，我们从日语借入的词，基本上都是将日语中的汉字原封不动地照抄过来的（用其义不用其音），如革命、半旗、背景、本质、海拔、流感等。当然，日语有其特殊的地方，它用的是汉字。但就借用方式来说，却是一样的——照抄。这样做，比起用汉字音译或意译省时、省力，随着国人受教育程度的普遍提高，也日益被接受。但对其使用还是要慎重，不可以任意为之，以免造成语言污染。

3. **“塔布”产生同义词**

塔布（英 taboo 或 habu），就是“禁忌”“忌讳”。日常生活中，许多场合许多时候，人们不愿意或无法说出禁忌的名物或动作，但又不得不指明这种名物或动作，此时，“人们就不得不用动听的（好听的）语词来暗示人家不愿听的话，不得不用隐喻来暗示不愿说出的东西，用曲折的表达来提示双方都知道但不愿点破的事物——所有这些好听的、代用的或暗示性的语词，就是委婉语词”。这种塔布所产生的委婉词语，就是被代替被暗示的词语的同义词语。

“死”是一种无法抗拒的自然现象。由于人们对生的渴望，对未来的憧憬以及对死的恐惧（特别是古代）和不解，因而当面对“死”时，总是千方百计地换个说法，于是产生了“死”的大量同义词。如：

逝世　辞世　谢世　下世　弃世　亡　故　殒　殁　殂　作古　就木

归西　升天　命赴黄泉　寿终正寝

如果考虑到词的感情色彩、使用的语体、场合，“死”还有一些别的说法。如：

永别　永眠　长眠　溘然长逝　见马克思　仙逝　千古　仙游

完蛋　玩儿完　老了　没了　断气　咽气　回老家　见阎王

由于死者的身份不同，“死”的说法也不一样，如《礼记·曲礼》：“天子死曰崩，诸侯死曰薨，大夫死曰卒，士曰不禄，庶人曰死。”再如革命者之死就用“牺牲”“就义”“献身”“捐躯”“殉难”“阵亡”“成仁”等。有人统计，汉语中表示“死”这个意思的词，已经超过了二百个。

“死”及其同义词，常常是用作动词的，但考虑到词类的活用，上述这些词中有些也常用作名词。

又如，表示人某些生理部位和生理现象的词语，通常情况下，尤其是公开的、正式的场合，常因讳莫如深、碍口难言，而被同义的委婉词代替。如“月经”的委婉说法有经血、天癸、癸水、信水、月信、例假、倒霉等；“屎”字常以大便、大恭代之；“尿”则有小便、小水之称；就连茅房、厕所，也雅称为卫生间、洗手间、盥洗室，或者用更隐晦的“1 号”来代替。

月神“嫦娥”也是由塔布产生的同位语。其本名叫“姮娥”，后因汉代文帝名刘恒，“姮”“恒”音同，避帝王之讳，遂改名为“嫦娥”。如此情况的同义词，也绝不只此一例。

4. 缩略语产生同义词

缩略语是汉语词汇系统的重要组成部分。为适应现代快节奏的社会生活，缩略语的使用越来越多，有些缩略语几乎与全称同时产生，有些缩略语的使用频率，甚至比全称高得多。缩略语与全称并存并用，也使汉语中出现了不少同义词。

世贸——世界贸易组织；环保——环境保护；乙肝——乙型肝炎；

中西医——中医、西医；调研——调查研究；

三废——废气、废水、废渣；“双百”方针——百花齐放、百家争鸣；

处——处长；局——局长

缩略语在古代也常使用。如：长（zhǎng）主——长公主（皇帝的姊妹称之)。《汉书·霍光传》曰：“又为外人求光禄大夫，欲令得召见，又不许。长主大以是怨光。”“鸣盗浅术之余，豫三五贱伎之末。”四勿——非礼勿视，非礼勿听，非礼勿言，非礼勿动。朱熹《斋居感兴诗》：“颜生躬四勿，曾子日三省。”有一种常见的观点是，科学概念常用拉丁字母或希腊字母来表示。例如：化学上的 Na（钠)、K（钾)、Ca（钙)；数学上的 π（圆周率)、r（半径)、lnN（自然对数）等。对这种情况，陈原先生认为：“从广义上说，也是一种缩略语，或者可以叫作类缩略语。”既然这样，我们也不妨把它看作由缩略语产生的同义词。如果换一个角度看，这种在科学概念中照搬外语字母的现象，其实就是前面提到过的一种形式——既用其义也用其声的照搬抄写。

应当指出的是，虽然缩略语（包括准缩略语）的使用确是有利于解决语词太长、节奏太急的矛盾，因而其使用有日渐增多的趋势，但是对于缩略语的使用，还是要谨慎为之，“不能随便滥用”。“滥用缩略语首先是不能精确地传递信息——因为受信人不能掌握这‘浓缩’语的确切语义；其次是给语言带来不好的影响，说得重一些，即引起某些方面的语言污染。”

同时还有一点值得指出，即缩略语的大量和长期使用，常会使人忘记全称的具体内容，造成确切信息的流失。如“三农”，很多人说不清楚包括哪三个“农”。至于“四书”（《大学》《中庸》《论语》《孟子》）“五经”（《诗》《书》《礼》《易》《春秋》)、“六艺”（礼、乐、射、御、书、数）等流传至今的古代缩略语，能顺口说出其全称的人，恐怕就更少了。

5. 方言产生同义词

外来语是引进的，方言却是从共同语中分化出来的，与共同语是同源异流，往往呈现出区域性，因此对同一事物不同方言就会有不同的叫法。如：

甘薯，也叫红薯（河南）、白薯（北京）、番薯（贵阳）、山芋（上海）；

玉米，也叫玉蜀黍（河南）、苞米（东北）、苞谷（西南）、包粟、粟米（广州）、棒子（华北）；

丈夫，也叫当家的（东北地区）、孩子他爹（北方）、爷们儿（北方）；

妻子，也叫娘子（吴语）、针穿目（云南彝语）、媳妇儿（北京）、家小（苏州）、堂客（湖南、湖北）、婆姨（陕西）等。

由于交通日益发达，人们的交际日益增多和方便，不少方言词已被普通话所吸收。例如：里手——行家（湘）、烧菜——炒菜（浙）、沏茶——泡茶（浙），等等。流行于港台的“计程车”（出租车）等，也已成为现代汉语的一般通用语。

6. 通用名与商品名产生同义词

这种情况，最常见的可能是一些西药名和化学制品名。如：

多潘立酮片——吗丁啉；甲烷——沼气；乙醇——酒精；甲醛水——福尔马林。

二、内部因素

语言有其自身的发展规律，词汇内部也是一样。

1. 别名产生同义词

“别名”，《辞海》的解释是：也叫“异名”，“通名”的对称。“通名”，《辞海》的解释是：普通名称，……如“医生”为通名，别名“大夫”“郎中”等。汉语中，很多人、事物、现象等都有别名，因而出现了为数可观的同义词。如：

“牡丹”也叫花王、富贵花、洛阳花、国花、国色天香等；

“菊花”也叫黄花、寿客、傲霜枝等；

“梅花”也叫花魁、一枝春、玉骨冰肌、暗香疏影；

“酒”也叫佳酿、玉友、红友、狂药、曲秀才、杯中物、壶中物等；

“信”也可以叫作书、函、笺、尺素、尺牍、双鱼、雁书、鱼雁、鱼书等；

“名人”还可称作名家、名流、头面人物、风云人物、风流人物、显士、名士等；

“隐士”的名称，“比较重要的有隐士、高士、处士、逸士、幽士、高人、处人、逸名、遗名、隐者、隐君子等十一种”，此外还有佚名、幽客、山逸、山人等叫法。

同一事物、现象、概念等不同叫法的来源，即这些名称的确定，其实是从不同的角度命名的结果。

2. 语体不同产生同义词

口头语体与书面语体使用的场合不同，其语体色彩、风格和特点也不完全相同。同一事物，使用不同语体来表达，就有了不同的说法，于是产生了同义词。如：

客人——来宾、宾客；旅店——邸舍；日本——东瀛；月亮——冰轮；

荷花——菡萏；沿海地区——海隅；书信——函牍；后代子孙——后昆；

渡口——津渡；酒坑儿——酒窝

书面语体是文字产生之后才出现的。它的载体是汉字，它的发音基础是口头语体，它要不断地从口头语体中吸取营养。反之，书面语体也会积极影响口头语体，大量书面语词不断进入口语，就是明证。随着人们文化教育水平的提高，这种现象会越来越明显。口头语体与书面语体的相互影响，使“你中有我，我中有你”成为一种普遍现象，许多词是不好绝对定义其是口语还是书面语词的。

3. 专有名词（或术语）泛化形成同义词

有些专有名词，如人名、地名、商标名或某一行业的术语等，在使用的过程中，随着人们的熟知、运用的广泛，渐渐转化为普通名词，用来表示相关的事物，形成了有相同意义的同义词。如：

红娘——介绍人；伯乐——善于发现和选用人才的人；

桃花源——避世隐居的地方；功夫——中国武术；

擦边球——空当儿；冠军——第一；马拉松——长跑；

X 光——透视；艾滋病——性病

下面两对词，也属于这一类：

秦晋——婚姻。春秋时，秦晋两国世为婚姻，后遂称联姻为秦晋之好。刘义庆《世说新语·言语》注引《卫玠别传》："娶乐广女。裴叔道曰：'妻父有冰清之资，婿有璧润之望，所谓秦晋之匹也。'"

潘杨——姻亲。潘岳妻杨氏，为杨绥（仲武）之姑，属于世亲联姻，后也称姻亲为潘杨。唐孟浩然《送桓子之郢成礼》诗："为结潘杨好，言过鄢郢城。"

4. 构词成分变动形成同义词

构词成分的变动是指词素的增加、减少、重叠、变更以及顺序的变换等。如：

面条——面条儿；鼠——老鼠；棍棒——棍棍棒棒；海宁潮——钱塘潮；

士兵——兵士；山河——河山；气力——力气

5. 词的比喻义产生同义词

"包袱""结晶""潮流""虎口"，这几个词多用其比喻意义，即用其基本意义比喻其他事物所产生的新义。在这里，"包袱""结晶""潮流""虎口"就分别是"负担""（珍贵）成果""趋势""危险境地"的同义词，彼此可以互换。而"酒囊饭袋"一词似乎从一出现就以其比喻意义成为"无能的人"的代称。

6. 析字产生同义词

把一个汉字分解，组成一个新词，但词义却还是被分解的那个词的意思，于是形成了同义词。如：

十八公——松。苏轼《夜烧松明火》诗："坐看十八公，俯仰灰烬残。"

丘八——兵。后蜀何光远《鉴诫录·轻薄鉴》："太祖问击榆之戏，创自谁人。大夫对曰：'丘八所置。'"

古月——胡。李白《司马将军歌》："狂风吹古月，窃弄章华台。"

十八子——李（姓）。温大雅《大唐创业起居注》卷三："东十八子，八井唤三军。”指李渊。

子系——孫（孙）。曹雪芹《红楼梦》：“子系中山狼，得志便猖狂。”子系即孫（孙），指孫（孙）绍祖。

三酉——酒。明代田艺衡《留青日札》二四《酒名》：“今人称酒曰三酉，皆言三点水加酉也。”

7. 通假产生同义词

通假，或叫通借、假借，是古今汉语中常见的一种现象，由此也产生了一些同义词。如：

红、工、功相通，所以“女红”“女工”“女功”三词同义，均可指女子从事的纺织、缝纫、刺绣等工作及这些工作的成品。而“红女”“工女”均可指从事纺织、缝纫、刺绣等工作的妇女。

工、功相通，则“工夫”“功夫”均表示时间、空闲的时间、时候、本领、造诣。（现在表示本领、造诣时多用“功夫”，表示时间则多用“工夫”。）

壶、瓠（瓠，又与“瓜”通）相通，均可指葫芦。《诗·豳风·七月》：“七月食瓜，八月断壶。”

谷、穀均指谷类植物、谷子或其籽实（去壳后叫小米）。这里，“谷”不是“穀”减笔所成，而是同义假借，是借“谷”为“穀”。

由此可见，语言受外部环境和自身演变的影响产生大量的同义词，同义词的出现是一个很普遍、很古老的语言现象。其实，同义词文白不同的语体风格、褒贬差异的感情色彩及迥异的情趣情味，正是由于不同的来源造成的。它们并存并用，极大地丰富了汉语词汇的宝库，使汉语词汇色彩纷呈、姿态万千。

参考文献

[1] 张静．现代汉语［M］．上海：上海教育出版社，1981.

[2]《辞源》编写组．辞源［M］．北京：商务印书馆，1979.

[3]《辞海》编写组．辞海［M］．上海：上海辞书出版社，1982.

[4] 陈原．社会语言学［M］．上海：学林出版社，1983.

[5] 蒋星煜．中国隐士与中国文化［A］．民国丛书［C］．1992.

第十节　许慎注《淮南子》的训诂学成就

淮南王刘安主持编撰的《淮南子》是一部以道家思想为主，杂儒、墨、名、法诸家思想的著作，是研究各派学术思想的渊薮。东汉学者马融、许慎、高诱等为之作注，马融注只字不存，许慎、高诱注也非完帙，许注仅存八篇；高注仅存十三篇，混杂于一书之中。历来针对《淮南子》旧注的研究多集中在旧注的甄别、辑佚、校勘、训诂成就的总结等方面，其中针对训诂成就的研究存在侧重高诱注、忽略许慎注的倾向。许慎对高诱注的影响甚大，在具体释义上，很多方面较高诱注为长，在解词释义上，许慎的释义体现了许慎的训诂原则和系统科学的训诂方法。

一、许注遵循原文为说

《淮南子》的内容“牢笼天地，博极古今”[1]，是一部百科全书式的哲学著作，上至宇宙奥秘，下至人间百态，无所不包，尤其保存了天文、历法、史地、传说等上古三代的重要文化史料。如何体现《淮南子》一书的史料价值并为之阐释，是许、高二人训诂的一大难点。许慎、高诱对涉及天文、历法、史地等词语的训释各有特点。概括来说，许慎倾向于遵循原文，释义一以贯之，较为周密。高诱注常另起炉灶，有时难以自圆其说。例如：

《主术》：“大火中，则种黍菽。”高注：“大火，东方苍龙之宿，在四月建巳中南方。菽，豆也。”《齐民要术》卷一引作：“大火中，即种黍菽”注：“大火昏中，六月。”《时则》：“季夏之月，招摇指未，昏心中。”昏心中对应季夏六月，大火即心宿二，故许以大火昏中为六月。又《时则》：“季秋之月，昏虚中，即种宿麦。”高注：“虚，北方玄武之宿，八月建酉中于南方。”《齐民要术》卷一引作注：“虚昏中，九月。”《时则》：“季秋之月，昏虚中。”季秋之月为九月，故许注以昏虚中为九月。高注以昏虚中为八月。与《时则》所记历法不合，《吕氏春秋・季秋纪》："季秋之月，昏虚中。"高注："季秋之月，夏之九月。"亦与自注相左。高氏先注《淮南子》，后注《吕览》，对先前的注释，高诱做了修正。从这可以看出，高诱注《淮南子》时对原文的忠实度不如许慎，导致高诱对历法的注释不成体系，自相矛盾。较之高注，许慎多据《淮南子》正文为说，不轻易另辟蹊径，体现出许慎严谨周密的注释特点。

又如《天文》："夏至牛首之山。"高注："牛首之山，北极之山。"许注："牛首之山，夏至所止也。"又"冬至峻狼之山"，高注："南极之山。"许注："峻狼之山，冬至所止也。"又"至于悲谷"，高注："悲谷，西南方之大壑，言其深峻，临其上令人悲思，故曰悲谷。"许注："悲谷者，日入处也。"对比许、高注，许注化用原文为释，高注则多发挥，其说不详所出，有杜撰之嫌。许、高二注特点有助于辨别许、高二注。如《北堂书钞》卷一百四十九引《天文》"至于曲阿，是谓旦明"，注："曲阿，所由明也。"《太平御览》卷三引高注："曲阿，山名。"前者当为许注，本原文为说；后者与原文无涉，当为高注。

二、破除通假以明词义

不用本字而用假借字为古书中常见的用字上的假借，破除假借字是训诂学的重要内容之一。王引之说："学者改本字而读之，则怡然理顺；以借字解之，则以文害辞。"[2]许慎在破除假借字以释义方面，较高诱为胜。

《天文》："十二岁而一康"，注："康，盛也。""盛""安"义同，皆以"康"为康乐义。《太平御览》卷十七引《天文》"康"作"荒"，注："蔬不熟为荒也。"《说文・欠部》："歉，饥虚也。"许以"荒"为蔬不熟，是读"荒"为"歉"。"康"亦通"歉"。《穀梁传・襄公二十四年》："四谷不升谓之康。"范宁注："康，虚也。"《韩诗外传》："四谷不升谓之荒。""康荒"为同义连文。《主术》"狡躁康荒"，注："康，安。荒，乱也。"高释"康"为"安"，误与"康，盛也"同。

三、精审文例以明词义

（一）连文

连文是古人遣词造句的一种重要的修辞手段，也是训诂学考求词义的重要手段，即根据词与词之间的同义、反义关系考索词义。许慎在训释词语时多次运用连文求义的方法。如，《天文》“以定晏阴之所成”，注：“晏阴，微阴也。”茅一桂本、《四库全书》本注“晏”下有“安也”二字，《吕氏春秋·仲夏纪》注：“晏，安也。阴，微阴。”高释“晏”为安，释“阴”为“微阴”。《礼记·月令》：“以定晏阴之所成。”郑玄注：“晏，安也。阴称安。”孔颖达：“皆清静止息之事，以正定身中安阴之所成就。谓初感安阴，若不清静，则微阴与人为病，故须定之。”孔说亦以“晏”为安。

《文选·扬雄〈羽猎赋〉》李善注引许慎注《淮南子》：“晏，无云之处也。”《说文·日部》：“晏，天清也。”许视“晏”为天晴，与“阴”相反为义。晏阴即晴阴，半晴半阴。《韩非子·外储说·左篇》：“雨霁日出，视之晏阴之闲。”雨止日出，故曰晏阴之间。《列子·汤问》“晏阴之间”，杨伯峻注：“晏阴，即晴阴。”[3]杨注是。《苏轼集·〈次韵曹子方龙山真觉院瑞香花〉》：“置酒要妍暖，养花须晏阴。及此阴晴间，恐致悭啬霖。”“阴晴”复指上文“晏阴”，义同。《吕氏春秋·诬徒》：“不能教者：志气不和，取舍数变，固无恒心，若晏阴喜怒无处。”高注：“晏阴，喻残害也。”“晏阴喜怒”喻喜怒无常，与“志气不和”“取舍数变”“无恒心”皆属不能教人者之类，高说非。综上，许释“晏阴”为半阴半晴之义，高注不得其义。

（二）对文

“所谓对文就是指处在结构相似的上下两个句子中相同位置上的字和词，这样的字和词往往是同义的或反义的。”[4]根据对文的这一特点可以推求相关字词的解释，许慎在注释时常常根据对文解释字词。如：

《缪称》：“故倡而不和，意而不戴。”许慎注：“意，恚声。戴，嗟也。”王念孙以“戴”为“载”之讹[5]，是，“载”通“哉”，故许慎训为“嗟”。《缪称》：“上意而民载，诚中者也。”此与“意而不戴”意同。注作“上有意而未言，则民皆载而行之”，此释“上意”为“上有意”，释“载”为行，与上文训“意”为“噫”“载”为“嗟”迥异，且“上有意”增字为释，当非许注。“倡而不和”“意而不戴”，对文成义，“意”“戴”当与“倡”“和”意义相类。“倡”“和”与发声有关，“意”“戴”亦当同。许训“意”为“恚声”，戴为“嗟”，用对文求其义，甚当。“意”通“噫”，《庄子·在宥篇》：“意，治人之过也。”释文：“意，本又作噫。”《诗·噫嘻》：“噫嘻成王。”毛传：“噫，叹也。”释文：“释文噫作意。”《论语·先进》：“噫，天丧予。”邢昺疏：“噫，痛伤之声。”“载”通“嗟”，“载”，精母、之部，“嗟”，精母、歌部，声母相同，韵部相近。《玉篇·口部》：“嗟，嗟叹也。”“意而不戴”与上文“倡而不和”对文成义。以许注为是。

（三）俪偶

《淮南子》一书具有极高的语言艺术，句子韵散结合，句式追求排比、对偶，具有较强的骈俪色彩。利用《淮南子》的语言特点，对《淮南子》进行笺校义释，是许慎注释的一大特点。

《俶真》：“目观玉辂琬象之状，耳听白雪清角之声。”高注：“玉辂，王者所乘，有琬琰象牙之饰。清角，商声也。”高本作“辂”，训为“辂车”。《文选·谢惠连〈雪赋〉》李善注引许慎注：“璐，美玉也。”今检《淮南》无“璐”字，“璐”当为此处注释，许本作“璐”，训为美玉。

“目观”“耳听”为对，“玉辂琬象”“白雪清角”亦当为对，“白雪”“清角”为类义词，“玉璐”“琬象”亦为类义词。《说文·玉部》：“璐，玉也。”又：“琬，圭有琬者。”“玉璐”“琬象”为玩好之器，白雪清角为雅乐之名，形成俪偶关系，若作“辂”则与上下文语义不谐。古籍中“玩好之器”与“淫泆之乐”常对举。如《六韬·盈虚篇》：“玩好之器不宝，淫泆之乐不听。”“白雪”“清角”皆为琴曲名，亦常对举。如《文选·嵇康〈琴赋〉》：“扬白雪，发清角。”吕向注：“白雪、清角并弄名。”故“玉璐”“琬象”为玩好，“白雪”“清角”为雅乐，上文言眼睛所见之美玉，下文言耳朵所听之雅音，两两相对。若如高诱释作“辂车”之“辂”，与“琬象”不相类，与下文亦不相对。又“玉辂琬象”高释为“（玉辂）有琬琰象牙之饰”，与下文“白雪”“清角”两两并列的结构不类，故高本作“辂”当为误字。

（四）对文义进行宏观把握

有些字面普通的字，许、高二人在训释时大异其趣，表面上看是由于版本不同而造成的差异，究其深层原因，可能是由于二人对上下文文义的理解不同。看似二者皆通，实有高下之判。

《说林》：“至味不慊，至言不文，至乐不笑，至音不叫，大匠不斫，大豆不具，大勇不斗。”高注：“慊，快也。”高本作“慊”，训为“快”。《孟子·公孙丑上》：“行有不慊于心。”赵岐注：“慊，快也。”与高注同。《慧琳音义》卷九十五“欲嗛”引《淮南》“至味不嗛”，许慎注：“嗛，衔也，口有所衔食也。”从上下文看，笑、叫、斫、具、斗为动词，慊、文亦当为动词，若作快义，则与下文词类不谐。道家尚无为，上文“为出于不为”，嗛、文、笑、叫、斫、具、斗皆不为，至味不慊，至言不文，意思是最好的味道不用嘴尝，最高的言辞不修饰，合乎道家“为出于不为”的思想。

四、结合典章制度、方土俗语对词语训释

许慎长于名物典章制度的训诂。以《人间》为例，许注共 135 条，其中涉及名物典章制度的训释条目多达 95 条，占 70%多。今本高诱注的名物典章训诂亦多来源于许慎，只有少数条目与许慎不同。高注中这些不同于许慎的条目，有可商榷之处。

《主术》：“故古之王者，冕而前旒，所以蔽明。黈纩塞耳，所以掩聪。”高注：“冕，王者冠也。前旒，前后垂珠饰遂綖也，下自目，故曰蔽明也。天子玉悬十二，公侯挂珠九，卿点珠六，伯子各应随其命数也。黈纩塞耳，所以掩聪，不欲其妄闻也。”依高说，王者冠前旒，即前后都有垂珠。《群书治要》卷四十一引许注：“冕，冠也。前旒，冕前珠饰也。”许慎认为冕的珠饰在前，所以称前旒。《晏子春秋·外篇》：“冕前有旒，恶多所见也。”《大戴礼记·子张问入官》：“故古者冕而前旒，所以蔽

明也。”

《礼记·玉藻》：“天子玉藻，十有二旒，前后邃延，龙卷以祭。”郑玄注：“天子以五采藻为旒，旒十有二。‘前后邃延’者，言皆出冕前后而垂也。”孔颖达疏：“‘前后邃延’者，言十二旒在前后垂而深邃，以延覆冕上，故云‘前后邃延’。”按照郑玄、孔颖达的解释，“前后邃延”，意思是垂旒前后下垂。二说均非。《说文·冃部》：“冕，大夫以上冠也。邃延、垂瑬、紞纩。”“邃延”“垂瑬”“紞纩”并举，并用以描述冕的形制。“邃延”状冕，非状垂旒甚明。郑玄认为“前后邃延”，意为垂旒前后下垂，是对“前后邃延”的误读。孔袭郑玄为说，亦误。司马彪《后汉书·舆服志下》：“冕冠，垂旒，前后邃延，玉藻。……系白玉珠为十二旒，以其绶采色为组缨。皆有前无后。”据司马彪的描述，天子冕冠，有前旒，无后旒。虽是汉制，天子亦前旒。综上，“延”非“旒”。

“延”又写作“綖”。《集韵·韵》：“延，冕上覆，或作綖。”《左传·桓公二年》：“衡、紞纮綖，昭其度也。”杜预：“綖，冠上覆。”孔颖达疏：“冕以木为干，以玄布衣其上，谓之綖。”“綖”是用布包覆的木板，前后邃綖，言冠的前后板很长，板长则冠深，故曰“邃延”。江永《仪礼释例》：“《玉藻》云“前后邃延”，不过谓冕长尺六寸，前延后延至武皆深邃耳，非谓前后皆有旒也。”[6]江永认为前后邃延指的是冠深，非前后有旒，可谓得解。

许慎除擅长名物典章的训释外，还善于利用方俗土语训释词语，有些方俗土语至今仍活跃在汉语方言中。如：

《本经》“赘妻鬻子”，高诱注：“赘，从嫁也。”《慧琳音义》卷八十“赒赘”引《淮南子》：“赘者，卖子与人作奴婢也。”所引当为许注，许释“赘”为卖子为奴，与高“从嫁”说异。“赘”义为质，《说文·贝部》：“赘，以物质钱也。”故卖子称赘。《汉书·严助传》：“民待卖爵赘子以接衣食。”颜师古注引如淳：“淮南俗卖子与人作奴婢名为赘子，三年不能赎，遂为奴婢。”此说淮南有此俗，与许义相合。引申之，男子居妇家亦称赘，今语犹然。

凡以物或人质钱皆曰赘，卖妻与人亦曰赘。《后汉书·百官志》李贤注引《太公阴符》：“夺人钱财，赘人妻子。”明昌日干《存笥小草》：“刘氏夫死赘人。”清薛允升《唐明律合编》：“卖妻与人作婢谓之赘妻。”陶方琦以许注“赘者卖子与人”校正文“赘妻”为“赘子”[7]，赘、鬻，妻、子互文成义，且赘妻亦可通，不烦校改。

许慎从语源上解释“赘子”，相较之，高注“从嫁”义不确。

据统计，许注八篇的注释约有816条约10000字，篇幅仅为高注的九分之一，然而它的释义精确、周密，释义方法严谨、科学，尤其对名物典章的训诂为后人保存了珍贵的文献资料，其训诂学价值不容置疑。

参考文献

[1] [唐] 刘知几．史通［M］．黄寿成校点，沈阳：辽宁教育出版社，1997：87.

[2] [清] 王引之．经义述闻［M］．南京：江苏古籍出版社，1985：766.

[3] 杨伯峻．列子集释［M］．北京：中华书局，2013：198.

[4] 郭在贻．训诂学［M］．北京：中华书局，2005：64.

[5] [清] 王念孙．读书杂志［M］．南京：江苏古籍出版社，1985：849.

[6] [清] 江永．仪礼释例［M］．北京：中华书局，1985：26.

[7] [清] 陶方琦．淮南许注异同诂［M］．清光绪七年刻本。

第四章

策略和技巧

语言是表达接受思想情绪的最重要交际工具，为追求理想交流效果，就需要讲究艺术方法、策略和技巧。在汉语言文字的名什佳作、机智灵动的言语交际中充满着智慧和方略。

《国语》是我国古代最早的一部国别史，汇编了春秋时期周、鲁、齐、晋、郑、楚、吴、越八国史实，具有极高的史学价值。其外交辞令更反映了当时人们对言辞的重视，体现了春秋时代记言说理的艺术成就与技巧，对后世文学的发展具有极其重要的意义。《国语》在历史文学上开创了古代史学之先河，在记言、记人上都取得了巨大的成就，并为《左传》所继承。

《战国策》是一部具有极高史料价值和文学价值的历史文献。语言精练生动，巧用寓言、比喻，寓意深刻精辟，具有强大的感染力和说服力。我们从四个方面探讨《战国策》谋臣策士的语言艺术：委婉含蓄，曲折达意；成语俗语，简洁凝练；比喻寓言，生动形象；排比铺陈，气势充沛。

《左传》是我国第一部富有文采的历史散文巨著，生动地描绘了我国春秋时期三百多年诸侯征战、王朝兴衰的历史画面，体现出我国古代史官高超的语言技巧。特别是在外交辞令的记录整理方面，成就尤为突出，充分展示了这部历史散文著作的艺术魅力。《左传》外交辞令的语言艺术表现：委婉谦和，刚柔相济；用典赋诗，文质彬彬；机智生动，幽默风趣；借助“王命”，极尽渲染。

孟子是战国时代著名的思想家、政治家。孟子擅长辩论，其语言素以逻辑严密、形象生动、气势充沛、说服力强而著称，具有强大的鼓动性和艺术感染力。孟子辩论的语言艺术表现在：善用比喻，形象生动；推理严密，讲究逻辑；运用成语，简洁精辟；排比铺陈，气势逼人。

墨子的辩论，用词准确，表达精练，语言缜密，堪称百无疏漏，这在先秦诸子中是首屈一指的。刘勰评价墨子的语言“意显而语质”，这可以从表达特色、逻辑技巧两方面充分显示出来。墨子的辩论既不像孟子那样气势奔放、咄咄逼人，也不像庄子那样纵横跌宕、变幻莫测，而是朴实无华、推理严密。墨子的辩论讲科学、重事实，有理有据，别同异、明是非，形成其独特的“墨辩学”。

广告语言极富艺术性，广告文案的创作也需要不断创新和超越。成语属于精粹蕴含丰富的语言材料，非常适宜于广告这一语体。广告中的成语活用现象既有积极健康的方面，也有消极不利的因素。在广告用语中，做到恰当活用成语，扬利避害，是语言文字学界、广告界甚至整个社会都需要关注的问题。

第一节　《国语》外交辞令的语言艺术

《国语》是我国先秦时期一部重要的“语”类史书，是我国第一部国别体史书，侧重于记言，兼有记事。《国语》所载史实大多取材于诸国《春秋》，汇编了春秋时期周、鲁、齐、晋、郑、楚、吴、越八国史实，具有极高的史学价值。汉代史学家韦昭认为，《国语》“包罗天地，探测祸福，发起幽微，章表善恶者，昭然甚明，实与经义并陈，特诸子之论也”。[1]唐代史学家刘知几在《史通·六家篇》定《国语》为一家，为“春秋外传”，称其为“六经之流，三传之亚”。近代史学家梁启超评价《国语》为“史学界最初有组织之名著”。[2]我国著名历史学家白寿彝也说《国语》“是一部可以卓然自立的书”[3]，并把它同《左传》并列为“《春秋》经以后的关于春秋史的重要的私人撰述”。[4]可见人们对《国语》的研究虽然不多，但评价较高。

《国语》在国外汉学的研究中，也颇受重视，其中以日本汉学研究学者取得的成就最大。从日文出版的著作来看，桂湖村讲述的《国语国字解》上下两部分于1917年收录于《先哲遗著追补·汉籍国字解全书》第四十一卷和第四十二卷，比较有价值。此书由东京早稻田大学编辑部编辑，早稻田大学出版社发行。除了日本汉学家对《国语》有研究外，法国和俄罗斯也有学者翻译介绍《国语》。法国巴黎法兰西学院高级汉语研究所1985年就出版了由安德烈·荷尔曼翻译的《国语》法文本。该本由荷米·马蒂进行补充，成为《国语》重要的西文译本。1987年俄罗斯（莫斯科）科学出版社出版了由塔斯金翻译、介绍和注释的俄文本《国语》，也是一部重要的西文译本。

《国语》各篇文章风格不一，既有长篇大论的铺陈，也有精练简洁的概括。记言水平也有区别，《周语》意蕴深厚，耐人寻味；《晋语》记载谋略，机智幽默；《鲁语》小巧精致，语言隽永；《吴语》《越语》《楚语》流畅华美，妙趣横生，以修辞见长。《国语》的外交辞令反映了当时人们对言辞的重视，体现了春秋时代记言说理的艺术成就与技巧，对后世文学的发展具有极其重要的意义。正如唐代古文大师柳宗元在《非国语序》中指出："左氏《国语》，其文深闳杰异，固世之所耽嗜而不已也。"[5]他在《答韦中立论师道书》中，曾这样总结自己的写作经验："参之《国语》以博其趣。"[6]在《报袁君陈秀才书》中又说："《左传》《国语》、庄周、屈原之辞稍取之。"[7]其他学者也指出了柳宗元对《国语》语言艺术的借鉴。如明人胡应麟在《少室山房笔丛·史书占毕一》中指出："柳宗元爱《国语》，爱其文也；非《国语》，非其义也。义诡僻则非，文杰异则爱，弗相掩也。好而知恶，宗元于《国语》有焉。"清人刘熙载认为："吕东莱《古文关键》谓'柳州文出于《国语》'；王伯厚谓'子厚非《国语》，其文多以《国语》为法'。余谓柳文从《国语》入，不从《国语》出。"[8]今人谭家健教授在《试论〈国语〉的文学价值》一文中总结出《国语》语言艺术的三大特色是：（一）通俗化，口语化；（二）风格多样化；（三）议论条理化。[9]下面，我们从六个方面来论述《国语》外交辞令的语言艺术。

一、引经据典，生动简练

据陈梦家《尚书通论》统计，《国语》中引《书》的内容共有14处。其中《周语》8处，《郑语》1处，《晋语》2处，《楚语》3处。《国语》的外交辞令常常引用前人的文献语句或民谣谚语、历史典故来增强语言或文章的说服力，生动而简练地说明道理，表达思想情感或作为说理的论据。如《周语中》记载，因晋文公拥立周襄王有功，所以周襄王以阳樊等四地赐之，但"阳民不服"，老百姓不愿降服，晋文公便亲率大军包围阳樊城，劝其归附。在这关键的时候阳樊人仓葛挺身而出，据理力争，他引用俗语"武不可觌，文不可匿。觌武无烈，匿文不昭"，强调圣明的统治者，不要滥用武力、抹灭文明，应该慎武修文以处理争端。仓葛的一番说辞，有理有据，义正词严，使得本来想用武力征服阳樊的晋文公听后由衷地佩服，感叹地说"是君子之言也"。最终，晋文公只好屈从了仓葛的条件，晋军入城，阳民迁出，解除了围兵。

又如《吴语》记载，公元前494年，吴王夫差为报父仇，率军亲征越国，吴军很快打败越军并将勾践困在会稽，越国岌岌可危。于是，大臣文种向越王勾践建议求和。越国外交能臣诸稽郢在向吴王求和时，引用谚语“狐埋之而狐之，是以无成功”，指出像狐狸挖坑一样，挖了埋，埋了又挖，疑虑过甚、反复不定，终究将一事无成，以此鼓动吴王早下决心与越讲和。在此，运用谚语，通俗易懂，说服力极强。

《国语》外交辞令中运用引用的手法，不仅有力地论证了观点，还增加了说理的形象性及文章的文采，具有较强的说服力。如引用《诗经》，《晋语四》：“诗云：‘上帝临女，无贰尔心。’”“周诗曰：‘莘莘征夫，每怀靡及。’”引用“书曰”类，《周语》中，“单襄公曰：‘书曰：民可近也，而不可上也。’”《晋语九》：智伯国曰：“夏书有之曰：‘一人三失，怨岂在明，不见是图。’”等。引用文献语句，言简意赅，形象鲜明，是《国语》外交辞令的一大特色。《国语》引经据典以证是非，由于经典语言的权威性，不必展开论述即可作为论据，充满了哲理性语言，更增强了说服力。

二、运用排比，气势恢宏

《国语》的外交辞令常常运用排比，说理深入严密，状物充分准确，抒情酣畅淋漓，以超凡的宏大气势，增强说辞的感染力和说服力。如《楚语上》中，申叔士论述正面引导的方法：“诵诗以辅相之，威仪以先后之，体貌以左右之，明行以宣翼之，制节义以动行之，恭敬以临监之，勤勉以劝之，孝顺以纳之，忠信以发之，德音以扬之。”连用十个排比句，一气呵成，气势贯通。其中最有说服力的就是《楚语下》“王孙圉论国之宝”篇。王孙圉到晋国访问，晋定公设宴招待他，晋国赵简子佩戴着叮咚作声的玉饰担任傧相，以显示自己的宝物，并以炫耀的口吻问起楚国名玉白珩。王孙圉先是指出了白珩“未尝为宝”，接着陈述“楚之所宝者”乃是观射父、左史倚相这些人才以及“所以备赋，用以戒不虞者也”的物产，再次强调“若夫白珩，先王之玩也，何宝之焉?”随后连用六组排比句：“明王圣人能制议百物，以辅相国家，则宝之；玉足以庇荫嘉谷，使无水旱之灾，则宝之；龟足以宪臧否，则宝之；珠足以御火灾，则宝之；金足以御兵乱，则宝之；山林薮泽足以备财用，则宝之。”王孙圉以不容争辩的事实，理直气盛地从正面陈述了“国之宝，六而已”，深刻阐明楚国以人才为宝、以利于国家的物产为宝的主导思想。排比句的运用，增强了说理的气势，令人信服，无懈可击，撼人心魄，充分体现了王孙圉机敏过人、豪放雄辩的语言风格。又如《周语中》记载，周襄王为感谢晋文公拥立自己在王城定位，便以土地酬劳晋文公，晋文公推辞不受，但请求死后赐以天子之礼隧葬。周襄王不答应，连用三个排比句：“以供上帝山川百神之祀，以备百姓兆民之用，以待不庭不虞之患。”以此来阐明先王“规方千里，以为甸服”的典章制度，极大地增强了逻辑推理中的情感色彩和情感力量，使说理具有一种不可阻挡的气势。最后，晋文公不敢请求隧葬，心服口服地接受了周襄王赏赐的土地回国了。

三、连用反问，咄咄逼人

反问是《国语》外交辞令中最常用的一种修辞格。《国语》运用反问，突出论点，强调内容，能够收到极好的表达效果。如前文提到在《周语中》，周襄王为感谢晋文公拥立自己，便以土地酬劳晋文公，但晋文公不受土地，而请求死后赐以天子之礼隧葬。周襄王不同意，在使用三个排比句后，又连用一串反问，“岂敢厌欲纵其耳目心腹以乱百度？亦惟是死生之服物采章，以临长百姓而轻重布之，王何异之有？”“其若先王与百姓何？何政令之为也？若不然，叔父有地而隧焉，余安能知之？”周襄王层层反问，步步推进，咄咄逼人，以不可阻挡的充沛气势，全面深刻地阐述了自己的观点，打消了晋文公的非分之想。又如上文《周语中》，“阳人不服晋侯”一文，仓葛的辞令也多次运用反问手法。仓葛先声夺人，表示阳樊人感念周德，不愿归降晋，随即反问：“谓君其何德之布以怀柔之，使无有远志？”认为晋文公首先应该对阳樊人施以恩德，使百姓不生叛离之心，而非“蔑杀其民人”；接着指明晋军此次围攻，正好验证“宜吾不敢服也”的合情合理；进一步揭示出军事征伐只适用于“蛮、夷、戎、狄之骄逸不虔”，打击少数民族的骄纵不恭行为，而弱小的阳樊人只是“未狎君政，故未承命”。因此，只要晋国对我们阳樊人布施恩惠，派遣官吏前来晓谕，我们就会“唯官是征，其敢逆命”，您又何必烦劳大军围攻呢！随后仓葛又再次反问，“君之武震，无乃玩而顿乎？”您这般耀武扬威，难道不会因滥用武力而使将士困顿吗？仓葛的反问指出随意发动战争，不但不能震慑天下，而且还会给晋国的声望带来危害。正如《周语上》祭公谏穆王征犬戎所指出的那样："夫兵戢而时动，动则威，观则玩，玩则无震。"意思是滥用武力，便会使武力失去威慑作用。最后仓葛又连用三个反问，直接表明态度："不然，其敢自爱也？且夫阳，岂有裔民哉？夫亦皆天子之父兄甥舅也，若之何其虐之也？"指出阳樊没有被放逐的恶民，他们都是周天子的父兄甥舅，具有高贵的王室姻亲地位，晋文公怎么对他们如此苛刻呢？仓葛连用反问辞格，大大增强了说理的力度和深度，最终迫使晋文公改变主意，撤军解围，让阳樊居民迁出。

四、擅用对比，突出利弊

在外交辞令中，运用对比往往能够突出表现事物的本质特征，增强语言的艺术效果和感染力，给人极其深刻、鲜明的印象和感受。如《周语》中，周襄王用狄人的军队去讨伐郑国后，为了感谢狄人相助，襄王打算娶狄人的女子为王后，大臣富辰借助对比，陈述婚姻的重要性，规劝襄王友爱亲族、遵循礼制。富辰首先就指出婚姻是滋生祸福的土壤，"由之利内则福，利外则取祸"，告诫襄王有利于自己的是福，让外人得益则有祸。接着又列举大量事实从正反两面加以对比，"昔挚、畴之国也由大任，杞、缯由大姒，齐、许、申、吕由大姜，陈由大姬，是皆能内利亲亲者也。昔鄢之亡也由仲任，密须由伯姞，郐由叔妘，聃由郑姬，息由陈妫，邓由楚曼，罗由季姬，卢由荆妫，是皆外利离亲者也。"指出挚、畴因为大任而得福，杞、缯因为大姒而得福，齐、许、申、吕因为大姜而得福，陈因为大姬而得福，这些都是通过婚姻使自己获利而和睦亲族的例子；同时，也有不合礼制婚姻招致败亡的，鄢因仲任而亡，密须因伯姞而亡，郐因叔妘而亡，聃因郑姬而亡，息因陈妫而亡，邓因楚曼而亡，罗因季姬而亡，卢因荆妫而亡，这些都是使外人得益而离弃亲族，自己惨遭灭亡的事例。这里，大臣富辰运用正反对比，事实清楚，证据确凿，利弊突出，其利害一目了然。

又如《吴语》中，子胥劝谏吴王夫差不要讨伐齐国，以越为心腹之患与齐鲁为疥癣之患对比，越发显现出越患之急烈。吴王夫差同意越国的求和之后，就大规模地整顿军队，打算攻打齐国。伍子胥进谏说："越之在吴，犹人之有心腹之疾也。夫越王之不忘败吴，于其心也侙然，服士以伺吾间。今王非越是图，而齐、鲁以为忧。夫齐、鲁譬诸疾，疥癣也，岂能涉江、淮而与我争此地哉？必将越实有吴土。”伍子胥把越国比作吴国的心腹之患，把齐、鲁比作是疥癣一类的小病，把敌对的两股势力加以比较，旨在强调越国对吴国的威胁要远远胜过齐、鲁。通过对照比较，突出了强大富裕的越国才是吴王要对付的劲敌，警示吴王不考虑对付越国，不去治疗心腹之患，却去操心征服齐国和鲁国，治愈无关紧要的疥癣小病，将来势必被吴国所灭。伍子胥运用对比，给人以深刻的启示和鲜明的印象。

五、巧用反语，正话反说

《国语》中还常使用反语，即口头、书面表达的意思与内心实际要表达的意思正好相反，并且一般带有讽刺意味。例如《晋语八》，晋平公射鹌鹑，没有射死，便派竖襄去捕捉，但是竖襄没捉到。平公于是大怒，把竖襄拘禁起来，准备处死。晋大夫叔向听说后，连夜去见平公，平公把这件事告诉了叔向。作为大臣，叔向深知直言进谏君主有时会招来杀身之祸，于是叔向运用反语表达方式，利用反话来劝谏。叔向说：“君必杀之。昔吾先君唐叔射兕于徒林，殪，以为大甲，以封于晋。今君嗣吾先君唐叔，射鴳不死，搏之不得，是扬吾君之耻者也。君其必速杀之，勿令远闻。”叔向首先表示坚决支持平公，杀掉竖襄，并列举先君唐叔在徒林射犀牛，一箭即中，又用犀牛皮做成一副大铠甲，所以被封于晋国。现在晋平公继承了先君唐叔的王位，射鹌鹑没有射死，派人捉也没捉住，这是在张扬自己的耻辱。晋平公只有赶快杀掉竖襄，才不致耻辱远扬。叔向运用反语，入木三分地讽刺晋平公，使语言极富感染力，给人留下过目难忘的艺术效果。

六、含蓄委婉，曲折达意

《国语》外交辞令重视语气变化的效果，言辞谦卑恭敬，语气委婉含蓄，曲折地表达了说话人的思想感情。《晋语二》中，“梁由靡告于秦穆公曰：‘天降祸于晋国，谗言繁兴，延及寡君之绍续昆裔，隐悼播越，托在草莽，未有所依。又重之以寡君之不禄，丧乱并臻。以君之灵，鬼神降衷，罪人克伏其辜，群臣莫敢宁处，将待君命。君若惠顾社稷，不忘先君之好……’”文中梁由靡不直说晋献公去世，而是用“寡君之不禄”来表述，既是一种礼节，又是一种委婉含蓄的说法。

又如《晋语五》中，梁山发生山崩，晋景公用驿车召见伯宗，适逢一辆载重大车在路途中翻车，伯宗要它让路，大车的车夫不但不让路，还说让驿车从旁边绕道，才能走得快。伯宗既惊讶又好奇。在两人的攀谈中，车夫又说：“山有朽壤而崩，将若何？夫国主山川，故川涸山崩，君为之降服、出次，乘缦、不举，策于上帝，国三日哭，以礼焉。虽伯宗亦如是而已，其若之何？”在这里，车夫表面是说晋国的梁山发生崩塌，实则是揭露晋景公的治国方略及管理作风存在许多严重弊端，可作为普通百姓，车夫又不敢直说，只好含蓄委婉地把政治腐败比作“山有朽壤而崩”，国家面临危亡，我们百姓又能怎么办呢？这样，态度恳切真诚，既不会冒犯主上，意思又能表达明确。也正是由于车夫形象、具体、含蓄地表达自己的独到见解，最终，晋景公采纳了车夫的建议，穿素服，到郊外去居住，乘坐没有彩画的车子，取消平日的饮酒作乐，在简策上写文章向上天祈祷，等等。《国语》运用委婉含蓄的表达方式，不但能够形象地说明道理，还可以阐述复杂的军国大事、政治利害关系，同时也更易于被人接受。

总之，《国语》的语言质朴流畅，简洁易懂，富于生活气息，较少古奥晦涩，一些记言幽默风趣。《国语》的语言艺术也受到明清时人的推崇，如明人黄省曾在《黄五岳集》言：“世儒虽以浮夸阔诞者为病，然而文辞高妙，精理非后之操觚者可及。”明代学者王世贞更是大加赞誉，在《弇州山人四部稿》中言：“其所著记，盖列国辞命载书训诫谏说之辞也。商略帝王，包括宇宙，该治乱，迹善败，按籍而索之，班班详核。悉翅二百四十二年之行事。其论古今天道人事备矣。即寥寥数语，靡不悉张弛之义，畅彼我之怀，极组织之工，鼓陶铸之巧，学者稍稍掇拾其芬艳，犹足以文藻群流，黼黻当代，信文章之巨丽也。”《国语》各国的语言各具特色，清代著名文史学家崔述曾经通评各语：“周鲁多平衍，晋楚多尖颖，吴越多恣放。”[10]意思是，周鲁多用古制故训来说明道理，语言平实；晋国记言以表现事件与人物取胜，语言流畅；吴越二国多外交辞令，显示出接近《战国策》中策士恣肆放达的语言特色。最后，借用我国著名文史学家郭预衡教授所言，对《国语》的语言特色加以总结："于记言中展现故事情节，于情节中糅合虚构与想象以及一些充满幽默风趣的生动记述，是《国语》在情节构思上的艺术创新。这不仅是《尚书》与《春秋》所无，而且也是《左传》有所不及的。"[11]

注释

［1］［汉］韦昭：《国语解叙》，上海·上海古籍出版社，1986年版。

［2］梁启超：《中国历史研究法》，石家庄·河北教育出版社，2000年版，第21页。

［3］白寿彝：《国语散论》，人民日报，1962年10月16日。

［4］白寿彝：《中国史学史》，第一册，第一篇．北京·商务印书馆，1980年版。

［5］［唐］柳宗元：《柳河东集》，上海·上海人民出版社，1974年版，第746页。

［6］［7］同［5］，第543、547页。

［8］［清］刘熙载：《艺概》上海·上海古籍出版社，1978年版，第23页。

［9］曹础基：《先秦文学集疑》，广州·广东高等教育出版社，1988年版，第194页。

［10］崔述：《洙泗考信录》，北京·商务印书馆，1938年版，第52页。

［11］郭预衡：《中国文学史长编（先秦卷）》，北京·首都师范大学出版社，2000年版，第184页。

参考文献

［1］徐元诰．国语集解［M］．北京：中华书局，2002.

［2］柳诒徵．中国文化史（上）［M］．上海：东方出版中心，1996.

［3］徐复观．中国人性论史·先秦篇［M］．上海：上海三联书店，2001.

［4］章学诚．文史通义校注·诗教上［M］．北京：中华书局，1985.

［5］黄永堂．国语全译［M］．贵阳：贵州人民出版社，1995.

［6］［清］黄汝成．日知录集释［M］．长沙：岳麓书社，1994.

［7］上海师范大学古籍整理研究所校点．国语［M］．上海：上海古籍出版社，1998.

第二节　《战国策》谋臣策士的语言艺术

《战国策》是战国时代的国别史料汇编，是研究战国历史的重要文献。全书以谋臣策士的阴谋权术为中心，记载了春秋以后到楚汉以前240多年间各国的政治、军事、外交方面的事件。《战国策》善于通过人物的言行刻画人物性格，对后代传记文学和传奇小说影响深远，具有很高的文学价值。在语言方面，《战国策》以记言为主，善于铺陈排比和渲染夸张，语言精练生动，文笔奔放，巧用寓言、比喻，寓意深刻精辟，具有强大的感染力和说服力，在语言艺术上达到极高的成就。唐人刘知几在《史通·叙事》中说："夫国史之美者，以叙事为工，而叙事之工者，以简要为主……然则文约而事丰，此述作之尤美者也。"《战国策》语言简明畅达，堪称"述作之尤美者"。我们从四个方面探讨《战国策》谋臣策士的语言艺术。

一、委婉含蓄，曲折达意

战国时代，周室衰微，群雄并峙，诸侯混战，各国使者往来频繁，外交活动风起云涌。各国君主推崇以谋略制服敌国，各类谋臣策士纷纷云集各国朝廷，为其所效劳的国家或君主出谋划策。《战国策》的谋臣策士长于辞令，巧言善辩，特别是在各种紧要危急关头，使用大量含蓄的委婉语，往往能使一触即发的战争平息，使国家转危为安。王力先生曾经说："在封建社会里，说话有所顾忌，怕得罪权贵、统治者，以致惹祸，所以说话时，往往委婉曲折地把意思表达出来。"[1]季绍德先生也说："在一定语言环境里，遇到直说会强烈刺激对方情感或预计直接表达会影响语言效果的时候，便不言本意，采用一种委婉曲折的话来表达。"[2]《战国策》中的委婉语温和客气，态度恳切。

在《战国策·齐策四》中，"齐王谓孟尝君曰：'寡人不敢以先王之臣为臣。'"这句话表面上的意思是齐王不敢任用先王的臣子，而实际上，齐王则是想解除孟尝君的职务。由于孟尝君当时在齐国威望高、势力大，因此，不敢明说，而采用含蓄委婉的语言来表达。

在《战国策·魏策四》中，“秦王使人谓安陵君曰：‘寡人欲以五百里之地易安陵，安陵君其许寡人？’安陵君曰：‘大王加惠，以大易小，甚善。虽然，受地于先王，愿终守之，弗敢易。’”秦王在消灭了韩国、魏国之后，派人以五百里土地来换取安陵国，安陵君不想答应他的无理要求，但又畏于秦国的强大，不敢直言拒绝，只好委婉地推托。先是感激秦王对他的恩惠，“大王加惠，以大易小”，然后借助先祖先宗的遗产，“受地于先王”，婉转含蓄地拒绝，“愿终守之，弗敢易”。安陵君运用委婉语言，既表达了对秦王的感激之情，又保全了自己国家的领土。

在《战国策·燕策三》中，“久之，荆卿未有行意。秦将王翦破赵，虏赵王，尽收其地，进兵北略地，至燕南界。太子丹恐惧，乃请荆卿曰：‘秦兵旦暮渡易水，则虽欲长侍足下，岂可得哉？’”秦国灭亡赵国后，继续向北进兵，到达燕国南界，太子丹惊慌失措，急切希望荆轲立即赴秦，去刺杀秦王。他内心着急，但又不敢直说，怕触怒荆轲，只好委婉曲折地表达，“秦兵旦暮渡易水，则虽欲长侍足下，岂可得哉？”言外之意是秦兵马上要来了，你享受“太牢异物”“车骑美女”的时间不多了，赶紧出发去刺杀秦王吧。太子丹语言客气婉转，态度恳切，入情入理，这才引发了荆轲向太子丹献计献策并进而义无反顾地舍身去刺杀秦王。

二、成语俗语，简洁凝练

《战国策》是一部汇集战国时代谋臣策士言辞策论的重要文献。现存出自《战国策》的成语多达上百条，这些成语内容丰富，耐人寻味，说理、论辩精辟犀利，成为后代典籍中极为重要的成语源。

出自《战国策·西周策》中的成语：

百步穿杨，百发百中，前功尽弃。

出自《战国策·秦策》中的成语：

《秦策一》：比比皆是、侧目而视、抵掌而谈、前倨后恭、悬梁刺股、挟天子以令诸侯、引锥刺股、羽毛未丰、清宫除道；《秦策二》：曾参杀人、两虎相斗、坐山观虎斗；《秦策三》：远交近攻、食不甘味；《秦策四》：积少成多；《秦策五》：末路之难。

出自《战国策・齐策》中的成语：

《齐策一》：吠非其主、毂击肩摩、挥汗成雨、接袂成帷、门庭若市、以一当十；《齐策二》：战无不胜、画蛇添足；《齐策三》：比肩而立、不自量力、布衣之交、随踵而至、犬兔之争；《齐策四》：直言不讳、狡兔三窟、归真反璞、高枕而卧、扶老携幼；《齐策五》：寝不安席、折冲樽俎。

出自《战国策・楚策》中的成语：

《楚策一》：心旌摇曳、被坚执锐、狐假虎威；《楚策二》：贸首之仇；《楚策三》：桂薪珠米、食玉炊桂；《楚策四》：见兔顾犬、亡羊补牢、峻阪盐车、与世无争、惊弓之鸟。

出自《战国策・赵策》中的成语：

《赵策一》：漆身吞炭、危如累卵、前事不忘，后事之师；《赵策二》：胡服骑射、不可同日而语；《赵策三》：不遗余力、弹丸之地、天崩地坼、排难解纷；《赵策四》：交浅言深。

出自《战国策・魏策》中的成语：

《魏策一》：高枕无忧、积羽沉舟、四分五裂；《魏策四》：冠盖相望、南辕北辙、白虹贯日。

出自《战国策・韩策》中的成语：

《韩策一》：宁为鸡口，无为牛后；《韩策三》：井中求火。

出自《战国策・燕策》中的成语：

《燕策一》：转祸为福、同甘共苦、千金市骨、尺寸之功；《燕策二》：长驱直入，鹬蚌相争、渔人得利，坐收渔人之利；《燕策三》：无可奈何、图穷匕见、一去不返、痛入骨髓、肝肠寸断。

另外，《战国策》中，还有许多谚语、俗语，简短精悍，富有哲理性、说服力，广为文人策士所运用，这也成为《战国策》语言艺术的一大特点，文学价值极高。如：

众庶成强，增积成山。《东周策》

争名者于朝，争利者于市。《秦策一》

弗知而言为不智，知而不言为不忠。《秦策一》

树德莫如滋，除疾莫如尽。《秦策三》

行百里者半于九十。《秦策五》

矜功不立，虚愿不至。《齐策四》

骐骥之衰也，驽马先之；孟贲之倦也，女子胜之。《齐策五》

兵不如者，勿与挑战；粟不如者，勿与持久。《楚策一》

于安思危，危则虑安。《楚策四》

挈瓶之知，不失守器。《赵策一》

亡不能存，危不能安，则无为贵知也。《赵策一》

借车者驰之，借衣者被之。《赵策一》

疑事无功，疑行无名。《赵策二》

战胜而国危者，物不断也；功大而权轻者，地不入也。《赵策二》

利不百者不变俗，功不什者不易器。《赵策二》

信不弃功，知不遗时。《赵策二》

以书为御者，不尽于马之情；以古制今者，不达于事之变。《赵策二》

圣人不易民而教，知者不变俗而动。《赵策二》

厚者不毁人以自益也，仁者不危人以要名也。《燕策三》

仁不轻绝，智不轻怨。《燕策三》

论不修心，议不累物，仁不轻绝，智不简功。《燕策三》

同欲者相憎，同忧者相亲。《中山策》

三、比喻寓言，生动形象

《战国策》中的比喻、寓言故事俯拾皆是，谋臣策士善于运用生动有趣的比喻、寓言故事进行说理，而且大多以动物、植物、人体以及人们日常生活中所常见的事物为喻体或假托，去谈论严肃的政治问题和人生哲理。这些鲜明活泼的比喻、寓言故事能够变抽象为具体、变深奥为浅显，让人心领神会，倍感亲切，意趣横生，并借以引起强烈的共鸣而达到共识。

在《齐策三·孟尝君有舍人而弗悦》中，孟尝君想赶走一个对他不敬的舍人，鲁仲连劝说孟尝君时用了三组比喻："猿猴错木据水，则不若鱼鳖；历险乘危，则骐骥不如狐狸；曹沫奋三尺之剑，一军不能当，使曹沫释其三尺之剑，而操铫耨，与农夫居垄亩之中，则不若农夫。"鲁仲连用三组比喻，具体生动说明每个人都有长处、短处，言外之意“舍人”也有所长所短，所以他劝孟尝君“故物舍其所长，之其所短，尧亦有所不及矣”。鲁仲连运用形象的比喻，曲喻旁譬，以喻进谏，以喻说理，成功地劝阻了孟尝君。

在《宋卫策·公输般为楚设机》中，墨子为了说服楚王不要攻打宋国，用了一连串的比喻来说明事理，最终使楚王放弃让公输般攻打宋国的想法。墨子说：“今有人于此，舍其文轩，邻有敝舆而欲窃之；舍其锦绣，邻有短褐而欲窃之；舍其梁肉，邻有糟糠而欲窃之。”墨子以“文轩”“锦绣”“梁肉”比喻楚国的富有，以“敝舆”“短褐”“糟糠”比喻宋国的贫乏，使楚王明白攻打宋国无利可图。这种比喻形象、生动，令人信服。

除了比喻，《战国策》中还有许多优美动人的寓言故事，据统计有近50则。很多脍炙人口的寓言故事，至今以成语的形式活跃在我们当代的语汇中，如人们耳熟能详的“画蛇添足”“狐假虎威”“惊弓之鸟”“三人成虎”“南辕北辙”等。这些寓言故事寓理于事，深入浅出，具有诱人的感染力和说服力。

在《齐策三·齐欲伐魏》中，齐宣王想要攻打魏国，齐国赘婿淳于髡机智地为齐宣王讲述了一个寓言故事，使齐宣王放弃了攻打魏国的念头。“韩子卢者，天下之疾犬也。东郭逡者，海内之狡兔也。韩子卢逐东郭逡，环山者三，腾山者五。兔极于前，犬废于后，犬兔俱罢，各死其处。田父见而获之，无劳倦之苦而擅其功。”淳于髡以犬兔追逐拼杀而田父坐收渔利的寓言故事，来说明齐国、魏国相斗，只会两败俱伤，而使秦国、楚国得利的道理，寓意深刻，形象鲜明。另外，“两虎相斗，一举而兼”“鹬蚌相争，渔人得利”等寓言故事与此有异曲同工之妙，形象突出，说理深刻。

在《赵策一·苏秦为赵王使于秦》中，苏秦为赵国采取连横政策而出使秦国，可回赵国后，连过三天，赵王都不接见他，苏秦怀疑赵王听信了别人的谗言。但自己的猜测又不宜对赵王直说，于是，苏秦假托寓言“两木的故事”，委婉地表明了自己的想法。“苏秦为赵王使于秦，反，三日不得见。谓赵王曰：‘秦乃者过柱山，有两木焉。一盖呼侣，一盖哭。问其故，对曰：“吾已大矣，年已长矣，吾苦夫匠人，且以绳墨案规矩刻镂我。”一盖曰：“此非吾所苦也，是故吾事也。吾所苦夫铁钻然，自入而出夫人者。今臣使于秦而三日不见，无有谓臣为铁钻者乎?”苏秦借寓言中的一棵树抒发了自己的郁闷，人们想钻进就钻进，想退出就退出，自己已经成为赵王任意摆布的工具了。苏秦假托有趣感人的寓言故事，既抒发了自己的愤懑之情，又收到了良好的交际效果。

四、排比铺陈，气势充沛

《战国策》中，谋臣策士运用了较多的铺张排比句式，铺陈夸张，气势充沛，感情奔放，具有撼人心魄的艺术魅力。《齐策一·苏秦为赵合纵说齐宣王》中，苏秦为赵国合纵而去游说齐宣王：“齐南有太山，东有琅邪，西有清河，北有渤海……齐车之良，五家之兵，疾如锥矢，战如雷电，解如风雨……”还有《秦策一·苏秦始将连横说秦》中，苏秦为连横而去游说秦王：“大王之国，西有巴蜀、汉中之利，北有胡貂、代马之用，南有巫山、黔中之限，东有肴、函之固。田肥美，民殷富，战车万乘，奋击百万，沃野千里，蓄积饶多，地势形便，此所谓天府，天下之雄国也。”苏秦的说辞简洁明快，气势逼人，有感人的艺术魅力。

又如《魏策四·秦王使人谓安陵君》中，唐雎出使秦国，对秦王谈论“布衣之怒”，“夫专诸之刺王僚也，彗星袭月；聂政之刺韩傀也，白虹贯日；要离之刺庆忌也，仓鹰击于殿上。”唐雎运用排比夸饰手法，巧言雄辩，从而增强了文辞的气势和感染力量，显示了其超凡的外交语言魅力。

注释

[1] 王力：《古代汉语（第四册）》，北京·中华书局，1999 年版。
[2] 季绍德：《古汉语修辞》，长春·吉林文史出版社，1986 年版。

第三节　《左传》外交辞令的语言艺术

《左传》是我国第一部富有文采的历史散文巨著，生动地描绘了我国春秋时期三百多年诸侯征战、王朝兴衰的历史画面，体现出我国古代史官高超的语言技巧。特别是在外交辞令的记录整理方面，成就尤为突出，充分展示了这部历史散文著作的艺术魅力。据初步统计，《左传》全书十八万字中（不包括《春秋》经文），记录外交辞令的文字多达二万五千字左右，约占全书总字数的七分之一。这表明《左传》的作者作为一名杰出的史学家，准确把握住了那个时代言语交际在外交活动中的重要作用。不仅如此，作者还在行文中借他人议论来阐明这一观点。《左传·襄公二十五年》记载：仲尼曰“《志》有之：‘言以足志，文以足言。’不言，谁知其志？言之无文，行而不远。晋为伯，郑入陈，非文辞不为功。慎辞哉!”实际上不但晋为霸，郑入陈，有赖于文辞之功，而且整个春秋时期的外交斗争，都有“非文辞不为功”的因素。唐人刘知几在评价《左传》行人外交辞令时曾说：“寻左氏载诸大夫词令，行人应答，其文曲而美，其语博而奥。述远古则委曲如存，征近代则循环可覆。必料其功用厚薄，指意深浅，谅非草创，出自一时，琢磨润色，独成一手。斯盖当时国史已有成文，丘明但编而次之，配经称传而行也。”[1]这段话明确指出了《左传》语言委婉含蓄，讲究外交辞令的修饰之美，具有极强的说服力和感染力。

春秋时期是我国历史由奴隶社会向封建社会急剧变革的时代，号称“天下共主”的周王室渐渐失去了号召天下诸侯的力量，王室衰微，礼乐制度遭到破坏。周王室的统治地位和政治权威逐渐丧失和动摇，成为诸侯大国随意摆布的工具。诸侯各国谋求争霸，征战不休，实力不断膨胀，先后出现齐桓公、宋文公、晋文公、秦穆公、楚庄王、吴王阖闾、越王勾践等霸主。霸主为了显示威力，争夺霸权，小国为了依附大国求得生存，诸侯各国之间的关系变得日益复杂起来，往来聘问更加频繁。《春秋》记载的二百四十二年中，列国间的聘、朝、会、盟多达四百五十余次。在这种外交活动频繁的情况下，使得一大批杰出的外交人才应运而生。大、小诸侯国都十分讲究辞令，“大夫行人，尤重词命。语微婉而多切，言流靡而不淫。”[2]大国外交家口若悬河，见识广博，深谙天下形势，机智善辩；小国夹在大国之间，处于生死存亡、主权受辱的危急关头，外交家也博学多识，临危不惧，为保护本国利益，解救自己国家的危难，他们不辱使命，使用大量委婉含蓄、简洁精练的外交辞令，维护国格和个人尊严，表现出强烈的责任感和道德精神。我们从四个方面探讨《左传》外交辞令的语言艺术，这些外交辞令使我们看到古人驾驭语言的高超技能，具有独特的艺术魅力和宝贵的学术价值。

一、委婉谦和，刚柔相济

《左传》行人辞令大多婉转委曲，温文尔雅。有的正话反说，显得轻松愉快；有的话中有话，耐人寻味；有的表面谦卑，内中却威严十足；有的柔软如棉，但语意却刚硬无比。

如僖公二十八年，晋楚城濮之战前，楚国大夫子玉派人来向晋军挑战，“子玉使斗勃请战，曰：‘请与君之士戏，君冯轼而观之，得君以寓目焉。’晋侯使栾枝对曰：‘寡君闻命矣，楚君之惠，未之敢忘，是以在此，为大夫退，其敢当君乎！既不获命矣，敢烦大夫谓二三子，戒尔车乘，敬尔君事，诘朝将见。’”明明是两军对垒、刀光剑影、生死未卜的战争，斗勃在辞令上却委婉说成“士戏”，用以“寓目”。对方回答也温文尔雅，栾枝用语委婉曲折，话锋藏而不露，语态谦恭和顺，如：“寡君闻命矣”，“敢烦大夫谓二三子”，“诘朝将见”。

再如成公二年，北方的两大诸侯齐、晋，为了争夺霸权，爆发了著名的鞍之战。鞍之战的起因是，晋因“邲”战失利而动摇了其在北方诸侯国中的霸主地位，东方的老牌霸主齐国乘机与楚国建立友好关系，并讨伐鲁、卫，企图与晋争霸。为了打败齐国，重振霸业，晋人应鲁、卫之请出师伐齐，直打到齐国的靡笄山下，于是两军在此摆开决战阵势。晋军攻入齐国境内，完全成了侵略行为，齐国使者的挑战辞令却说成是“辱于敝邑”。晋国使者的应战辞令也是以委婉相对，把晋军伐齐的军事行动说成是“使群臣请于大国”，把坚决进军说成是“能进不能退”，把齐使的挑战说成是“辱命”，等等。当齐国被晋、鲁、卫联军打败后，晋将军韩厥俘虏了齐侯，又说了一通委婉之极的话语。韩厥先说我们并不想和你打仗，只是因为鲁、卫的请求，才不得已而为之，而且是为了不让兵马践踏你们齐国的土地。韩厥陈述的作战缘由冠冕堂皇，对于他奋力俘获齐侯这件事，他说："下臣不幸，属当戎行，无所逃隐，且惧奔辟而忝两君。"表面上极尽君臣之礼且十分谦恭，其实心中十分得意。接着又说，"臣辱戎士，敢告不敏，摄官承乏。"言外之意是，我无才无能，由于人手缺乏，勉强在军中充数，临时承当官职。我要履行职责俘虏你。这段辞令真可谓绵里藏针，刚柔相济。

昭公十三年，晋国主持召开盟会，制定各国向晋国朝贡的数额等次，子产为郑国承担过重的贡赋而在诸侯盟会上向晋国争辩。子产首先引用周朝古制："昔天子班贡，轻重以列。列尊贡重，周之制也。卑而贡重者，甸服也。郑，伯男也，而使从公侯之贡，惧弗给也，敢以为请。"按周朝制度，地位尊贵的公爵、侯爵国家，对周天子的贡赋重，地位虽低，但地处甸服之内的国家贡赋也重，这是古制。而郑国是伯爵国家，又不在甸服（古代在王畿外围，每五百里为一区划，甸服区域内的国家，爵位低而贡赋重）之内，却要承担公、侯那样多的贡赋，这明显是违反古制欺负小国的行为。子产用"惧弗给也，敢以为请"（害怕不能满足数额，冒昧地为这件事提出请求）表明态度，委婉中又透露出强硬的成分，宽猛相济，刚柔相成。

在《左传》中像这一类貌似柔弱，但内中刚强的辞令还有很多。吕相绝秦、秦晋崤之战中的孟明对阳处父等，均是十分精彩的外交辞令。这正如朱自清在《经典常谈》中所说的："《左传》所记当时君臣的话，从容委曲，意味深长。只是平心静气地说，紧要关头却不放松一步，真可谓恰到好处。这固然是当时风气如此，但不经《左传》著者的润饰功夫，也决不会那样在纸上活跃的。"

二、用典赋诗，文质彬彬

《诗经》是我国第一部诗歌总集，共305篇，收录了西周至春秋末期的作品，具有很高的文学价值。《十三经概论》："《诗经》是辞赋衍变的枢纽，纵横家之所出。所谓'登高能赋，可以为大夫'。"[3]《汉书·艺文志》论及“诗赋”时说：“古者诸侯卿大夫交接邻国，以微言相感，当揖让之时，必称《诗》以谕其志，盖以别贤不肖而观盛衰焉。故孔子曰：‘不学《诗》，无以言也。’”从这些记载，我们可以看出，当时的士大夫熟读《诗经》是必备的能力，否则，不但被人嘲笑，还会因此有辱使命。从《左传》的记载来看，在外交活动中发生的吟诵《诗经》事件，共有数十起，涉及63赋，这也充分说明了《诗经》同外交活动的密切关系。不少引用者往往把所要表达的主旨与诗中象征性的形象结合起来，增加权威性与说服力。而有些在外交场合不便直说的话借助于诗来表达，会收到意想不到的效果。《诗经》成为春秋时期行人外交辞令的一个有机组成部分。

襄公二十六年，晋国趁卫献公赴盟之时拘禁了卫献公，从而引发了一场使各诸侯国震动的事件。由于晋国此举严重违背了当时诸侯国共同遵循的准则，所以，齐景公和郑简公二人一同前往晋国为卫献公说情。可晋国贵为诸侯盟主，二人的实力根本无法与之抗衡，但为了维护诸侯的利益，他们又有责任向晋平公“讨公道”。在不伤害晋平公的前提下，齐景公和郑简公的陪同大夫，机敏地利用晋平公在宴会上吟诵《诗经》的时机，委婉、含蓄地表达了两位诸侯前来的真实意图，并渴望得到圆满解决的愿望。为欢迎齐景公和郑简公的来访，晋平公按照春秋风行的惯例，吟诵《诗经·大雅·假乐》：“假乐君子，显显令德。宜民宜人，受禄于天。”意思是说喜乐的周王盛名美德，让群臣百姓享受上天的恩泽。诗中写周天子能安民用人，受天福禄，更推演福禄由来，法祖训，通下情，意在称颂两位诸侯。此时，齐景公的陪同大夫国景子机敏地抓住这稍纵即逝的机会，借此回复一篇《诗经·小雅·蓼萧》：“蓼彼萧斯，零露湑兮。即见君子，我心写兮。燕笑语兮，是以有誉处兮。”意思是说艾蒿长大了，落地的露珠清澈透明。已然见到了君子，我的心里很愉悦。燕歌笑语声，是因为我有了安乐窝。这是表现贵族宴会的乐章，其意寄望于晋平公能够用兄弟的情谊对待各位诸侯。郑简公的陪同大夫子展则心领神会地续吟《诗经·郑风·缁衣》：“缁衣之宜兮，敝，予又改为兮！适子之馆兮，还，予授子之粲兮！”意思是说黑色的衣服最合体，破了，我又另制一件新衣！到你的宿舍来，回去，我给你吃的。这是借赞美郑武公好贤，能供给贤者以朝服、馆舍和美食，来恳请晋平公能够看在来访的齐郑两位诸侯的面子上，表现出盟主的风范，平和地解决拘禁卫献公这一事件。这两人的吟诵使得晋平公极为窘迫，晋平公的陪同大夫叔向此时出面，对二位诸侯的忠心表示了感谢。在这里，我们清楚地看到，吟诵《诗经》既可以自然地回应主人的问候，也可以巧妙地逼迫对方进入一个尴尬的境地。由于采用的是吟诵这种“软抗”手段，因此，使得对方难以大光其火，这就是吟诵《诗经》的好处之一。宴会之后，国景子又奉齐景公的命令私下找到叔向，对晋国的不表态提出个人意见：即“为臣执君”的举动是不符合盟主身份的做法。这个信息传递给晋平公后，晋平公唯恐有失盟主的身份，便派叔向前往齐郑二诸侯处进行解释，说明拘禁卫献公的理由。国景子听后即吟诵《诗经·辔之柔矣》：“马之刚矣，辔之柔矣。马亦不刚，辔亦不柔。”劝说晋君要像用柔软的笼头来控制刚烈的马一样来怀柔诸侯，以宽厚待诸侯，这样才能安抚诸侯，取信于诸侯。此时，郑简公的陪同大夫子展不失时机地吟诵《郑风·将仲子兮》：“将仲子兮，无逾我里，无折我树杞。岂敢爱之，畏我父母。仲可怀也，父母之言，亦可畏也!”诗意是少女请二哥不要跳过她的宅院，不要踩断她的杞树！她不是心疼这树，是害怕她父母。虽然她很想念二哥，但父母之言也是很可畏的。这是少女对情人的低诉，像是拒绝他，实际上是召唤他，怕的是家人说闲话。意在说明卫献公虽有过错，但晋平公的此种做法却更能引起众人的种种非议，这对于盟主而言是极为不利的。经过国景子和子展的几番努力，终于使晋平公认识到此举的危害性，从而释放了被拘禁的卫献公。由此可见，诸侯间棘手的争端，在吟诵《诗经》这种特殊的形式下，不仅避免了相互之间的唇枪舌剑、面红耳赤的争辩，还使事件以温和有礼的方式得到和平的解决。

襄公十六年，齐侯伐鲁。鲁国自知不敌，执政大夫叔孙豹便出使晋国，想请晋国出兵助鲁国一臂之力。但是，晋国借故刚与许楚二国交手，军队元气尚未复原，加上新君的丧期未满，委婉地予以回绝。叔孙豹见状，连忙私下会见荀偃，并借机吟诵《诗经·小雅·祈父》：“祈父，予王之爪牙。胡转予于恤？靡所止居。”意为祈父是大王的卫士，为什么把他的忧患转给了我们？害得我们无处可住。这是武士对祈父失职的指责。意思是责怪荀偃作为掌管晋军的将军，却不顾兄弟之国的情谊，任由兄弟之国被他国肆意蹂躏。语意较为尖锐，但正是因为采用了吟诵《诗经》的方式，使得这种尖锐的批评给人一种温和顺耳的感觉，更容易被对方接受。既给对方留足了面子，又刺痛了对方的软肋。所以，荀偃当时就对叔孙豹表示了歉意，并保证不会见死不救，一定让鲁国的国土保持完整，维护鲁国的尊严。在掌管军事的将领身上得到了保证之后，叔孙豹怕晋国还会有其他的大夫反对，为了保险起见，他又马上拜会晋卿范宣子，以便得到牢固、更强有力的保证。叔孙豹面见范宣子后，找机会吟诵《诗经·小雅·鸿雁》："鸿雁于飞，肃肃其羽。之子于征，劬劳于野。爰及矜人，哀此鳏寡。"诗意是大雁在飞行的时候不断地振动它的羽翼，以保持飞行的姿态。这些人被征集起来，在野外受尽劳苦，就像是现在的奴隶主将繁重的徭役都加到了贫苦可怜人的身上。悲哀啊，可怜的老而无妻的男子以及死掉丈夫的妇人。服役人悲叹自己的辛劳，虽然筑起高墙，但自己却无处安身，借此表示现在鲁国的处境极其危险，犹如鸿雁失去了它生存落脚的地方。该诗意境深远，使人不由得产生怜悯之心。由此，范宣子当即表示不会坐视鲁国危难于不顾，绝不让鲁国人落得流离失所的境地。叔孙豹圆满地完成了搬兵救国的任务。虽然，叔孙豹此行的成功不能说完全依赖《诗经》的作用，但我们可以明显地看出，《诗经》在此行的成功中占据着相当重要的地位，它不但使羞于出口的难题顺利地告知对方，而且使对方难以直截了当地予以拒绝，这样就可以让双方避免处于尴尬的境地。即便结果不尽如人意，也不至于使双方撕破脸皮，下不了台。所以说，《诗经》的作用在当时礼风盛行的环境中是巨大的。

成公二年，齐师战败，齐顷公无奈，派宾媚人出使晋国，进献宝物以求和，晋国却提出了苛刻无理的要求，"以萧同叔子为质"，"使齐之封内尽东其亩"，即以齐侯的母亲萧同叔子入晋作为人质，并使齐国疆域之内的土地垄埂全部改为东西走向，以利晋军战车随时攻齐。宾媚人据"礼"力争，其中多处赋诗用典，指责晋侯，如用《诗经·大雅·既醉》"孝子不匮，永锡尔类"中的孝道思想，抨击晋侯欲拘萧同叔子作人质的不孝；用《诗经·小雅·信南山》"我疆我理，南东其亩"，来说明齐国要遵先王之制而不改田垄方向；还用《诗经·商颂·长发》"布政优优，百禄是遒"，来说明为政要宽大和缓。

鲁文公十三年，郑穆公宴请鲁文公；昭公元年，楚令尹宴享赵孟；襄公十四年，驹支应对范宣子；襄公十六年，穆叔出使晋国；襄公十九年，鲁季武子出使晋国；襄公二十四年，子产致信范宣子；等等。这些篇章，均可见"行人"赋诗用典、文质彬彬的论辩。

三、机智生动，幽默风趣

《左传》的辞令除具有以上特色以外，还常常充满着幽默和机智，表现出极强的趣味性和感染力。这在先秦的典籍中是不多见的，作为一部历史著作，更是难能可贵。

宣公二年，郑公子归生奉楚国之命讨伐宋国，宋大夫华元率师抵御而战败被俘。战败的主要原因之一是华元的御者在战斗中有意驱车进入郑军，致使他被俘。原来战前华元杀羊犒劳部下时没有施及羊斟，羊斟在战争中故意报复华元。羊斟驱车时向华元这样说："畴昔之羊子为政，今日之事我为政。"可以想见当时羊斟冷笑、得意的神色。这句话既尖刻辛辣，又充满幽默风趣。

宣公十二年春，楚庄王率师包围了对楚国有二心的郑国，夏六月，晋人出师援救郑国，从而拉开了晋、楚邲之战的序幕。楚庄王听说晋军已渡过黄河时，便打算撤回，令尹孙叔敖也主张撤军。楚庄王的宠臣伍参则主张迎战晋军，当时孙叔敖与伍参就撤退与迎战的问题进行了一番争论。(孙叔敖）曰："昔岁入陈，今兹入郑，不无事矣。战而不捷，参之肉其足食乎?"（伍）参曰："若事之捷，孙叔敖为无谋矣；不捷，参之肉将在晋军，可得食乎?"双方争论的问题十分严肃，但其语言却极为风趣。尤其是伍参的回答，既幽默且机智，使争论的气氛进一步趋于缓和，这对将帅之间的团结十分重要。事实证明伍参的主张是正确的，他接着对晋军将帅关系的分析均与事实相符，最终促成楚庄王迎战晋军的决定。战争开始后，晋军由于将帅不和，连连失误，节节败退。其中有这样一个场面："晋人或以广队不能进，楚人惎（教）之脱扃。少进，马还。又惎之拔旆投衡，乃出。顾曰：'吾不如大国之数奔也。'"楚军战士指点晋军的战车脱出泥淖，晋军战士逃离时却回过头来对楚军战士说："我们赶不上你们大国军队富有多次败逃的经验。"这句话语包含了感谢、解嘲、好胜、无奈等多重含义，幽默之至，妙趣横生！近人吴闿生对此评论说："风趣绝佳，非才力极大，不能有此，史公不及左氏在此。"[4]

成公三年，齐顷公因"鞍"之战败北而朝于晋，见到了郤克与韩厥。"齐侯朝于晋，将授玉，郤克趋进曰：'此行也，君为妇人之笑辱也，寡君未之敢任。’晋侯享齐侯，齐侯视韩厥。韩厥曰：‘君知厥也乎？’齐侯曰：‘服改矣。’韩厥登，举爵曰：‘臣之不敢爱死，为两君之在此堂也。’”早在宣公十七年春，郤克曾出使齐国，受到了齐顷公之母萧同叔子的一笑之辱，发誓要向齐国报仇。成公二年，鞍之战爆发，郤克率三军奋力作战，终于打败了齐军。所以郤克这时说齐侯此行是因妇人一笑而辱临敝国，寡君可不敢当。一句忍俊不禁的谐谑，充分表现了他的泄愤之情、讽刺之意。韩厥的祝酒词更是将顷公战败被迫朝齐，说成是来和晋君加强友好关系。这种风趣、机智的语言令人读后哑然失笑，极具感染力。

四、借助“王命”，极尽渲染

春秋时代是一个群雄并起、弱肉强食的纷争年代。争霸大国实力雄厚，彼此牵制，中小国家为了保全自身，频繁变换依附于几个大国。虽已是“礼乐征伐自诸侯出”，周天子再也不能号令诸侯，但在此时的外交辞令中，大国还需要周王这块招牌，尚不敢公然违背“尊王”和“王命”。他们极力鼓吹王道，提倡“尊王”，但仅仅是留于口头。正如司马迁在《史记·十二诸侯年表》中说的，诸侯中的强者，“兴师不请天子，然挟王室之义，以讨伐为会盟主”。五霸之首的齐桓公是这样；后来者晋文公是这样；即便是春秋末期的吴、越，在争霸过程中，亦未曾忘记“尊王”。[5]霸主们佯称王命，暗中兼并；小国们则战战兢兢，高举王命，求生存于诸大国矛盾的夹缝之中。

齐楚召陵之盟发生在鲁僖公四年（公元前656年），在春秋时期。这是一次典型的打着“尊王”旗号推行霸权的事件。事情的起因源于僖公三年，“齐侯与蔡姬乘舟于囿，荡公，公惧，变色；禁之，不可。公怒，归之，未之绝也。蔡人嫁之。”于是，齐、蔡交恶，蔡国倒向楚国一边。可见，齐桓公兴师动众伐蔡并不怎么体面，大有泄私愤之嫌。次年，齐桓公率鲁、宋、郑、卫等八国之师冲入蔡国，打垮了蔡军，进而浩浩荡荡杀入楚境，由此引发了一场围绕“王命”展开的外交战争。

齐桓公这次的用兵意图，一是教训蔡国，强调自己的霸主地位；二是要给势力日益强大的楚国以警告，遏制其向北方扩张，巩固自己的霸主地位。但齐桓公起兵的缘由毕竟不光彩，还有假公济私的嫌疑。于是他的谋臣管仲亮出了放之四海而皆准的王牌——“王命”。他嘴不离“王命”，居高临下，企图一举压倒楚国使者。首先，齐先君肩负“夹辅周室”的天子重任；其次，楚贡包茅不入，影响周王祭祀的头等大事；最后，昭王南征而不复，楚君失职，未保周王安全。你楚国既有违“王命”，我齐国又手握天子令，我伐你，名正言顺。这就是典型的“王命”逻辑。管仲对楚使连连发问，咄咄逼人。这番有泰山压顶之势的责难，无非是借助“王命”，虚张声势。在“王命”的旗帜下，齐师摇身一变，由入侵者变成遵王命、辅周室的忠义臣士、正义之师。楚使迫于“王命”，只有承认：“贡之不入，寡君之罪也。”向管仲检讨请罪。而对300多年前溺死在汉水里的周昭王，由于当时楚国势力范围远未到此，楚使毫不客气地嘲弄管仲：“君其问诸水滨！”揭穿了其欲加之罪，何患无辞的阴险用心。召陵之盟的结果是齐师退兵，楚尊齐为盟主。齐桓公高举“王命”大旗，给自己的霸主侵略战争披上了合法、神圣的面纱。

鲁僖公二十六年（公元前634年），齐国在春、夏二季两次侵犯鲁国。鲁国积极对抗，一方面在军事上向卫、楚两国求援；另一方面在外交上，派大夫展喜以“犒师”的名义进见齐孝公，试图游说齐师退兵。二人见面后，齐侯高高在上，傲慢得意地发问，“鲁人恐乎？”面对齐侯的挑衅，展喜回答：“小人恐矣，君子则否。”展喜这软中带硬的答话，引起齐侯进一步发问：“何恃而不恐？”展喜“恃先王之命”，回顾先君的功业。首先，拿成王所赐“世世子孙无相害也”盟书，打击齐侯的嚣张气焰，“载在盟府，大师职之”；再用桓公昭旧职，与鲁相好的前事，给齐师预设了个讳王命、负先人、对不起鲁国的大前提；其次阐述齐侯在即位之初，各国诸侯对齐侯“率桓之功”、遵王命充满殷切希望和高度信任，这是鲁国不设防的原因；接着借第三人称他人之口发议论：“难道他继任才九年就弃命废职？那么他把先君、王命置于何处呢？”最后总结为“君必不然”，巧妙地讥讽齐侯的侵略行径。展喜以三寸不烂之舌借助王命，极尽渲染，搞得齐孝公晕头转向，似乎自己已经大逆不道、弃命废职了。展喜围绕王命开展了一次出色的外交活动，既逼退齐师，维护了国家领土的完整，又为小国君主争取到了与霸主齐侯平等的地位，捍卫了国家尊严。

注释

[1] 刘知几:《史通·申左》，上海古籍出版社，2009年版。

[2] 刘知几:《史通·言语》，上海古籍出版社，2009年版。

[3] 蒋伯潜:《十三经概论》，上海古籍出版社，1983年版，第248页。

[4] 韩席筹:《左传分国集注·楚庄争霸》，南京·江苏人民出版社，1963年版。

[5] 司马迁:《史记·吴太伯世家》，北方文艺出版社，2007年版。

第四节　孟子辩论的语言艺术

孟子是战国时代著名的思想家、政治家。孟子擅长辩论，其语言素以逻辑严密、形象生动、气势充沛、说服力强而著称。

春秋战国时期，我国由奴隶社会向封建社会转变，原有的社会秩序渐趋动荡，社会呈现出礼坏乐崩的混乱局面。各个学派的代表人物纷纷发表自己的见解，鼓吹自家学说，抨击非己主张，形成百家争鸣的局面。“亚圣”孟子作为儒家的代表人物，成为这个辩论时代的佼佼者。孟子的辩论，学识渊博，挥洒自如，说服力极强，特别是运用缜密的逻辑推理和大量生动、形象的比喻，具有强大的鼓动性和艺术感染力。我们从四个方面来探讨孟子辩论的语言艺术。

一、善用比喻，形象生动

孟子善辩，在论辩中十分善于运用比喻和比喻论证。据粗略统计，《孟子》全书261章，共有93章运用了比喻。其比喻数量之多，是先秦诸子中首屈一指的。孟子善用比喻，成为他辩论的一大特色。他的比喻取材广泛，形象生动，通俗易懂，自然贴切。汉代首位研究《孟子》的赵岐，在《孟子章句·题辞》中就说：“孟子长于譬喻，辞不迫切，而意已独至。”孟子通过运用比喻去帮助他辩论，使他能够轻而易举地战胜论敌。

在《梁惠王上》，孟子询问齐宣王治国的最大愿望，齐宣王羞于出口，“笑而不言”，孟子在虚设了五个不是问题的问题之后，单刀直入地说出了齐宣王的迫切追求——发动战争，随即把这种追求的结果比喻为“缘木求鱼”，而且“殆有甚焉”“后必有灾”。孟子的这一番论辩，采用形象、生动、贴切的比喻，深刻地揭示出齐宣王希望依靠武力统治天下的荒唐想法，警示齐宣王放弃“霸道”，实行“王道”。

在《滕文公下》，针对关市不合理的税收制度，孟子以寓言故事“偷鸡贼的逻辑”来比喻，幽默生动，直击要害。孟子曰：“今有人日攘其邻之鸡者，或告之曰：‘是非君子之道！’曰：‘请损之，月攘一鸡，以待来年，然后已。’如知其非义，斯速已矣，何待来年？”孟子指出，“日攘一鸡”和“月攘一鸡”都是非义的偷盗行为，改正“非义”，何必等待来年？这种比喻鲜明有力，发人深省。

另外，孟子的比喻，还有大家所熟悉的以“挟泰山以超北海”喻不能；以“揠苗助长”喻违背客观规律、急功近利，必定失败；以“五十步笑百步”喻不从本质、根源上解决问题；以“鱼与熊掌不可兼得”喻生死的选择（舍身取义）；以“水无有不下”喻“人无有不善”；以“茂林不加保养变秃山”喻“善性不加保养变兽性”；以“一曝十寒”喻学习不专心致志，就达不到预期效果；以“水之就下”“兽之走圹”喻百姓向往仁政；等等。这些都是大家耳熟能详的比喻。这些高度形象化的比喻，准确地阐明了深刻的哲理，能够有力地说服对方，战胜论敌，使论辩收到很好的艺术效果。

二、推理严密，讲究逻辑

孟子在论辩中，熟练运用了多种逻辑技巧，去反驳论敌的论题、论据、论证方式。谭家健在《略谈孟子散文的艺术特征》中指出，孟子虽然不像墨子那样有比较完整的形式逻辑理论，但是“却能普遍而熟练地使用着形式逻辑的思维规律和思维形式，其文章都有着严格的逻辑”。[1]在论辩过程中，孟子成功地运用了逻辑技巧，从而“无论和谁辩论，孟子都从没有输过”。[2]

孟子在辩论中，非常善于运用类比推理，他向对方提出一连串问题，欲擒故纵，步步进逼，巧妙设防，请君入瓮，最后使对方无言以对。如《梁惠王下》：

孟子谓齐宣王曰：“王之臣有托其妻子于其友而之楚游者。比其反也，则冻馁其妻子，则如之何？”王曰：“弃之。”曰：“士师不能治士，则如之何？”王曰：“已之。”曰：“四境之内不治，则如之何？”王顾左右而言他。

孟子采用类比推理的论证方法，层层推进，先从生活中的事情入手，推论到司法官的失职，再推论到国君的行为。孟子使齐宣王顺着自己的思路，得出两个不言而喻的结论，最终使齐宣王陷入自我否定的结论中而无言以对，只好“顾左右而言他”。

在辩论时，孟子还善于运用演绎推理，从容应付对方所出难题，具体问题具体分析，区别对待、辩证解决，使谈话逐步向他预定的结果发展。如《公孙丑下》：

陈臻问曰：“前日于齐，王馈兼金一百而不受；于宋，馈七十镒而受；于薛，馈五十镒而受。前日之不受是，则今日之受非也；今日之受是，则前日之受非也。夫子必居一于此矣。”孟子曰：“皆是也。当在宋也，予将有远行，行者必以赆，辞曰：‘馈赆。’予何为不受？当在薛也，予有戒心，辞曰：‘闻戒，故为兵馈之。’予何为不受？若于齐，则未有处也。无处而馈之，是货之也。焉有君子而可以货取乎？”

陈臻的推论看起来似乎有道理，二者必居其一，但实际上却局限于形式逻辑的范畴，缺乏辩证逻辑的灵活性，不能解决特殊性的问题。陈臻采用了两端论推理形式，这是假言推理和选言推理的综合推理，词锋犀利，看似难以回答。但孟子巧妙地跳出了“两难推论”的局限，用一全称肯定命题“皆是也”机智作答，使陈臻疑惑不解，然后孟子就“取”与“不取”的理由做了充分说明，肯定“受”与“不受”都对，都有理由，因为导致“受”与“不受”的条件不一样。论据充足，使对方完全折服。

孟子在辩论时，还经常使用归谬法来驳斥对方，证明自己的论点。如《梁惠王上》：

曰：“有复于王者曰：‘吾力足以举百钧，而不足以举一羽；明足以察秋毫之末，而不见舆薪。’则王许之乎？”曰：“否。”“今恩足以及禽兽，而功不至于百姓者，独何与？然则一羽之不举，为不用力焉；舆薪之不见，为不用明焉；百姓之不见保，为不用恩焉。故王之不王，不为也，非不能也。”

这一段叙述孟子与齐宣王的对话，孟子运用归谬法分析了“不为”与“不能”的本质区别。孟子首先假定了两种荒唐的说法：“力足以举百钧，而不足以举一羽；明足以察秋毫之末，而不见舆薪。”让齐宣王自己对此加以否定，其次再联系齐宣王自己的做法“恩足以及禽兽，而功不至于百姓者”，使齐宣王自己意识到自身所存在的问题，并进而予以否定，轻而易举地总结归纳出齐宣王不施行仁政是“不为”，而不是“不能”，即齐宣王不愿意做，而非做不到。

孟子的辩论，除了运用逻辑学中的演绎推理（选言推理、假言推理、两难推理）、类比推理、归谬法等逻辑技法外，还运用了归纳推理、反证等逻辑技法，推理严密，语言准确，很少有人能找到纰漏将其驳倒。

三、运用成语，简洁精辟

孟子在论辩中，常常借助于前代权威人士的言论来增强自己论辩语言的说服力，旁征博引，左右逢源。他精通历史，熟记诗书，引用典籍名言，字字千金。《孟子》一书中，产生了许多流传千古的至理名言，成为我国古代典籍中重要的成语源。

《孟子·梁惠王上》中的成语：不远千里、与民偕乐、弃甲曳兵、兵刃相接、秋毫之末、明察秋毫、不违农时、衣帛食肉、不可胜用、仰事俯畜、缘木求鱼、挟山超海、始作俑者、寡不敌众、放辟邪侈、上下交征、旱苗得雨、五十步笑百步。

《孟子·梁惠王下》中的成语：疾首蹙额、匹夫之勇、箪食壶浆、凶年饥岁、鳏寡孤独、旷夫怨女、大旱望云、见死不救、出尔反尔、流连忘返、发政施仁、创业垂统、幼学壮行、水深火热、王顾左右而言他。

《孟子·公孙丑上》中的成语：如运诸掌、易如反掌、浩然之气、恻隐之心、与人为善、倒悬之急、心悦诚服、出类拔萃、揠苗助长、事半功倍、以力服人、尊贤使能、反求诸己、具体而微、恶其所好、坐于涂炭、饥不择食、闻过则喜、舍己从人。

《孟子·公孙丑下》中的成语：地丑德齐、舍我其谁、得道多助、失道寡助、地利人和、采薪之忧、恶湿居下、绰绰有余，此一时、彼一时。

《孟子·滕文公上》中的成语：饱食暖衣、绝长补短、守望相助、用夏变夷、下乔入幽、为富不仁、为仁不富、纪纲人伦。

《孟子·滕文公下》中的成语：独行其道、毁瓦画墁、乱臣贼子、不忘沟壑、吊民伐罪、一傅众咻、逾墙钻穴、枉尺直寻，富贵不淫、威武不屈、贫贱不移，救民水火。

《孟子·离娄上》中的成语：离娄之明、规矩准绳、天下无敌、濯缨洗耳、濯缨濯足、濯缨沧浪、授受不亲、好为人师、罪不容诛、安宅正路、授手授溺、为渊驱鱼、为丛驱雀、舍近谋远、不虞之誉、求全之毁、自暴自弃、声音笑貌、殷鉴不远、无后为大、孝子慈孙、仁心仁术、足蹈手舞、易子而教、守身如玉。

《孟子·离娄下》中的成语：赤子之心、夜以继日、富贵利达、左右逢源、私淑弟子、由博返约、易地而处、掩鼻而过、视如草芥、过门不入、披发缨冠、视如寇仇、若合符节、声闻过情、取友必端、盈科后进、已饥已溺、好勇斗狠。

《孟子·万章上》中的成语：源源而来、以文害辞、以辞害意、以意逆志、先知先觉、枉己正人、岌岌可危、自怨自艾、不肖子孙、一介不取、知人论世、藏怒宿怨、齐东野语、幡然改途。

《孟子·万章下》中的成语：辞尊居卑、市井之臣、充类至尽、位卑言高、金声玉振、却之不恭、顽廉懦立、抱关击柝、勃然变色。

《孟子·告子上》中的成语：专心致志、乐善不倦、舍生取义、杯水车薪、一曝十寒、操存舍亡、心有鸿鹄。

《孟子·告子下》中的成语：敬老慈幼、动心忍性、以邻为壑、歃血为盟、寸木岑楼、困心衡虑、独夫民贼。

《孟子·尽心上》中的成语：穷不失义、鸡鸣而起、摩顶放踵、引而不发、久假不归、安身立命、进锐退速、一毛不拔、不言而喻、曾经沧海、举一废百、当务之急、习而不察、独善其身、安富尊荣、居仁由义、以身殉道、过化存神、俯仰无愧、不愧不怍、弃若敝屣、春风化雨、豕交兽畜、似是而非、死于非命、岩墙之下。

《孟子·尽心下》中的成语：百世之师、来者不拒、自以为是、守约施博、总而言之、同流合污、再作冯妇、言近旨远、茅塞顿开、仰不愧天、负隅顽抗、陈蔡之厄、民贵君轻、清心寡欲、食前方丈、发棠之请、尽信书不如无书。

孟子成语的结构，以“四字格”为基本格式，也有“多字格”的。这些成语意思精辟、形式简洁，富有深刻的哲理和教育启迪意义。运用大量的成语，是孟子论辩语言的一个突出特征。

四、排比铺陈，气势逼人

孟子在论辩中，大量运用排比手法，气势奔放，感情激昂，词锋犀利，观点明确，文章纵横捭阖、排比铺陈，具有令人无法阻挡的超凡气势，充分体现了孟子擅长辩论的语言风格。

《梁惠王上·齐桓晋文之事》中，针对齐宣王希望实现自己的最大愿望，孟子故意设问，连用五个排比问句，欲擒故纵，引出齐宣王有大欲，“为肥甘不足于口与？轻暖不足于体与？抑为采色不足视于目与？声音不足听于耳与？便嬖不足使令于前与？”这五个排比问句并列铺陈，凸现语势，穷尽了齐宣王可供选择的所有可能情形。但齐宣王已经领教了孟子的厉害，避而不答。于是，孟子以锐不可当之势，又用了四个排比短句，和盘托出了齐宣王心中最大的愿望就是“欲辟土地、朝秦楚、莅中国、抚四夷”，直切主题，毋庸置疑。这种排比，句式齐整，情感激昂，掷地有声。孟子运用排比，既渲染了情绪，又增强了说服力。

《梁惠王下·庄暴见孟子》中，孟子与齐宣王论乐，希望齐宣王能“与民同乐”。孟子从正反两个方面具体描述“不与民同乐”和“与民同乐”两种截然相反的施政结果。“今王鼓乐于此，百姓闻王钟鼓之声，管籥之音，举疾首蹙頞而相告曰：‘吾王之好鼓乐，夫何使我至于此极也？父子不相见，兄弟妻子离散。’今王田猎于此，百姓闻王车马之音，见羽旄之美，举疾首蹙頞而相告曰：‘吾王之好田猎，夫何使我至于此极也？父子不相见，兄弟妻子离散。’此无他，不与民同乐也。今王鼓乐于此，百姓闻王钟鼓之声，管籥之音，举欣欣然有喜色而相告曰：‘吾王庶几无疾病与，何以能鼓乐也？’今王田猎于此，百姓闻王车马之音，见羽旄之美，举欣欣然有喜色而相告曰：‘吾王庶几无疾病与，何以能田猎也？’此无他，与民同乐也。今王与百姓同乐，则王矣。”孟子运用两个排比段落，形成鲜明对照，得出“今王与百姓同乐，则王矣”的结论。这一段集中地运用了铺陈、设问、排比、对比、对照的形象描写，反复论述“与民同乐”，酣畅淋漓地渲染“与民同乐”的效果，气势逼人，令人信服。

《公孙丑上·人皆有不忍人之心》中，孟子运用一组排比来论述人人都有“不忍人之心”，即“性善论”。“恻隐之心，仁之端也；羞恶之心，义之端也；辞让之心，礼之端也；是非之心，智之端也……凡有四端于我者，知皆扩而充之矣，若火之始然，泉之始达。苟能充之，足以保四海；苟不充之，不足以事父母。”在这里，孟子反复运用排比句式，重言申明，以壮文势，突出思想，加强感情，准确扼要地表达了性善思想。

注释

[1][2] 谭家健.《略谈孟子散文的艺术特征》，光明日报，1957年9月8日、9月15日。

第五节 墨子辩论的语言艺术

先秦时期，诸侯争霸称雄，造就了一大批能言善辩的社会活动家、论辩家，他们的论辩语言各具特色。其中，墨子的辩论，用词准确，表达精练，语言缜密，堪称百无疏漏，这在先秦诸子中是首屈一指的。刘勰曾在《文心雕龙》中评价墨子的语言“意显而语质”。我们从墨子辩论语言的表达特色、逻辑技巧两方面来探讨墨子辩论的语言艺术。

墨子是墨家学派的创始人，是先秦时期继孔子之后出现的第二位文化伟人，开创了墨学，提出兼爱、非攻、尚贤、尚同、节用、明鬼等具有积极进步意义的思想。为了宣传他的主张，墨子四处游说，言传身教，广征博引，以理服人。墨子的辩论与众不同，技巧高超，既不像孟子那样气势奔放、咄咄逼人，也不像庄子那样纵横跌宕、变幻莫测，而是朴实无华、推理严密。墨子的辩论讲科学、重事实，有理有据。“夫辩者，将以明是非之分，审治乱之纪，明同异之处，察明实之理，处利害，决嫌疑焉。”[1]以辩来别同异、明是非，形成其独特的“墨辩学”。

墨子曰：“立辞而不明于其类则必困矣。”《公孟篇》所载，几乎全是墨子与别人进行辩论的故事。如墨子与公孟子辩“扣则鸣”问题，辩“强说人”问题，辩“行不在服”问题，辩“孔子当为天下王”问题，辩“有命”、辩“义祥”、辩“久丧”等；又如墨子与程子辩“毁儒”，与告子辩“言行”等。我们从以下两个方面来论述墨子辩论的语言艺术。

一、墨子辩论语言的表达特色

语言是辩论的物质手段。先秦时期，诸侯争霸称雄，造就了大批能言善辩的社会活动家、论辩家，他们的论辩语言各具特色，有的言简意赅，循循善诱；有的恣意纵情，奇特浪漫；还有的驳难离析，淋漓尽致，等等。墨子的辩论，语言简朴、平实、准确、生动。

如在《墨子·非攻下》中，针对许多好战的国君常借商汤、武王的征伐行为，为自己的掠夺行为辩护，“今夫好攻伐之君，又饰其说以非子墨子曰：‘子以攻战为不义，非利物与？昔汤放桀，武王伐纣，此皆立为圣王，是何故也？’”墨子辩驳道：“子未察吾言之类，未明其故也。彼非所谓攻，谓诛也！”在这里，墨子明确区分了“攻”与“诛”这两种不同性质的战争，其语言准确击中对方要害。墨子以简朴平实的语言，表达了自己对战争性质的认识，可谓一字千金。

在《公孟篇》中，墨子谓程子曰：“儒之道足以丧天下者四政焉。”程子曰：“甚矣！先生之毁儒也。”子墨子曰：“儒固无此四政者，而我言之则是毁也。今儒固有此四政者，而我言之，则非毁也，告闻也。”面对程子指责自己毁儒，墨子明确指出“毁”与“告闻”是两个不同的概念，强调对方用词不当，既让自己摆脱了两难的境地，又有力地驳斥了程子的观点。墨子的辩论语言简明、准确，由此可见一斑。

墨子的语言不但准确，而且精练。《墨子·修身篇》说“慧者心辩而不繁说”，就是要求论辩语言要精练。有一次墨子的弟子禽滑厘问他：“多言有益乎？”墨子回答：“虾蟆蛙蝇日夜而鸣，舌干擗然，而人不听之。今鹤鸡时夜而鸣，天下振动。多言何益？唯其言之时也。”墨子十分精练地说明了墨家反对说大话空话，但不反对说有用的进步的合时宜的话。

墨子的语言不但简练，而且生动感人。有人反对墨家“兼爱”的思想，并再三向墨子发难，因而墨子与他们展开辩论，《兼爱下》记载了这次辩论。对方说墨子的“兼爱”主张虽然好听，但不实用，“即善矣，虽然，岂可用哉？”墨子立刻反驳道：“用而不可，虽我亦将非之，且焉有善而不可用者？”墨子认为如果“兼爱”思想只是好听而不实用，别说你们，就连我自己也要对它进行批判、指责，并进一步指出，哪有好东西只是中看不中用呢？墨子的语言简明生动，在先秦诸子中，是无与伦比的。

刘勰曾在《文心雕龙》中评价墨子的语言“意显而语质”，也正是总结了墨子辩论的语言特色：准确、简练、质朴、生动。

二、墨子辩论语言的逻辑技巧

墨子具有敏锐的洞察力，他的辩论博大精深，涉及哲学、文化、逻辑、语言、思维、心理、角色等方方面面，尤其是有强大的逻辑力量，具有强烈的感染力和说服力。“就先秦时代而言，中国形成有自己独特特点的关于思维本质与规律的理论，墨家的思维形式结构论是中国‘辩学’或‘名学’的奠基。”[2]墨子在辩论中创造性地制定了概念、判断、推理等思维形式的学说，揭示了逻辑所构成的这三种思维形式的区别。墨子的辩术是我国古代辩论科学的精华。《墨子·小取》所谈“摹略万物之然”“论求群言之比”以及“以名取实”“以辞抒意”“以说出故”“假”“效”“譬”“侔”“援”“推”，以及《墨子·大取》讲的“故”“理”“类”等，都成为墨子的辩论法宝，体现了他高超的辩论语言技巧。下面从“假”“譬”“援”“推”四个方面探讨墨子辩论的逻辑技巧。

1. “假”式反证法

《小取》：“假者，今不然也。”《经下》：“假必悖，说在不然。”《经说下》：“假必非也而后假，狗，假霍也。犹氏霍也。”“假”就是假使、假若、假如、假设，指在论证一个命题的时候，先假定与这个论题相反的命题存在，然后根据这个命题的虚假来证明原来的论题的正确性。简单地说，“假”就是为了证明某个论题，就先假说它为相反的论题并由此推出错误来的证明法，即我们今天说的反证法。“它是通过确定与论题相矛盾的判断（即反论题）的虚假，然后根据排中律，由假推真，来证明论题的真实性的一种论证方法。”[3]在使用这个方法的时候，墨子强调，要注意假定的命题必须是错误的，才能证明自己的论题是正确的，即“假必非也而后假”，否则，不但不能证明自己的论题，相反，倒证明了论敌的论题。例如，要证明狗是没有姓的，就假定狗姓霍，而霍是霍氏人的姓，姓霍的人是不允许狗姓霍的，他们会反对这个荒谬的命题。于是，就证明了狗是没有姓的。又如在《节葬下》中，说当时的贵族统治者主张实行“厚葬久丧”，“棺椁必重，葬埋必厚，衣衾必多，文绣必繁，丘陇必巨”，“厚葬久丧”可以使贫者富、寡者众，墨子对此用“假”驳斥了厚葬久丧者的谬论：“使王公大人行此，则必不能蚤朝晏退；使士大夫行此，则必不能治五官六府，辟草木，实仓廪；使农夫行此，则必不能蚤出夜入，耕稼树艺；使百工行此，则必不能修舟车，为器皿矣；使妇人行此，则必不能夙兴夜寐，纺绩织纫。”为了批驳“厚葬久丧”，先假定它是对的，让国人都去遵守、执行，然而依从了这种主张，将会给国家造成一系列的恶果，执政者无法正常治理朝政，士大夫、农夫、百工、妇人都不能各司其职，根本无法富贫众寡，由此证明了“厚葬久丧”的荒谬。

2. **“譬”式证明法**

《小取》：“譬也者，举他物而以明之也。”“譬”就是譬喻，是说明道理的一种很重要的方法。它不同于一般的举例和形象比喻，它所举的事例必须是双方已知和公认的，而且必须以承认此物与他物属同类为前提，否则就不能达到“举他物而以明此物”的证明目的。《荀子·释难篇》：“谈说之术，分别以喻之，譬称以明之。”譬喻就是因为直言不能将其事讲清楚而产生的，对于别人不信之“故”用譬喻来讲明。所以墨家将其借来作为“明故”的证明方法，这正是王充在《论衡·目纪》中所说：“何以为辩，喻深以浅。”墨子喜用譬，也善用譬，他根据不同的“譬”式要求，经常采取三种譬式证明法。第一，取象于其物，以说明一般的规律。如《墨子·所染》：“子墨子见染丝者而叹曰：‘染于苍则苍，染于黄则黄……非独国有染也，士亦有染。’”墨子认为，人的思想犹如一块白布，时刻受周围环境熏陶，近朱者赤，近墨者黑，染于善人则善，染于恶人则为恶，比喻习染可以改变人的性格，交游不可不慎。第二，取譬于成事，以指导人们的行为。如《墨子·耕柱》：“治徒娱，县子硕问于子墨子曰：‘为义孰为大务？’子墨子曰：‘譬若筑墙然，能筑者筑，能实壤者实壤，能欣者欣，然后墙成也。为义犹是也，能谈辩者谈辩，能说书者说书，能从事者从事，然后义事成也。’”县子硕问墨子谈辩、说书、从事三种为义的方式中，哪种最重要？墨子以现实生活中人人皆知“筑墙”一事为譬，巧妙地说明，只有大家齐心协力，才能把墙筑起；为义和筑墙的道理一样，喜于谈辩的就谈辩，长于说书的就说书，善于从事的就从事，只有谈辩、说书、从事三者同时并举，通力合作，才能达到为义的目的。墨子如此譬喻，形象生动，使人有推窗观日、开门赏月的明快之感，易于理解，乐于接受。第三，以寓言作譬，以明辨义理。如《公输》：“子墨子见王，曰：‘今有人于此，舍其文轩，邻有敝舆，而欲窃之；舍其锦绣，邻有短褐，而欲窃之；舍其粱肉，邻有糟糠，而欲窃之。此为何若人？’王曰：‘必为窃疾矣。’子墨子曰：‘王之攻宋也，为与此同类。’”墨子以寓言作譬，铺张扬厉，步步进逼，穷理析义，不容不信，终于使喜好攻战的楚王不得不大呼：“善哉！吾请无攻宋矣。”

墨子运用“譬”式证明法，或说理以阐明自己的主张，或驳斥以攻破敌人的谬论，或譬醒以激发他人的觉悟，取譬明理，把精当的论述与摹拟形象的描绘融合于一体，既给人以哲理上的启迪，又给人以艺术上的美感。

3.“援”式推论法

《小取》：“援也者，曰：‘子然，我奚独不可以然也？’”孙诒让据《说文·手部》所云：“援，引也。”解释为“谓引彼以例此”。“援”就是援引例子，即引彼证此。这种推论方法，就是逻辑学中的类比推理。

墨子“援”式推论所用的前提必须是对方说过的话或行过的事，或者是某人说过的话（如“圣王之道”“先王之书”“古书之言”）或行过的事并已为对方所承认和肯定了的。根据这个前提，墨子进行推论。如鲁阳文君对墨子说反对“食其子而赏其父”的恶俗，“有啖人之国者，其国之长子生，则解而食之……美则以遗其君，君喜则赏其父，岂不恶俗哉！”墨子道：“虽中国之俗，亦犹是也。杀其父而赏其子，何以异食其子而赏其父者哉！”在此，墨子以鲁阳文君所深恶痛绝的恶俗——“食其子而赏其父”，作为前提，巧妙地推论出“杀其父而赏其子”同样是恶俗，有力地鞭挞了鲁阳文君好攻伐，使人民战死，又从而赏之的罪恶行径。这样类比，入情入理，雄辩有力。

由于墨子的“援”式推论只要求其“然”必须相同，而不要求其“所以然”也相同。如只要承认“楚人非人”与“白马非马”这两个命题属于同类性质的命题，就可以由“子之然”类比推出“我之然”，至于为什么要承认“楚人非人”或“白马非马”的原因和根据等，就不便追究。所以，在使用这种推论方法时，可以暂时难倒对方，使自已获胜，但却不一定得到真理。

4.“推”式推论法

《小取》：“推也者，以其所不取之，同于其所取者，予之也。‘是犹谓’也者，同也；‘吾岂谓’也者，异也。”“推”就是类推，类推是就同一类型的事物中，把还没有取得判断的这一部分和已经取得判断的那一部分相比较，从而给这一部分也定出判断来。“是犹谓”（这如同说）是用来表示相同意义的命题可以类推，“吾岂谓”（我难道说）是表示不同意义的命题不可以类推。孙中原认为“推”，“即以对方所不赞同的和所赞同的属于同类这一点为根据，来反驳对方的观点。这是应用矛盾律的归谬式的反驳方式……从推理形式上说，这是一种归谬式的类比推理。”[4] 如《天志下》载，“其所取者”“为不仁不义也”：“入人之场圃，取人之桃李瓜姜者”；“穴人之府库，窃人之金玉布帛者”；“逾人之栏牢，窃人之牛马者”；“逾人之墙垣，拘格人之子女者，不义”。所以，凡行窃者即“凡不与其劳获其实皆不义”。据此类推：今王公大人“攻伐无罪之国，入其沟境，刈其禾稼，斩其树木，残其城郭”，是“非其所有而取之”，故王公大人攻伐无罪之国是不义的。又如《公孟》载，公孟子曰：“无鬼神”，又曰：“君子必学祭礼。”子墨子曰：“执无鬼而学祭礼，是就无客而学客礼也，是犹无鱼而为鱼罟也。”这其实是归谬和类比的结合。

“推”式推论通过归谬来类推，指出“其所取者”与“所不取者”之间错误的必然联系，有力地驳斥了对方的谬论，迫使对方放弃自己的谬论，从而推论出自己的观点。运用“推”式推论，特别需要注意的是，如果“其所取者”与“所不取者”都是正确的，那么辩论者就要同时承认它们的合理性，只取其一，势必会以失败而告终。如果它们之间一个正确、一个错误，就一定要避免盲目地把它们等同起来，否则将会使自己陷入困境。

墨子辩论的语言艺术，绝不只是以上这几方面，像警醒、矛盾、两难、寓言、对照、归纳等技巧，限于篇幅，不再赘述。总之，墨子的辩论，语言朴实、准确，论证严密，说理清晰，技巧多变，逻辑技巧高超，具有强烈的感染力和说服力。这不仅使墨子在当时就享有雄辩家的美誉，也值得我们今人去探讨、学习、研究。

注释

[1] 孙诒让：《墨子间诂》，北京·中华书局，1986 年版。

[2] 孙中原：《墨学与现代文化》，北京·中国广播电视出版社，1998 年版。

[3] 汪馥郁，郎好成：《实用逻辑学词典》，北京·冶金工业出版社，1990 年版。

[4] 孙中原：《中国逻辑史》，北京·中国人民大学出版社，1987 年版。

第六节　广告中的成语活用现象

一、成语活用原因

现代与古典结缘孕育的成语广告把广告语言园地装扮得五彩缤纷，绚丽多姿。成语广告，“既活泼又深沉，既新鲜又熟悉，既有时新气息，又有古典情趣，所以往往能迎合顾客的心理，博得广大消费者的青睐，同时又透露出一种高层次的追求。”[1]成语广告最常见的手法是直接选用某个褒扬性的成语来集中突显该商品的特殊品质，旧瓶装新酒，充分利用该成语的原义进行“自我表彰”。由于这些成语大多为群众所喜闻乐见，所以它的效果不但言简意赅，而且事半功倍，深得众多厂商的宠爱。上海南山箱包有限公司生产的密码箱的广告词是“万无一失”，一语双关，新颖巧妙。“万无一失”里的“万”是“绝对”义，“失”是“没有把握住”义，整个成语的意思是“绝对不出差错，不会没有把握”。由于密码箱的性能、特点与“万无一失”意义相通，两者搭配在一起，名实相符，恰如其分。

在成语广告中，有一种现象引人注目，即为了达到宣传商品的目的，利用一定语境撇开原成语的整体义（比喻义）而回归于成语的表面义，或更换原成语中的某一字词，使仿拟后的成语贴近商品信息。这种现象我们称之为“成语活用”。例如：春风满面（微风吊扇），高枕无忧（药枕），随心所“浴”（水仙牌燃气热水器），有“杯”无患（哈磁杯），默默无“蚊”的奉献（洁士电热蚊香），“闲”妻良母（台湾海龙牌洗衣机），尽善“净”美（干洗公司），“丰华”正茂（丰华牌圆珠笔），唯“鹅”独尊（鹅牌针织内衣），吉“象”如意，名不虚“船”（船象牌方便面），六神“有”主（六神牌花露水），等等。

成语的活用大都是更换了原成语中的某一字词，细分起来，也略有差别。有的完全用同音字更换，如“随心所‘浴’”（随心所欲）、“默默无‘蚊’”（默默无闻）；有的用近音字更换，如“有‘杯’无患”（有备无患)、“尽善‘净’美”(尽善尽美)。不论哪种形式，成语活用所更换的字，无一例外的都是为了突出商品的品格、性能、功效等。由于保持了音同音近的缘故，很自然让人联想到原成语深层的社会含义，由表及里，从显到隐，醒目新奇，使人产生浓厚的兴趣，留下较深的印象。有的广告用语创意者则把商品的牌号巧妙地融进成语之中，用同音、近音、异音的字去更换，求得一语双关的效果，给人新奇独特的感觉，别有一番情趣。例如：“‘丰华’正茂”(风华正茂)、“六神‘有’主”(六神无主) 等。

成语里的部分用字更换之后，重新组装仿拟式活用成语，除语义上紧扣商品信息之外，有的色彩义也变化了。如根据“随心所欲”“六神无主”这类带贬义色彩的成语，仿拟而成“随心所‘浴’”“六神‘有’主”，却变为褒义色彩了。

恰当地活用成语，能起到积极宣传商品的效果，这主要依赖于特定语境的限制与烘托。例如“默默无‘蚊’的奉献”这一广告用语，配上万籁俱静的夜晚一家人酣睡的场景，一只小小电热蚊香器默默地点着，它的缕缕香气使肆虐的蚊子一一被歼。广告用语借助抒情的画面，温馨的气氛，把电热蚊香拟人化了。“默默无闻”与“默默无‘蚊’”，品格与功效相互默契，巧妙配合。广告创意者充分利用语境的烘托，用细致的观察，独特的感受来牵动和诱发顾客的遐想，激发顾客购买电热蚊香的愿望，由此足见成语活用与语境结合的重要。

为什么成语能够同现代经济生活水乳交融而产生大批成功的广告用语呢？成语以其结构的凝固性、意义的完整性、声律的和谐性，被公认为民族语言的珍品。成语言简意赅，通过简短的形式，领悟丰富的内涵，常是其他语言形式难以比拟的；成语本身常由修辞方式凝结而成，富有语言魅力；加上成语用字典雅古朴，字字取精用宏，韵味独具，气势不凡。所有这一切都是广告用语语言审美的需要，因此，让成语与当代商品结缘，是不难理解的。另外，成语以四字格为主要格式，突出体现了汉民族的文化传统，长期以来成为人们喜闻乐见的语言形式，对广告用语有着很深的影响。中国自古以来讲究对称美、均衡美，认为成双成对的东西象征着和谐、吉祥。这种审美观念在建筑、绘画、民俗上都有体现，反映在语言结构上，就是钟爱四字格，久盛不衰。广告用语重吉祥和谐，忌冗长拖沓，它选择整齐匀称、带浓郁民族语言风格、体现民族审美观念的四字格，是很自然的事。

那么，为什么成语还要活用呢？古希腊哲学家亚里士多德在《诗学》中说过："人们喜欢被不平常的东西所打动。"改换成语中的个别字词，偏离成语的常规，要么语意理解偏离，要么语言符号（读音用字）偏离，目的是创造出一种"不平常的东西"来，用不同凡响、别具一格的形式或解释，产生一种陌生美、顿悟美，去"打动"人心，激发人们的联想和想象，并把这种不寻常的感受引向预测中的最佳境界。可见，优秀的活用成语的广告用语，很善于运用语言变异手段为自己服务。

二、成语活用的冷思考

广告中活用成语的背后也隐藏着一些引人思考的问题。

有材料介绍，有些小学生把"一毛不拔"解释为"很结实""很牢固"或"好棒"等，究其原因是受广告用语"一毛不拔"（梁新记牙刷）的影响。[2]这种现象值得深思。众所周知，成语是一种凝固性很强的结构，其意义大都不是字面意义的简单加合，是非表面性的，具有特定意义。成语这些结构定型性、意义整体性的特点，要求我们在运用时特别要防止任意更换字词，切忌望文生义。广告活用成语撞击的恰恰是这些"禁区"。那么，为什么还有不少广告用语受人称道呢？除了有明确的修辞目的及特定语言环境之外，活用成语都要有先决条件，那就是人们完全掌握所活用成语的原来结构及整体意义。唯有这样，才能让人理解活用成语后所产生的新义、新色彩、新用法，才会产生别异新奇的修辞效果与广告效益。可是，这一切对于小学生或文化程度低的人来说却不一定能够达到预期的目的。他们年纪尚小，知识十分有限，对成语的丰富内涵还缺乏理解，分辨不清成语整体义同特定语境下临时活用义的区别与联系。他们看到听到广告中"一毛不拔"启用的是表面义，则误当作"一毛不拔"的原本整体义，于是，就自以为是地引申出上述的"很结实""很牢固""好棒"等解释来。因此，对当前广告中活用成语现象要正确对待，一方面要留心社会生活对语言的影响，肯定运用变异手法所起的积极作用；另一方面也要注意一定的"度"，切不可使人误把活用义当作原义，陷入认识上的误区。

广告中活用成语引发误导错别字问题也需关注。广告用语里更换成语中某字以贴近商品信息的活用成语，较多集中在利用同音字、近音字来更换原成语中的某个字，谐音生趣，取得一语双关之妙。但是不能不看到汉语同音字多，在生活、学习、工作中因读音相同相近造成张冠李戴、把字写错的情况大量存在。这类所谓“别字”因为口头上没错，念起来别人也能听得懂，自己不容易发现，纠正起来比较困难。汉语成语都有确定的字形和读音，但是因字音相同或音近义通而写错别字造成错误的也很多。例如把“任劳任怨”写成“忍劳忍怨”，“迫不及待”写成“迫不急待”，等等。正因为这样，为了避免误导错别字，一些常见的误写误用的成语在广告用语里应该避免采用。比如有的服装精品屋内写的广告用语是“穿流不息，任君选购”。这“川流不息”的“穿”字的确扣住了服装穿着这个信息，但是，社会上不少人把“像水流一样”的“川”往往误为“穿门过户”的“穿”。换句话说，“川流不息”出错大多出在把“川”误用同音字“穿”上。这个改动个别字的仿拟式成语“穿流不息”，尽管有一定的语境制约，仍然会增加语言使用上的混乱，还是以不采用为好。同样道理，在某些储蓄所门口贴的“储蓄能让你变本加利”也不足取。储蓄能使你的“本金”生“利息”，变“本”又加“利”，这则广告用语在宣传储蓄功能上扣准了人们的“兴奋点”，显然具有合理之处。但是，“变本加厉”的“厉”误写成“利”者，多不胜数。如果把久治不愈的“变本加利”用作冠冕堂皇的广告语，人们更不知有误，久而久之，以讹传讹，对语言规范化会产生消极作用。因此，对凝固性很强的成语更字换词，用作广告用语，在会不会误导错别字上一定要认真思考。

还要注意的是，有的广告用语，在根本不具备修辞语境的条件下，误用成语或其他习用结构，造成不合乎语法规则或有悖于常理。某饮料公司在南京做了个路边广告，上写“非岛风味，非喝不渴”。广告创意者的初衷是要推崇该饮料如何解渴，但是却弄巧成拙，适得其反。因为创意者不甚了解汉语“非……不……”格式的意义与用法。这个格式是采用双重否定的方法表示强烈的肯定。“不”后面的成分就是所要强调达到的目的，而且“非”后面的成分往往是要达到目的之唯一条件。“非……不……”格式常用来表示不具有这个唯一的条件，就不可能达到那个目的的意思。如“非说不行”“非喝不可”，都是表示只有“说”或“喝”这个条件才可以（目的），双重否定表示“一定要说”“一定要喝”的意思。可见，广告牌上的“非喝不渴”表达的是只有喝才渴或者喝了就渴的意思，怎能不贻笑大方呢？当前，类似上述这种不明成语固定格式的结构、表意特点而误用的广告用语时有出现，这应该引起广大语言文字工作者和广告界同人的高度重视。

成语活用中也存在着牵强附会现象，应该避免。例如“好‘水’多磨”（一种矿泉水），“‘素’不相识”（一种食品）。第一则从“好事多磨”变来，意思是一件好事往往要经历许多波折，现在用在这个广告中到底想表达什么含义，不是很清楚；第二则要宣传的商品牌号叫“素素”，现在拆开来只用一个字，语义比较含混，跟原来成语的意义也缺乏有机的联系。

最后，从规范化的角度讲，凡是为了修辞的目的和广告的效果，在一定语境中更换个别字词的活用成语，书面上都要用引号标示所更换的字词。如“随心所‘浴’”“慧眼识‘博士伦’”等，有单引号把“浴”“博士伦”引出，显示是临时性的活用，有别于原成语，也减免对儿童造成误导。

注释

［1］邵敬敏：《广告语创作透视》，北京·北京语言学院出版社，1996年版，第98页。

［2］沈孟缨：《谈广告中的活用成语现象》，语文建设，1994年第4期。

第五章

社会和教育

语言来源于社会，又服务于社会；语言随着社会的产生而产生，发展而发展。语言因素的理解、评判和发展趋势预测都离不开人类社会。语言既是教育的媒介和工具，也是教育的重要内容，语言的教育一直是人类发展的重要课题。

网络语言创新的动因是什么？网络语言创新中的不当取向体现在哪些方面？这些都需要从社会、心理、文化等方面综合考察。信息社会的快速发展是网络语言创新的根本动因，拥有特殊技术优势的互联网络是网络语言创新的技术动因，追求新奇、张扬个性的网民心理是网络语言创新的心理动因，无限自由、不受约束的虚拟空间是网络语言创新的语境动因。在网络语言创新过程中的不当取向主要有怪异化、粗俗化、复古化、错讹化。

网络语言进入现实语言，存在一个科学规范问题。网络语言进入现实语言的渠道及表现，主要有：越来越庞大的网民群体是其主体渠道，共同关注的社会热点是其客体渠道，影响巨大的传统媒体是其传播渠道，特定性质的社会方言是其语言渠道。网络语言进入现实语言的规范对策，主要有：制定完善相应的法律法规，建立动静结合的规范机制，增强语言使用主体的语言规范意识，加强网络媒体和传统媒体管理等。

具有革命意义的创新性是网络语言最大的特点。不少网络语言极具形象性、贴切性、概括力，还具有一般书面语所不具有的幽默感，在经过长时间考验被人们接受后，也有可能进入基本词汇，这充分体现了现代汉语自身的弹性和发展潜力。在语言运用中，我们一方面要遵守语言规范，另一方面也不能忽略语言系统内部的创新机制。网络语言虽然给汉语带来了某些负面影响，但同时我们也不能否认它给汉语言的发展注入了新的活力。

人体语言和自然语言有所不同。语言具有模糊性，在特定情况下，模糊语言比精确语言更符合表现客观实际。人体语言主要特点就是具有模糊性，模糊性是人体语言的本质属性。人们的文化背景不同是营造其模糊性的一个重要方面，因为人体语言并不是一种“世界语”。

在构建和谐社会的进程中，很有必要清楚认识语言和谐问题。社会中的语言如果不和谐，构建和谐社会就失去了基石，人们的美好愿望就难以实现。言语行为必须合乎社会道德规范是由社会稳定与和谐发展的需要所决定的。语言的和谐既需要通过法律法规的形式进行规范、管理，又需要进行社会道德教化，更需要社会全体成员的言语道德自律，以使其言语行为符合社会道德规范，适应社会稳定与和谐发展的需要。加强语言研究，促进语言的和谐化，最大限度地提高整个中华民族的科学文化水平，进而达到整个社会的和谐，已经提到了更为重要的地位。

城市化进程使得更多的人员进入城市成为新市民，在市民化过程中，语言的城市化成为突出问题。要了解新市民的语言诉求，逐步引导其提升语言能力，掌握城市化生存的语言技能，从外在语言形象到内在语言修养，实现深层角色转型。

字母词汉化面临着五大障碍：存在着支持和放任字母词的固有态度；存在着不易彻底汉化的字母词类型；存在着字母词简明好用的怀旧心理；存在着汉化导向鞭长莫及的应用领域；存在着新传入字母词有效汉化的现实困难。

体育词语的泛化和借用属于语言范畴的变异，是语言不断进行自我调节以达到动态平衡的结果，符合现代语言本身的发展需求。它以一定的语言理论为基础，必然会产生不同寻常的表达效果和深远的社会意义。

传统的现代汉语课堂教学中存在着以书本知识为本位、以教师为本位、以教案为本位等弊端，这种状况不符合素质教育发展要求。取而代之的应该是以学生发展为本位、以开放生成为本位，从而达到提高学生整体素质的教学目的。

词义教学是语言学科课程中的重要内容，词义的形成、表达和词义理解都同语境存在着密切的关系。语境不仅在主观上制约着词义的表述，而且在客观上影响着词义的实现。必须把词义教学置于语境中，才能实现有效教学目的。

只有具备高素质的教师，才能培养出高素质的学生。优秀语文教师的素质结构应该包括优良的品德结构，品德结构还可分为个人品德和职业道德两个层面；先进的观念结构，观念结构是教师从事教育工作的心理背景，随时随地都会左右着教师的知觉和判断，影响着教师的教育态度和教育行为；健全的知识结构，包括本体性知识（语文专业知识）、相关性知识、指导性知识、实践性知识（教育教学经验），只有充实而又合理的知识结构，才能适应现代教育的需要；过硬的能力结构，包括语文能力、教学能力、教研能力，而且是其有机结合，这是语文教师的立足之本，是探索语文教育的规律，用以指导语文教学实践的革新创造能力；健康的心理素质结构，敏锐的观察力、稳定的注意力、充分的想象力和丰富的情感、灵活的思维、坚定的意志，都是语文教师心理素质结构中不可或缺的组成部分。

“人文精神教育”是“做人教育”，重在培养“情感态度与价值观”，是精神教育；掌握科学（自然科学）知识不等于具有人文精神，掌握人文知识也不等于具有人文精神；完整的教育应同时包括“知识教育”和“精神教育”，即通常所说的“学校教育既要教书也要育人”。“知识教育”包括“科学技术知识教育”和“人文社会知识教育”，精神教育主要是培养学生人文精神、提高人文素养的教育。

普通话测前培训是普通话水平测试顺利实施的基础，是圆满实现测试目的的保证，是切实提高应试者普通话水平的有效途径。通过对普通话测前培训现状的调查分析，我们指出了目前影响培训效果的做法和问题，提出了提高培训效果要实现四个转变的观点：一是从功利性目标向高远性目标转变，即教育参训人员不能仅仅为了考取普通话等级证书，更重要的是践行国家推广普通话的宗旨；二是从注重技巧性向关注真实性转变，使培训能够真正提高应试者的普通话水平，测试能最真实地反映应试者的语言面貌；三是从强化模仿性向提高理论性转变，强化模仿性只是“授鱼”，而提高理论性则是“授渔”；四是从普适性培训向针对性培训转变，了解和掌握参训人员存在的主要问题，并有针对性地进行纠正，才能更好地提高其普通话水平。

网络词语应该尽快纳入现代汉语教材。为什么进入？如何进入？可以从语言现实、表达效果、词汇来源和教材作用四个方面进行论述。

在“依网生存”的信息时代，网络语言的影响越来越大，然而网络语言泥沙俱下，良莠不齐。在语文教学中，丰富多彩的网络语言可以作为鲜活素材加以充分利用，以提高学生的语文素质。网络语言有助于构建和谐的师生关系，有助于激发学生的创新热情，有助于强化学生的语言规范意识，有助于提升学生的民族文化意识，有助于提高学生的语言品位。

文化内涵寓于汉字构造的理据性之中，文化内涵体现在价值取向和审美情趣中。识字教学中，以文化内涵作为切入点，利用笔画和部件搭建起来的字形结构，领略中华文化的博大精深，吸收民族文化的无穷智慧，促使学生语文素养的形成和发展，以获得现代社会所需要的语言能力。

第一节　网络语言创新的动因及其不当取向

网络语言是活动在网络空间的网民社群逐渐创造出来的，主要是在网络聊天室、BBS、QQ 和论坛上交流时所使用的一种社会语言的变体，是社会发展到网络时代的必然产物。它的出现在语言史上具有划时代的意义，有人称之为“语言史上的一场革命”[1]。在探讨网络语言时，学者们都把创新性列为网络语言的重要特征，有的学者甚至认为“具有革命意义的创新性是网络语言最大的特点”[2]。我们拟探讨网络语言创新的动因以及创新中的不当取向。

一、网络语言创新的动因

网络语言的不断创新已经成为不可遏制的趋势。推动网络语言不断创新的因素主要有以下几种。

（一）信息社会的快速发展是网络语言创新的根本动因

语言是人类最重要的交际工具，是一种特殊的社会现象，它的功能就是为社会交际服务。因此，语言不但随着社会的产生而产生，而且随着社会的发展而发展。社会发展是语言发展的基本条件。语言和社会存在着美国学者 W. Bright 所说的“共变”关系[3]。社会生活的变化将引起语言（诸因素）的变化。社会的每一细微的变化和发展都会以及时而适当的方式在语言中表现出来。随着社会的发展，新事物、新概念不断出现，社会成员之间就会产生新的交际需要，这就要求语言要有新的词汇来反映这些新出现的事物和概念，以满足日益复杂的社会交际需要。社会发展到信息时代，其空间已经缩小为一个“地球村”，其变化可谓日新月异、一日千里。我国改革开放带来了政治民主、经济繁荣、文化交流活动的空前活跃以及新事物、新观念的层出不穷。网络语言作为信息时代语言文字中最活跃的部分之一，总在不断地创造反映高科技社会和现实生活的丰富、鲜活的新词新语，并且非常迅速地传播、流行开来。信息社会的发展为网民们提供了便于创新、敢于创新、乐于创新的条件，从而推动着网络语言新意层出。

（二）拥有特殊技术优势的互联网络是网络语言创新的技术动因

网络作为报刊、广播和电视之后的第四媒体，是媒体中的后起之秀，对社会语言和民族文化的走向有着任何其他媒体无法比拟的影响力。网络语言是通过网络所提供的各类符号资源，包括文字符号、数字符号、数学符号、标点符号等，来表情达意的。这些发生在虚拟世界的信息符号，与现实生活中的语言相比，无论在形式上还是在风格上都存在明显的区别。一般语言符号具有音、形、义三种形式，网络语言符号只具有形和义，没有声音形式。网络语言符号以文本形式为主，缺乏非语言的表达方式。交流者看不到对方的动态、静态体语和面部表情等非语言符号，也听不到对方抑扬顿挫的声音，只能看到单调的文本符号。而现实语言对情境的社会意义的表达平均不到35%，剩下的65%的意义都是以非语言的方式表达的。[4]充满无限技术可能的网络，为网络语言的产生和创新提供了最佳环境，并且给人们提供了很多创新网络语言的灵感。网络语言创新的最大特点是形式上的重组和内容上的出新。主要有以下几种创新：

符号型创新。网络语言在形式上利用原有的各类符号，却又打破原有符号的运用范围，表达更为丰富、复杂的内容。本来非常普通的键盘符号，经过不同的组合，不仅会产生新的符号形式，而且能表达全新的内容。例如："〈@-@〉"表示醉了；"（-_-）"表示神秘笑容；"^-^"表示眯着眼睛笑；":)--"表示大笑；"：-（"表示扁脸，不高兴了；"：-o"表示哇塞，惊呆了；"；*〈|：-）"表示圣诞老人、圣诞快乐。网络语言符号不仅形象生动，而且让网络聊天达到了"可互视、可互听"的境界，给虚拟的网络生活增添了许多生气和实在感、即时感。

缩略型创新。人们快速传达自己思想情感的欲望，与键盘输入速度缓慢之间的矛盾，要求人们运用尽可能少的语言来传达和表示尽可能多的信息，因此，人们在网络交流中广泛使用缩略语。有的使用汉语拼音的缩写，如：GG（哥哥）、DD（弟弟）、PMP（拍马屁）、SK（烧烤）、GXGX

（恭喜恭喜）等；有的使用英文缩写，如：GF（girl friend，女朋友）、BTW（by the way，顺便问一下）、FM（follow me，跟我来）、BRB（be right back，马上回来）、IMO（In my option，照我的意见）、JAM（Just a moment，等一会儿）等。还有混用英语、拼音、数字缩写，如：u2（you too，你也是）、me2（me too，我也是）、3ku（thank you，谢谢你）等。

数字型创新。利用数字的谐音或转意，使一连串的数字形成数字密码，来表示各种意思。如：56（无聊）、596（我走了）、1573（一往情深）、7456（气死我了）、8147（不要生气）、9494（就是就是）、59430（我就是想你）、5555555（哭声，呜呜呜……）、1314520（一生一世我爱你），等等。

谐音型创新。由于拼音输入法的广泛运用，备选词条的先后有别，导致了同音词、近音词替代现象。如"斑竹"代替"版主"、"大虾"代替"大侠"，就是因为网友打"版主"这两个字时，"斑竹"出现在前，称呼电脑高手为"大侠"时"大虾"出现在前。

从这些创新形态可以看出，网络为打破固有书写符号的限制、改变某些词语形音义的约定俗成提供了技术支持，成为网络语言创新的重要动力。

（三）追求新奇、张扬个性的网民心理是网络语言创新的心理动因

中国互联网信息中心的调查报告显示，在3亿网民中，青少年上网人数已经达到了1.65亿。青少年网络使用的情况近几年呈现急剧上升的趋势。青少年具有强烈的求新好奇心理。他们喜欢新知识和新事物，对周围事物的发展变化特别敏感，充满创造的活力。这种心理表现在语言上就是他们喜欢用新奇有趣的语言元素来张扬个性，引人注意。在年轻网民看来，网络语言不仅是他们表达思想、指称事物的纯语言符号，还是他们抒发个性和引领潮流的手段，是一种群体认同的标志。因此，他们喜欢放弃传统已有的说法，使用或创造出一些新潮、前卫、时髦的词语，摆脱传统语言语法、语义的规范、标准的约束，追求超出正常语法甚至不合逻辑的表达方式，显示他们的独立性和创造性。在网络这个虚拟的空间，他们表达思想、情感的方式也与现实生活中人们的表达习惯有所不同，挖空心思标新立异。如：支持不叫支持，叫"顶"；反对不叫反对，叫"踩"；"东

西”说成“东东”；“这样子”说成“酱紫”。网络语言成为个性化、时尚化的语言表达。当人们用汉字、数字、符号、字母来尽情组合、改造词语的时候，甚至用谐音、怪词、错字、别字来玩语言游戏的时候，享受到的是一种创造的快乐和一种打破传统语言规范禁忌的快感。人们这种蔑视传统、挑战权威，鄙视拒绝一切固化的标准的求新心理，为网络语言不断创新提供了不竭动力。

（四）无限自由、不受约束的虚拟空间是网络语言创新的语境动因

在网络这个虚拟的交际空间中，交际双方不必说出自己的姓名、性别、年龄等真实身份要素。网络匿名制撇开了现实语境的许多限制要素，“使交际者身份抽象化、交际双方的地位平等化、言语行为和责任分离”[5]，这样就大大弱化了语境对言语行为的约束力，使得交际者心态更放松，顾忌更少，言论的自由度远远超出了常规媒体、出版物的开放程度。这样，网络由于减少了外来的束缚，就成为一个拥有宽松语境的自由空间。在这一自由空间中，没有了传统社会生活中的“监督”，交际者可以更大胆地进行语言创新，使自己的言语更新奇独特，富有个性，以展示自己的聪明才智。同传统的书面语言相比较，网络语言在颠覆传统规则的快感中，最大限度地发挥了交际者的想象力和创造性，往往在构思上更为巧妙，往往语出惊人、令人瞠目。网络语言对传统语言的创新主要表现在“形式”上。它总是用简洁明快、新奇无比的“形式”来巧妙表达心中的所思所想。在一定的语言环境中，人们凭借已有的知识背景，完全可以理解这种创新。而一旦理解，就会产生成功的愉悦，犹如猜谜射中谜底的感觉。网民丰富的想象力、强烈的表现欲、突出的自我意识都能通过这种方式得到彻底的表现和抒发。唯其如此，网络语言形成了和传统语言不同的独特个性。可以说，是网络空间为网民提供了优越的创新语境和无尽的创新机会，网络这个具有自由性、无限性、开放性、虚幻性的大环境，推动着活泼、好奇、充满创新意识的年轻网民创造更多更好的网络语言。

二、网络语言创新的不当取向

随着信息社会的发展，网络技术的进步，网络语言作为一种实践性语

言，也在不断地发展和创新。网络语言根植于传统语言的母体，它是网络技术环境下语言发展的新形态。目前，网络语言已经不仅仅活跃在网络中，而且大有走出虚拟空间，进入现实世界之势。因此，必须关注网络语言创新过程中的不当取向。

（一）怪异化取向

在网络语言创新的过程中，出现了“诚心不让人看懂”的怪异化取向。“火星文”就是突出的代表。“火星文”通常是由符号、繁体字、冷僻字、错别字、拼音字母、数字和日文、韩文、英文等非汉字符号组合而成。如ヤ给你□---Wǒ 所侑ヤDē 亻爱 o（给你我所有的爱）[6]，乍看起来好像是一堆乱码，不懂得“火星文”用法的人根本无法明白其所表达的含义。“火星文”摒弃了传统网络语言简单、快捷的特点，在构成形式上，将繁体字、别字、偏旁、数字、字母、拼音、外文、图符、构字部件及简体字等混合到一起；在表意方式上，也是“隐形”“分形”“摹音”“摹图”等多种形式组配，突显了新奇、晦涩的特色，比以前的语言形式更加难以理解。“火星文”受到追求新奇谐趣、文字游戏性和视觉显著性的青少年网民的热烈欢迎和积极创造。现在甚至出现了火星文输入法。火星文是网络语言由简洁向繁难的一次创新尝试。类似火星文的这类网络语言创新虽有一定的合理性，但就其怪异化的创新取向来看，是不应该提倡的。

（二）粗俗化取向

在网络语言标新立异、追求创新的滚滚洪流中，语言粗俗化的发展取向也在暗流涌动。一些网民大肆使用带有粗俗化倾向的污言秽语，如 NQS（你去死）、WBD（王八蛋）、TMD（他妈的）、P（屁）、“你装什么丫挺的啊!”“你他妈的放屁！农民得罪你了?”屡见不鲜。化长河于 2010 年 4 月 1 日通过“百度”搜索引擎进行搜索，发现当年被鲁迅先生讽刺为“国骂”的“他妈的”多达 60500000 篇[7]；到 6 月 5 日有人再次搜索时已高达 87700000 篇之多。短短 60 多天时间，新增 27200000 篇。可见，网络语言的粗俗化倾向大有愈演愈烈之势。网络语言还粗俗得“翻新出奇”。如“你真是一个二百九”，就包含了“二百五”“三八”和“二”（据说是 286 的简称，意为慢、笨）等骂人的意思。[8]网络语言的粗俗化倾向不仅会给成年人的生活带来不良影响，而且对青少年的影响更加恶劣。

（三）复古化取向

在网络语言创新的过程中，复古化渐成潮流。网络语言积极对古代汉语进行深层“挖掘”和“变革”。如古汉字“囧”（jiǒng）被成功新解。“囧”的本义是光明，网民们用“六书”中的象形来进行解读，“囧”正像一个人的脸，方框里面的小“八”是眼睛，而“口”则是张大的嘴巴。这一表情符号让人联想到惊讶、愁苦、无语甚至郁闷。连一些与“囧”形近的汉字也有了新的含义。如：“崮”，网络语言中的意思是囧国国王；“莔”，网络语言中的意思是囧国皇后……自从“囧”被热捧为“21 世纪最牛的字”后，许多被历史湮没的冷僻古汉字纷纷被激活。网上盛行的冷僻字如雨后春笋般出现，乍一看，不知是何读音，更不知是何意思。如“槑”（méi），古同“梅”，在网络交际中，网民采用会意的方法解读，“呆”上加“呆”，用来形容一个人很傻很天真。还有嘂（jiào，大声叫）、嘦（jiào，只要）、玊（sú，有瑕疵的玉）、孖（mā，双胞胎、克隆）、砳（lè，两石撞击声）、氼（nì，同“溺”）、兲（tiān，天）等[9]。类似“囧”和“槑”等汉字的复古化取向，虽然在某种程度上符合汉语言文字音形义结合规律，形成了与传统表达习惯完全不同的“另类风格”，但语言文字存在的意义就是为了便于人们交流，而这些生僻字的流行给人们的交流造成了人为的困难，有悖于语言文字存在的意义。

（四）错讹化取向

错字别字、胡乱别解和错误句法在网民中广泛传播，网络语言的错讹化取向十分明显。错字别字影响人们对词语的迅速理解和把握，影响交际效果。如把“电信局”打成“点心局”，“邮箱”打成“幽香”，“信箱”打成“馨香”，让人颇费思量。胡乱别解，出人意料的“解构”会造成现实语言生活的混乱。如用“贤惠”表示“闲在家里什么都不会”，用“白骨精”代替“白领+骨干+精英”，用“神童”作为“神经病儿童”的简称，用“偶像”指代“令人呕吐的对象”，用“可爱”表示“可怜没有人爱”，用“讨厌”表示“讨人喜欢百看不厌”，用“天才”指代“天生蠢材”，等等，类似的“曲解”词汇为数不少。这些词语都有约定俗成的传统含义，但在网络语言中都偏离了原有的大家公认的含义，被赋予了出人意料的特殊含义，并且大多数词语与原来含义的感情色彩相反，原来是褒义词的变成了贬义词，而原来的贬义词却变成了褒义词。在现实生活中，如果有人夸一个人是“天才”，对方是应该高兴还是应该生气呢？有人说“你真可爱”，听者将无法确定是夸奖还是讽刺。这样，就严重影响了正常的交际效果。错误句法也时常出现在网络语言中，有的来自方言，有的取自外语。如经常出现粤语语法的状语后置，像“给个理由先（先给个理由）”，再如西北方言中的“知不道”（不知道）运用也不少；汉语表达与英语语法杂糅在一起，如在汉语后面加上英语表示时态和数的形式，如“郁闷 ing”（正在郁闷中），“午饭 ed”（吃过午饭了），“兄弟姐妹 s”（兄弟姐妹们），等等。有的在文章标题的末尾加上一个相当于语缀的成分“……的说”，这个成分并无实在意义，如“今天晚上谁去听音乐会同去的说”。这种错讹化倾向有损于现实语言的纯洁性。

总之，信息时代的社会背景和网络技术给人们提供了自由挥洒的巨大空间和推陈出新的技术手段，在这样一个相对自由的环境中活跃着的无数追求与众不同、另类新潮的网民，为网络语言创新提供了持久的动力。网络语言不断创新的事实再次证明了语言必须不断丰富和更新，才能满足不同交际语境的需要。在网络交际中网络语言起着与日常语言同等重要的作用。在我国倡导汉语语言文字规范化与标准化的大背景下，对于网络语言创新中的不当取向，不能仅寄希望于“自然而然地进行新陈代谢”，不能寄希望于“时间推移和网民素质的提高”[10]，而应当主动建立一定的约束机制加以制约，努力去除怪异化、粗俗化、复古化、错讹化等不当取向，以避免这些不当取向毫无限制地渗透到传统语言当中，从而引发我国语言沟通效率降低、品位格调低下、文化传承变异等不良后果。只有这样，网络语言才能沿着健康的道路向前发展。

注释

[1] 工德亮，仲梅：《网络语言：语言史上的一场革命》，电子科技大学学报（社科版），2008 年第 6 期。

[2] 张小平：《关于网络传播语言特点的观察》，现代传播，2002 年第 6 期。

[3] 杨欢欢：《从网络流行语看社会生活和青少年心理变化》，电影评介，2009 年

第 8 期。

［4］戴维·波普诺：《社会学》，北京·中国人民大学出版社，1999 年版。

［5］吴传飞：《中国网络语言研究概观》，湖南师范大学社会科学学报，2003 年第 6 期。

［6］王忠慧：《新一代网络语言——火星文》，聊城大学学报，2009 年第 2 期。

［7］［8］化长河：《网络语言对现实语言的不良影响》，消费导刊，2010 年第 3 期。

［9］徐力：《网络新语爱用生僻字》，大河报，2009 年 9 月 17 日。

［10］于根元：《网络语言概说》，北京·中国经济出版社，2001 年版。

第二节　网络语言进入现实语言的科学规范

在汉语语境下，网络语言是指“以汉语为传输载体，网民在互联网上进行沟通交流和信息处理时所采用的一套不同于现实生活用语的交际符号”[1]。但是，这种新兴的社会方言，恰似“春色满园关不住，一枝红杏出墙来”，以其蓬勃旺盛的生命力，冲破网络空间的限制，通过各种渠道进入现实生活。由于网络语言本身良莠不齐，它那新奇醒目的词汇和表达方式给现实语言增添无穷的活力，但其随意性大、规范性差等特性也给现实语言造成了很大的冲击。如何对网络语言进入现实语言进行科学规范，是一个值得研究的重要课题。

一、网络语言进入现实语言的渠道及其表现

网络语言最初主要是网民们为提高网上交流的效率或满足某种特殊的需要而采用的表达方式，只在特定的小范围内流行，后来逐渐渗入到社会共同体使用的语言之中，成为现代汉语言文字的组成部分，并逐渐影响到传统媒体，影响到整个社会。正如教育部、国家语言文字工作委员会于2010年11月25日发布的中国语言生活绿皮书《中国语言生活状况报告2009》所显示的：五年间，我国语言环境已经有了较大变化，网络热词不断丰富着民众的语言生活。[2]网络语言进入现实语言的渠道多种多样，表现也十分突出，主要有以下几种。

（一）越来越庞大的网民群体是网络语言进入现实语言的主体渠道

随着互联网络的普及，中国网民群体呈爆炸式增长，数量越来越庞大。中国互联网信息中心（CNNIC）于1997年11月发布的《第1次中国互联网络发展状况统计报告》显示，中国网民数量只有62万。2006年底达1.37亿，2008年底达2.7亿，2010年底达4.59亿。据2011年7月20

日公布的《第28次中国互联网络发展状况统计报告》，截至2011年6月底，我国网民总数达到4.85亿，学生群体比例最高，占29.9%。

网民连接着网络虚拟空间和现实生活空间，既是网络语言的使用主体，也是现实语言的使用主体。他们会自觉不自觉地把网络语言应用于现实生活之中，应用于日常生活的交际之中，应用于作文、短信之中。特别是占网民比例最高的青年学生群体，思维活跃，追求个性，更是如此。据有关媒体报道，在一场多达100余万人参赛的全国性作文比赛中，至少有50万篇参赛作品因为使用网络语言而在初选中被淘汰。“究其原因，这50余万篇参赛作品无不是在文中使用了诸如‘囧’‘偶’（我）、‘努力ing’等网络语言。”[3]笔者也曾就大学生对网络语言的看法这一问题，在郑州地区的10所高校随机调查了1000名大学生。结果表明：88.5%的大学生经常“亲密接触”网络，93.5%的大学生了解网络语言，有89.5%的大学生能够举出5个以上常用的网络词语。赞成使用网络语言的大学生占65%，他们认为网络语言快捷、时尚、幽默、形象、富有个性，特别是一些数字、拼音和英文缩写的网络语言，比起复杂的汉字，使用更加简便。

（二）共同关注的社会热点是网络语言进入现实语言的客体渠道

“语言是一种社会现象，和人类社会有紧密的联系。”[4]语言是社会生活的一面镜子，社会生活的方方面面都要通过语言来反映。网络语言与现实语言都是反映社会生活的工具。对于社会上发生的影响较大的热点事件，网络语言和现实语言都会进行关注，有所表达。但由于表达的方式和角度不同，达到的效果也不一样。一般来说，现实语言讲求四平八稳，较为循规蹈矩，而网络语言在翻新出奇方面往往较现实语言占上风。

网络语言总是以崭新的视角去看待社会事件，对热点事件总能作出十分精辟的概括，有时带讽刺戏谑的特色，但很有创意，让人过目难忘，竞相传播，会迅速成为现实生活中的热词。比如：面对绿豆价格大幅上涨的现实，网民由马三立的相声《逗你玩儿》创造性地想出“豆（逗）你玩儿”；接着，大蒜价格当仁不让，飞速上涨，网民又想出了“蒜（算）你狠”；苹果涨价就有“凭（苹）什么”，食糖涨价就有“糖（唐）高宗”，生姜涨价就有“将（姜）你军”；危楼叫作“楼歪歪”，质量低劣的楼叫“楼脆脆”；还有“犀利哥”“咆哮哥”“闪避哥”“章鱼哥”等“哥”系列，“艳照门”“补妆门”“召回门”“诈捐门”等“门”系列；还有“打酱油”“躲猫猫”“俯卧撑”“被就业”等。这些产生于网络上的热词，由于指向大家共同关心的社会事件，指向共同的语言客体，便大批向现实语言渗透，人们在现实生活中大量使用。

（三）影响巨大的传统媒体是网络语言进入现实语言的传播渠道

传统媒体是指报纸、杂志、广播、电视等。传统媒体是网络语言通过而进入现实语言的快速通道。网络语言是传统媒体绕不过的坎儿，“一方面，网络上、网民中层出不穷的新闻人物、新闻事件需要媒体去报道，它无法回避；另一方面，网络语言现已渗透到社会的各个角落，媒体不能熟视无睹，也回避不了。”[5]

传统媒体为了“能很好地满足广大读者追求新奇的心理”，增添“时尚韵味”[6]，主动采用网络语言。一个词语在词汇系统中有其独特的存在地位和使用价值，因为它具有特定的含义或者特有的色彩，别的词语无法替代。社会生活一刻不停地向前发展，会出现许多新事物、新现象，传统的现有词汇系统有时缺少能够准确表达其含义的新词语。网络语言中有许多词汇是网民按照原有的词汇和语法特点创造出来的，十分适应新事物、新现象、新环境，非常容易融入原有的语言体系，也非常容易被人们理解和接受。于是传统媒体采用一部分网络语言的新词语，可以丰富传统媒体的表达方式，增加传统媒体对读者的吸引力。如报刊上常出现的“驴友”“点击”，这些词语清新时尚、生动形象，如果改用传统词语来表达，往往会比较啰唆，而且不准确，可读性就会大打折扣。

网络语言出现在传统媒体上已是司空见惯的现象，仅从报纸标题就可窥见一斑。“给力”一词蹿红网络后，2010 年 11 月 10 日，《人民日报》头版头条刊登了一篇标题为《江苏给力“文化强省”》的新闻报道，引起了极大的轰动。有网民评价这是“网络热词的一小步，却是中国语文的一大步”[7]。再如以下新闻标题：

以租养房在南京是“杯具”（《现代快报》2010-04-07）

南宁一待售房爆破后未倒塌成“楼歪歪”（《新京报》2010-04-06）

上网灌水也能月入 1500？（《安徽商报》2010-03-17）

“楼脆脆”靠什么变成“楼坚强”？（《科技日报》2010-6-29）

执法车车牌“躲猫猫”（《江南都市报》2010-12-15）

传统媒体的新闻评论有时引用网络评论，版面和栏目名称使用网络语言来拟定，网络、博客专版更是网络语言的天下。可以说，传统媒体在网络语言进入现实语言的过程中起到了推波助澜的作用。

（四）特定性质的社会方言是网络语言进入现实语言的语言渠道

在现代汉语的形成和发展过程中，以北方话为基础方言，同时也从其他方言吸收所需要的词语。方言词，也叫“方源词”，就是特指“由方言吸收进入普通话的词”，而且“某个地区的方言词能较多地被普通话所吸收，同这个地区在经济上、文化上或政治上与国内其他大部分地区联系的紧密程度有关”[8]。例如：“搞”“忽悠”“瘪三”“二流子”“炒粉”等。可见，方言与普通话之间存在着一个明显的渗透渠道，方言中的词汇不断被普通话吸收是一条语言发展的规律。

从性质来看，网络语言是“一种新的特定的社会方言”[9]。网络语言是一种在虚拟空间使用的社会方言，因为它具有所有社会方言共有的特征：一是有特定的使用者和使用场合，不在全民的日常生活中使用。网络语言一般只在网络空间由网民使用。二是极少有自己专门的语音和语法形式，引人注目的往往是一些特殊的词汇。三是所有的词汇都是由全民语言或其他语言的材料构成，并且赋予了特殊和专门的含义。网络语言几乎利用了可以利用的一切现有的语言材料，从语音到词汇到语法，从文言到方言到外语，莫不是构建网络语言大厦的建筑材料。

网络语言作为一种社会方言，作为方言的一种，就如地域方言（如粤方言）的一些词汇被普通话吸收一样，网络语言作为信息时代的强势语言，对现实语言的渗透能力不容小视。网络语言中的一些使用频率很高的词汇，如用“潜水”来表示在论坛里只看帖不发帖，用“菜鸟”来指代新手，用“草根”来表达社会底层一个群体的生存状态，用“灌水”来表示发很多没有实际意义的文字，等等。诸如此类的网络语言词汇应用越来越广泛，大有“走出虚拟网络，走进现实生活”的趋势，从网络热词变为生活热词、社会热词。

二、网络语言进入现实语言的规范对策

网络语言既有“丰富当代汉语词汇系统和表达方式，提高表达效果”的积极作用，又有“过多地使用网络语言、外语词、字母词，就会使文字底蕴退化，表达能力也会减弱，对中国传统文化的认识会因此弱化”的负面影响[10]。网络语言进入现实语言，必然会受到现实规范的制约、修改，使之符合一定的语言规则，只有这样，它才能具有更强大的生命力，才能被广泛接受。因此，对待网络语言进入现实语言，不能放任自流，不能仅靠“网络语言的自身调节”[11]，不能简单地“尊重网络语言‘优胜劣汰’的自然选择”[12]，而应该主动进行科学规范。可以采取如下规范对策。

（一）制定完善相应的法律法规

无规矩不成方圆。对于网络语言进入现实语言，应当制定相应的法律法规进行强制规范。

2001年1月1日施行的《中华人民共和国国家通用语言文字法》规定：“国家通用语言文字是普通话和规范汉字。”“汉语言出版物应当符合国家通用语言文字的规范和标准。汉语言出版物中需要使用外国语言文字的，应当用国家通用语言文字作必要的注释。”但是，按照这部法律的规定去规范网络语言显得笼统，针对性和操作性不够强。因为网络语言的创新性极强，究竟哪些符合国家通用语言文字的规范和标准，不好判定。目前我国没有专门的全国性法律法规对网络语言进行规范。

2006年3月1日，上海市开始施行《上海市实施〈中华人民共和国国家通用语言文字法〉办法》，规定国家机关公文、教科书和新闻报道中不得使用不符合现代汉语词汇和语法规范的网络语言。这是中国第一部规范网络语言行为的地方性法规。继上海之后，福建审议本省《实施〈国家通用语言文字法〉办法（草案修订稿）》时，就如何规范网络用语进行了立法讨论[13]。辽宁、黑龙江等地也相继出台了类似的规定[14]。

字母词是网络语言的主要类型之一。面对字母词的泛滥，2010年4月7日国务院办公厅秘书局印发了《关于加强对行政机关公文中涉及字母词审核把关的通知》，要求各级行政机关“制发公文时一般不得使用字母

词”。教育部、国家语言文字工作委员会发文要求：“加强对本地区、本单位其他政府机关公务活动、各级各类学校教育教学活动、媒体宣传及公共服务业使用国家通用语言文字的指导、监督、检查，对不符合要求使用字母词的情况予以纠正。”[15]国家广电总局也下发通知要求“在电视节目中进一步规范用语，不能使用 NBA、F1 甚至 GDP 等英文缩写词”[16]。2010 年 12 月 21 日，中国新闻出版总署下发《关于进一步规范出版物文字使用的通知》，规定在汉语出版物中，禁止出现随意夹带使用英文单词或字母缩写等外国语言文字；禁止生造非中非外、含义不清的词语；禁止任意增减外文字母、颠倒词序等违反语言规范现象[17]。

从以上列举可以看出，国家有关部门和地方政府十分关注网络语言进入现实语言的问题，并作出一些初步的规定。但这些规定有的仅是地方性法规，有的仅是通知要求，没有上升到国家法律的层面，权威性不够。应当尽快制定“网络语言规范法”，对网络语言进入现实语言进行有效的规范。

（二）建立动静结合的规范机制

我国网络语言进入现实语言的规范机制尚未建立，因此，表现力强、活力四射的网络新词语被拒之于现实语言的大门外，人们在小心翼翼地询问“网络语言能否‘转正’”[18]，“热望‘给力’转正”[19]。古人说：“名不正则言不顺。”必须建立相应的规范机制，及时给网络语言“一个说法”，让人们放心大胆地去使用。

汉语是一个成熟、稳定的系统，同时又是一个动态、开放的系统。随着社会生活的发展，新造词、外来词、方言词不断充实到汉语词汇中来。语言规范总是处在动态发展的过程中。网络语言是目前汉语系统中最有活力的部分之一，因此，网络语言的规范更是动态规范。动态规范主要表现为：“积极关注语言生活，积极对新兴语言现象进行分析、评价，并选择、推荐一些又新又好的语言满足交际需求。”[20]这需要国家语言文字工作部门和语言学者加强对丰富的网络语言文本的深入研究，特别是对网络语言中的新生词、新用词进行统计，对其使用频率以及对社会的影响进行合理分析，探索其内部规律，并在此基础上建立现代网络语言的规范标准，并依据此标准经过一定阶段（比如一年），就像报纸上每年要公布“十大流行语”一样，向社会公布可以“转正”的网络用语。这样动静结合的规范机制建立之后，就拥有了网络语言进入现实语言的绿色通道，那些符合表达需要又具有良好的修辞效果的网络语言就能名正言顺地进入现实语言，汉语的活力会进一步增强。

（三）增强语言使用主体的语言规范意识

语言作为人类最重要的交际工具，如果缺乏明确的规范，就难以发挥传递信息、交流思想、承载文化的功能。要通过教育引导，增强语言使用主体的语言规范意识。

语言使用主体中，学生占现有 4.85 亿网民的近 30%，不但比例高、数量多，而且可塑性比较强，所以应把学生作为宣传教育的重点和关键。一要加大宣传力度，通过丰富多彩的文化宣传活动，如美文欣赏、经典诵读、汉字书写等，使学生潜移默化地接受中国语言文化的影响，引导学生珍惜祖国的语言文字。二要引导学生分清网络语言和传统语言适用的不同场合，增强他们的是非分辨能力，引导他们掌握和运用比较规范的网络语言，自觉规范语言行为，远离网络语言垃圾，形成良好的语言习惯。三要限制网络语言下网，限制学生在正规的语言交流和写作中使用网络语言，提升他们的语言规范意识。四要加强普通话的推广工作。推广普通话可以促进网络语言的合理使用，引导网络语言向正确健康的方向发展。五要多方动员，充分调动学校、家长、社会多方面的积极性、主动性和创造性，截住网络语言向校园的渗透。

还要通过一定的手段和方法加强对其他语言主体如学校教师、公务员、网络写手、报刊编辑、广播电视主持人、公共服务行业的服务人员等的教育引导，增加其语言规范意识，规范其语言行为。

（四）加强网络媒体和传统媒体管理

由于网络语言进入现实语言的源头在网络媒体，放大的途径是传统媒体，因此，必须加强对二者的监督管理。

首先要加强对网络媒体的管理。政府部门应该起主导作用，制订相应的管理措施，以引导网络语言健康发展。可以要求一些影响面大、示范性强的门户网站如新浪、网易、搜狐等以及各级政府网站率先做到使用规范化的网络语言。这些网站的信息发布、网络新闻、公告用语应要求尽量做到用语严谨，贴近标准的现代汉语要求，不能剑走偏锋、随意发挥。

其次要加强对传统媒体的管理。报纸等传统媒体对语言文字的规范使用具有强大的示范和引导作用。传统媒体要避免利用当今社会对网络语言的特别关注而找“看点”，进行不适当的炒作，以吸引读者眼球。要把好网络媒体向传统媒体的转换关，尽量避免将网络新闻，特别是网络语言色彩很浓厚的个人文章，直接移植到传统媒体。传统媒体引用网络评论时，对一些新造的网络词汇，应给予必要的注释。新闻版面吸收网络语言不能违背新闻事实。在消息和通信中使用的网络新词，要体现新闻要素和特征，并加上引号，注明其来源和含义。报纸可以开设网络版、博客版，但要注重原创，不恶搞，不低俗。还可通过传统媒体向网络媒体施加影响，如让传统媒体的新闻与网络新闻同步，促进网络新闻语言规范化。电子类、时尚类、语言文字类报刊在书写形式上要拒绝随意网络化，力求使用标准规范的语言文字。

综上所述，网络语言进入现实语言已是不可阻挡的趋势。网络语言泥沙俱下，优劣并存。我们要充分认识网络语言进入现实语言的各种渠道，积极探索科学合理的规范对策，让现代汉语更加充满活力，更好地满足人们的交际需要，推动社会发展。

注释

[1] 钱晨：《谈谈网络语言对现代汉语的冲击》，科技资讯，2011 年第 9 期。

[2] [17] 孙文杰：《浅谈网络语言对大学生的影响》，河南财政税务高等专科学校学报，2011 年第 4 期。

[3] 林业：《论网络语言对中小学作文教学的影响及其规范对策》，研究探索，2010 年第 3 期。

[4] 叶蜚声，徐通锵：《语言学纲要》，北京大学出版社，1981 年版，第 10 页。

[5] [14] [18] 王前方：《新闻报道该如何使用网络语言》，科技传播，2011 年第 2 期（上）。

[6] 何力：《浅谈报刊如何用好网络语言》，新闻实践，2010 年第 5 期。

[7] [19] 杨晴，范煜熙：《“给力热”语言现象的学理分析》，湖北广播电视大学学报，2011 年第 6 期。

[8] 周建设：《现代汉语》，北京・人民教育出版社，2001 年第 205 页。

[9] 汤玫英：《网络语言新探》，郑州·河南人民出版社，2010年版。

[10] 张凤成：《网络语言对汉语言的影响分析》，科技创新导报，2010年第5期。

[11] 倪雯婷：《简析网络语言的影响力》，文教资料，2011年第1期（上）。

[12][13] 王斌：《浅谈网络语言应对之策》，无锡南洋学院学报，2007年第4期。

[15] 教育部、国家语委：《要求加强对字母词使用的管理》，教育部简报，2010年第94期。

[16] 王志军：《希望字母词逐渐汉化》，成都日报，2010年4月11日。

[20] 陈春雷：《从失范走向规范——关于网络语言影响及规范策略的思考》，学术界，2011年第4期。

第三节 网络语言
——语言规范中的创新机制

当今社会，伴随着网络的盛行，网络语言走进了千家万户，走进了人们的生活。网络语言秉承所属汉民族语言的历史文化形成的民族特色，积极吸纳和兼容其他民族语言表情达意的灵活性，创设出新颖活泼、独具个性的词汇，并大胆突破原有的语法结构，形成了自己独特的内容和表现形式。

一、网络语言的创新特点

具有革命意义的创新性是网络语言最大的特点。网络是一个在推崇个性、追求方面走得有点儿极端的世界，它为网民们提供了充分发挥想象力和创造性的最自由的空间，这种空间因缺少了传统社会生活中无所不在的“监督”而显得更加自由、更加珍贵。网民们能够在网络上最大限度地发挥自己的想象力和创造性。同传统的书面语言相比较，网络语言由于减少了外来的束缚，发挥了作者的自由性，往往构思上更为巧妙、语出惊人、令人瞠目，从而最大限度地反映出每个人在语言上的创造力。这种创新性主要体现在词汇和语法两个方面：一是对已有词语的变异使用及新词新语的创造；一是对常规语法的突破。前者如“见光死”，指网恋后与网友初次见面感到不满意而迅速各奔东西；“东东”意指“东西”；“偶”是“我”的一种比较调皮的说法，并由此推衍出“偶们”。后者如“难过得死掉了”“累死掉了”“走先（先走）”，大多采用港式语法的结构。构成网络新词语的语素大多是语言中固有的，利用比喻、谐音、拟人等各种手法构成新词。除在构词上随意组合、任意搭配外，还常在文章的标题末尾添加相当于语缀的语气词，如“要记着去捧场噢”，“慌乱是会出错的噢”，等等。

网络语言除用字节俭外，还尽量突破原有书写符号的局限、改变现有语言中某些词语形音义方面的约定俗成，创制了新的形音义的结合体，如字母词、数字词、图形符号等，其丰富性远远超过了传统的语言模式，并且靠这些简单的符号传达丰富的思想感情和内涵。网络语言对现有语言成分的改变主要体现在“形”上，它是用最简洁的“形”来巧设言语交际的跨度，缩短信息交际的宝贵时间；并且这种跨度的设置，在一定的语境中，人们凭借自己的知识储备，完全可以逾越，而一旦跨越，便会带来一种愉悦，具有一定的刺激性。此外，在句式的选用上，网民们为了提高交流速度，很少运用长句、复杂句式，而多用短句。句子的省略现象也很普遍。有人在网上随机选取了10句聊天记录，其中字数少于5个字的有9句，超过5个字少于10个字的有1句；标点符号1个；有修饰成分的3句；没有复句。虽然这不能完全代表网上聊天的所有记录，但也可窥一斑，透露出网络语言经济性的特点。

在网络中，网民们还充分利用键盘上的符号，象形创制了许多极为生动形象且风趣幽默的表情和动作的图形，用以表达自己的喜怒哀乐，来模拟现实交际。这些网络符号在电脑屏幕上构成了一张张卡通式的脸庞，不仅形象传神，而且使网络聊天具有了“可互视、可互听”的近距离交际效果。网络符号是一种特殊的语言成分：它没有语音形式，书写形体也不同于文字形式，但可以表达一定的意义内容。它给虚拟的网络生活增添了许多生气和实在感、即时感。网络语言的形象性还表现在一些形象的网络词语上。如把网民称为“网虫”，于是初级网民是“爬虫”，高级网民是“飞虫”等。再如把“这样子”连续为“酱紫”，既有视觉效果，又隐含了味觉效果，显示了不同于传统语言的特点。

当然网络语言还有其他方面的特点，粗俗化、有一些低级趣味的东西也是不可否认的。

但是，我们必须承认，网络语言显示出的这些独具特色的创新性的特点，是对传统语言强烈的冲击。它是一种充满自信、富有生命力、基本上健康向上的语言，同时还是一个开放的、具有包容性的体系。

二、网络语言引发的新的语言革命

语言的存在和发展，是一个动态的不断演变和更新以使自身适应时代变化的过程，绝不存在完全封闭的语言体系。汉语之所以能够延绵几千年而生生不息，演绎出如此绚烂动人的汉语言艺术，并且有如此深广的生命力，其根本原因就在于它从来就不是封闭的、僵化的，而是善于不断从民众活生生的现实生活中吸取新的养料，促进自身的代谢与更新。近代白话文运动的动因之一，就在于传统的古文在信息万变的现代生活面前显得僵化、烦琐和呆板，脱离了大多数普通人日常生活的语言现实。近年国内兴起的股民专用术语，也早已远远超出了股市的应用范围。事实上，一种语言，只要仍在为人类交际服务，就是活的、变化的语言，就必然会随时进行新陈代谢。更新是事物的生命力所在，也只有更新，才能推动语言的发展。

语言发展不能拒绝网络。网络媒体作为一种新兴的交流工具，无疑丰富了日常交往的渠道，极大地拓展了语言传播的空间。毫不夸张地说，网络语言正在带来一场新的语言革命，并以它强大的渗透力和影响力“走下网络，走入生活”。其表现有三点：首先，网络语言已走进了大众媒体；其次，网络语言已经开始渗透于年轻人的日常交际用语中；最后，网络语言已引起了一些语言学家的关注，“一门崭新的语言学科——网络语言学，将应运而生。”网络词语不仅代表了高效率，更是充满着一种求新求变、不断突破陈规的潮流感、前卫感。这种充满活力的语言“创新”精神来自以年轻的大中学生、技术人员为主体的网民。这个群体受过良好的文化教育，他们活泼、好奇，充满了创新意识。因此，网络语言对现有语言产生强烈冲击，是毋庸置疑的。

网络语言是汉语语言在网络环境下的一种语言变体，是汉语词汇的外围部分，它可与内核部分的基本词语相辅相成，互不取代。不少网络语言极具形象性、贴切性、概括力，还具有一般书面语所不具有的幽默感，在经过长时间考验被人们接受后，也有可能进入基本词汇，这充分体现了现代汉语自身的弹性和发展潜力。国内一些语言学家对就网络语言和青年网民所蕴含的创造力表达出由衷的赞赏之情。许多高校教师利用网络上课，增加跟学生的沟通渠道；有些专家还专门从事收集、整理新词汇的工作。中国社会科学院语言研究所词典室正在编纂一部《新词词典》，不久将正式出版发行。一些网络语言，比如“菜鸟”“大虾”“灌水”之类能够反映出新事物，又能被大家接受，使用频率较高的词，将被收录进来。这标志着网络用语逐渐被大众所认可。在美、英等国，一些权威词典如《牛津英语大词典》，每隔几年就会加上一批新兴的词语。就美国来说，新的网络词汇层出不穷。比如，为了节省时间，微软公司内部曾经有许多“时尚新词”在沿用，例如用“ask”代替“question”，把“what is your question?”说成和写成“your ask?”在微软公司工作而不会这种用法的人，会被微软人认为是缺乏“企业文化”素质，甚至在社会上也有一些人把这种用法当作计算机时代的文化象征。

三、网络语言对语言规范的影响

大家都知道，人们是为了表达的需要而不是为了遵守某种既成规范而使用语言的。在语言运用中，我们一方面要遵守语言规范，另一方面也不能忽略语言系统内部的创新机制。

网络语言虽然给汉语带来了某些负面影响，但同时我们也不能否认它给汉语言的发展注入了新的活力。网络语言是一种正常的文化现象，而且既然能够被许多网民所推崇并不断创新，那么就说明它是一种有生命力的语言，就有其继续存在和发展下去的理由和空间。一个民族要有文化前途，靠的是创新。从这个意义上说，新词语用过了头并不可怕，如果语言僵化，词汇贫乏，那才真正可悲！

新词语的大量涌现，是语言生活生机勃勃的表现；新的语言现象打破既有语言的传统模式和固有的格局，犹如一股清新的空气吹进，给人神清气爽、耳目一新的感觉。前些年还在讨论“晒太阳”“自行车请下车推行”等是不是符合语言规范，现在不是被人们普遍接受了？“炒鱿鱼”“发烧友”“大款”“AA 制”“卡拉 OK”等新词语出现之初，也被人认为是滥用，现在不也深入人心了吗？网络语言来源于中国的传统词汇，却被网虫们赋予了新的含义，句式上打破传统结构的拘束，大胆采用方言和其他语言明快、简洁的语法形式。这本身在一定程度上反映了当今青少年的生活心态和交往方式，并且从某个角度折射出了当代青少年追求新奇、方便的心理，以及不拘泥于传统习惯、文字规范的作风，是当前网络流行文化的重要组成部分。一下子有这么多鲜活的东西融入到我们的语言当中来，肯定会推动现代汉语言的发展。

当然了，人们的语言自我规范意识尚需增强，网民自身文明素质也有待提高。应该倡导使用文明、规范的网络语言，创造一种全新的网上生活方式。由于语言的发展是按照一定的规律进行的，一些偶发和不健康的现象必然会受到实践和时间的冲刷和淘汰。不同领域、不同层次的语言相互渗透，才能使整个时代的语言丰富起来。

今后，网络语言必将焕发出其前所未有的能量和活力，成为人们生活中不可缺少的一部分，从而带来不可思议和令人震惊的语言新变革！

第四节　人体语言的模糊性

一、自然语言和人体语言

人类的语言可分为三大类：一是口头语言（有声语言）；二是书面语言（包括指示符号）；三是人体语言（又称肢体语言、态势语、动作语言等）。前两种语言也叫自然语言。

这三种语言，按出现的先后来讲，人体语言在先，口头语言居中，最后才有了书面语言。

口头语言和书面语言的关系密切。索绪尔说："语言和文字是两种不同的符号系统，后者唯一存在的理由是表现前者。"[1]

口头语言和书面语言（统称有声语言）的模糊性是比较显现的，这方面不少书刊都有论述。这里要说明的是，在特定的情况下，模糊语言比精确语言更具有表现力，能更妥帖地表现客观事实。试比较以下两组诗句。

△ 风吹海水千层浪，
　雨打沙滩万点坑。

△ 风吹海水层层浪，
　雨打沙滩点点坑。

前者是精确语言。"千""万"表示精确的数字，但"浪""坑"的数目有谁统计过?! 反而"层层""点点"更符合实际情况。因此，"交际需要语词的模糊性"[2]，这是科学的要求。

恩格斯在《自然辩证法》中谈道："辩证法不知道什么绝对分明的和固定不变的界限，不知道什么无条件的有效的'非此即彼'。"[3]为什么人体语言的模糊性比有声语言更加彰显呢？英国的人类学家爱德华·泰勒做了辩释："动作语无论有多么完善，也不能逐字地表达有声语言。原因之一，在于动作语极少能表现抽象概念。我们采用的许多词，在动作语中找不到完全与之相应的表征。"[4]

泰勒先生说的动作语，就是人体语言。我们之所以不采用动作语这个概念，是因为人体语言除了动作之外，还有表情语言、空间语言。有人认为还包括人体的第二层皮肤——服饰语言。

人体语言分为两大类：一类是辅助性的（辅助有声语言），一类是独立性的。独立性的人体语言又分两小类：一类是经过理性平面的（如点头），一类是不经过理性平面的（如脸红）。而后者要比前者运用得多、深刻得多、真实得多。

二、人体语言的模糊性及其体现

人体语言的模糊性，主要表现在独立性的人体语言方面。我们熟悉的《儒林外史》中的严监生弥留之时，伸着两个指头，总不肯断气。“几个侄儿和些家人都来讧乱着问，有说为两个人的，有说为两件事的，有说为两处田地的，纷纷不一；只管摇头不是。赵氏分开众人，走上前道：‘爷，只有我能知道你的心事。你是为那灯盏里点的是两茎灯草，不放心，恐费了油。我如今挑掉一茎就是了。’说罢，忙走去挑掉一茎。众人看严监生时，点一点头，把手垂下，登时就没了气。”[5]为什么众人猜了多处而猜不着，这就是“伸出两个指头”的模糊性造成的。

所谓“模糊”，今天的理解是“亦此亦彼”，是接受者对信息有不确定因素而致。这与我国古代对模糊的认知略有不同，但从整体意义上看不分轩轾。宋代梅尧臣曾写过一首《和江邻几咏雪二十韵》诗，其中有这么两句：“庭槐高臃肿，屋盖素模糊。”这里的模糊是看不清的意思，引申义就是不确定。不确定就是意义游弋，也就是模糊了。

人体语言的模糊性，“亦此亦彼”，还有的最终也没个结论。请看下面的例子。

于右任先生，1879 年出生在陕西省三原县斗口村。是国共两党共同尊重的两位长者之一（另一位是孙中山）。于先生到了晚年，对大陆及家乡极其思念。1962 年 1 月 24 日，于写了一首影响海内外的哀歌《望大陆》。

葬我于高山上兮，望我大陆；

大陆不可见兮，只有痛哭！

葬我于高山上兮，望我故乡；

故乡不可见兮，永不以忘！
天苍苍，野茫茫；
山之上，国有殇。

1964年8月中旬，于右任因病住进了台北荣民总医院。同年9月于先生的老部下“监察院”秘书长杨亮功去看他，于这时已不能讲话，也不能握笔。一阵问候之后，杨问，“于院长还有什么交代的？”于慢慢地对杨伸出了三个指头。杨亮功只好对他说：“院长，等你身体好一些后，我再来问什么意思。”此后，于右任的病一天重一天，并陷入昏迷。1964年11月10日，于先生与世长辞，终年86岁。

于右任去世后，杨亮功向几个朋友谈及此事，请他们解开此谜。有的说，于先生是对举债赴美国留学的三公子于中令放心不下；有的说，于先生是说在他死后将灵柩运回大陆，归葬于陕西三原县故里；有的说，是指于先生终生信奉三民主义；有的说……第二种说法，虽得到了多数人的赞同，但是否是于先生的本意也未可知。于先生已驾鹤西去，杨先生即使追到九泉之下，也不可能讨个确切的说法。

人体语言的模糊性不仅表现在古今有案可征的文本中，也表现在日常生活中，甚至可以利用人体语言的模糊性来消解生活中的尴尬与矛盾。

例1：男士与同辈、同档次的女士握手，按照一般的礼仪规则，应是男士先伸手。如果男士伸出手来，而女士没有握手的习惯，抑或有什么原因没有伸手。这时男士可用左手向前，同已伸出的右手抱拳向上变成拱手，以示相见礼节。或者可把自己伸出的右手抬高向后，梳理自己的头颅，以避免对方没握手的尴尬。

例2：你正在跟马路对面的送走的客人招手再见，突然，一辆出租车在你跟前停下。这时你不必惊慌，只需用眼光跟着再见的手势向马路那边的客人致意，把高抬的手臂晃动几下。这样，那位司机就不会无厘头地责怪你，一场误会就化解了。

三、人体语言模糊性的跨文化体现

人体语言的模糊性，还表现在跨文化方面。因为文化背景不同，有些人体语言所代表的意义也不尽相同。诚然，有不少人体语言所显示的意义是相同的。我国著名的文化人类学家林惠祥先生说："真正的拟势语（指人体语言）全世界都相同。"[6]但不少的人体语言，表现了各自国家、民族和地域的特征。这种同样的态势而表示不同的意义信息，就是人体语言跨文化运用的模糊性。

下面讲一个真实的故事加以例证。

有一年，中国文联组织的艺术代表团出访美国。在纽约的一场演出结束后，准备飞往下一站继续演出。飞机已经发动，马上就要起飞。此时，殷秀梅回头说："黄宏，你的杂志看完了吗？借我看看。"

因为大家被安排在中间的座位，黄宏不能把杂志从其他乘客的头上扔过去。所以，他匆匆解开安全带，离开座位，把杂志送过去，又赶紧回到座位把安全带系好。

此时，一位美国空姐带着一脸怒气，朝黄宏冲过来。黄宏知道自己错了，起飞时不该离开座位，急忙向她赔礼。可无论怎么认错，空姐就是不依不饶地训斥。尽管黄宏听不大懂英语，但突然听到一个似是骂人的发音，他明白这是对中国人的无礼，甚至是侮辱，便气愤地伸出右手的大拇指和食指，向空姐做了一个开枪的动作。

空姐看到他的动作，脸色一沉，扭头就向驾驶室走去。很快，飞机的发动机熄火了，接着广播响起来："因为飞机上可能有人带枪，我们要停止飞行进行检查。"

舱门一开，上来两名警察，在那个空姐的带领下，来到了黄宏面前。他们先向四周的旅客取证，然后对黄宏说："这位小姐指控你携带手枪。"

"你们的机场有安检，如果我身上有枪，我又是怎么登机的呢？"黄宏机智地反问。

他们考虑一下，又换一种说法："那么，这位小姐怀疑你的精神有问题。"

"进入你们美国时，我持有健康检查证明。"

警察回过头来，像是在劝说那位空姐。可那位空姐仍然不肯善罢甘休。最后，警察又对黄宏说："你刚才用持枪的手势对准这位小姐，她指控你侵犯人权。"

黄宏灵机一动，说："贵国尊重人权我早就知道。但是，每个国家有不同的风俗习惯。在中国，大拇指代表好，加上食指，就是八字，八就是发，我这个手势是向她祝福。”

警察听完后忍不住想笑，扭过头去向那位空姐做了解释，事情就这样不了了之。

警察走了，舱门重新关闭，飞机飞向了蓝天。

飞机平稳地降落在休斯敦机场。乘客走出机舱的时候，飞机上的一位保安友好地向黄宏举起手，做了一个“八”字的手势。

黄宏笑了。保安也笑了。

黄宏利用人体语言跨文化的模糊性，忽悠了那位美国空姐，化解了一场纠纷。但这种玩笑是不能仿效的。

日本人的微笑是带有模糊性的。在外交圈内的业内人士都知道，日本人的微笑，与“同意”和“高兴”是无缘的。它只是外交事务办完后的一种结束礼节。这种礼节，美国人在第二次世界大战中是上过当的。“珍珠港事件”发生的前一天，美日进行谈判，谈判结束，日本代表个个报以微笑。美国人认为，这是一个友好、和蔼的信号，一切平安无事。结果，第二天凌晨，“珍珠港事件”发生了！美国人始料不及又猝不及防，是由于日本人最后的微笑迷糊的。

世界上大多数国家，“点头”都表示赞成，可在印度、尼泊尔以及西亚的叙利亚、约旦等国，以至欧洲的阿尔巴尼亚，却用“摇头”表示同意。我们中国人用“首肯”表示同意肯定，这已成为潜意识的习惯。如果与“点头不算摇头算”的国家、人民交往，千万要注意这一点，特别是有外交、经济方面的谈判。

“OK”这种手势（拇指和食指构成圆圈，其他三指伸直），不同国家有不同的理解。英、美等国的人表示“平安、尚好”；法国人表示“零蛋”；日本人表示“金钱”；地中海国家以及阿拉伯人还表示为“同性恋”。

一种人体语言有四种信息，这说明跨文化的模糊同其他模糊比起来更加显著。

四、人体语言模糊性的历时性

人体语言的模糊性还有历时性的模糊。

所谓历时性的模糊，就是因时代变迁所形成的人体语言的错位。

我国南北朝的北齐朝廷，曾下过一道旨意：在考试时对“成绩滥劣”者，要罚喝墨水，罚喝墨水的多少，要按滥劣的程度而定。梁武帝时规定：“差谬者罚饮墨汁一斗。”隋朝规定：读书人应试时，凡是书迹滥劣者，要罚饮墨汁一升；甚至秀才、孝廉等在会试的时候，监考官如发现有“文理孟浪，书写滥劣”的，也要到专设的房间里去喝墨水。这种“喝”“饮”的动作，今人看起来十分蒙然。

民国期间，教书先生对弟子的惩处，一种常见的方式是“打手心”。打手心用的工具是一尺来长的木板，该木板还有个专有的名称叫“戒尺”。现代学校中不会再有这种“教具”。这就是历史的错位。进一步说，“戒尺”也是有来头的，我国古代县官审案，动不动就要“打二十大板”，“打大板”主要是用木棍，打的地方又主要是屁股，这大概就是惩罚学生用的“戒尺”的雏形。

鲁迅先生曾说过：“中国人是最能研究人体，顺其自然而用之于民。脖子最细，发明了砍头；膝关节能弯，发明了下跪；臀部肉多，又不致命，就发明了打屁股……”[7]

人体语言历时性的模糊，还有一种静态的。

我国古代女子缠小脚，在唐以前是没有的。到了五代时，相传南唐李后主令其宫窅娘以帛缠脚，并要求缠小至新月形。后来民间女子争相仿效，到了宋代更为流行。宋代女子缠脚又同清末民国初年不同，清末民初妇女缠足的脚趾向下裹，使前脚掌与后脚跟相接，无脚心；宋代妇女缠足则四小脚趾向下，大脚趾向上，形成翘趾小脚。历史上称道的“三寸金莲”，只有清末民初才有，因为宋时的缠足要比清末民初长一个大脚趾。

原始的印第安人，指代“狗”的态势语是用两个手指（多是食指加中指）在地面上横画一下或两下。这样指代同古代的印第安人用狗来拖物有关。原始的印第安人用狗拖物时，在狗的背后要拖上两根粗木板，用它来承载物件，“故以二指表示它”。[8]现代的印第安人，指“狗”却是另一种人体语言：一只手放在屁股后，手掌向内，不弯腰，在脚后跟处前后摆动比画，这就表示狗是跟在主人之后，狗是主人的宠物了。显然，这种历时性的“亦此亦彼”，是由于人类社会的发展和使用工具的变迁。

五、人体语言模糊性的个体体现

人体语言的模糊性，还体现在人的个体方面。

个体方面的模糊性，以静态的人体语言为主。

有些男士留着披肩长发，如果脸蛋细嫩，你就分不清是男是女。不少女子，不仅是年轻人，还有些是中老年人，留着男士短发，如不仔细看，也难以区分。当然，留着短发的女子，发型构造和一般男子的短发初理时是有区别的，但一经头发长长，遮盖了区别部分，就会使不熟悉的人产生误会。

还说头发。年轻人把头发染成各种颜色。本来是又黑又亮的头发，却染成白色，看上去像四五十岁的老人。有些年轻人，把头发染成黄色，如果长得又高又大，会有人送外号“假洋鬼子”。当然，长期居住西方的亚洲人后裔，属于黄皮白心的“香蕉式”的人物，与此类人相比只是“内容与形式”的不同而已。

现在有不少女人男人要“整容”，甚至个别人还要做“变性手术”。整容是一种美化，是无可挑剔的。但整容不是原装，遮掩了原来的本相（这与安假肢不同，假肢完全是为了生存、生活的需要），从模糊性来说，这是一种假象。

人体语言个体性的模糊，正如美国意象派诗人庞德诗的描写：

人群中这些面孔幽灵一般显现，

湿漉漉的黑色枝条上的许多花瓣。

六、结语

人体语言的模糊性表现在诸多方面，比如空间的远近，接受者的对象以及接受者的理解不同，都会造成模糊。

人体语言是一种可视性语言，它应该是整体模糊语言的一个分支。从1965年扎德发表论文《模糊集》到现在，不足半个世纪，模糊语言的研究成果已很丰硕。但人体语言模糊性的研究才刚刚起步。

注释

［1］［瑞士］索绪尔：《普通语言学教程》，北京·商务印书馆，1982 年版，第 42 页。

［2］［波兰］沙夫：《语义学引论》，北京·商务印书馆，1960 年版，第 355 页。

［3］［德国］恩格斯：《自然辩证法》，北京·人民出版社，1976 年版。

［4］［英］爱德华·泰勒著，连树声译：《人类学》，上海·上海文艺出版社，1993 年版。

［5］吴敬梓：《儒林外史》，北京·人民文学出版社，1958 年版。

［6］［8］林惠祥：《文化人类学》，北京·商务印书馆，1934 年版。

［7］鲁迅：《华盖集·杂感》，北京·人民文学出版社，1973 年版。

第五节　和谐社会与语言和谐

一、和谐语言与社会和谐

语言和谐问题是人类在漫长的历史发展过程中所面临的基本问题之一，它与构建和谐社会紧密相连。从语言与社会的关系来看，语言是社会的一面镜子，社会的一切都会在语言中有所反映；语言又依赖于社会，它随着社会的产生而产生，随着社会的发展而发展，社会的基本形态对语言有一定的制约作用。构建和谐社会对语言的一个基本要求就是语言和谐。语言和谐是和谐社会的重要组成部分，人在语言使用中所显现出来的素质在很大程度上体现着社会的进步程度。不同国家、不同民族、不同社会的语言和谐相处，与不同国家、不同民族、不同社会的人和谐相处是一致的，人的语言态度、语言选择的倾向与人的政治立场、价值取向也是一致的。人与人之间的交际能够和谐、顺利，与良好的社会环境、友善的人际关系等也是密不可分的。我们认为，在构建和谐社会的进程中，很有必要弄清语言和谐问题，社会中的语言如果不和谐，构建和谐社会就失去基石，人们的美好愿望就难以实现。

人文精神教育就是要培养人们高尚的道德情操、和谐的心灵、人与人的和谐关系以及人类与自然的和谐关系。而要实现这一切，提高人们的整体素质，首先要从最基本的素养——语言素质谈起。因为语言是文化的载体，是人类知识经验的载体，它记录了人类文化，语言和文化是相互制约相互影响的。一方面，文化制约影响着语言的产生和发展；另一方面，语言也制约影响着文化的产生、发展和传播。从这个意义上说，语言就不仅仅是一种任意的符号系统，它必然深深地打上民族文化的烙印。语言符号既有任意性的一面，也有受一定的社会心理、文化制约影响的一面。既然语言是文化的载体，那么语言的运用也只能在一定的文化背景（cultural background）之中进行，任何语言材料和语言表达只有同一定的文化背景相互配合、相互协调，才能起到表达思想感情、交流信息的作用。

语言（包括文字）不仅是生活中须臾不可缺少的交际工具和信息载体，而且语言文字社会应用的和谐程度是衡量国家物质文明和精神文明发展水平的重要标志之一。语言是人类最重要的交际工具，与社会有着紧密的联系，一方面社会的发展变化推动着语言的发展变化，另一方面语言的变化发展很大程度上也影响着社会的变化发展。如今，社会上和语言学界要求提高语言和谐度的呼声颇为强烈，语言文字工作者为此发表了不少的文章，仁者见仁，智者见智，表达他们各自不同的观点。实际上，语言和谐恰恰是语言最最基础的东西，正是因为它的基础性，往往最浅显的道理，却最容易被人忽略。

语言作为一种社会现象，同其他社会现象诸如道德、意识、风尚等一样，是社会群体行为趋同性的自然表现。语言和谐的目的除了准确地传递信息外，更在于为促进人际关系的和谐、社会的和谐。语言行为必须接受社会道德的价值评价，必须与社会道德相一致，这样，语言行为才可能为社会所接受，效果才会好，才能真正达到交际目的。

由于语言具有社会交际工具这一本质，就使得语言运用标准的趋同性带有更多的必然因素，使操同一语言的社会成员人人羞于同周围他人为异。然而，在一个使用共同语言的集团里，个别人或某些人偏偏采取与其他社会成员不一致的做法，有意或无意地使用一些同现有规范不同的语言成分或语言形式。出现这种现象原因比较复杂，有的是即兴之作（多半为口语），有的是由于缺乏语文修养，有的是有意识地标新立异，等等。

目前社会上语言的不和谐情况主要表现在两个方面。

一是语言内部的不和谐。比如，语音方面，有意无意地模仿港台影视明星、歌星的发音，导致一些音节的声、韵、调发音不准，没有正确地使用轻声和儿化音等。词汇方面，或随意造新词（尤其是网络词汇的大量出现），或篡改现成的词和词语。比如："冻容"（20 岁左右的年轻女孩儿希望冻结青春，早早开始抗老历程）、"PK"（对决）、"584"（我发誓）、"裸考"（什么加分都没有，完全靠实力参加考试的人）、"丁狗"（不要孩子，只养宠物狗的家庭）、"粉稀饭"（很喜欢）、"拼客"（集中在一起共同完成一件事或活动）等，或表现为对已有词语随意添加、赋予新义。比如："偶"（我）、"超级恐龙"（反应迟钝）、"虾米"（什么）、"圆梦"

(本指古代解说梦的吉凶的迷信活动，如今指实现理想或愿望)、“白奴”(白领奴隶的简称) 等。因为这些新词新语不够稳定，词义多变，用于不同的地方就有不同意思，加上缺少受众的理解基础，所以，听到或读到这类新词语，就会让人感到莫名其妙。语法方面，为追求标新立异、引人注目，语句不通、搭配不当，甚至逻辑混乱的现象时有发生。

二是语言结构以外的不和谐。主要表现为言语行为趋于“随意化”“痞化”，甚至“黄化”“粗俗化”，违背社会道德的言语行为时有发生。这些不良语言现象严重地影响了社会道德，也在一定程度上影响了社会的精神风貌。对这些不良语言现象的治理和规范，需要社会多方面的努力，需要语言研究者从理论上给予科学的阐释。

和谐语言的建构既要从语言的内部结构语音、语汇和语法三方面着手来进行，同时也必须要考虑语言结构以外的相关的社会文化以及社会心理诸因素。因为语言和谐与否，除自身结构方面的原因外，还与社会方面的许多复杂因素有关。

由于受经济发展的影响，在东南沿海一些经济发达的地区，出现过方言潮以及随之而来的方言的泛滥。以上海话为例，由于上海经济的飞速发展，在狭隘的地区经济优越感之中，一些本地居民连带地产生了方言优越感，他们以说本地方言为荣，不愿意说普通话，更不屑于说外地的方言。而在一些老牌的经济发达地区，他们还没有从当年的地区经济优越感中摆脱出来，也在固守着他们的方言优越感。相应地，内地一些人在潜意识里认为凡是讲上海话、广州话的，或者说话带点儿“广味儿”“港味儿”的就是“大款”“有派”“吃香”，并由羡慕进而模仿起来。而在一些经济落后地区（尤其是边远的山区），还有不少人仍然像几十年前那样，仍死死地坚守着方言阵地。像这种背离时代的价值观念和社会心理，若不克服，人们在语言交际中出现不和谐现象也就在所难免了。

二、语言生活与和谐秩序

语言生活是一个很现代的提法，它与一个人的幸福指数密切相关。如果一个人只会说方言而不会说普通话，就说明他的语言生活已经落伍。方言是客观存在的，有其自身的使用价值。它将在一定时期、一定领域和特定地区内长期存在。推广普通话并不是要人为地消灭方言，主要是为了消除隔阂，以利于社会交际。推广普通话主要是要求会说方言的公民，还要会说普通话；不是要求公民在所有场合都说普通话，只在有些场合，如学校、机关、服务场所等讲普通话。从语言发展来讲，普通话和方言也处于不断丰富、融合的过程中，方言在语音词汇等方面逐渐向普通话靠拢。因此推广普通话绝不是禁绝或消灭方言。关于这一点，我国的语言文字基本政策中已有明确规定：各民族语言文字平等共存，禁止任何形式的语言文字歧视；各民族都有学习、使用和发展本民族语言文字的自由；国家鼓励各民族相互学习语言文字；国家推广普通话，推行规范汉字。

我国是一个多民族、多语言、多文种的国家，推广普通话是促使公民普遍具备普通话应用能力，要求人们在正式场合和公共交际场合说普通话，并不反对在日常生活中说方言。推广普通话有利于促进现代经济、科技和社会发展，有利于促进地区间、民族间的交流，有利于普及文化教育、发展科学技术，促进两个文明建设，有利于实现国家通用语言文字的规范化、标准化，提高工作效率，对构建和谐社会意义重大。

《中华人民共和国国家通用语言文字法》的颁行，标志着我国的国家通用语言文字的使用全面走上法制化的轨道，对于促进国家的统一、民族的团结、社会的和谐进步具有重要意义。新时期的推普工作应该有更新的姿态和新的水平，应该在全社会积极倡导以说普通话和具备普通话修养为荣的价值观念和社会风尚。因为规范语言仅仅靠普通话的法定地位、靠数量和能量都有限的推普工作者、靠影响力有限的宣传性文字及节目，很难抵抗强大的习惯势力。我们需要做的是如何把普通话变成全体社会成员的自觉行动，应当站在现代化的战略高度和本着与现代化同步、为现代化服务的宗旨，在全国范围内开展普通话水平的普查和测试工作，获取相应的数据，进行一系列有关的科学研究，进而把这些研究成果尽快地转变为语言和谐化的效益。

言语行为必须合乎社会道德规范是由社会稳定与和谐发展的需要所决定的。语言的和谐既需要通过法律法规的形式进行规范、管理，又需要进行社会道德教化，更需要社会全体成员的言语道德自律，以使其言语行为符合社会道德规范，适应社会稳定与和谐发展的需要。

从语用功能的角度来讲，语言的和谐应该是一种语用和谐，是语言在表达功能和交际功能上切合目的性的和谐。因为引起表达、交际的动因和情景是多种多样的，那么只要是恰到好处地达到了目的，就是和谐的。因此不能把语言规划的目标确定为不管何时何地都必须是一种绝对一致的代码。

构建和谐的语言也意味着创新，语言和谐了就能更好地发挥语言的交际工具作用。因此，语言的丰富、发展与和谐是相辅相成的，是互相联系、互相促进的。语言的不断丰富和发展必须以语言和谐为基础，没有语言的和谐，也就谈不上语言的真正丰富和发展。而没有语言的丰富和发展，语言就只能是僵死的、停止不前的东西，就会失去它在社会生活中更好地发挥作用的功能，也就谈不上语言的和谐。语言是动态发展的，所以语言和谐也应是动态发展的。言语使用一方面要遵守既成规范，另一方面也在不断创造新形式。但并非所有创新形式都能成为语言交际功能的实现形式。不少创新形式或者过于离谱，甚至是言语错误，只能被淘汰；或者虽有可取之处，但又缺乏广泛的交际基础，也只能是昙花一现。许多创新形式只有具备了可接受性，才有可能成为广泛流行的新规范，这样，既可以满足言语交际的需要又能推动语言的发展。不论是方言或是所谓的另类语言，它们是否和谐首先要用“约定俗成”这一原则来衡量，因为语言本身就是社会约定俗成的符号系统。新词新语在一个语言中的扩散也应遵循一定的规律，也要经过一个由个体到社团再到全体社会成员的过程。在这个过程中，一个词（包括外来词、新词）是否能被认可进而使用，或以什么样的方式被认可使用，都是由该语言的社会成员共同决定的。借用的语言符号一旦受到了全体社会成员的一致认可并得到广泛使用，就可以将其列入规范词语的范围。因为全体社会成员的接受和使用才是语言和谐的最基本准则。

语言是社会的产物，也是社会的组织工具，没有通用的语言、和谐的语言，将会阻碍社会的发展。语言的和谐，尤其是词汇和语法格式的协调，不能定于一尊，当前已成为普遍的共识。语言在不断发展中趋于和谐，即“动态和谐”。那么在动态语言系统和动态语言的观念中，语言系统与语言和谐实际上是辩证统一的。我国幅员辽阔，方言众多，从语音到词汇都相差甚远，实现语言的规范、和谐，对社会主义经济的发展具有重要意义。从个人方面讲，随着改革开放、市场经济的发展，人们交际范围的扩大，具有较强的语言表达能力已成为决定一个人生活与事业成败的重要因素。

三、和谐语言与人文素质

言语行为涉及人文素质、伦理道德等许多方面的问题。宽泛地讲，人文素质指的就是文化素养。语言作为与人类社会同生共长的文化世界的基本成分和核心成分，它对于人类文化具有建构、保有以及传承的功能。在此意义上讲，人类的文化世界也就是语言世界。语言是社会联系的纽带，语言交际是语言的社会联系功能在具体场景的实现，是人们的社会文化生活的重要表现形式。语言行为不能也不可能超然于社会文化背景之外。人们的社交用语渗透了一定民族一定时代的文化精神，成为这一民族这一时代的重要文化镜象之一。比如，体现在社会上人际关系的社交称谓对于确定交谈双方的身份角色具有重要作用，尤其能体现社会文化的风貌。而语言的文化功能具体表现为：几乎各个文化领域都必须仰仗语言符号的建构作用。文学作品里的交际形式体现了某种社会风范，而且它所刻画的不同类型的人对语言的典型使用，使得语言的各个方面都饱含着和渗透了民族文化的精神内容，进而使得几乎所有人文科学的研究都不能不注意语言问题。

需要强调的是，语言的规范、和谐与语体的多样化以及个人语言风格的形成并不矛盾。民族共同语尽管是有一定规范、一定标准的语言，但它的内容是丰富的，范围是宽广的，形式也是多样的，可以让每一个使用者自由选择。如果有人认为语言风格的形成在于使用了方言土语，一旦使用通用语，摒弃方言土语，作家就会失去独特的语言风格。其实这是一种片面的认识。为了加强表现力，为了刻画人物性格，为了反映地方色彩，作家可以适当地使用方言土语。但是方言土语的滥用却会造成民族共同语的混乱，造成语言的不和谐，会妨碍民族共同语的发展。事实上，作家的独特语言风格绝不是单靠使用方言土语来形成的，而且作家也不应该盯在这方面创造自己的“语言风格”。作家在遵守规范的范围内，只要他善于运用语言，能精心选择适合于表现自己思想感情的材料，就能够创造出他自己的独特的语言风格。

著名作家金庸先生认为：人类世界不能只有科学家和工程师，人文科学培养的是思想家、文学家、艺术家和哲学家。一个只有高度发达的科学技术和经济、丰富的物质生活享受，而没有人们高尚的道德情操、和谐的心灵、和谐的人与人的关系、和谐的人类与自然的关系的社会，绝不是一个理想的社会。对青少年进行人文精神的教育，“熏染温文敦厚、乐而不淫、哀而不伤的君子之风，最终达到修身、齐家、治国”。

现代化建设需要具有现代化素质的人来搞。现代化不仅仅是经济和技术问题，更重要的是人的文化素养问题。在经济大潮冲击下，出现的一些言语失德现象，一方面反映了某些人道德修养不高；另一方面，也反映了我国国民的言语素养状况。同现代化建设相适应的人的文化素养，表现在语文方面，即具有高度的语言和谐观念和与此相当的一定的语文素养。世界各发达国家和地区的现代化进程，总是伴随着一个语言和谐化以及提高全民人文素养的进程。因为语言是一种精神产品，是人类心智活动的成果，又是民族文化的表现形式之一。为此，加强语言研究，促进语言的和谐化，最大限度地提高整个中华民族的科学文化水平，进而达到整个社会的和谐，已经提到了更为重要的地位。

第六节 “新市民”语言文字诉求与对策

我国当前正在迅速推进城市化进程，加速现代化建设步伐。城市化进程使得更多的人员进入城市成为新市民，在市民化过程中，语言的城市化成为突出问题。要了解新市民的语言诉求，逐步引导其提升语言能力，掌握城市化生存的语言技能，从外在语言形象到内在语言修养，实现深层角色转型。

随着城市化进程的进一步发展，越来越多的农村人员进入城市，从一开始的踌躇、希冀到最后融入城市，并最终拥有城镇户籍，成为真正的市民。区别于固有的城市人员，他们被称为新市民。由农村到城市是众多农村年轻人和孩子的心理期盼，也是他们角色的转变历程。虽然角色转变了，但是一系列的问题也相伴而生了。其中最突出也是核心的就是语言接触所引发的相关问题。众多学者从社会发展视角围绕城市语言建设、语言和谐、语言文明等专题进行了多方面的探讨，但对于新市民发自内心的语言诉求则关注不多。我们依照国家语言文字工作发展纲要，结合新市民语言需求实质这一问题谈谈自己的看法。

一、语言能力在人类社会发展中的价值

1. 语言是人类最重要的交际工具。人们通过语言交流思想、表情达意、传递信息，从而达到相互了解的目的。就此而言，语言成为人们生存的必备工具之一。

2. 语言是人们相互接触的媒介。在语言运用过程中，既要受到来自社会的政治、经济和文化等因素的影响，反过来也会对社会发展起到重要的推动作用。

正因如此，语言表达能力是现代社会人们必备的基本素质。在社会化、信息化、智能化快速发展的今天，人间的交往日益频繁，语言表达能力的重要性也日益增强，良好的语言技能越来越被认为是现代人所应具有

的重要能力。高品质的语言表达能力既是一个人综合素养的体现，也是一个人隐形的财富。社会生活各个方面都需要沟通需要交流，而人与人之间交流思想、沟通感情最直接、最方便的途径就是语言。出色的语言表达能够助你在工作学习生活中更加顺畅，也更容易走向成功。

二、“新市民”城市化的语言阻碍

新市民在逐步融入城市过程中，会遇到诸多阻碍，除了来自社会经济、教育、文化、地位等因素的影响外，另一个突出的情形就是语言交流能力等问题。这些问题主要表现在以下几个方面：

1. 语言能力发展呈现不平衡，影响新市民化。语言能力关联到新市民择业、教育及选择社会交际范围和交际方式，语言能力高低使得新市民的生存状况出现不平衡。当前新市民的语言能力虽然对比进入城市之前有了较大提高，但由于接受的教育和所处环境本身发展不平衡，所以使其语言能力水平参差不齐。如从基本语言能力来看，听说读写的能力与城镇化前比较虽有了很大提高，但随着城市不断发展，农民逐步变成了市民，再加上大量外来务工人员的存在，这些新市民的语言能力还不能很好地适应新型城镇化的要求。即使稍早一些的市民，同样有语言能力适应新型城镇化建设的问题，即不仅要与各方言区甚至来中国定居的外籍新市民的语言相适应、相融合，更需要与新时期社会政治、经济和文化新要求相适应，如此才能深度适应城市化生存。

2. 新传媒语言形式应用能力欠缺，影响新市民化。当前城镇化表现为信息化、网络化、智能化，各种有形、无形的网络把种种智能终端设备整合起来，无论是政府、企事业单位、社团群体组织等的管理与信息发布，还是人际交往中的信息交流，都越来越多地以数字化的语言、图片、符号等形式传递。这种信息传递方式，因媒介自身的要求，形成了独特的语言组织形式，这使得部分文化程度低、不了解新媒介交流手段的新市民，因为缺乏熟悉和使用这种独特语言形式的能力，在信息的获取、解读和运用方面存在困难。这种能力的欠缺会出现城市化生活能力缺乏问题。

3. 语言生态环境污染带来的负面影响。“语言污染”等词近来被频频提及，主要是指基于某些政治或经济利益上需要肆意篡改语言的“能指”

和“所指”的关系，“虚假”的语言、庸俗粗鄙的语言、不规范的语言泛滥于多维的言语空间。修辞立其诚的“诚”得不到真正体现的问题，在广告媒体、隐形传媒领域还相当缺乏；如果处理不好，会使新市民的思想和价值观受到误导，对其城市化生存极为不利。

4. 语言的歧视和暴力引发的心理伤害。语言的歧视和暴力是狭隘的地方主义观念带来的语言的褊狭，是心理上优势一方对新成员或弱势者的一种歧视现象，这种状况广泛存在于言语交际的诸多领域。对新市民而言，由于经济地位等方面的因素势必对语言歧视产生畏惧或对抗，会引发语言冲突，从内心深处影响到他们对城市社团的利害判断，也会使其产生严重的对城市的距离感和不适应感。

城市发展需要有温馨和谐的语言生态环境，城市生存要求与之相适应的语言表达能力。新市民在分享城市文明生活的同时，也对其提出了更高的语言能力方面的要求。新市民在城市化生活中主要应具备这几方面的语言能力：

第一，形成以共同语为基础的双语和多语言能力。在进入城市之前语言单一的生活中，人们通常要么只会方言，要么只会一种语言就可以满足生活工作需要。但城市化时代，双语或多语言能力已经成为新的生活状况。在城市中不同地域、不同方言的人聚集在一起，在工作、学习和生活中需要交际，就需要以通用普通话作为媒介。这样，学习普通话不仅是一种需要，更是一种自我发展内在的动力。关于对学习使用普通话的认同感在城市化中达到了前所未有的高度，普通话也已成为新市民日常交流的一项基本能力。

第二，强化新传媒语言形式的应用能力。城市化的突出特点就是信息化、网络化和智能化，这对新市民的语言能力而言是个新课题，要么顺应信息化进程的需要掌握信息化技术适应城市化的需要不断进步，要么知难而退被高速发展的信息化社会所淘汰。新市民应能够熟悉网络化社会的信息运作规律和操作技能，能够以合乎新媒体要求的运作形式提供资讯、表达认知和诉求，能够快速获取并准确辨别、解读、使用相关信息。

第三，致力于提升自身语言文明素养。社会虽然发展到了高度发达的城市化时代，但在中国一贯的评价体系中，仍然把文明置于首要地位，使其成为维系社会道德和秩序的基本规范，其影响力达及社会经济和精神生活的方方面面。城市化的目标是建设文明、和谐的社会，而语言的文明和和谐是其基础。要改变当今社会某些非道德、非文明现象，就要发扬优秀传统文化，弘扬时代主旋律，树立正确的社会主义核心价值观，还必须加强语言伦理文化教育。

面对新市民的语言诉求，政府和社会应该集各种可能性的资源和力量，加强引导和管理，着力提升新市民语言能力，使其更好地实现向新市民角色的深层转型。

三、对“新市民”语言文字城市化引导和调控的措施

新市民在城市化过程中的语言文字阻碍和应有的语言能力诉求问题已经显现，对政府和社会而言，这就需要采取有效途径和举措实现新市民的这些需求，并实施有效服务。我们认为应从以下两方面开展工作。

首先，就新市民语言需求的调查分析看，由于新市民化是一个渐进的过程，新市民语言文字需求表现为递进性或层级性。其浅层的诉求是具备能够适应城市化生活的基本听说读写以及运用现代传媒形式，其深层的诉求是尽可能根据城市文明化水平需要，全面提升市民文明素养，从语言表达到精神态度、从媒介语言的掌控到内在言语品格，极力把自己塑造成为实现质的转变的文明市民。政府应当有语言方面的宏观规划，分步骤、有计划地满足新市民的语言需要。

其次，政府部门强化语言能力学习和教育是解决问题的长效机制。获得语言能力分为语言习得和语言学得，语言学得是学习期的少年儿童提升语言文化修养的重要渠道，在良好的语言学习环境中，学生的语言水平会得到显著提升。而语言习得是学习对象在优良的语言氛围中耳濡目染，逐步养成语言礼貌、语言和谐、语言智慧，从而由外在语言形象到内在语言修养都得到完善。所以政府和社会应整合各种教育资源对新市民进行语言文明、语言和谐教育，引导其进行语言技能培训；同时号召全社会抵制语言暴力，清除语言污染，净化语言空间，从而为新市民语言学习创造优美的空间。

新市民语言城市化是其融入城市的一个重要前提，是城市化进程中一个重大课题。对其实施科学管控是国家和政府的一项基本政策，这种引导和管控是国家及政府层面进行语言规划和保障语言安全的重要工程，需要政府和社会各相关部门、团体采取科学、合乎语言规律的政策、法规去实施规范管理。

第七节　字母词汉化面临的五大障碍

字母词是中文中由西文字母构成的或由字母分别与汉字、数字或符号混合构成的词。在字母词使用越来越频繁的形势下，在语言学界对字母词莫衷一是的不断争论中，国家有关部门于 2010 年从国家战略的高度提出了字母词汉化的明确导向。国家语言文字工作委员会副主任、教育部语言文字信息管理司司长李宇明明确表示“希望字母词逐渐汉化”[1]。国家有关部门包括国务院办公厅、教育部、国家语委、广电总局等也要求行政机关公文、新闻媒体、电视节目等规避“NBA”“GDP”等字母词[2]。但是，就目前来看，字母词的汉化面临五大障碍，影响到字母词汉化的进程。

一、存在着支持和放任字母词的固有态度

在国家的字母词汉化导向正式出台之前，学术界对待字母词就存在着三种主要的态度。

第一种是反对的态度。有的学者认为在汉语中夹杂使用字母词显得不伦不类，甚至有洋泾浜的余毒，反对字母词在汉语中过度使用。方梦之认为“洋文并非越多越好”[3]，李国文认为字母词是“汉语的无奈”[4]，徐道一认为“汉字和英文字词混用的弊大于利”[5]，江贤泉、谭红则认为过多地使用字母词会影响到祖国的“语言纯洁”[6]。

第二种是支持的态度。有不少学者认为字母词具有符合语言经济原则、易于和国际接轨、丰富汉语的表达形式等诸多好处，因此非常赞成字母词在汉语中的大量使用。曹学林认为“字母词语也是汉语词语”[7]。刘涌泉将字母词的优点归纳为四个：一是快，可以拿来就用；二是简，写起来简便；三是明，即醒目；四是广，即用途广。[8]

第三种是放任的态度。有的学者主要从社会语言学的观点出发，认为对字母词应该采取放任的态度，由语言的使用者人民群众自己选择，国家机关不应该进行干预和管理。著名语言学家胡明扬就认为：“语言学界关

于这个问题（指字母词）的争论会长期进行下去，但是不会有什么结论，对广大群众大概也不会有多大影响。这个问题最终还得由使用汉语的广大群众来作抉择，他们的裁定是最终的裁定。语言学家没权说三道四。”[9]张仰奋也认为：“从社会语言学的观点看，不同年龄、性别、职业、阶层、地域的人群，由于各不相同的原因，可能选用不同的语言符号。这是语言使用者的自由，人们无可厚非、无法限制。”“有人提出对字母词的使用要加以限制，有人主张成立专门机构对其进行管理，这些都是没有必要的，甚至是徒劳的。”[10]

学者中对字母词抱支持和放任态度的大有人在，而一般群众对字母词也是支持使用者占大多数。邹玉华运用社会语言学方法对人们对待字母词的态度进行了调查分析，最后得出结论：在被调查人群中大多数人支持使用字母词，只有少数人持反对意见。[11]对字母词使用持赞成和放任观点的人们，不会轻易改变他们的固有主张，因为他们的主张都有其相应的理由做支撑。这样，他们自然会对与他们主张相左的字母词汉化导向有抵触情绪。如何通过宣传和引导改变人们特别是学者的抵触情绪，认同国家的汉化导向，是一个值得研究的问题。

二、存在着不易彻底汉化的字母词类型

教育部语言文字应用管理司文字处处长于虹从组成和来源上把字母词分为五类：“（一）外文字母加汉语词（语素）：γ射线、A股、AA制、B股、B超、IP卡、O型（血）、T型（台）、T恤衫、X光、阿Q、卡拉OK、PC机、三C革命、维生素C；（二）外语词语缩略形式：APEC、BBS、CCTV（英语译文的缩略形式）、CD、CEO、CT、DNA、DVD、GDP、GPS、EMS、ISO、SARS、VCD、VIP、WTO；（三）汉语词语的汉语拼音缩写形式：GB、HSK、RMB；（四）外文字母加符号或数字：MP3、R&D、Win98；（五）英文词汇原型：E-mail、Flash、Internet等。”[12]其中第二、第四、第五类字母词都是直接从英文中借用过来的，应当按照国家的汉化导向进行汉化。第三类字母词是利用汉语拼音创造出来的，看似应该属于中文词汇，但是不要忘记，我们的汉语拼音方案也是借自外文字母，这类字母词怎么汉化是一个问题。第一类字母词是最不容易被彻底汉

化的，因为其中的字母虽然是外文，但已经演化成为一个汉语语素，无法用其他的汉语形式来替代。

第一类字母词中，有的外文字母起象形作用，如“A 字裙”“V 字领”“U 形管”“T 型台”“H 形钢”“O 形腿”“C 形包围”“Y 形支架”等，其中的外文字母无法用汉字替代；有的外文字母主要起分类、编号等作用，如“H 股”“B 股”“AA 制”“B 超”“O 型（血）”“X 光”等，其中的外文字母本来就无实义，相当于汉语中的“甲乙丙丁”；有的外文字母主要起标志、区别等作用，如“e 化”“IC 卡”“IP 卡”“SIM 卡”“PC 机”“pH”等，词语的意义主要靠汉语部分提示，其中外文缩写部分的词义已弱化，就像“啤酒”“吉普车”中的“啤”和“吉普”一样，人们不追求弄明白 IP、SIM 等的确切含义；至于“三 K 党”“三 C 革命”等字母词，符合汉语常用的缩略语构词方式，只不过外文字母成了关键语素。可见，“上述形式字母词主要是通过汉语语素表意，结构形式也是汉语的，外文字母本身没有词义或词义已弱化，主要起到编序、分类、标志等作用”[13]，其中外文字母无法彻底汉化，只能保留原状。这类字母词数量不少，还会经常出现在口头和书面语言中，影响到国家的汉化导向。

三、存在着字母词简明好用的怀旧心理

20 世纪 90 年代以来，字母词受股市、计算机通信技术和网络技术迅速发展的影响，越来越风行。刚开始接触时，人们觉得新奇，不懂其意，但经过媒体的传播，自己的努力，发现字母词特别是从英文来的缩略词，是如此地简洁明快，以少胜多。比如“WTO”代表“世界贸易组织”，汉语需要 6 个字，而英文字母词只需要 3 个字母。于是“NBA”“GDP”“CPI”等类似的字母词层出不穷。人们经过艰苦的学习过程，终于明白这些字母词的含义，它们是一长串中文的代表，慢慢习惯了这种表达形式。

为了控制字母词的蔓延之势，国家广电总局向中央电视台下发通知，要求“在电视节目中进一步规范用语，不能使用 NBA、F1 甚至 GDP 等英文缩写词”[14]。这种明确的汉化导向冲击着人们心中英文缩写词简明好用的美好记忆，引起了一些人的反对。网上曾经出现针对广电总局通知的

帖子：

我很喜欢看中国中央电视台体育频道（CCTV-5）的全美职业篮球联赛（NBA）、一级方程式赛车（F1）和中国男子篮球联赛（CBA）等节目。看完这些节目，我一般会登录网络，超文本传输协议冒号斜杠斜杠万维网点新浪点公司，在相关的电子公告板（BBS）里面和有共同喜好的朋友讨论比赛中的精彩片段。有时候我还会和一些资深的圈内朋友用微软网络信使（MSN）或者腾讯即时通讯软件（QQ）交换一些意见和看法。有些朋友还买了过去一些赛季的精彩集合数字多功能光盘（DVD）或者视频压缩光盘（VCD）重温那些精彩的片段。前段时间有一个年轻的朋友给我发了一封电子邮件（E-mail）说对我的很多思想很赞同，说我对体育运动的见解很独到。[15]

通过这个帖子，我们可以明显看出，不使用英文缩写词，而改用汉语的表达形式，会使语言表达繁杂冗长许多。很显然，帖子的主人通过这段话表达了许多人共有的对字母词简洁好用的怀旧心理。

其实，我们之所以觉得英文缩写词简洁好用，是因为我们曾经付出过艰辛的代价，才弄清了这些缩写形式的复杂内涵。如果从一开始就译成合适的中文，再进行合适的简称，我们也会觉得中文形式简洁好用。比如，我们现在有“入世”的说法，这两字可以代替“加入世界贸易组织”八个字。

四、存在着汉化导向鞭长莫及的应用领域

字母词应用领域非常广泛，除了国家语言文字法规定必须使用国家通用语言文字的党政机关、学校、新闻媒体和公共服务行业四大领域外，还包括人们日常的口语交际和网络交际领域。

对于国家语言文字法所调整的四大领域，国家可以采取发布文件、制定规范、监督检查等方式，实现对字母词汉化的有效引导。比如，教育部、国家语委发文要求：“增强依法使用国家通用语言文字、慎用字母词的意识”，“加强对本地区、本单位其他政府机关公务活动、各级各类学校教育教学活动、媒体宣传及公共服务行业使用国家通用语言文字的指导、监督、检查，对不符合要求使用字母词的情况予以纠正。”[16]

但是，对于人们日常的口语交际和网络交际领域，国家的字母词汉化导向可谓鞭长莫及。人们日常的口语交际自由度是非常高的，是选用“再见”“Bye bye”，还是选用“拜拜”“88”“CU”，完全凭个人爱好，别人无法干涉。在网络交际领域，更是不受拘束，天马行空，字母词的使用甚至达到了泛滥的程度。在网络聊天室、BBS、QQ 和论坛上，外语词语特别是英文词语出现的比例相当高，几乎随处可见。有的是直接用英文原型，如“cool”“fans”等；有的是首字母缩写，如“GF（girl friend）”“BTW（By the way）”等；有的是谐音缩写，如“3X（thanks）”“IC（I see）”等。

这两大领域虽然不能用行政强制手段进行规范，但是国家的汉化导向也不是无能为力。当人们整天接触的强势媒体如广播、电视、报纸等字母词使用越来越少时，日常交际中的字母词甚至网络交际中的字母词也会逐渐减少，这应该是一种大趋势。

五、存在着新传入字母词有效汉化的现实困难

字母词产生的原因之一就是翻译不及时，人们急于表达引进的外来新事物、新概念，而一时又没有合适的翻译，只好实行“拿来主义”，把外语的原型照搬过来。这就需要从字母词的源头对其进行有效汉化。所谓有效汉化，即对字母词的中文翻译既及时又准确。

尽管国家成立了专门的机构，包括国家语言文字部门、全国科学技术名词审定委员会和翻译部门等，负责对新出现的字母词及时翻译，定期向社会推荐规范译名及汉语简称，但新出现的字母词有效汉化存在着现实困难。

一是新出现的字母词来源渠道多，有关部门很难做到及时翻译。新出现的字母词来源渠道很多，涉及很多行业和领域，除了科学技术方面的，还有医药卫生、人文科学等，每天都有大量的新词传入，有关部门有限的人手很难完全承担起及时翻译的重任。

二是新出现的字母词翻译时间紧，结果不一定准确。有的外来词语与中文没有太强的对应关系，甚至是中文中没有的东西，很难找出一个合适的词语来对应。

三是翻译的结果不一定权威，不一定被大家接受。有的外来词语由于

翻译者的能力所限，翻译出来的中文名称得不到语言使用者的认可。尤其是在语言使用者的外语水平节节攀升的当今时代，水平不高的译名更不容易得到大家的认可。

为克服新传入字母词有效汉化的困难，必须不断提高字母词规范审定机构的管理能力，提高其成员的翻译水平，使字母词的汉化达到“信、达、雅”的境界，得到大家的认可。

国家出台的字母词汉化导向无疑是正确的。我们应该正视字母词汉化面临的多种障碍，努力寻找突破这些障碍的办法，以更好地推进字母词汉化进程，以维护祖国语言的规范和健康发展，传承优秀的中华文化。

参考文献

[1][14] 王志军．希望字母词逐渐汉化 [N]．成都日报，2010-4-11.

[2][16] 教育部、国家语委要求加强对字母词使用的管理．教育部简报，2010 (94).

[3] 方梦之．洋文并非越多越好 [J]．语文建设，1995 (3).

[4] 李国文．汉语的无奈 [J]．语文建设，2000 (4).

[5] 徐道一．汉字和英文字词混用的弊大于利 [J]．汉字文化，2003 (3).

[6] 江贤泉，谭红．字母词与语言纯洁 [J]．新世纪论丛，2006 (4).

[7] 曹学林．字母词语也是汉语词语 [J]．语文建设，2000 (7).

[8] 刘涌泉．字母词词典 [Z]．上海：上海辞书出版社，2001.

[9] 胡明扬．关于外文字母词和原装外文缩略语问题 [J]．语言文字应用，2002 (2).

[10] 张仰奋．字母词在汉语中流行的根据及存在的问题 [J]．嘉应学院学报（哲学社会科学），2008 (4).

[11] 邹玉华．关于汉语中使用字母词的语言态度的调查 [J]．语言教学与研究，2005 (4).

[12][13] 于虹．关注字母词在中文中的渗透 [N]．中国教育报，2008-4-11.

[15] http：//qqtz. com/read-htm-tid.

第八节　体育词语变异的语言效用和社会价值

随着全民健身运动的普及和体育事业的蓬勃发展，体育在世人生活中占有举足轻重的地位，人们关注体育赛事，对体育项目如数家珍，许多体育词语打破行业界限进入百姓生活，成为人们茶余饭后谈话的日常用语，同时非体育界的词语也以各种方式渗透到体育词语中，从而丰富体育用词，使体育词汇千姿百态、丰富多彩。体育词语的这种演变属于语言范畴的变异，由此而引发的语言及社会效用，具有一定的理论意义和社会价值。

一、体育词语的变异现象

词语的变异，包括词语的泛化和借用。一般意义的词语泛化，是指专业词语广泛用于其他非专业领域，使之普遍化、全民化；体育词语的泛化，即淡化专业界限，使体育词语突破体育界的范畴，扩展到其他非体育领域，甚至百姓的日常生活中去，被许多人理解、接受并加以广泛运用。与之相对的是词语的借用，指借用非专业词语于某一专业领域；而体育词语的借用，就是吸收、接纳体育界以外的语言因素，目的是丰富体育词语，使表达多姿多彩，呈现出多元化的格局。词语的泛化和借用现象，是一个问题的两个方面。

（一）体育词语的泛化

当今社会是一个瞬息万变、快速发展的时代，节奏快实效强，时时充满竞争，处处面临挑战，这与竞技运动的体育十分相似。体育事业的蓬勃发展和新闻媒体的强势宣传，体育词语自然会影响到社会生活的方方面面，将竞争机制引入政治、经济、商业等领域推动其发展，将拼搏精神用于文化、教育、科技等事业促进其繁荣。一句话，体育词语的泛化，实际上是体育运动的一种延伸，是体育精神的弘扬和光大。例如：

（1）许多腐败的滋生是由于制度的执行者同时又是制度的制定者。如果你既是“球员”又是“裁判”，如何扮演好一个监督者的角色呢？

（2）前些年，他借助优惠政策，打“擦边球”赚了不少钱。

“球员”和“裁判”本是体育比赛中一对矛盾体，若二者聚集于一身，判断肯定有失公允。在这里借指一些兼有制度的执行者和制定者双重身份的行政官员，不能起到监督者的作用，导致政界腐败的滋生。打“擦边球”原指乒乓球比赛中打出的凑巧从对方球桌边缘擦过的有效球，它有“似非而是”、不易察觉的特点，在这里用来比喻一些人钻法律政策的空子，在政策允许的范围内牟取暴利。

所谓词语的泛化通常是指词汇意义的泛化，体现了固定词语的语义在演进到其他语义的过程中发生的概念内涵的部分消失现象，即理性意义弱化，却增加了附加义——形象色彩，使词语具体可感、生动形象，在特定的语境中显得鲜活而富有生气。例如：

（3）对于一个工厂的每个人来说，首先要给自己定好位，定位之后要到位，另外还要注意去给别人“补位”，但是一定不要“越位”和错位。

在词语的理性意义并未消失的情况下，把工人间互相替补，不使工作有漏洞比作“补位”，把做好本职工作比作不“越位”，词语超越原行业界限，新鲜别致，概括的具体化了，抽象的形象化了。例如：

（4）发扬“奥林匹克”精神

“奥林匹克”现在已经远远超出了体育的范畴，成为团结、友谊、公平竞争的奥运精神的代名词，也是人类和平的象征。

（二）体育词语的借用

泛化是扩大、是普及，借用是吸收、是纳新。全民的体育运动，以其自身强大的生命力和动感，吸引着其他行业向它聚集；各种新闻媒体连篇累牍地报道着体育赛事，多样艺术形式演绎着体育精神，原有的体育词语显得有些受限，不能满足人们尽情描绘体育比赛、彰显体育风尚的需要，不能全面表现气象万千的体育大世界，于是通过借用手段，大量吸收其他行业的词语作新鲜血液，以丰富体育词汇本身。

“下课”本是一个教育行业的常用词，意思是“上课时间结束”。现在

“下课”已经突破了教育行业的范围，广泛运用于体育行业当中。例如：

(5) 中国甲A教练下课并不是新鲜事。

(6) 王正男应主动下课。

从“上课时间结束”到例（5）的“教练被撤换”、例（6）的“教练辞职”，“下课”经历了一个从临时的比喻发展为固定的比喻义的过程。教师和学生、教练和运动员分别处于两个关系义场当中，“教育”是这两个语义场共同的关系义素。教师在下课后离开教室，学生往往还要等待下一位教师的到来。教练被撤职以后，运动员要等待新的教练来接替，这和教育行业的“下课”很相似。用“下课”来表示教练被撤换，非常形象。这种临时的比喻往往乐于为大家所接受。通过比喻产生新的义项，是汉语多义词词义项增生的重要手段之一。但是过去一个新的义项固定下来常常需要较长时间，而用于临时比喻的“下课”凭借现代传媒的强大力量，在很短的时间内完成了固定为比喻义的过程。当然，教育行业用语“下课”是一个中性词，而教练只有在比赛失利、观众和管理人员非常不满、十分无奈的情况下才会“下课”，用于体育界的“下课”增加了贬义色彩。

目前，下课的使用范围越来越大。例如：

(7) 老总下课？主帅下课？李海生、沈福儒同归于尽。

很明显，管理人员和运动员之间已经没有了教与学的关系，但是由于管理人员和教练一样，也是和队员处于一个关系义场的两极，也可以被撤换。所以对管理人员的被迫撤换也逐渐开始使用“下课”，从而使“下课”的使用范围得到泛化。

然而，“下课”并没有就此停止发展，现在已经超出体育界，广泛使用于各种不同身份的人。例如：

(8)“下课”呼声此起彼伏　印度国防部长日子不好过

(9) 遭歌手要求“下课”　张学友态度不愠不火

事实上，上面例子中的“下课”义同“下台”或“辞职”。政治家、主持人、歌星、演员、干部、工人等各种各样的人都可以“下课”。如果说首相、国防部长、主持人、干部还可以被撤换的话，演员、歌星、工人“下课”已经没有明显的撤换义了。

有意思的是，“下课”在体育界“活动”了一番后又回到了教师这里，但意义已和原先大不相同了。例如：

(10) 教师没证就“下课”：下半年教师资格考试将向全社会公开。

还有借用于其他各方面的：

(11) 各队“教头”一争高低 ——军事

(12) 浙江万马赢定“争霸”赛 ——武打

(13) 国安队下月“挥师西进” ——战争

(14) 中国女排组成强大“阵容” ——新闻传媒

体育词语的泛化和借用，表面上看，是语言的一种相互转换现象，但实质上反映的却是多种文化样式的交融和渗透，呈现出的是社会的多元化。

二、泛化和借用产生的语言效用和社会价值

在语言学里，词语的泛化和借用统称语言变异。这种语言的变化和发展，以一定的语言理论为基础，必然会产生不同寻常的表达效果和深远的社会意义。

(一) 变异的语言效用

语言与语言之间、语言内部的相互渗透，是语言不断进行自我调节以达到动态的平衡的结果，符合现代语言本身的需求，对于语言的不断发展和壮大将会起到有效的推动作用。

1. 语义的突破

体育词语通过引申、比喻等方式突破原有的格局，扩大了使用范围，广泛运用于其他领域，并赋予了普遍的意义。表现为：

突破专业性和单一性。随着所指对象增加，原有的专业色彩被逐渐磨损，相应增添了新的意义，变得多义了。

突破确定性和精密性。专业用语被借用后，所指不确定，变得抽象概括宽泛，由实渐虚，由专指的精确到泛指的通俗，语义内涵增添了不确定性，精密性失去，模糊性增强。

突破语义的客观性。明显增加了主观因素，具有时代特点、民族文化心理、语用习惯等。例如：

(15) 建业队“出局”。

“出局”原指因犯规，被对方封杀等原因被判退离球场，不含主观感

情色彩，借用后的比喻义“被淘汰”远远超过了本义的使用，所指范围扩大，也就失去了精密性。

2. 色彩意义的增强和变化

词语的理性意义弱化，添加了形象色彩，突出了口语色彩。

语言学家指出：“有些词语在使用过程中，受词语自身因素或语用环境的制约，还往往产生附加的感性色彩，即词语的感性义素或感性意义成分。”“形象色彩是词语所指的事物对象能在人的意识中引起某种生动具体的感觉，即形象感。”它附着在理性意义之上表达人或语境所赋予的特定感受，“虽然不能影响词语意义的外延范围或所反映的事物对象的种类，但在修辞上具有使词句表意形象、生动的功能”。它包括“视觉的（虎视眈眈）、听觉的（噼里啪啦）、嗅觉的（香喷喷）、味觉的（甜丝丝）、动觉的（哽咽）、肤觉的（凉飕飕）”等。而体育词语的变异更多地表现在动觉上。例如：

（16）同学间有了矛盾不可“拳击”对方，要以“柔道”相处；别人有“误判”，要学会善待。对不利于团结的话要像扔“铅球”、甩“链球”那样果断地抛开；对同学的困难要像守门员一样接住，不管是“平接”还是“鱼跃”。总之，同学之间“推人”“故意手球”“背后铲人”“抬脚过高”，红牌黄牌要少些再少些。

以“拳”相“击”，以“柔”相处，如“鱼”儿“跃”起，似“背后铲人”，扔“铅球”、甩“链球”的果断动作，红牌罚下、黄牌警告的暗示意义，一连串动感很强的体育词语，把如何处理同学之间微妙关系这种难以把握分寸的事情，描写得生动形象。看似闲庭信步，顺手拈来，实则匠心独具，令人拍案叫绝。这样，既符合这个年龄段好动的天性，恰当妥帖，又不失年轻人的幽默诙谐，纯真可爱。

3. 易使人产生联想，收到良好的修辞效果

语言变异主要通过比喻等手段实施。比喻是在表意内容十分具体的本义基础上形成的，所以尽管它不是直接地反映事物、现象，但是二者有许多相似性、可感性，人们通过本义的联想，很容易体会、理解。尤其是在改变语言环境的前提下，体育词语打破原有的框子，独辟蹊径，出其不意。比喻的形象风趣，只能也只有在体育行业外使用，才能为读者提供一个扩展思维空间的可能性，才可能感到翻新出奇，才能引导启发读者去体验联想，积极有效地调动内心相应的情感，引起共鸣，进一步领会言外之意。这样做，一方面使语言幽默而又风趣，变抽象为具体、深奥为通俗、平常为新奇，产生特殊的语义修辞效果；另一方面避免走入千篇一律的窠臼，令人耳目一新，产生强烈的错位感和新鲜感，让语言更加精致，灵活而独特，获得了前所未有的、新奇独特的交际效果。例如：

(17) 几个领导互相打“太极”。

(18) 世界杯32强扫描。

用“太极”拳的推来推去形容领导干部之间推诿扯皮，不负责任；用物理学上的“扫描”来比喻对世界杯32强比赛全面的回顾、分析和观察。

4. 最终引起词汇和语义系统的显著变化

一方面，体育词语由临时的“比喻用法”引起的新的“比喻义”，变化多端，风味无穷，使语义普遍发生了义项增加的现象，扩大了体育词语的内涵容量，丰富了汉语语义系统；同时又体现出汉语一向追求深邃含蓄的风格，用寄寓深刻的隐晦言辞加以巧妙暗示，意味深长。另一方面，体育词语的变异，一大批专业词语进入非专业词语层面，提升了非专业词语的代表性和文化层次，使汉语词汇系统具有了“专业术语通用化”的变化趋势。

（二）变异的社会应用价值

语言是一个载体，承载的是使用这种语言的社会的全部文化和精神财富。

1. 多种文化的融合、渗透，营造出一个和谐、宽松的语用环境

不同领域的词语相互借用，突破原有的格局，创新求异，得到不断的丰富和发展，形成多元化的语言风格。例如：

(19)“冲浪”延伸出“智力冲浪”“网上冲浪”“尽情冲浪”“感受冲浪”。

(20) 在第28届奥运会上，中国健儿敢于“叫板”各项目“高手”，杀出了一匹匹“黑马”，最后取得了“大满贯”。

体育、网络、军事、江湖、博彩各方面词语异彩纷呈、交相辉映，其乐融融。

2. 求新求异的心理需求，呼应着当今飞速发展的时代

追求语言的新奇刺激是人们心理的共性。用词力求体现新的色彩、新的风格，或以形象性来促使对方加深印象。语义较大的落差，另类、有特色，语言的“陌生化”会给予信息接收者较强的刺激，引起有意注意，激发与借用者进行言语交际合作的兴趣。与之心理需求相匹配的是信息化程度越来越高的现实社会，各行业日新月异的发展和转瞬即逝的变化，使求新、求异、求变成为一种发展趋势。在语言表达上，人们也越来越讲究用语的形象、丰富、细密、精确、文明，刻意追求语言的新异、提高语言品位已成为时尚。例如：

(21) 中国足球1998大“盘点”。

(22) 大西北再亮生态黄牌。

“盘点”原是商业用语，如“盘点库存”“盘点货物”，语义搭配突破规则；“黄牌”本是体育术语，“黄牌警告，红牌罚下”，但用在这里新颖别致，趣味顿生。

3. 体育事业的发展带动着整个社会生活

随着全民健身活动的普及，体育已成为人们不可或缺的生活内容，体育快节奏、健康文明、积极向上的特征被放大到整个社会，诱导着人们用它来处理生活中的一切。表现在语言上，就是一大批原先只用于体育活动以及搞体育的群体的词语，携带着渗透了体育精神的文化含义，迅速地扩散到了生活的其他领域。同时，一些带有原行业特点的词语，多姿多彩地融入到体育的各个方面。

总之，体育词语的泛化和借用所引发的语言变异，在语言学上意味着汉语反映社会发展变化的多样性和丰富性，因此也就更具有时代性和普遍性；就社会文化生活而言，语言的变异说明社会的语言正在走向开放和交融、多元和互动、宽松和包容、社会文化层次的提高。这一切，必将促进汉语词汇学和社会语言学的繁荣。

参考文献

[1] 王雪. 论专用术语变用的修辞效果 [J]. 安顺师专学报，1995 (3).

[2] 冯紫薇. 现代汉语中体育词语泛化研究 [J]. 南京师大学报，1999 (4).

[3] 刘叔新. 现代汉语理论教程 [M]. 北京：高等教育出版社，2002.

第九节　现代汉语课堂教学改革

素质教育提出以来，在全国各地迅速得到推广，取得明显成效。这无疑推动了我国教育事业的发展。然而，由于传统教育（以“应试教育”为主）思想的根深蒂固，在课堂教学中，与素质教育背道而驰的现象还大量存在。在高校中文系科的几门基础课程中，现代汉语课所遭受的指责和嘲讽恐怕是最多、最为强烈的。这里不乏人们对现代汉语课程性质的误解，但更为主要的恐怕还是在现代汉语教学实践中确实存在诸多不尽如人意之处。20 世纪 80 年代以来，学者们围绕现代汉语课的教学内容和教学方法问题发表了很多很好的意见和建议，在许多方面已经取得或逐步达成共识。我们就课堂教学改革问题略陈管见，求教方家。

在现代汉语课堂教学中明显存在的问题就是以知识为本位，以满堂灌输为教学方式，在强化知识的同时，从根本上缺乏对人的生命存在及其发展的整体关怀，从而使学生成为被肢解的人，甚至被窒息的人。也就是说，这种课堂教学只关注知识的传授，在课堂上学生成为盛装知识的容器，而不是具体的有个性的生命主体。这种状况极不符合素质教育发展要求，亟待改革。

一、走出以书本知识为本位的教学模式

认知科学研究表明，直接经验和间接经验在人们认识客观世界、适应客观世界和改造客观世界的过程中都具有重要作用。书本知识属于间接经验，书本知识的学习无疑能够促进学生认识的发展。但是，我们不能因此而忽视直接经验的作用。这是因为，没有一定的直接经验，就难以理解和掌握间接经验。以书本知识为本位的教学模式，没有给予直接经验应有的重视，在课堂上，教师教学就等同于教书，学生学习就等同于读书。这种教学必然导致以下弊端。

1. **重理论，轻实践**

知识本身是具有丰富生动的实际内容的，而表征它的语言文字、符号图表则是抽象和简约的。学生所学的教材只是由语言文字所汇集成的书本知识，这就要求学生不论学习什么知识，都要通过语言文字、符号图表把它们所代表的实际内容想清楚，并弄清实际内容间的联系。按照教育心理学的观点，这样的学习才是有意义的学习，即理解性的学习。相反，以书本知识为本位的课堂教学中学生只记住一大堆干巴巴的文字符号，而没有理解其中的实际内容，这样的学习便是机械的学习，即记忆性学习。重理论、轻实践亦即重文字符号，轻实际内容。这种教学过分地符号化、抽象化、狭窄化，直至陷入语言文字的魔圈难以自拔，变成文字游戏。尤其是现代汉语课程中，概念繁多，意义抽象，不把书本理论知识同实际内容联系起来、同活生生的语言运用实例结合起来，很容易导致多数学生觉得现代汉语枯燥乏味，产生厌学情绪。

2. **重理性，轻感性**

从认识论角度讲，重理性、轻感性就是重理性认识，轻感性认识。在以书本知识为本位的课堂教学中，感性认识被认为是低级的、粗糙的、不可靠的，它只能提供认识的具体材料，唯有理性认识才是高级的、精确的、牢靠的，才能把握事物的本质。这样，感情认识与理性认识之间被人为地设置一道鸿沟。这种重理性、轻感性的观念导致教学凭空追求理论化、抽象化，不利于学生对知识的掌握。教育心理学研究表明，学生掌握知识的过程是一个感性认识和理性认识相结合的过程。如果学生的感性认识丰富，表象清晰，想象生动，形成理性认识及理解书本知识就比较容易。反之，要掌握书本上的概念、规则、原则等，就比较困难。

从心理学的角度看，感性是指人的感知、想象、情感、灵感、直觉等心理机制与功能；理性是指人运用概念进行推理、判断的心理机制与功能。感性和理性具备的不同特性和功能，决定了两者在人的身心发展中的不同作用和价值。对人的生长而言，两种因素都是不可或缺的，这是人性的丰富完满性的必然要求。为此，教学不仅要关注和发展人的理性因素，同时也要关注和发展人的感性因素。重理性、轻感性只能造成对人性的肢解。传统课堂教学缺乏人文关怀，缺乏对人的感性因素的刺激和满足，从而也使其自身丧失了应有的感染力和召唤力。现代汉语的教学改革应让学生在具体可感的生动材料中形成丰富的感性认识，在感性认识的基础上再提升理性分析水平。

3. 重结论，轻过程

在学生求知过程中，有些关系至关重要，包括：结论与过程、形式与内容、学习与思考、接受与发现、掌握与感悟、学会与会学、知识与智力、继承与创新等。把知识看成是认识的结果和经验的系统，抑或是认识的过程和求知的方法，这是传统静态知识观与现代动态知识观的对立。重结论、轻过程正是传统静态知识观的反映和体现。

首先，就知识本身而言，它是思维的产物、智慧的结晶，知识在内容上包含着深刻的思维和丰富的智慧，而在形式上却是简单、呆板、现成的结论。传播知识绝不意味仅仅展现教材上形成结论和现成论证在形式上的汇聚，而应重在揭示隐含在其中的有丰富内容的思维过程，并引导学生的思维深入到知识的发现或再发现的过程中去，唯其如此，学生才能真正理解和掌握知识，并把教材上的智慧转化为自己的智慧。重结论、轻过程的教学只是一种形式上走捷径的教学，把形成结论的生动过程变成了单调刻板的条文背诵，它从源头上剥离了知识与智力的内在联系。

其次，就认识活动而言，它主要是学生自主阅读独立思考的过程。现代教育心理学研究指出，学生的学习过程和科学家的探索过程在本质上是一样的，都是一个发现问题、分析问题、解决问题的过程。这个过程一方面是暴露学生各种疑问、思维、障碍和矛盾的过程，另一方面是展示学生聪明才智、独特个性、创新成果的过程。重结论、轻过程的教学排斥了学生的思考和个性，把教学过程庸俗化到无须智慧努力，只需听讲和记忆就能掌握知识的那种程度，于是便有了掌握知识却不思考知识、诘问知识、评判知识、创新知识的大批学生。这实际上是对学生智慧的扼杀和个性的摧残。现代汉语课堂上，“贴标签”、少推导甚至不推导的现象大量存在。特别是在语法教学中，句子的结构分析、词性的认定、短语的类型确定，常常只是告诉学生结论，对结论得出的原因或推导过程则讲解甚少或干脆不讲。

重理论、轻实践，重理性、轻感性，重结论、轻过程，使以书本知识为本位的课堂教学丧失了素质教育的功能。改革课堂首先要进行价值本位的转移，即由以知识为本位转向以发展为本位。以发展为本位并非不要传授书本知识，而是要把传授书本知识服从、服务于学生的发展。为此，必须着眼于更新知识观和学习观。知识的直观化、形象化、情感化、个性化、活动化、智慧化是通往素质的必经之路，是教学通向发展的必经之路。

二、走出以教师为本位的教学模式

教师与学生，教与学，这是贯穿于整个教学过程中的最基本的一对关系。它包括教师与学生之间的人际关系（即师生关系）和教与学双方的工作关系（即教学关系）。在对待这对关系上，传统课堂教学片面强调教师和教师的教，形成了以教师为本位的师生关系和教学关系。

以教师为本位的教学关系，其表现之一是以教为中心，学围绕教转。教学关系就是：我讲，你听；我问，你答；我写，你抄；我给，你收。在这样的课堂上，教代替了学，“双边活动”变成了“单边活动”。之二是以教为基础，先教后学。这一观念更是根深蒂固，它源于我国封建教育中的师法和家法，学生只能跟随教师学，复制教师讲授的内容。先教后学，教了再学；教多少，学多少；怎么教，怎么学，不教不学。“教与学”的本末倒置、越俎代庖的种种片面性，导致学生的亦步亦趋、囫囵吞枣，最后摧毁了学生学习的主动性、自主性和创造性。现代汉语教学中，教师独占课堂时间、唱独角戏的现象相当普遍。

现代汉语课堂教学改革必须实现主体本位的转移，即由以教师为本位转向以学生为本位。强调以学生为本位并不否认教师的主体性，而是要摆正两个主体的位置和关系。在教学中，学生主体是归宿，是核心，教师主体是为其服务并受其制约的。教师的主体性只有在成全学生的主体性的过程中才能得到体现。

三、走出以教案为本位的教学模式

以教案为本位，是传统计划教学的需要。在传统教学看来，课堂教学是按计划进行的，每节课无一例外地必须完成规定的教学进度（课时任务），这样一课时跟着一课时循序渐进地完成所有的教学任务。于是，每节课的内容和进程都具体地甚至按时间顺序分解在教案里，课堂教学就像计算机输出规定程序一样，是教案的展开过程。从教师的角度说，按照教案里设定的教学目标，在课堂上“培养”“引导”“发展”了学生，教学任务就算完成了，教学目的就算达到了，至于学生是否真的改变了、进步了、提高了，则是不重要的。所以，以教案为本位实际上也就是以教师为本位，教案反映的是教师设计的教学过程，而不是学生创造的学习过程。

以教案为本位的教学是一种封闭性的教学，封闭性使课堂教学变得机械、沉闷和程式化，缺乏生气和乐趣。封闭必然导致僵化，只有开放，才有可能搞活，才有可能创造更高的效益。

课堂教学的开放主要表现在教材的开放和教学过程的开放。

第一，教材的开放。教材知识是绝对真理和相对真理的统一体。作为绝对真理，它具有确定性、唯一性、静止性等特性；作为相对真理，它具有变动性、多样性、发展性等特性。过去的课堂教学过分强调教材绝对的一面，将毫无遗漏地把教材内容传授给学生视为教学的根本和唯一的目的。课堂教学改革必须从正视教材相对的一面出发，开放教材，充实教材，超越教材，使教材成为教学活动的真正“跳板”，成为学生学习和创新活动的有力凭借。

第二，教学过程的开放。封闭的过程是预设性的，开放的过程则是生成性的。教学要有计划，但不能搞成计划教学，更不能搞成过度严谨的计划教学。教学计划、教学方案应该为课堂上的创造性教学提供支柱，而不应该成为课堂上的教学活动的“紧箍咒”。课堂教学不应当是一个封闭系统，也不应拘泥于预先设定的固定不变的程式。预设的教案在实施过程中需要开放地纳入直接经验和弹性灵活的成分，教学目标必须潜在和开放地接纳始料未及的体验。要鼓励师生互动中的即兴创造，超越目标预定的要求。教学过程的开放也许会影响某些课时的教学进度或教学任务，但是，我们要用发展的眼光来看待这个问题。首先，课堂教学改革，这是一个否定之否定的过程，是一个从有序到无序再到有序的过程；其次，某一节课的教学任务的完成与否并不影响学生的整体发展，课堂教学最重要的是培养学生的自主学习能力和创新素质，这是学生发展进而也是教学发展的根本后劲。

反对以教案为本位，其实质是要以开放代替封闭，而开放的目的则是使师生的生命力、创造力在课堂上得到充分发挥。当然，这并不意味着可以不写教案，甚至不备课，而是强调工作重心要转移，备课不仅要备教材，更要备学生；教案要从以显性教案为主转向以隐性教案为主；要从以教为设计中心转向以学为设计中心。只有如此，才能改变有些现代汉语教师背诵一套教案而多年不再备课的局面，才能使课堂教学不断注入新的血液，常讲常新，充满活力和朝气。

当前课堂教学改革的三大基本特征或三大基本走向就是强调发展，强调学习，强调开放。这就要求传统现代汉语课堂教学强调的以书本知识为本位、以教师为本位、以教案为本位的教学模式必须改革，取而代之的应该是以学生发展为本位、以开放生成为本位，从而达到提高学生整体素质的教学目的。

参考文献

[1] 余文森．试析传统课堂教学的特征及弊端［J］．教育研究，2001（5）．

[2] 陶行知．中国教育改造［M］．北京：东方出版社，1996.

[3] 桑新民，陈建翔．教育哲学对话［M］．石家庄：河北教育出版社，1996.

[4] 瞿葆奎．教育学文集·教学（上册）［C］．北京：人民教育出版社，1998.

[5] 陈玉琨，代蕊华．课程与课堂教学［M］．上海：华东师范大学出版社，2002.

[6] 张华．课程与教学论［M］．上海：上海教育出版社，2000.

[7]《语文建设》编辑部．语文教师读本［C］．语文建设（增刊）2002.

[8] 钟启泉等．基础教育课程改革纲要解读［M］．上海：华东师范大学出版社，2002.

第十节　让“词义”教学回归语境

词义是客观对象在人们头脑中的概括反映。词义教学是语言学科课程中的重要内容，历来也是教学的难点之一，词义的形成、表达和词义理解都同语境存在着密切的关系。语境不仅在主观上制约着词义的表述，而且在客观上影响着词义的实现。必须把词义教学置于语境中，才能实现有效的教学目的。

一、词义教学与语境理论

人类社会必须借助语言这一交流和交际工具才能生存和延续，一切的语言交流过程都是在特定的社会环境中进行的。语境作为语言学中的核心问题，其理论在现代语言研究领域不断丰富完善。就语言发生学而言，任何语言现象都是出现在特定的语境当中，并且通过组合、聚合等线性或非线性手段最终成为表达特定意义的符号形式。这当中话题的确定、语料的选择、表达策略以及语体风格都是表达主体根据所处语言环境的特性而付诸实施；对表达效果的评价也是依据是否与语境相适应而进行的。语境这一概念最早由德国语言学家魏格纳提出。他认为，语言之所以有意义，是因为语言存在于人类的交际中，确定任何语言的意义时，要允分考虑其所在的语言环境，即语境。他认为语境所包含的因素大致可分三种：一种是交际双方当时所处的情景；一种是听话人在接收信息的过程中可能联想到的成分和影响这一过程的各种因素；还有一种就是交际双方的心理因素，对各自身份背景的认识。陈望道先生把语境概括为“六何”，这应该是对语境及其作用的最明确的界定。许多学者在语境功能上提出了自己的观点。日本的西槙光正提出了语境有八个功能：绝对功能、制约功能、解释功能、设计功能、滤补功能、生成功能、转化功能和习得功能。周明强认为语境有生成和解释功能、暗示和引导功能、创造和过滤功能、协调和转化功能、省略和补充功能五大部分。王建华按照语境对现代汉语运用的影响，将其功能分为三类：限定与协调、省略与补充、制约与创新。

上述语境理论关于语言的问题留给我们深刻的思考，在讲授语言各要素中，除了要结合其自身的特点外，必须要充分体现语境的影响，只有这样才能对各种语言现象有令人信服的解释。如语音教学，汉语中愈加显著的“女国音”现象，就是语境影响汉语语音的典型案例。句子的运用和句型的分类、修辞现象等无一不与语境息息相关。我们主要讨论语境对句子的最基本结构单位——词语——的影响和制约，以求对词义教学有更合乎规律的认识。

二、语法、语义、语用构成词义教学的“内语境”

结构主义语言学理论认为，语言是语言符号依据其能指和所指的性质按照线性顺序组合而成的符号序列。在现代汉语中，这个序列是按照从小到大的顺序由语素→词语→短语→句子依次组合而成。其中语素是最小的不可分割的语音和语义结合体，其基本的功能就是构词。在构词中，由于语境的影响，语素根据其意义性质分为实语素、虚语素，其中的“实”与“虚”据其在语境中意义的表现力的强弱而定。如“作家”的“家”“足坛”的“坛”，“家”和“坛”只是表达抽象的领域或职业类型，是引申后的意义；而在“家庭”“祭坛”中“家”和“坛”表达的是其本义。

1. 语法是语音拼合、用词、造句等遵守的规则和要求，而这些规则和要求既有语言自身的因素，也有民族、历史等方面的人为原因。在现代汉语中，不同民族和地域，语言的语法特点表现为一定差异，如方言中词语的结构和使用便是例证。

2. 语义即词语的意义，词语是用来造句的。句子是基本的表义单位，是完整的交际单位。通常情形下，词语是通过合乎语法规则的组合构成句子，除了合乎语法外也必须合乎语义，即词义搭配要合理，否则句子不被人们接受。如可以言“唱曲”，不可说“唱话”；可以“听歌”，不可“听影”。为什么有的可以搭配，有的不允许，原因就在于语法、语义是相互制约、彼此内在相互影响。

3. 语用。语用即词语的使用。词语的基本功能是构成短语、造句。在造句中，就要体现对词语的相关要求。在课堂上，化学老师不会说“这一节我们做实验用的材料是盐巴”。同样，在家里炒菜时，妈妈不会说“往锅里放一点氯化钠”。虽然说句子意思既符合语法规定，也合乎语义搭配要求，但是为什么不能同上述两例一样来表达，这就是词语的语体风格起制约作用。语法、语义、语用彼此相互影响，相互制约，这就是结构主义语言理论的“三统一”原则，词语的结构、意义的表达和使用既要遵守语法要求，又要意义一致，同时在使用中要“约定俗成”。这三者构成了语言系统自身的语境，可以称为“内语境”。

三、语言表达的上下文对词义的影响

词义存在于语言自身上下文中，通常称为小语境。黎锦熙先生所说“字不离词，词不离句”，既是从语法结构层面探讨词语与语素、句子的内在联系，也可以理解为是从词语的意义方面谈词语与语素以及句子的密切关联。语素在进入词语后方有意义，一般情况下，一个孤立的词语无所谓意义，只有进入句子，词语的意义才能明晰并确定；尤其是对于具有若干义项的多义词而言，其意义只有在确定的语境中才能解释。

词义通常包括语法义、概念义、语用义等，上述种种意义的区分和理解要靠语境才能实现，其意义的表达也是在一定的语境中进行的，所以对相关句子和词语的理解必须在一定的语境中，根据其在语境中的特定情形才能够正确阐释；如果不考虑语境的渗透性，那么对词语运用和意义的理解就会出现失误。

1. 上下文限定了词语的意义

在口语或书面语的上下句甚至是篇章中，某一个词语的意义不能简单地就词而论，必须将其置于全文中才可以明确。这是因为表达主体在表达中有意的预设，或表达主体在线性语言符号组织中，由于词语意义的跳跃性，使得词语并没有严格按照线性特征呈现其意义。例如，“我孩子时候，在斜对门的豆腐店里确乎终日坐着一个杨二嫂，人都叫伊‘豆腐西施’。但是擦着白粉，颧骨没有这么高，嘴唇也没有这么薄，而且终日坐着，我也从没有见过这圆规式的姿势。那时人说：因为伊，这豆腐店的买卖非常好。但这大约因为年龄的关系，我却并未蒙着一毫感化，所以竟完全忘却了。”“豆腐西施”是鲁迅小说《故乡》里的一个人物，为什么要称杨二嫂是“豆腐西施”呢？如果从表面上理解，应该是指卖豆腐的美貌的女子，但是如果我们结合上下文语境，就会发现“豆腐西施”的语义没那么简单。人们常用“吃豆腐”来比喻占便宜或侮辱某人的行为。从文中我们可以了解到，这豆腐店早年生意好，还不是因为杨二嫂那时年轻漂亮，能招揽客人，于是也就难免会受到一些低俗人的侮辱和调戏，所以这个绰号对于杨二嫂来说是带有戏谑和侮辱性的。

2. 上下文为词语解释提供了理据意义

理据意义是由造词理据所显示出来的形象色彩、意趣情调等意义。理据意义反映词的来源与所指对象的关系。它是附着在词的概念意义之上的一种附加意义。了解词的理据意义，对于词语的理解和表达有十分重要的意义。

理据意义主要包括形象意义和文化意义两种。形象意义，又称形象色彩。凡是用摹状、拟声造词法所造的词，一般都有明显的形象意义。形象色彩分为：动态感（如翻飞、漫卷），形态感（如莽原、水晶宫、雪白），色彩感（如彩霞、金灿灿），音响感（如萧萧、噼里啪啦、笑哈哈、乒乓球、叮当）。

文化意义，指由词的理据所引起的对词或词义所关联的文化背景。含有文化意义的词主要有三类。一是由典故形成的词，如矛盾、推敲、莫须有、黄鹤楼、神女峰等。这些词语除了表义，还负载着历史文化信息，能使人联想到与词义相关的典故。二是一般人名、地名、店名等专有名词。如释小龙、南水北调、杜康酒等。这些词语反映了命名的社会文化背景、思想倾向等，表现出不同的情趣格调。三是一些外来的译词。如卡片、卡车、的士、迪斯科、酒吧、沙龙等。这类译词，尤其是音译词，反映了外族文化背景、异域情调。

3. 上下文提供了词语的语用义

如双关是利用语境条件，一句话同时关涉到两个对象。平常所说的“指桑骂槐”就是一种语境双关。其意义有表面意义和隐含意义两个层次，表面说的是这件事，实际指的是另一件事，这是语言所指的对象转换。《红楼梦》第八回写宝玉、黛玉在薛姨妈、宝钗家，宝玉饮酒时，黛玉让他爱怎么喝就怎么喝；宝钗让他别伤了胃，烫了再喝。宝玉接受了宝钗的意见。黛玉对此的反应是——

黛玉嗑着瓜子儿，只管抿着嘴儿笑。可巧黛玉的丫环雪雁走来给黛玉送小手炉儿，黛玉因含笑问他说："谁叫你送来的？难为他费心。哪里就冷死我了呢！"雪雁道："紫鹃姐姐怕姑娘冷，叫我送来的。"黛玉接了，抱在怀中，笑道："也亏了你倒听他的话，我平日和你说的，全当耳旁风；怎么他说了你就依，比圣旨还快呢？"

黛玉心胸狭隘，言辞犀利，她临机应变，借题发挥。明说雪雁，暗指宝玉，这是语言指称对象暗中转换。因为转换是隐蔽的，只有明眼人才能领会——联系语言环境和说话人的思想状态等做相应的语义转换。黛玉的话获得了预期的表达效果：她正是要宝玉、宝钗领会她的心迹，刺他们一刺，又不愿旁人窥出她内心的隐秘。

四、语外的社会环境对词义的影响

王德春认为运用语言进行表达，其言语事件所涉及的时间、地点、交际对象和所谈论的话题，交际双方的关系、文化教育背景、所处政治立场、所持观点和当时的情感因素，都会作用于语言，从而使语言的基本单位——词语——的意义渗入众多的因素。无论是言语表达主体，还是接受主体，在对词语意义认知时都要考虑到语境的重要作用。

1. 语外语境赋予词语附加义

词语的附加义是指词语在其核心的概念义和语法义之外，还有在特定语境中临时涉及的搭配义、联想义、风格义等。由于词语本身通常不具备这些因素，所以解释词义时比较容易出现问题。例如：

明天早上，辛楣和李梅亭吃几颗疲乏的花生米，灌半壶冷淡的茶，同出门找本地教育机关去了。（钱锺书《围城》）

通常"疲乏"与人的精神状态相匹配，"冷淡"与人的情绪态度相关联。而此处却是异乎寻常与其他词语搭配，则显得不可思议。然而正是这种不寻常的搭配，却赋予词语独特的表现力。将描写甲事物性状的词移来描写乙事物，这种修辞手法叫移就。移就是由人的特殊心理感受或心理联想而产生的一种词语变异的搭配方式。一般是把表示人的思想、行为、性状的词语移用于表事物，或是将表事物性状的词语移用于表人，这就可以使物带上人的情感，表达作者鲜明的褒贬态度，增强抒情的气氛；或是使人的行为、情感带上相关事物的声色形态，有利于准确生动深刻地刻画人物。

2. 语外语境拓展了词义的表达外延

人们在使用词语时，为了不刺激言语对象，往往赋予词语以含蓄色彩，表现出说话人对所指对象的委婉的含蓄的评价，它反映人们对事物的非本质的偶有性质的主观认识。如“男子汉”的概念意义是男性成年人，但也含有坚强、健壮、有气度等意味；“妇道人家”的概念意义是女性成年人，又含有柔弱、气量小、没见识等意味。“老实”常常指不聪明、比较笨、胆小等，“调皮”又往往意味着机灵、聪明、有胆量等。这种委婉地表示说话人对所指对象的评价的意味具有社会内涵。

又如“肥、胖”的概念意义相同，但搭配习惯不同。“肥”在我国北方一般不与指人的词语搭配（现在有减肥，新近改为瘦身），“胖”一般与指人的词语搭配。由于这些词有特定的搭配对象，听到这些词就会联想到它的搭配对象。如果改变它的习惯搭配，就会产生丰富的联想。如用“肥”来指人，就带贬义；用“胖”指动物，就有褒义，表达喜爱的感情。

3. 语外语境使得词义解释带有不确定性

由于语外语境涉及的范围比较广泛，不同的言语主体会对同一言语现象产生不同的理解，由此使词义具有不确定性。例如《三国演义》第四回，曹操刺杀董卓不成，被迫逃到成皋后，与陈宫一起准备觅宿吕伯奢处。热情的伯奢准备沽酒杀猪款待，而多疑的曹操却乘伯奢沽酒时潜入草堂后窃听，只听得一句：“缚而杀之，何如?”便以为是指自己，于是“拔剑直入，不问男女，皆杀之，一连杀死八口”。及至“搜之厨下，却见缚一猪欲杀”，才知是误杀好人。又如《红楼梦》第二十六回，聪颖过人的林黛玉也因对丫鬟的只言片语的误会而倍生辛酸，与宝玉生怨。这种误会，生活中有，书面上也有。这一例子说明，语言本身虽然没有歧义，而外在的客观社会也可能使其产生歧义。

语境问题在语言研究和学习中影响重大，其本质和对语言的影响会随着研究的深入而逐渐被人们了解。无论是常态语言学习还是开展对外汉语教学，词语始终是课堂教学的核心内容。又因为语境对词语构造、运用的直接影响，词语及其意义教学必须置于特定的语境中，方能追根溯源，把握其实质，这样词语教学才能切实有效。

参考文献

[1] 王冬竹．话语与语境［M］．哈尔滨：黑龙江出版社，2004.

[2] 王希杰．修辞学通论［M］．南京：南京大学出版社，1996.

[3] 王德春，陈晨．现代修辞学［M］．上海：上海外语教育出版社，2001.

[4] 西槙光正．语境与语言研究［A］．西横光正语境研究论文集［C］．北京：北京语言学院出版社，1992.

[5] 顾建敏．语境与语义研究［J］．河南大学学报（社会科学版），2004（6）.

[6] 王建华，周明强，盛爱萍．现代汉语语境研究［M］．杭州：浙江大学出版社，2002.

[7] 何自然，冉永平．语用学概论［M］．长沙：湖南教育出版社，2002.

[8] 付宁．现代汉语语境的制约功能研究［D］．曲阜师范大学，硕士学位论文，2006.

第十一节　语文教师素质结构

近年来，素质教育在全国各地轰轰烈烈进行，并取得了有目共睹的成就。素质教育如何向纵深推进已摆在教育工作的领导者和实践者面前。专家指出，素质教育的成败系于教师的素质状况，只有具备高素质的教师，才能培养出高素质的学生。时任教育部长陈至立指出："只有具有创新精神和创新意识的教师，才能对学生进行启发式教育，培养学生的创造能力；只有了解当今高校技术发展最新成果的教师，才能站在高科技革命的高度，鼓励学生探索；只有掌握丰富知识的教师，才能教会学生如何学习、如何研究问题。"国外也有学者提出："教育的品质是教师品质的反映；没有好的教师，不会有好的教育。"足见教师素质在素质教育进程中的重要性。实事求是地讲，目前我国语文教师队伍的整体素质和每个语文教师的个人素质都还不能适应全面开展语文素质教育的要求，每一位语文教师都应以高度的责任感和紧迫感，自觉地、主动地充实自己，提高自己，完善自己，使自己成为既有扎实的语文功底又有多才多艺的特长，既有丰富的教学经验又有一定的理论素养，既有较高的阅读能力和口头表达能力又有一定的书面表达能力，既有善为人师循循善诱的品格又有适应时代需要、为献身教育事业而终身学习的志向的高素质语文教师。本节从大语文观念出发，重点研究中学语文教师的素质结构问题。本节内容对改革语文教学、推进素质教育具有重要的理论意义和指导价值，对加强语文教师队伍建设、优化语文教师素质结构更具现实意义。

实现基础教育由应试教育向素质教育的转轨，中学语文教师自身素质的提高，是一个必要的前提。因为教师是教育的主导者和实施者，教师素质总是要在教育教学中表现出来的，能够决定其教育教学的效果，并对学生身心发展产生直接、显著而深远的影响。语文教师的素质结构作为一个多元的动态发展系统，应当包括下述若干组成部分。

一、优良的品德结构

作为教师，既然肩负着“为人师表”的天职，就不但要有较高的知识水准，而且要有高尚的人格现象，否则就不足为“人师”，而混同于仅专一技的“经师”或“业师”了。尤其是语文学科，历来就有着“文以载道”“文道统一”的观念和系统；作为人文学科的重要组成部分，语文及其教材包容了人类的观念体系、知识体系和行为方式体系，既反映了民族文化的精神，又反映了现代文化的期望。语文学科，蕴含着大量的、丰富的、生动的进行思想品德教育的材料，《中小学语文学科思想政治教育纲要》里说：“通过语文教学，弘扬中华民族优秀的传统文化和伟大的民族精神；激发学生的爱国主义情感，增强学生的民族自尊心和自豪感；培养学生热爱共产党和社会主义的情感，树立社会主义信念，增强建设社会主义祖国的使命感、紧迫感；提高学生的思想文化素质，培养学生高尚的道德情操，增强学生抵制腐朽思想文化侵蚀的能力。”中小学语文教材里选入的课文大都是文质兼美、适合教学的典范篇章，足以使学生认识祖国的山川壮丽、历史悠久、文化灿烂和民族语言的博大精深；认识仁人志士的英勇不屈、自强不息、奉献精神；认识旧社会的腐朽和黑暗，认识新社会的优越和光明；认识我国人民优良的道德传统以及世界人民评判善恶、是非的价值准则；等等。然而，这些精金美玉，要化成学生的思想道德素质，必须经由一个科学和人文的过程。科学过程是主体对客体的理解、分析、掌握；人文过程则是主体对客体的评判、审视、认同、投入和超越。这些，都对语文教师本身的品德结构提出了极高的要求。

语文教师的品德结构应包括个人品德和职业道德两个层面。

由于客观事物及其在语文教育教学中的反映是纷繁复杂的，因而语文教师需要具备较高的道德判断的能力，要能够明辨是非、善恶、美丑，这样才能有效地促进青少年道德观的正确形成和健康发展。语文教师必须具有鲜明的情感性特点，这又要求语文教师必须具备丰富而美好的道德情感，才能开启学生的心扉，使他们获得形成美好理想和信念的动力。又由于语文教育本身就属于人文教育，离不开谈志论道，离不开对人的真、善、美的发现、传播和追求，那么语文教育的实施者——语文教师，也就最容易受到学生的观照和追随。对学生而言，语文教师就是具体的道德概念的化身，其一言一行、一举一动，不论有无进行道德教育的自觉，都会成为道德教育或显或隐的课程。这就要求语文教师的道德行为必须高度地纯粹健康。

语文学科的基础性、课本内容的综合性、语文教育的广泛性，决定了语文教师在整个教育事业尤其是基础教育中的极端重要性。与其他各种课程比较，语文课开设时间最长，学时最多，与课外活动联系也最多，所以语文教师就是负担最重的教师。和语文教师工作相伴的，常常是深宵灯火、凌晨鸡鸣。语文课又是最难教的一门课，内容广，课时多，变化快，要求高，费力大，见效慢，工作特别繁难。当教师辛苦，当语文教师更辛苦。这就更要求语文教师具有精卫填海般的坚定意志，具有丹柯那样燃烧自己心脏、照亮众人道路的殉道精神，才能换得莘莘学子茁壮成长的亮丽与辉煌。当然，还要看到，语文课还是一门最有文化内涵、最具艺术魅力的课程，它不但能使受教育者也能使教育者享受无尽的审美愉悦，能和那一群群天真烂漫的少男少女经常进行口头的和书面的心的碰撞、心的交流，也为语文教师得天独厚的幸运。明乎此，语文教师就会以登山负重为人生乐事，更不仅要当好语文知识的传授者和语文能力的训练员，而且首先要当好学生美好灵魂、健全人格的雕塑师。

在语文教学实践中进行德育教育，主要有以下途径和方法。

1. 深入挖掘课文中的情感因素，以情育德。多年来，广大语文教育工作者经过不懈的努力，总结出“晓之以理，动之以情，导之以行，持之以恒，行之有效”的思想教育规律。刘勰在《文心雕龙》中说：“情者文之经，辞者理之纬，经正而后纬成，理定而后辞畅，此立文之本源也。”白居易在《与元九书》中也说：“感人心者，莫先乎情。”可见，以情感人的文学传统从古至今是一以贯之的。明乎此，也就找到了语文教学中科学和人文过程统一的门径。科学追求真，人文追求善和美；科学要达到的目的是“是什么”，而人文要达到的目的却是“应该是什么”。王阳明和陶行知都强调“知行合一”。列宁也说：“没有人的感情，从来没有也不可能有对于真理的追求。”而鲁迅先生又以其亲身经历对此做了一个绝妙的注脚。教师在教学活动中，要创造性地、巧妙地研究学法、教法、教材、学生，恰到好处地创设情景，从而捕捉煽情、移情的契机，在完成语文训练目标的同时，也收到德育的实效。

2. 写真事抒真情，在写作训练中育德。写作能力是各种语文能力的综合运用。一个学生对生活的认识、对人生的感悟、对语言的运用、对词语的选择、对思想的表达等，往往可以也应该通过作文看出来。同时，在作文教学中，学生的思想认识也得到了提高。因此，在写作训练中，有目的、有计划地渗透德育教育因素，易于收到事半功倍之效。

时下的作文教学，由于受应试指挥棒的影响，只是孤立地让学生做些中规中矩、远离生活的文章。有的学校甚至连作文课都不上，只是在临考前由“资深”教师押宝一样寻找范文。此类范文新华书店里琳琅满目，应有尽有。让学生死记硬背到考场上或照抄照搬，或比葫芦画瓢。学生作文严重脱离实际，使学生在作文中养成了说大话、说空话、无病呻吟的恶习，至于作文中的德育功能则更是被淹没得荡然无存。其实，生活中活泼的学生，他们的思想感情、观察认识实实在在地与社会的神经密不可分。而作为表达自己观察、认识、思想、情感的作文，又怎能脱离生活实际而闭门造车呢？怎能“零度写作”和“不在场写作”呢？贴近生活，贴近实际，贴近心灵，如此才能解决文道统一的问题，才能使作文教学回到素质教育的坦途上来，才能避免作文只是语言文字组合的游戏的形式化倾向，发挥作文教学的德育功能。

巴金老人在回顾自己文学生涯的时候，特别偏爱、珍视“真诚”二字，其精辟和传神令人佩服。的确，“真”是一个最重要的思想道德素质，是人的核心和立身之本。半个世纪前陶行知先生的话犹响在耳：“千教万教，教人求真；千学万学，学做真人。”学生作文中只要有“真”的成分，就有点石成金的机会，就是进行德育的枢机。教育者即可把握住这枢机，偏者，纠之；枉者，矫之；曲者，直之；塞者，开之；误者，正之；正者，扬之。对症下药，水到渠成。“问渠那得清如许？为有源头活水来。”在写作训练中，一定要开掘生活这一“源头”，使知识能力及品德教育如鱼得水，迸发出勃勃生机。

3. 树立大语文观，在课外活动中育德。国家教委教材审定委员会委员、全国中学语文教学研究会理事长、语文教育家刘国正指出：“语文天然是与生活联系在一起的，语文是反映生活又反过来服务于生活的一种工具。现在有一种现象，在‘应试教育’的影响下，家长和学校都把学生束缚在教材中，不鼓励学生课外阅读，殊不知这就切断了学生了解生活和社会的一条重要通道，也压抑了学生学习语文的主动性和积极性。”（1998 年 3 月 11 日《中国教育报》）这就是说，语文教育要反对自我封闭，反对闭门造车。见多才能识广，识广才能有比较、有鉴别、有吐纳、有取舍、有扬弃，才能使道德观、价值观在受到检验后逐渐提升、纯化、充实。如果不树立大语文观，只孜孜以求于课堂之内，在这个瞬息万变的知识经济时代就会像鲁迅先生所比喻的蜜蜂仅叮一处所得有限，又像一个严重挑食的孩子，必致因营养不良而发育不全，而羸弱不堪。如此，就是教师梦寐以求的应试能力，也漂萍无据，更遑论学生素质的全面提高了。

确立大语文观，还要特别重视活动。古人云：纸上得来终觉浅，绝知此事要躬行。稼穑之艰、创业之难、探索之困、登攀之苦……没有身体力行，难得深切体会。所以，活动是使学生获得的道德教条内化、活化、深化的捷径，同时也是获得道德律令的最佳场所。语文教学大纲中对活动的要求是：“要发挥学生的主动性、独立性和创造性。要目的明确，制订计划，加强指导。活动方式应该灵活多样，生动活泼，适合学生年龄特点。”语文教师宜积极组织学生参加多种有益活动，在参观、访问、联谊、结对、沟通等一系列活动中，使学生已有的道德观念得到淬炼、鉴别、认同、定位，同时接受高尚精神的熏陶。创造辉煌业绩的美国残疾人海伦·凯勒的一句名言具有震撼人心的力量：当一个人感觉到有高飞的冲动时，他将再也不会满足于在地上爬！这“高飞的冲动”往往来自道德的启迪。而活动中通信、日记、作文、宣言、答辩、争论等材料俯拾即是。帮助、协调、评判、交流、礼让、会意等机会应有尽有。在活动中自我教育与集体教育水乳交融，知、情、意、行取得有机的统一，道德教育焕发出勃勃新气象。

4. 确立语文德育工作点，把德育工作落到实处。德育工作的实效是德育工作生命力之所在，欲求德育实效必须增强德育工作的针对性。根据针对性原则，当前学校语文德育工作应有的放矢地抓好以下四项内容：第一，加强爱国主义教育；第二，加强艰苦奋斗教育；第三，加强基础道德、基础文明教育；第四，加强忧患意识教育。

二、先进的观念结构

在我国以往对于教师素质问题的研究中，对教师的教育观念的重视程度远远不够。其实，只有教育观念正确，提高素质，才会有明确的方向和可靠的基础。教师要充分认识应试教育的弊端，充分认识从应试教育向素质教育转轨的重要性、必要性和紧迫性，其实也就是一个要树立正确的教育思想和教育观念的观念问题。教师的观念结构是教师从事教育工作的心理背景，随时随地都会左右教师的知觉和判断，影响着教师的教育态度和教育行为。目前，语文教育教学中存在的种种弊端，主要或重要的根源即在于陈腐、偏执的教育观念。我们要真正懂得，素质教育不是某几个专家教授的无事生非，也不是某一部分好事者的标新立异，而是我们的教育在面临世界范围空前的经济竞争、新的科技革命的挑战，以及不断加剧的环境和资源的压力的情势下，我们必定要作出的基本对策。素质教育是与应试教育对立的教育，其期望效果是把全体学生都培养成为现代社会真正需要的人。素质教育是基础教育的总体目标和终极目的。

为了使我们的语文教育学更好地适应今后我国社会政治、经济和文化发展的需要，也是为了教育面向现代化、面向世界、面向未来的需要，中学语文教师还应当明确以下几点。

首先，要深刻认识语文教育的实质和作用。原中央教育科学所所长、中国教育学会语文教学法研究会理事长阎立钦教授曾在《教育研究》1998年第3期发表文章指出：语文教育通常指的是自己祖国语言的教育活动，我国现代语文教育的实质是关于中华民族语言的教育，它具有特殊而深刻的人文教育的特性，绝不同于一般的语言文字的学习。祖国语文负载着我们祖国和民族的思维方式、思想情感，承传着自己祖国绵延不息的文化，具有无比丰富而深刻的底蕴。当然，祖国语文又是我们中国人最基本的交际工具和思维工具，因而是构成国民素质的重要基础和前提。语文教育既是一个国家全民的基础教育，又是对于每一个民族成员的素质教育，表现在学校、家庭和社会各个领域，应当贯穿每个人的一生，成为终身教育的重要组成部分。

其次，要大力宣传和普及普通话。普通话不但是现代汉民族共同语，也是我国各兄弟民族之间进行交际的社会通用语，是中华大地上唯一能够超越方言障碍而沟通中华民族大家庭的“国语”标准语。普及普通话是一项功在当代、泽被千秋的伟大事业。从政治上看，它有利于国人交流思想、凝聚精神、统一意志，从而有利于国家统一、人民团结；从经济上看，它有利于促进改革开放，推动社会主义市场经济的建立和发育；从科学技术的发展上看，现代化的关键就是信息化，而普及普通话则是应用和普及中文信息高新技术的必要前提；从精神文明建设上看，普及普通话是加强爱国主义教育，提高人民文明水准的重要手段之一；从教育的“三个面向”上看，普及普通话是培养新世纪高素质人才的必要。每一位语文教育工作者，在普及普通话的伟大事业中都肩负着特殊而艰巨的光荣使命。

最后，要提高认识，搞好改革，开创语文教育的新局面。虽然社会、家庭也存在着语文教育实际，但全民语文素质的提高主要的还是取决于学校语文教育的水平和质量。语文学科的工具性尤其是人文性应该得到更为充分的重视，语文教育的地位只能加强，不能削弱。当然，对语文学科的内涵不宜理解得过于片面、狭窄，要将各种有利的教育因素更好地结合、统一起来，发挥综合的教育作用。例如，不妨借鉴一些现代自然科学和其他人文科学研究、教学的新成果、新方法，充实到我们的语文教育教学的方式方法体系中来，为之注入具有旺盛亲和力的新鲜血液。不能采取封闭的教育模式，而应该强调实际应用，密切与社会和生活的联系，实行开放教学，由死的经院式语言知识学习变为获得多种多样的语言生活学习，为语言素质教育注入活力和生气。至于考试，既然在素质教育中也不能取消，那么就应当在考试中加大素质的含量，加强能力的训练，注重思维的开拓了。我们完全可以把素质教育贯彻到考试的全过程中去，从出题目、定答案一直到阅卷评卷，多一些实际能力的要求，少一些死记硬背的东西；多一些开放型的内容，少一些封闭性的条条。总之，在考试中扩充素质的成分，把应试变成素质教育的一个方面，不仅可以使学生学得更好、更活，考得更有效果，而且也为他们以后的发展提供了生长点和营养素。

三、健全的知识结构

有人说，学富五车的人未必是好的教师，而好的教师一定是十分博学的人。就语文教师来说，更是如此。因为语文学科的工具性和基础性、思想性和人文性、语文内容的综合性和广泛性，都要求我们知识结构相对完备，要求我们做学者型的教师。语文教师要成为“杂家”，而且，其知识仓库里的货物还要杂而有章，即必须有一个充实而又合理的知识结构，才能适应现代教育的需要。

这里，（1）是本体性知识，即语文专业知识。语文学科的基础理论和基本知识，是语文教师的看家戏。“语文”包括了语言学、文字学、文章学、文艺学以及美学等，它属于复杂层次的概念系统，也是正确、熟练地运用概念进行认识和表达的思维系统。语文专业知识上涉及非常广阔的领域，并且也随着社会的发展而发展。（2）是相关性知识，即文化科学知识。当代社会是各门学科急剧分化、细化，同时又不断整合、重组的时代。21 世纪的人才必须是综合性的“全才”或“通才”。语文教师不能是“单打一”的“教师匠”，而应该文理兼通，一专多能。就目前来说，对所谓“信息高速公路”“知识经济”以及“数字地球”等新概念，对 21 世纪的主要科学——信息科学、生物科学、新材料科学、新能源科学、空间科学和海洋科学，都要有一个清醒的认识；对其他自然科学、思维科学和社会科学的诸多常识都要有所涉猎，因为它们都和我们的语文教育教学息息相关。（3）是指导性知识，即教育专业知识。教师的知识结构和其他脑力劳动者最大的不同点，就在于教师必须具备一定的教育科学知识，包括教育学、心理学和学科教育学（如语文教育学）的知识，这些都是语文教师自觉地、科学地进行教育教学的指导性知识。教师不但要懂得教什么，而且要懂得怎么教。问题是，我国由于在师资培养上历来把教育方面的课程压得很少很少，成为公共课，大量的时间用于文、理的专业课，而不像某些国家那样，学完文、理主业后，在未取得教师资格前进行两三年的教育理论专门学习和实践。所以，我们的师范院校毕业生一经走上教师工作岗位，就穷于应付日常事务，主要是在学科教育中干中学，面很窄，在应试教育中经年累月疲惫不堪的老师们更是如此，所以很难出现在教育理论上有成见、有成就的学者型教师，而大多是经验型的，很难设计和驾驭改革。这是我们教师的不幸，也是我国教育事业的缺失。我们必须补上这一课。(4) 是实践性知识，即教育教学经验。教师的教学不同于科研人员的研究活动，它具有明显的情景性，作为软科学和社会意识形态范畴的语文学科的教育教学更是如此，有经验的优秀的语文教师面对具有内在不确定性的教学条件，能够作出正确的判断和决定，能在具体思考后再采取适合特定情景的教育教学行为。

上述四个方面的知识，对于语文教师的知识结构来说，缺一不可。语文专业知识是基础，文化科学知识是辅助，给予主业知识做指导，教育实践经验可实用。语文教师必须专深以厚基础，贯通以明学情，博览以蓄涵养。这里需要的是，不断地学习，永远地进取。一位语文老师说得好："教师本身就是一本书，为了让学生翻不完，我们应当不断增加自己的页数。"

四、过硬的能力结构

现代教育需要的是智能型和创造性的教师，这就要求我们不但要具备比较充实而合理的知识结构，而且是具备能够胜任本职工作的能力结构。就语文教师而言，主要就是语文教学能力和语文教研能力，这是语文教师素质结构的重要组成部分。

"语文教学能力"有着丰富的内涵，它是"语文能力"和"教学能力"相结合的产物。语文能力当指听、读这两种接收信息的能力既准确又迅速，说、写这两种发出信息、表达思想观点和知识经验的能力同样正确与迅速。对语文教师来说，特别需要一套足为范式的语文能力，因为这不只是教学的工具与手段，而且是教学的内容和目的。培养学生较高的听、说、读、写的能力，正是对语文课基础性、工具性的践履。语文教学能力则是"语文智育能力""语文德育能力""语文美育能力"的统一体，它包括对学生传授语文知识、培养语文能力的能力，还包括通过语文训练开发学生智力、通过语文教学进行思想品德和审美教育的能力。从时代的要求看，语文教学能力中还要充分熟练地运用现代化教学媒体的能力，这对于优化教育设计、提高教学效果有着极大的作用。语文教学努力体现在语文教材的驾驭、语文教法运用、语文教程组织、语文教学效果检验等各个环节上，是一个多要素、多层次、多序列的思维和行为的系统。语文教师要一面从教学需要提高语文能力，一面从语文教读提高教学能力；各项能力协调发展，才能产生语文教育智能的系统效应。

"语文教研能力"是探索语文教育的规律，用以指导语文教学实践的革新创造能力。它是语文教师的学业知识、教育能力和创新优势的集中体现，是现代教育所需要的创造性教师能力和创新意识的集中体现，是现代教育所需要的创造性教师能力结构中不可或缺的组成部分。一个语文教师如果只会教学不会科研，那么他一辈子只能是一个"教书匠"；如果边教学边研究，把教学事业变成科研事业，那么他就会跨过"实习型"，突破"经验型"，发展为"实验型""创造型"，就有可能成长为学者型的教师，成长为语文教育家。素质教育需要语文教育教学的改革创新，语文教育本身任务的多重性、教材的综合性、教法的多样性，也都为语文教师提供了革新创造的广阔空间。为了语文教育的今天和明天，语文教师不能墨守成规、得过且过，而要站在改革的前列，锐意进取，善于开拓，把教学作为科研的缺点，把科研作为教学的深化，在调查研究、选题定向、收集资料、开展实验、撰写论著等层面上都能够达到应有的高度，从而为这个素质教育、为中华民族未来的繁荣与辉煌建功立业。

五、健康的心理结构

现代的社会快节奏、多元化的生活，给人们带来了空前的紧张感、压力感，这就需要我们具备强者的健康心理品格。教师职业是做人的工作的，基本对象是正在形成最丰富最细腻的个性心理——智慧、感情、意志、信念、自我意识的青少年男女，学生的这些丰富细腻的精神生活领域也只能用同样的东西——智慧、感情、意志、信念、自我意识，去影响，去培养。

尤其需要指出的是，语文教育学与单纯的技术教学大不相同，语文训练也和一般的数理训练有着明显的判别，可以说它本质上是一种人际交往活动。语文教育是一种人文教育，因而需要注入更多的情谊因素。语文学科在这个基础教育中最为重要，因而也成为人们关注的学科。在课堂教学中，教师精神的振作或沮丧，情绪的高亢与低沉，态度神色上的稍许变化，学生都能感觉到，都会影响到他们对教学内容的理解与接受。语文教师只有具备健康的心理素质，才能营造出良好的语文教学的艺术氛围和情调，创造出师生一道求知的良好态势，使学生的智商与情商得到和谐发展。也只有这样，才可能使学生“趋向鼓舞，心中喜悦，则其进自不能已”。

从素质教育的角度来看，尽管它跟过去倡导的全面发展教育的基本方向是一致的，但毕竟有一些新的内涵，尤其是在培养受教育者健康的心理素质方面，提出了明确具体的要求。例如：素质教育认为，自我意识，包括自我认识、自我评价、自我监督、自我控制的心理能力的培养在成才教育中非常重要；心理承受力的培养，对于在家庭中被娇纵惯了的独生子女尤有现实的重要性；情感教育在提高国民素质上也有重要的作用。总之，素质教育中应当包含心理素质的教育，那么承担着塑造人类灵魂、培育学生人文精神主人的语文教师，为什么必须具备强者的健康心理品质，就不难理解了。具体来说，敏锐的观察力、稳定的注意力、充分的想象力和丰富的情感、灵活的思维、坚定的意志，都是语文教师心理素质结构中不可或缺的组成部分。

还需要指出的是，教师的劳动是一种具有创造性的艺术劳动，尤其是语文教育教学，其中更包括着丰富的创造性、强烈的情感性和执教者的技能技巧等艺术要素在内。就教学风格而言，逻辑型、情感型以及典雅型、质朴型等，都是语文教师美好个性的展示与张扬，都能够成为哺育莘莘学子成长的春风化雨。就像一千个读者有一千个哈姆雷特一样，以前各语文教师就会有一千种教育教学方法。语文教师完全可以像美术家、音乐家、文学家和诗人那样，以独特的个性来发挥和施展自己的才华。和雕塑师相比，我们语文教师的创造意义还要更深刻。“雕塑师是从创造躯壳入手来表现灵魂的，而教师则是从创造灵魂开始指导创造躯壳。”年青一代美好的灵魂，未来世界需要的主人，就是我们创造的累累硕果。

其实，这里说的就是我们整个中华民族素质提高的先决条件的问题。可以毫不夸张地说，这一切都依赖于广大教师尤其是语文教师素质的真正、全面和极大的提高。

参考文献

[1] 马国强．语文素质教育论［M］．开封：河南大学出版社，1999.

[2] 苏立康，李颖．语文教育与素质教育［M］．北京：中华工商联合出版社，1999.

[3] 刘钦荣．语文教师素质漫谈［J］．郑州教育学院学报，2001（2）．

第十二节　人文精神教育教材的编写

“人文精神教育缺失”，已经成为教育界乃至社会各界的共识。无论是教育工作者还是非教育工作者，都有一个同感，我们的教育太缺乏人文精神；甚至觉得，我们今天的社会太缺乏人文精神。

许多人在探究“人文精神教育缺失”的原因，以便弥补缺漏。

有从教育外部探究的，认为“人文精神教育缺失”的原因有：科学技术的侵占，多元思想的影响，经济大潮的冲击，功利主义的泛滥，等等。

有从教育内部探究的，认为“人文精神教育缺失”的原因有：课程本质的模糊、教学目标的单向、课程内容的不足、教学实施的灌输等。

这些探究都是很有价值的。对各种原因进行分析和概括，我们不难发现，造成“人文精神教育缺失”的原因主要有四方面的问题：“人文精神教育是什么”的本质问题，“为什么要进行人文精神教育”的功用目标问题，“人文精神教育做什么”的内容问题，“怎样进行人文精神教育”的实施策略问题。

要弥补“人文精神教育缺失”，就需要对以上“人文精神教育”四方面的问题进行具体的、理论与实践相结合的分析认识。

一、人文精神教育的本质和功用目标

“人文精神教育”的本质和功用目标是什么？看法有多种，各种看法也自有其依据。

在这里我们不辨析已有的“人文精神教育”的多种概念，也不用揭示内涵的方法给“人文精神教育”定义。

雷·韦勒克和奥·沃伦在当代西方最具权威性的文艺学著作《文学理论》中说：“我们也可以这么说：物体的本质是由它的功用而定的；它做什么用，它就是什么。”[1]

基于此，我们就由教育的功用及其历史发展来认识“人文精神教育”

的本质和功用目标。

中国古代教育强调教育功用的综合性。

《大学》中说："大学之道，在明明德，在亲民，在止于至善。"（《礼记·大学》）显然，"学校教育的本质和功用目标在于发扬光明美好的品德，在于使人弃旧图新，在于使人最终达到最完善的境界。"

《学记》中有更加具体的说明："古之教者，……比年入学，中年考校。一年，视离经辨志。三年，视敬业乐群。五年，视博习亲师。七年，视论学取友，谓之小成。九年，知类通达，强立而不反，谓之大成。夫然后足以化民易俗，近者说服而远者怀之。此大学之道也。"（《礼记·学记》）这段话的意思是说："古代教育教学，……每年入学一次，隔一年考试一次。学习了一年，就考察他的经文句读的能力，辨别他的志向所趋。学习了三年，就考察他是否专心致志于学业、是否亲爱同学乐合群众。学习了五年，就考察他是否广博地学习、亲敬师长。学习了七年，就考察他能否讨论学问上的深奥道理和选择朋友；这已可称为"小成"。学习了九年，就能闻一知十、触类贯通，临事独立判断而不惑，不再违背师道；这可以称为"大成"。这样以后才能教化人民、移风易俗，附近的人心悦诚服，而远方的人也都来归附。这就是学校教育的本质和功用目标。"

《大学》和《学记》对先秦的教育理论和教育实践做了相当全面的总结和概括，长期影响着中国教育。据此，我们也可以看出，中国古代教育是"做人教育"与"做事教育"相结合的教育。

现代教育基本上是以学科课程为主的。现代学科教育中，"人文学科教育"是相对于"科学（自然科学）学科教育"而存在的，"人文学科教育"与"科学（自然科学）学科教育"具有不同的功用。人们通过"人文学科教育"，实践做人之道，体会做人的意义与态度，回答"应该是什么""怎样才有意义"的问题；功用是提供价值理性，塑造理想的人、健全的人。人们通过"科学（自然科学）学科教育"，不断深化对外部世界的认识，回答"实际是什么""具体怎么办"的问题；功用是提供工具理性，认识自然规律，提高利用和改造客观世界的能力，发展生产力。

"科学（自然科学）学科教育"探索的是外在的世界，"人文学科教育"体察的是内在的人情；"科学（自然科学）学科教育"重"知识与能力"，"人文学科教育"重"情感态度与价值观"。

然而，教育是在一定的历史时期中产生和发展的，在历史发展的不同时期或在不同的背景条件下，教育会承担不同的任务，教育的功用目标会出现变化，会有不同的侧重。

中国古代教育体现农业经济时代的要求。农业经济时代的生产力是落后的，劳动生产工具的掌握不需要更多的科学技术知识。因此，社会对教育的要求，实际上侧重点逐渐落在“做人教育”方面。

现代教育体现工业经济时代的要求。工业经济时代生产力突飞猛进、日新月异的发展，需要人掌握更多的科学技术知识，以提高运用工具的能力。因此，社会对教育的要求，实际上侧重点逐渐落在“科学（自然科学）教育”方面。

应该说，在历史发展的不同时期或在不同的背景条件下，教育的功用目标因适应社会要求而出现的不同侧重和变化是正常的，这是教育功用的历时性现象。但是，如果把一定的时间或一定的背景条件下教育体现出的功用目标，移植到其他的时间或其他的背景条件中，是不适宜的。

当代社会已经开始步入知识经济时代，科学技术的不断更新、国际竞争的空前激烈、人类的生存和发展面临的困境，要求教育培养具有高度科学文化素养和人文素养的人。具有高度科学文化素养和人文素养的人必须具备的条件是：掌握基本的学习工具，即阅读、书写、口头表达、计算和解决问题的方法；掌握基本的知识、技能；具有丰富的情感、良好的态度和正确的价值观。只有这样，人才能够积极参与社会的发展，也才能够实现人自身的发展。

可见，当代社会对教育的要求是，“科学（自然科学）教育”与“人文教育”“人文知识教育”与“人文精神教育”有融合和统一，而不可偏于一隅。

然而，我们的教育实际上是工业经济时代的现代教育。现代教育以学科为本位。现代学科教育偏于知识教育，重视基本概念、原理、规律、事实。各门学科以本门学科知识为中心实施教育，使学生掌握系统的学科基础知识和基本技能。

于是，不仅“科学（自然科学）教育”，即使“人文教育”也在不断知识化，以致造成“科学（自然科学）教育”与“人文教育”的分离、“人文知识教育”与“人文精神教育”的分离。随着“学科知识教育”的逐渐强化，“人文精神教育”也就逐渐被科学基础知识体系湮没，被人文基础知识框架掩盖。这样，“人文精神教育缺失”的问题也就凸现出来了。

“人文精神教育”的本质和功用目标是什么？通过以上论述，我们可以形成以下判断：

“人文精神教育”是“做人教育”，重在培养“情感态度与价值观”，是精神教育；掌握科学（自然科学）知识不等于具有人文精神，掌握人文知识也不等于具有人文精神；完整的教育应同时包括“知识教育”和“精神教育”，这其实就是我们通常所说的“学校教育既要教书也要育人”。“知识教育”包括“科学技术知识教育”和“人文社会知识教育”，精神教育主要是培养学生人文精神、提高人文素养的教育。

二、人文精神教育的内容和实施策略

“人文精神教育”的本质和功用目标决定人文精神教育的内容和实施策略。

“人文精神教育”的主要内容是：培养丰富的情感、良好的态度和正确的价值观。

其具体内容很多。例如：

热爱家庭，孝敬父母长辈，善待亲人，善待自己，体验和传递亲情、爱情；热爱母校，热爱学习，敬业乐群，尊敬师长，团结同学，建设师生情、同学情、友情；热爱故乡，善待他人，善待社会，热爱祖国，热爱自然，培养广阔的爱的感情；激发广泛的兴趣，涵养高雅的情趣。

认识生命的可贵，尊重生命；自尊自信，自立自强，意志坚定；保持心态的开朗乐观，具有正确的学习观念，具有独立思考和自我控制能力；遵守社会规范与自然规范，逐步形成良好的学习、劳动习惯和生活态度；宽容平等，自由民主；承担责任，对自己负责，也对他人、对社会、对自然负责。

认识和理解人生的意义，踏实做事以实现人生的价值；认识和理解社会生活的复杂性，能够分辨是非善恶美丑；实事求是，崇尚科学真知，辩证地看待事物和理性地思考；积极建立和谐的人际关系，民主平等，诚信做人；尊重多元文化，开阔视野与胸襟，树立为人民、为社会服务的远大志向。

把握“人文精神教育”的实施策略，必须明确“人文知识教育”与“人文精神教育”的关系，必须明确“科学（自然科学）教育”与“人文教育”的关系。

“人文知识教育”和“人文精神教育”是统一关系。

人文知识的获取是非常必要的，但人文知识的获取并不是最终目的。最终目的是提升人性境界、塑造理想人格以及实现个人与社会的价值。“人文知识教育”为“人文精神教育”提供广阔的理性知识背景，人文精神的培养必须经过人文知识的内化、整合而变成人的意识、思想、情感、态度等生命体验和善良行为。

“科学（自然科学）教育”与“人文教育”是统一关系。

尽管中国古代缺少“科学（自然科学）教育”，但是，《易经》上的一段话却能够帮助我们认识“科学（自然科学）教育”与“人文教育”的关系。

《易经》上说：“观乎天文，以察时变；观乎人文，以化成天下。”（参见《周易·贲卦·彖》）其意是：“通过观测天文，以察明时节变化；通过观察人文，以教化而成就人间社会。”

宋程颐对此的解释是：“天文，天之理也；人文，人之道也。天文，谓日月星辰之错列，寒暑阴阳之代变。观其运行，以察四时之速改也。人文，人理之伦序。观人文以教化天下，天下成其礼俗，乃圣人用贲之道也。”（参见《伊川易传》）

“天文，天之理也”与“人文，人之道也”对举，实际上讲的是“天”与“人”的关系。这一论断告诉我们，“化成天下”的“人文”，也是在“天文”现象的基础上升华抽象出来的。可见，“科学（自然科学）教育”也可以成为“人文教育”的基础。

其实，科学（自然科学）教育本身也是一种人文事业。人们必须运用人文精神的价值理性力量，即运用人的道德力量和精神力量，摆脱技术知识工具理性的压制，恢复人与自然的和谐关系，走出人类生存和发展面临的困境，因而“科学（自然科学）教育”就更应该是体现人文精神的社会实践活动。我们倡导的“科学（自然科学）教育”是包括“人文教育”在内的完整的“科学（自然科学）教育”。

“人文”与“科学（自然科学）”互相渗透，“人文思维”与“科学（自然科学）思维”互相补充，“人文教育”与“科学（自然科学）教育”互相融合。“人文教育”与“科学（自然科学）教育”的一体化，既有助于人的素质的提升，也有利于社会的发展和自然的保护。

20世纪60年代，法兰克福学派代表人物之一的美籍德国哲学家马尔库赛在其《工业社会和新左派》《单向度的人》等著作中，曾经批评过工业经济时代社会的单向度发展和人的单向度发展（参见任厚奎等编著《西方哲学概论》，四川大学出版社，1988年）。现在，“知识经济时代”已经初见端倪，我们必须拒绝这种病态发展。

所以，当代教育必须体现“知识经济时代”的要求，从单纯注重基础知识和基本技能的掌握，转变为学会学习、学会合作、学会生存、学会做人，培养具有社会责任感，具有良好的环境意识、健全人格、创新精神和实践能力的人。当代教育必须做到“科学（自然科学）教育”“人文知识教育”“人文精神教育”的一体化，必须以“人文精神教育”为主导方向。

“人文精神教育”的实施过程是人生实践的体验和感悟过程，是广博知识（包括科学知识和人文知识）的滋养过程，是传统优秀文化的陶冶过程，是多元高雅文化的熏染过程；是一个知行统一的过程，而不是行而不知或者知而不行的过程。

我们强调“人文精神教育”的实践性。当我们在学校教育的课程体系中考察“人文精神教育”时，我们不把“人文精神教育”划归学科课程，而将其归入实践活动课程。“人文精神教育”首先要引导学习者进入生活实践、工作实践、学习实践、研究实践。在实践活动中学习知识和经验，在实践活动中反思、体验和感悟。

“人文精神教育”的实施是多途径的。

修养身心是“人文精神教育”的必走之路。“人文精神教育”的核心思想是做人。“修身”就要把外部获得的知识、技能、经验内化于自己的身心，升华成稳定的品质和素养；就要明确生存意义，坚定理想信念，以深厚的历史文化积淀构筑精神支柱。

读书是“人文精神教育”的重要之路。书中有知识、有经验、有思想、有智慧……善读可以启发蒙昧，针砭麻木，观赏美妙，获得快乐……读书让我们与历史上和现实中的人类的思想与探求产生共鸣、建立联系，扩大我们心灵的空间。

欣赏艺术是“人文精神教育”的多彩之路。艺术是一种独特的精神现象，人文知识、思想、精神大量地渗透在甚至产生于艺术之中。欣赏艺术是一种以感觉为主的精神活动，在品味艺术的过程中，那种油然而生的会心和感动，显现出“人文精神教育”的丰富多彩。

“人文精神教育”的实施是多方位的。

家庭是“人文精神教育”的基地。情感、态度、价值观的培养从家庭起步。家庭中要感受父母对自己的爱心，尊重父母的劳动和情感；要爱自己的家和自己的家人，表现热爱父母和家人的情感；要履行家庭义务，体验其中的快乐。

学校是“人文精神教育”的重要集中地。学校生活是社会生活的反映。学校里要积极与老师、同学交往，学习基本的交往礼仪，学习人际交流与沟通；要尊敬和热爱教师，认同教师职业蕴含的奉献、敬业、爱等价值取向；要正确认识个人与集体的关系，增强责任观念；养成良好的学习习惯和其他行为习惯。

社会和自然是“人文精神教育”的广阔天地。在社会和自然中，要了解和遵守我与他人、我与社会、我与自然的道德规范，体会生命的独特性、社会的丰富性、自然的奇妙性，增进我与他人、与社会、与自然的感情，建立我与他人、与社会、与自然的和谐关系。

综上所说，“人文精神教育”的内容和实施策略应该是：在人与自我、人与家庭、人与学校、人与社会、人与自然的诸关系中，恰当选择具体的内容，设计和组织多种多样的实践活动，在实践活动中培养丰富的情感、良好的态度、正确的价值观。

三、人文精神教育读本的设计和使用

基于以上对于“人文精神教育”的本质和功用目标、内容和实施策略的认识，我们拟设计、编写如下《人文精神教育读本》。

《人文精神教育读本》由以下内容系统构成：“边做边读”，“选文”，“边读边想”。

“边做边读”明确“人文精神教育”的范围和途径，在人与自我、家庭、学校、社会、自然的关系中，在修身、读书、赏艺的道路上，恰当选择具体的内容，设计和组织多种多样的实践活动，以之引领、帮助和促进学习者进入生活、工作、学习、研究实践。在实践活动中激起兴趣，激活自己心中的波浪，产生了解“人文精神教育”的相关经验和相关知识的欲望，更自觉地沉浸到“人文精神教育”中。

“选文”精选文质兼美的文章，选文内容包含人与自我、人与他人、人与社会、人与自然的种种关系。学习者阅读“选文”，其中有益的人生经验、丰富的人文知识、广大恢宏而又气象万千的世界，就会经过感觉、想象、体验、感悟，进入心灵的空间。

“边读边想”设计和布置思考问题，调动学习者已有的知识和经验，通过反思、体验、感悟，进而分辨各种内容对于自己所具有的不同意义。引导学习者在阅读实践活动中进入另外的世界，帮助学习者运用多种心灵的眼睛观察世界。

《人文精神教育读本》全书共分七部分：修身：不断完善个人；家庭：品味孕育情感；学校：首先学习做人；社会：提出做人要求；自然：涵养人文精神；读书：扩展心灵世界；赏艺：丰富精神生活。

其中，“修身、读书、赏艺”三部分，体现“人文精神教育”有多种途径；“家庭、学校、社会、自然”四部分，体现“人文精神教育”有多种方位。

《人文精神教育读本》各部分内容呈“总—分”式的结构框架。各部分开始是“边做边读”，然后分别是“选文”阅读并“边读边想”，形成“行—知—行—知”的“人文精神教育”过程。

“人文精神教育”是一种实践活动课程。在实践活动课程中，“学习者是能动的创造性的存在”，“学习者参与学习活动的构想、计划、实行、评价”。(参见张华《课程与教学论》，上海教育出版社，2000 年）所以，在“人文精神教育”实践活动中，学习者可以针对学习需要、根据具体情况和实际条件自行调整《人文精神教育读本》的各个部分及各个部分的内容(包括“边做边读”“选文”和“边读边想”)，或变换顺序，或增删内容，或另行设计安排“边做边读”任务，或重新设计布置“边读边想”问题。而此时，《人文精神教育读本》就成为学习者“自行调整”或“另行设计安排”时的参照系。

最后，我们谈一谈设计和编写《人文精神教育读本》的目的是什么？《人文精神教育读本》有什么作用？

首先，运用或参照《人文精神教育读本》，开展“人文精神教育”，实现“人文精神教育”的功用目标（即培养丰富的情感、良好的态度和正确的价值观）。

其实，无论是“科学（自然科学）教育”还是“人文教育”，学校各门学科教学都应该重视社会的多向度发展和人的多向度发展，从而多向度地厘定教学目标。多向度的目标融入了“人文精神教育”，包括知识和能力、过程和方法、情感态度和价值观。

然而，我们的教育还缺乏“人文精神教育”的“自觉”，还缺乏对“人文精神教育”的清楚认识。

所以，针对这种缺陷，《人文精神教育读本》的又一作用是：唤醒学习者进行“人文精神教育”的“自觉”，帮助学习者认识“人文精神教育”（包括认识和理解“人文精神教育”的本质和功用目标、内容和实施方式），更有效地进行“人文精神教育”。

“人文精神教育”是一种自觉的学习行为。“自觉”不等于“自发”，“自发”是“由自己产生，不受外力影响的”，“自觉”则需要“自己有所认识而觉悟”（参见《现代汉语词典》，商务印书馆，1996 年）。“自觉”有时需借助外力。

当“人文精神”在社会普遍缺乏、“人文精神教育”在学校普遍缺失的时候，运用《人文精神教育读本》来“唤醒”和“认识”“人文精神教育”，做到对“人文精神教育”的“觉悟”和重视，积极地开展“人文精神教育”，积极地实施促进多向度发展的素质教育，还是非常必要的。

注释

①韦勒克等著，刘象愚等译：《文学理论》，上海・三联书店，1984 年版，第 18 页。

参考文献

[1] 曹金祥．我国大学人文教育的现状及对策分析［J］．山东青年管理干部学院学报，2003（1）．

[2] 丁霞. 科学精神与人文精神融合新探 [J]. 理论月刊, 2008 (5).

[3] 苑美香. 论人文精神的培育与21世纪大学生的全面发展 [J]. 广西青年干部学院学报, 2003 (6).

[4] 金先庆. 加强高校文化建设　构建大学人文精神 [J]. 医学教育探索, 2002 (1).

[5] 李旭辉, 王玉龙. 和谐社会与大学人文精神教育 [D]. 百度网, 2003-6-4.

[6] 平飞. 近十年来人文精神研究的知识社会学考察 [J]. 社会科学论坛, 2006 (11).

[7] 田春艳. 浅谈新时期高校人文精神教育 [J]. 大连教育学院学报, 2004 (1).

[8] 王晓明等. 旷野上的废墟-文学与人文精神的危机 [J]. 上海文学, 1993 (6).

[9] 王秀丽. 论中国学校人文精神教育的现实意义 [J]. 龙岩学院学报, 2005 (1).

[10] 周希贤. 人文精神是高校建设的灵魂 [J]. 探索, 2004 (4).

[11] 朱双荣. 浅谈大学生人文精神教育 [J]. 商情, 2010 (11).

第十三节　普通话测前培训要实现四个转变

普通话水平测试是对应试者运用普通话所达到的标准程度的检测和评估。普通话测前培训是普通话水平测试顺利实施的基础，是圆满实现测试目的的保证，是切实提高应试者普通话水平的有效途径。我们自1996年取得河南省普通话水平测试员资格以来，一直参与河南省郑州地区大中小学教师、大学生、公务员的普通话测前培训和测试工作。测前培训中应试技巧的传授、短期高强度的训练，在提高应试者的测试成绩上确实起到了相当大的作用，大批的应试者高高兴兴地拿到了规定等级的普通话等级证书。但是，近年来，这种类似高考的应试教育的培训方式存在诸多问题，比如功利性过强、针对性不够、理论性欠缺、不能真正改变参训人员的语言面貌等，因此大大影响了培训本应达到的更好的效果。为了更好地发挥测前培训的作用，取得事半功倍、更加持久的培训效果，测前培训亟待实现四个转变。

一、实现从功利性目标向高远性目标的转变

我们曾对参加测前培训的人员进行过多次随机调查，其中一个问题是：你参加测前培训的主要目标是什么？答案为：A. 拿到普通话等级证书；B. 提高普通话水平；C. 为推广普通话作贡献。结果表明，每次选择A答案的比例都超过半数以上，最高的一次达95%。也就是说，绝大多数人参加培训的主要目标就是拿到普通话等级证书。

人们选择这种功利性目标有其深刻的物质原因。由于上级教育行政部门把普通话等级证书与教师高一级职称的评审、其他考核挂钩，很多教师参加普通话水平测试唯一的目的就是为了获得规定的等级证书，以便顺利通过职称评审或达到持证上岗的要求。很多大学生参加培训、取得等级证书是为将来考取教师资格证、考上公务员提前打基础。

这种功利性目标成为参训人员的唯一追求，存在着不少的问题。主要

表现在：一是参训人员的语言水平并没有较真实的提高。为了拿到证书短期集中突击，违背语言学习的规律。语言的学习应该是一个长期的行为，应试者应有一个相当长时间的积累，根据自己的语音缺陷有针对性地提高，并且在日常的工作和学习中自觉地运用达到一定的熟练程度，这样才能有一个较真实的提高。二是普通话的学习和使用在测前和测后形成明显的反差。测前培训时应试者为了顺利通过测试拼命学习，刻苦练习，恨不得“头悬梁，锥刺股”，培训结束马上测试，拿到证书后很快就恢复原状，不再练习普通话，也不再说普通话，出现所谓“证书到手、方言出口”的怪现象。我们曾做过跟踪调查：测试刚结束时，认为自己的普通话水平有很大提高或有一定的提高的人数占到86%；一个月后，认为还有影响的人数占45%；一个学期后，则绝大多数人都觉得回到了测试前的水平。这表明很多人在拿到了证书后就觉得万事大吉，并没有学以致用，他们的普通话水平迅速回到了原来状态。

面对这种短视的功利性目标，测前培训不能去迎合俯就，而应该努力改变这种极端功利性的目标指向，使之向高远性目标转变。毋庸讳言，参加测前培训是为了考试过关，拿到证书，但这只是一个最低目标。还应该有更高远的目标，即培养语言规范化意识，提高使用国家通用语言的能力，也就是说，其终极目标应与国家推广普通话的宗旨相一致。国家推行普通话水平测试，其主要目的就是促使应试者在工作和学习中更自觉地运用普通话，更好地实现人际交流，从而进一步推广和普及普通话。在培训过程中，除了讲授普通话应试技巧之外，要花大工夫让参训人员明白自己肩上担当的重大责任。要大力宣传《中华人民共和国国家通用语言文字法》等语言文字方面的法律政策，使他们深刻了解和把握相关内容，深刻认识语言文字规范化深层次意义和教师、大学生、公务员在推进语言文字规范化中的作用，不断提高自己的语言规范意识，激发他们提升普通话应用水平的内在动力。学校以其完备的教育教学设施、场所和较高素质的教师队伍成为人们学习知识的最佳场所，也是人们学习、提高普通话水平的主要阵地。随着一批批具有良好语文素养、能够说一口标准普通话的学生走上社会，社会的语言面貌就会不断得到改善。为此，学校在全社会普及普通话中的基础性作用发挥得如何，教师的作用很关键，责任重大。公务员在推广普通话的过程中应该起到表率作用。

当参训人员都充分认识到测前培训更高更远的目标，学习普通话的动力会更足，测试过后运用普通话的自觉性会更强。因为他们不再仅仅是为了一纸证书，更重要的是为国家推广普通话、促进经济文化建设贡献自己的力量。

二、实现从注重技巧性向关注真实性的转变

大多数测试员既进行普通话测前培训，又从事具体的测试工作，担任着双重角色。在培训时充当的是培训者的角色，在测试时担当的又是测评者的角色。这两个角色存在一些矛盾，工作的目的不同，努力的方向也不同。进行测前培训时为了提高测试的通过率，测试员们最注重的是应试的技巧性，会努力向参训人员传授测试的技巧，以避免容易出现的漏洞；而测试时测试员最关注的又是真实性，即应试者最真实的语音面貌、最真实的普通话水平。

在测前培训时注重技巧性，本来是无可厚非的。因为传授应试技巧可以让应试者避免不必要的失误，从而使他们在现有的基础上取得更高的成绩。比如，第一题读单音节字词，第一，要知道不包含轻声、儿化音节，也就是说所有的字都要按照阴、阳、上、去四个调类中的读音来读，是固定的调值。第二，多音字读其中的一个读音就行了，不要犹豫到底该读哪个读音，最好读常用的读音。第三，发现自己第一次读音有口误时可以改读，按第二次读音评判。第四，如果有不认识的字，最好也读出来，否则容易扣分。第五，应试者要注意这是100个单音节字词，都要读成单个的字词，千万不能读成相连的两个或几个。第六，一定要认真看清楚，不要出现误读，如读成相近字形的音（兔—免），或者读成意思相近的（瘸—拐），或者只读半边（拙—出）。第二题读多音节词语，第一，必须注意词语的轻重格式，双音节词语绝大多数是中重格式，如果实在不清楚该怎样读，就按中重格式读。第二，多音节词语的改读和单音节要求一样，是按第二次读音评分。第三，如果词语是轻声两可的，最好读成轻声词语，因为在制卷上要求轻声词语不少于3个。第四，只有标出儿化韵的才读，也就是说词语中出现“儿”就读儿化韵，否则不读儿化。第五，至少两个字组成的词语，不要读破、读散了，给人以一个字、一个字的感觉，那样就

会失分；如果是三个字的词语还要注意是单双格还是双单格。第三题朗读短文，第一，外国的人名、地名，按照汉语读音去读才是正确的，否则就是错误。第二，每错、增、漏读一个音节都要扣 0.1 分，不要再回读，只要出现回读，就会扣分。第三，注意语速，每分钟控制在 240 个左右音节为好，这样既不会超时也不会因为语速过快而被扣分。第四，关于轻声、儿化词语，短文后面有提示的就按提示读，如果没有提示，最好不要读成轻声、儿化，这样显得比较正式，也不会被扣分。第五，读到双斜线处就可以停下来了。第四题命题说话，第一要事先做好准备，用一个内容涵盖几个题目，减少了很多思考的时间，以保证考试成绩。第二，不能背稿子，也不能离题，因为离题同样也要扣分。第三，要十分重视词汇、语法问题，不要用方言词语和方言句式。

但是，对应试技巧的过分注重，会严重损害测试的真实性目的。比如对第一、二题中容易考到的字词重点复习，反复练习，而对一些常用的字词又弃之不顾；第三题朗读作品时只重字音，而对朗读技巧则不管不问，只会照录音跟读。特别是第四题说话最为典型，该题分值最高也最容易失分，测评标准重在语音，对内容是否真实、是否切题没有具体的要求。在辅导时一般要求应试者先列出提纲，再按照提纲练说，甚至要求先写成短文，再把短文背出来，说话项测试就成了背短文考试；在语音上，去掉或减少容易读错或难读的字、词，换成意义相近的不会读错的字、词。这就加大了测试通过的可能性。但是，这样的普通话培训有投机取巧之嫌，应试者的普通话水平并没有真正提高多少，水平测试也不能反映出应试者的真实水平。

注重技巧性是由只追求功利性目标造成的。要实现从功利性目标向高远性目标转变，测前培训必须实现从注重技巧性向关注真实性转变，使培训能够真正提高应试者的普通话水平，测试能最真实地反映应试者的语音面貌。

三、实现从强化模仿性向提高理论性的转变

一些测试员在进行测前培训时，总是强化模仿性，即让参训人员反复模仿国家语委、省语委普通话水平测试辅导录音。这一方法确实管用，因

为试卷的考题就是从这些材料中抽取的。比如第三题朗读短文必定是60篇作品中的1篇，只要读准读会了这些内容，便可以在这一题目上占尽优势。诚然，模仿是学习普通话的第一步，也是最重要的一步。大多数人在学习普通话时，主要是靠耳朵听，然后去模仿别人的发音。可以模仿的对象也很广泛：最直接的是普通话教师的发音，最系统的是正规普通话教材录音，最标准的是中央电视台、中央人民广播电台新闻播音员的发音，最生动的是优秀的话剧、电影、电视剧、相声、小品、评书、歌唱等。长期模仿对提高普通话水平肯定有很大的作用，所谓“操千曲而后晓声，观千剑而后识器”。但由于测前培训时间短，只能是仅仅模仿最管用的国家语委、省语委普通话水平测试辅导录音。不少测试员上课就是给参训人员听录音，而参训人员在课下时间也多在听录音。

这种强化模仿性的培训存在许多弊端。一是时效很短。有录音做模仿对象时，读的音还不错，而一旦失去模仿对象，就不知道该如何读才是正确的了。二是缺乏感悟。只是机械地听录音，跟着模仿，没有自己的感悟，是很难深入心灵的。三是不能举一反三。只知道此处这样读，换到彼处便不知道怎么读了。四是只适用于少数人。每个人的听力天赋不同，除了极少数听音、模仿能力强的人，大部分人是无法通过模仿来快速去掉方言口音、掌握普通话的。

因此，测前培训除了要有模仿因素外，要向提高理论性转变。这里所说的理论性，主要是指语音基础理论、国家通用语言文字的规范标准以及汉语拼音方案。首先，要让他们掌握声母和韵母发音的基本原理，分清发音部位和发音方法。其次，要掌握国家通用语言文字的规范标准，比如审音表和异形词表等。只有全面掌握国家通用语言文字的规范标准，才能够在语言生活中自觉去应用，才能找到自己的差距和不足，使语言文字的应用水平得到提高。最后，要加强汉语拼音的学习。《汉语拼音方案》的主要作用之一，就是学习普通话。很多参加培训的人员测试后恢复原状，原因在于他不是靠汉语拼音学习普通话，纠正方音，而仅仅是模仿；有的虽然是按汉语拼音朗读，但因不会正确发音而使训练效果大打折扣，字母发音不准确，也难以拼读正确。

培训中提高理论性，等于是抓住了问题的根本，明白了语言现象背后的道理，可以更好地掌握更多的语言现象。比如“啊”的变读，只要掌握了那几条规则，就会很容易地知道没有见过的句子中“啊”读什么音，是“啊”“呀”还是“哇”。强化模仿性只是“授鱼”，而提高理论性则是“授渔”，是让参训人员学会捕鱼的方法，可以长期受益，甚至终身受益。因此，测前培训必须从强化模仿性向提高理论性转变。

四、实现从普适性培训向针对性培训的转变

不少测试员在培训过程中存在普适性培训的情况，即无论面对什么样的参训人员，所讲的内容、所用的方法、所强调的重点都是一样的。大量的培训实践证明，用这种“一锅烩”的培训方法，往往是费力不小，效果不佳。因为培训对象的语言状况千差万别，要想提高培训效果，必须开展针对性培训。我们在培训实践中，尝试先弄清培训对象的主要问题所在，然后再有针对性地解决这些问题，取得了不错的效果。

对大学生，主要解决使用不规范的网络语言问题。大学生的语音面貌一般都比较好，因此自信心比较强，觉得考过一级乙等没有什么问题。但他们的主要问题出在第四大题“说话”时大量使用网络语言等新词新语。什么“给力”“狂晕”“坑爹”，什么“有木有”“内牛满面”“无限郁闷 ing”，时常出现在说话的内容中。这些网络语言是否规范、是否有存在的必要，还需要时间的检验；但由于他们在上网时甚至日常交际中经常使用，已经不认为是不规范的语言，说话时顺手拈来。应对他们反复强调，说话项测试重点是考查对规范的普通话的掌握情况，要用规范的语言，新词新语用了可能会失分，不用则一定不会失分的。

对来自郊县、年龄较大的教师，主要解决方音土语问题。他们在平时的交往中大多使用当地土话，即使是上课也带有明显的方言口音。方言中的习惯用法很容易在测试说话时不自觉地使用。比如，使用方言词语，把“喜欢”说成“待见”，把“头”说成“低脑”，把“一起去”说成“厮跟着”，把“说赔礼道歉的话”说成“说好话”，等等。再比如，使用方言句式，把“不认得”说成“认不得”，把“不知道”说成“知不道”等。使用方言词语、方言句式也会影响成绩。

对语音面貌有明显地域特色的人员，主要通过方音辨正来解决发音问题。比如来自河南信阳地区的人员，硬是把电影《黄飞鸿》说成是《房飞

冯》，让人不知所云。要重点解决他们的 f 和 h 不分，zh、ch、sh、r 与 z、c、s 不分以及 n 和 l 不分等问题。

对公务员，主要解决他们不重视普通话的态度问题。公务员平时接触的群众都是说方言，因此便认为没有必要说普通话，所以对培训积极性不高。要制定条例，如地方公务员接受采访要用普通话、否则受罚等规定，从而引起他们的重视，激发他们学习的兴趣和动力。

“知彼知己”才能“百战不殆”。测前培训不在于教师讲了多少，而在于参训人员提高了多少。了解和掌握参训人员存在的主要问题，并有针对性地进行纠正，才能更好地提高普通话水平。

综上所述，普通话测前培训在目标上存在着极端的功利性，只是为了取得工作需要的普通话等级证书，过分注重应试技巧的传授，过分强调对国家语委、省语委普通话水平测试辅导录音的模仿，不顾培训对象在普通话方面存在的不同问题，而采用同一套培训方法。这些问题的存在严重影响了培训的效果。因此，必须审时度势，积极把握测前培训发展的未来方向，努力实现从功利性目标向高远性目标的转变，从注重技巧性向关注真实性的转变，从强化模仿性到提高理论性的转变，从普适性培训到针对性培训的转变，以促进普通话水平培训的有效性，为国家推广普通话工作作出应有的贡献。

参考文献

[1] 洪贞银，陈中林. 普通话水平测试培训教程 [M]. 北京：清华大学出版社，2011.

[2] 陆惠云. 从语言测试的诸要素看普通话水平测试的真实性和有效性 [J]. 昆明学院学报，2008 (1).

[3] 竟成. 关于 HSK 若干问题的思考 [J]. 暨南大学华文学院学报，2004 (1).

[4] 李贞. 普通话水平测试员角色形象分析 [J]. 广西社会科学，2002 (4).

[5] 李景泉. 对当前教师普通话应用水平问题的几点思考 [Z]. 中国语言文字网，2001.

第十四节　网络词语应纳入现代汉语教材

在当今的信息时代，网络语言的影响越来越大，大有“走出虚拟网络，走进现实生活”之势。网络语言中最具特色、最有影响的是网络词语。许多网络词语凭借网络这一快捷的途径迅速蹿红，广为传播。但是，现行的现代汉语教材却没有给网络词语应有的一席之地。目前使用较多的现代汉语教材有黄伯荣、胡裕树、张斌、陆俭明、周建设、邵敬敏等主编的多个版本。这些教材在讲述现代汉语词汇没有一本提到网络词语，更没有人将网络词语列为现代汉语词汇的独立来源。我们认为，网络词语应尽快纳入现代汉语教材。

一、从语言现实来看，网络词语的影响和作用不容小视

网络语言由于其表达方式标新立异，别具特色，复制、转换十分便捷，加上网络平台的推波助澜，已经成为语言领域中一种影响力巨大、让人不能忽视的现实存在。首先，网络语言的使用主体越来越多。到目前为止，中国互联网络信息中心（CNNIC）已经发布了 29 次《中国互联网发展状况统计报告》，报告显示的网民人数一次比一次多。截至 2011 年 12 月底，中国网民的规模更是达到了 5.13 亿，手机网民的规模达到了 3.56 亿。其次，网络流行语越来越多。近年来流行的网络词语不断涌现，“乱纷纷你方唱罢我登场”，如“范跑跑”“楼歪歪”“打酱油”“伤不起”“HOLD住”等。最后，网络词语的影响范围越来越大。它们不仅在网络上备受青睐，而且在电视、广播、报刊等场合频频亮相，并且出现在中小学生的作文、日记中，出现在人们日常生活的口头交际之中，甚至出现在以严肃庄重著称的公文当中。国家有关部门不得不出台文件来限制网络词语如英文字母词在公文中的使用。2010 年 4 月 7 日国务院办公厅秘书局下发的《关于加强对行政机关公文中涉及字母词审核把关的通知》中明确要求“制发

公文时一般不得使用字母词”。国家广电总局向中央电视台下发通知，要求，“在电视节目中进一步规范用语，不能使用NBA、F1甚至GDP等英文缩写词。”

语言是社会现实的反映，现代汉语教材又是语言现实的反映。网络词语已经成为现代汉语不可或缺的部分，它对现实语言生活的影响是显而易见的。现代汉语教材不应该无视网络词语大量存在并大行其道的语言事实，一直将网络词语拒之门外。

二、从表达效果来看，优秀的网络词语值得现代汉语吸纳

网络语言是适应网络交际需要而产生的。它满足了日益庞大的网民这一特定交际群体的表达需要，充满着时代气息。良莠不齐、泥沙俱下的网络词语对现代汉语造成了强烈的冲击。一方面，它有许多不规范的现象。比如，有无理的谐音代替，用“偶”代替“我”，用“素”代替“是”，用“银”代替“人”，用“介”代替“这”，等等。再比如，有英汉夹杂，如“小case”（小事一桩）、“够IN”（够新潮）、“D版”（盗版）、“摆POSE”（发傻）等。这些不规范现象违反现代汉语的语音、词汇和语法规范，对现代汉语的纯洁性造成了一定的损害。

但另一方面，网络词语也有许多合理创新之处。不少网络词语十分形象生动、幽默风趣。比如用“纯净水”来形容无实际内容的帖子，用“潜水”来表示在论坛里只看帖不发帖，用“灌水”来表示发很多没有实际意义的文字。再比如由“妹妹”谐音、借代而来的“美眉”一词，蕴含着“美女”的意思，但比“妹妹”内涵更加丰美，既能满足网络交际的需要，又很有传统审美意趣。“给力”一词，可以作为形容词，相当于“牛”“酷”“很带劲”，又可以作为动词使用，有“加油”“给予力量”的意思。这些词汇使用得越来越广泛，已经逐渐由网络热词变为社会热词、生活热词。像这类简约明快的、富有创意的网络词语，既能够反映新事物、新概念，又能够被大家认同和接受，既适于网民交流，又能丰富汉语的词汇系统，为汉语注入了新的活力，促进了现代汉语的发展。

从语言系统角度来看，现代汉语应该实事求是，对网络词语有所分

析、有所鉴别，然后有所取舍，积极吸纳规范度高、表现力强的网络词语。

三、从词汇来源来看，网络词语具有与其他来源相似的渠道

现代汉语词汇的来源有很多，像古语词、方言词、新造词、行业词、外来词等。这些来源成为现代汉语词汇变迁和发展的重要源泉。它们都有一条进入现代汉语词汇系统的通道。比如方言词，也叫“方源词”，特指“由方言吸收进入普通话的词”。如“搞”“忽悠”“二流子”等，原来只在某种方言中使用，后来成为全民接受的词汇。可见，方言与普通话之间存在一个明显的渗透渠道，方言中的词汇进入普通话是语言发展的一条规律。

虽然网络语言充其量是语言在网络语境中的言语变体，没有自己的语音、词汇及语法系统，不能称为独立语言，但它确实有其比较鲜明的特征和独特的使用范围，并以其独有的姿态出现在我们的交际生活中并逐渐形成自己的体系。与方言词、行业词等类似，网络词语属于一般词汇的分支，有一条通往基本词汇的渠道。网络词语应当包括两重含义：一是在网络中普遍使用而没有在普通话中通行的词。目前已经有了对网络词语进行释义的专门词典，如易文安编著的《网络时尚词典》、于根元主编的《中国网络语言词典》等。二是指被吸收进普通话带有网络色彩的词，也可以称为“网源词”。但这第二重含义目前还没有得到正式承认。“给力”一词登上《人民日报》头版头条的新闻标题《江苏给力“文化强省”》，网民高兴地评价，这是网络热词的一小步，却是中国语文的一大步。由此可以看出人们对网络词语能够“转正”期望多么强烈。网络词语应该是共同语词汇的一个重要来源。符合汉语的语用规范的网络词语经过长时间使用，人人都明白其含义，约定俗成后，完全可以成为普通话的通用词。不承认网络词语，就等于堵塞了网络词语向普通话通用词渗透的通道，抑制了网络词语的无限活力。

四、从教材作用来看，有利于引起人们对网络词语的关注

教材是重要的教育教学因素，是教师开展教学活动的主要依据。在教学实践中，教材是教师用来教学的材料，也是学生用来学习的材料，是教师和学生共用的实践教学活动的有效工具和平台。教材具有示范和导向作用，是培养学生语言素质的沃土，能够引导学生积极思维，有效扩大学生思维的空间。在讲授现代汉语的过程中，有不少学生问及网络词语问题，如“囧”“雷人”等的含义。作为现代汉语教师，有必要在讲课时帮学生进行分析。但是，由于教材中没有涉及网络词语问题，有些名不正言不顺的尴尬。如果把网络词语纳入教材，将会给教师主动分析网络词语，教会学生如何鉴别鱼龙混杂的网络词语提供强有力的支撑。

科技的快速发展推动信息社会不断进步，从而使新的网络词语不断涌现。要充分发挥教材的作用，就必须及时更新和丰富教材的内容。教材不应该是封闭的、静止的，而应该是开放的、发展的。现代汉语的性质应该是“现代”的，而不是“古董”的，要与时俱进，随着时代的发展而发展。现代汉语教材也应该突出“现代性”，而将网络词语纳入其中正是“现代性”的表现之一。

参考文献

[1] 邢俊美. 关于网络流行语的调查研究 [J]. 淮阴师范学院教育科学论坛，2008 (4).

[2] 李翠兰，于瑞. 关于网络交际语言的几点思考 [J]. 实践与探索，2006 (4).

[3] 杨晴，范煜熙. “给力热”语言现象的学理分析 [J]. 湖北广播电视大学学报，2011 (6).

[4] 张斌. 简明现代汉语 [M]. 上海：复旦大学出版社，2009.

第十五节　网络语言：语文教学的鲜活素材库

当前，网络语言作为信息时代的“一种新的特定的社会方言”[1]，正以其突出的创新性对社会产生越来越大的影响。无论是报纸、期刊，还是广播、电视、日常交际，都会时常出现网络词语。“给力”一词就曾登上《人民日报》头版头条的标题[2]。网络语言已经形成走出网络空间，挺进现实生活之势。中国互联网信息中心（CNNIC）于2013年1月15日发布的第31次《中国互联网络发展状况统计报告》显示，截至2012年12月底，我国网民规模达到5.64亿，手机网民规模达4.2亿，其中学生群体所占比例最高。学生的世界一头连着网络空间，一头连着现实世界。他们会有意无意地将活跃于网络空间的网络语言应用于现实交际之中，应用于自己的作文和手机短信之中。可以说，网络语言已经成为他们生活乃至生命的重要组成部分。面对泥沙俱下、良莠不齐的网络语言，语文教师不能全盘否定，一“堵”了之，而应该善于引导，把丰富多彩的网络语言作为教学的鲜活素材，充分发挥其积极作用，以提高语文教学效果，促进学生语文素质的提高。

一、网络语言有助于构建和谐的师生关系

网络语言前卫、新奇、幽默、风趣，能够反映学生张扬个性的心理，符合他们活跃、新潮的思维方式。在语文教学中，教师合理使用网络语言，往往能够让学生感到惊喜，体会到教师与他们在心理上的平等，从而顺利地实现与学生的沟通，很快拉近与学生的心理距离，构建和谐融洽的师生关系。

在课堂上，某教师鼓励学生发言，没有使用传统的说法——“希望大家积极发言，勇敢发表自己的观点，锻炼自己的自信和口头表达能力。”而是使用同学们常用的网络语言表达方式，这样说：“今天对这个问题的

讨论，大家可不能当‘打酱油的’，一定要及时‘跟帖’，大胆‘拍砖’啊。”某同学回答问题后，教师这样评价：“××同学的发言真‘给力’，差点儿让我‘HOLD 不住’。”下课时，学生找教师讨论问题，教师说：“你这个观点，前几年就已经出现了新的替代观点。孩子，你‘OUT’了!”学生听后，先是愣了一下，但很快闪出敬佩的眼光，说：“想不到老师您还挺‘IN’的嘛!”这对答之间，拉近了学生和教师的心理距离。这里的“打酱油的”（冷眼旁观、不积极参与的人）、“跟帖”（加入讨论，发表观点）、“拍砖”（发表意见）、“给力”（特别有力，让人感觉很好）、“HOLD 不住”（控制不住）、“OUT”（过时、落伍）、“IN”（新潮、时髦）等，都是网络上的热词，学生们经常使用。当听到老师居然能对网络热词如此了如指掌、运用自如时，学生的喜爱、尊敬、佩服之情便油然而生。古人说：“亲其师，信其道。”由于学生对教师的这种油然而生的喜爱、敬佩之情，会极大地激发学生对教师所讲知识的喜爱之情。

二、网络语言有助于激发学生的创新热情

网络语言最突出的特征是创新性，正如张小平所说：“具有革命意义的创新性是网络语言最大的特点。”[3]网络语言的创新，几乎利用了能够利用的所有语言材料。语音、词汇、语法，文言、方言、外语，都成了构筑网络语言大厦的基本材料。与传统语言相比，网络语言有许多创新形式，主要有：一是符号创新。将键盘符号经过不同的组合，形成新的符号形式，表示全新的内容。如：“（-_ -）”表示神秘笑容；“〈@ -@〉”表示醉了；“^-^”表示眯着眼睛笑；“：-o”表示哇塞，惊呆了。二是缩略创新。利用英语、拼音、数字等缩写形式表达新的意义。如：GG（哥哥）、PMP（拍马屁）、PLMM（漂亮妹妹）、FM（follow me，跟我来）、BTW（by the way，顺便问一下）、GF（girl friend，女朋友）；me2（me too，我也是）、F2F（face to face，面对面）、3ku（thank you，谢谢你）等。三是数字创新。使用数字的读音组合表达一定的意义。如：88（拜拜）、1314（一生一世）、8147（不要生气）、7456（气死我了）等。四是谐音创新。如大虾（大侠）、斑竹（版主）、幽香（邮箱）等。

类似的网络语言创新实例，值得语文教师充分利用。通过大量的实例分析，可以让学生视野更加开阔，认识到“一切皆有可能”，人类创新永无止境，鼓励学生进行有益的探索和创新，自然能够激发学生的创新热情，提高创新能力。

三、网络语言有助于强化学生的语言规范意识

网络语言中有不少不太规范的语言现象，却是学生们比较认同的。一是错字别字。如把“电信局”打成“点心局”“信箱”打成“馨香”，让人很费思量，影响交际效果。二是有意别解。网民故意对词语作出有别于常规的解释。如用“偶像”代指“令人呕吐的对象”，用“天才”指代“天生蠢材”，用“可爱”表示“可怜没有人爱”，用“讨厌”表示“讨人喜欢百看不厌”，用“白骨精”代替“白领+骨干+精英”，用“特困生”指代“上课特别爱犯困、打瞌睡的人”，等等。三是错误语法。如“给个理由先（先给个理由）”，是粤语语法的状语后置；“知不道”（不知道），是西北方言语法的运用。汉语表达与英语语法夹杂在一起，如在汉语后面加上英语表示时态和数的形式，如“兄弟姐妹 s”（兄弟姐妹们）、“晚饭 ed”（吃过晚饭了）、“听课 ing”（正在听课中）等则是英汉语法的杂糅。四是火星文。火星文是由各种符号，包括数字、拼音、繁体字、冷僻字、日文、韩文、英文等组合而成的，非常难懂。例如：“如果非要在叽份 love+↑1咕期限，偶 C 望 4，one 万年”（如果非要在这份爱加上一个期限，我希望是，一万年）。

这些不规范的语言现象，尽管有其生动活泼、新奇幽默甚至有一定程度的保密效果，但它们是在游戏文字，破坏语法，不合逻辑，如果任其泛滥，将严重影响到传统语言的纯洁。语文教师要注意帮助学生分析这些不规范现象，把它们作为反面教材，引导学生分清传统语言和网络语言适用的不同场合，提高他们分辨是非的能力，引导他们认识比较规范的网络语言，远离网络语言垃圾，从而强化他们的语言规范意识。

四、网络语言有助于提升学生的民族文化意识

网络语言中有大量的英文字母词，如 VCD、UFO、GDP、WTO 等，被网民甚至大众传媒广泛使用。“语言反映一个民族的特点，它不仅包含着该民族的历史和文化背景，而且蕴藏着该民族对人生的看法、生活方式和思维方式。”[4]由于英文字母词大多保留着英文的原貌，因此承载着不容忽视的西方文化信息。语言承载的文化信息潜移默化地影响着人们的思想和行为。如果中国人使用英文字母词的现象越来越多，就势必会不断亲近西方的文化和传统，影响对我国传统文化的喜爱和认同。

语文教师在语文教学中，要积极向学生讲明语言不仅是思想交流的工具，也是文化的载体，讲清英文字母词所承载的西方文化意义，以及滥用字母词对中国民族文化的危害，帮助他们树立语言所代表的民族文化意识，合理使用英文字母词，不滥用影响中国文化传播的英文字母词。

五、网络语言有助于提高学生的语言品位

网络语言追求创新、标新立异，同时粗俗化倾向也在暗流涌动。在网络上可以见到不少带有粗俗化倾向的污言秽语，如 P（屁）、NQS（你去死）、TMD（他妈的）、WBD（王八蛋）、“你装什么丫挺的啊”“你他妈的放屁！农民得罪你了？”等。网络语言的粗俗化倾向还大有愈演愈烈之势。有时网络语言还粗俗得“翻新出奇”。如“你真是一个二百九”，有人解释说，这种说法包括有“二百五”“三八”和“二”（据说是“286”的简称，意思是慢、笨）等骂人的意思。

作为语文教师，要让学生明白，网络语言的粗俗化倾向是应当坚决反对的，作为正在受教育的学生，不应该做网络语言环境的污染者，而应该成为网络语言的洁净者，为语言品位的提高作出应有的贡献。

总之，语文教师不应该成为学生喜爱的网络语言的“菜鸟”（低水平的人），而应该成为精通学生熟知的网络语言的“大虾”。只要语文教师善于从正反两个方面充分利用网络语言这一鲜活素材库，就一定会让网络语言变成提高学生语文素质的强大力量。

参考文献

[1] 汤玫英．网络语言新探 [M]．郑州：河南人民出版社，2010.

[2] 2010 年江苏“给力”文化强省 [N]．人民日报，2010-11-10.

[3] 张小平．关于网络传播语言特点的观察 [J]．现代传播，2002 (6)．

[4] 邓炎昌，刘润清．语言与文化 [M]．北京：外语教学与研究出版社，1989.

第十六节　以文化内涵为识字教学的切入点

汉字堪称汉民族文化的“活化石”，中华民族绵延悠长的历史、灿烂辉煌的文化都在汉字中留下了深刻的印迹。细细研读汉字，我们眼前会慢慢展开一轴轴历史画卷，从中能目睹秦皇汉武的恢宏气势和金戈铁马的壮丽场景；我们耳畔会骤然响起一首首优美绝伦的诗词乐府，从中能聆听《离骚》《琵琶行》和《大江东去》；我们面前会瞬间呈现一席席文化大餐，从中能品味书法艺术的浓郁韵味和中华民族传统的道德观念。因此说，识字识的不应只是汉字字形，而应是“认识中华文化的丰厚博大，吸收民族文化智慧”的过程。识字教学只能也只有以文化内涵为切入点，才能得其精髓，才能掌握识字的锁钥。

文化内涵寓于汉字构造的理据性之中，文化内涵体现在价值取向和审美情趣上，是我们从文化内涵切入的两个支点。

一、文化内涵寓于汉字构造的理据性之中

（一）把脉字理，深入浅出

所谓字理，即汉字的构形理据。字理识字教学法是依据汉字的组构规律，从汉字形与义、音的关系着手进行教学设计和组织教学的方法。但几千年来，字体变化太大，字形和字义之间的联系被隔断了，使人很难产生联想。因此，教学中应采用多种形式和手段，如实物、人的肢体语言、简笔画、甲骨文或小篆，尽可能恢复字形的原始结构模样，给学生一个直观的生动的形象，以便搭建字形与字义联系的桥梁，厘清字形表意的线索，并且将深奥的形义关系用通俗易懂的方法和学生容易接受的语言表述出来。这样抓住识字的根本，才能教一个认一串或不教自识，形成独立识字的能力，终于一劳永逸，终身受益。

1. 明了构字意图，反对张冠李戴

引导学生调动多种感官，“口诵耳闻其音，目察其形，心通其义”，使音、形、义联系起来，全方位认识和把握汉字。

首先，观察人的身体，从头到脚看哪些器官可以勾勒形象。学生会很快发现，“目、眉、耳、自（鼻）、口、牙、舌、手、足”等可以画出轮廓，再让他们联想动物、植物、日常生活中哪些能描绘出来。这些物体构成的字形直指字义，再配以字音，学生经过反复观摩、记忆，很快就掌握了象形字。

其次，辅以肢体动作，用身体和四肢演绎“人、大、天、夫、立”，再让学生尝试自己讲解“本、末、灭、上、下、中”等字形的意义，体会指事符号所指部位和意义。

最后，意会部件的有机组合，整体把握字形。“采”，会意字，爪（手）和木合起来表示手在树上摘果子的意义，是人类早期“采摘”劳动的写照，引申出“选择”“搜集”等义，如有选择地“采用、采取、开采”、搜集“采纳”意见、“采访”等词。而从“釆（biàn）”的字不多，“釆”中间的一竖上下贯通，是独体的象形字，本义表示野兽的足迹。古人常通过野兽的足迹辨别野兽的类型、数量等，所以引申出“区分”“辨别”。读 biàn，所以从“釆”的字能“解（释）清楚”，“详尽（悉）分辨”。如果把“采”张冠李戴成“釆”，就没办法“采摘”了，也就成了别字。

2. 把一笔一画落到实处，杜绝错字

汉字字字有根有底，笔笔画画皆有意。也就是说，每个汉字都是鲜活的、有生命的，又是灵动的、充满构形理据的，就连每一笔每一画也都有具体所指的内容。如果笔画的表意弄不清，就不能从根本上解决写错字的问题。

“武”，从止从戈。“止”（即“趾”）代表脚，表示“行走”；“戈”是古代的一种兵器。整个字的意思是，拿着“武器”去“讨伐”去“战斗”，所以这些字都带“戈”字，与“武装、战争”有关。汉字由于楷化，下边的一撇移到上面去了，再多加一撇，就无从解释了。“染”，漂染，纺织品要在加热（木是柴火）的、注入颜料的水（氵）里多次（九）漂染，才能着色。三和三的倍数，在汉语里有极言其多或程度加重的意思，所以应该是“九”。若是“丸”，就不能“漂染”出来各种颜色了。

3. **正确理解词义，防止古义今解**

现代汉语是由古代汉语发展而来的，语言中自然积淀了很多的古代词语。如果按照现代汉语的意义去解释去杜撰，往往会解释不通或曲解词义。

“大动干戈”，若按现代汉语解释为“干湿”的“干”“戈壁滩”的“戈”，根本就讲不通了。其实“干、戈”是古代的两种兵器，“大动干戈”指动用武器，发动战争，今多比喻大张声势地去做某件事。而“干湿”的“干”“戈壁滩”的“戈”，是字的假借，与字形没有任何联系。有些字古今意义不同，“死亡”的“亡”今天解释为“死”，古代“亡(亾)”与“逃”同义。“囚”是被困住、被囚禁，那么网开一面（“亾”），人就可以逃跑、逃生了。“亡羊补牢”若用今天的意思去讲，逃跑必定会死，那干吗还逃呢？羊死后再去修补监牢，还用得上吗？

当然，我们不可能字字追根求源，但解释要符合字形的结构，不违背汉语的通常用法，也就是说要合情入理。有人是这样解释“耻”的：“你还没有听见吗？还不停止你的行动?!”这样会把学生领入歧途。因此教师增长一些古汉语和文史知识，对识字教学会大有裨益的。

（二）厘清偏旁，层层推进

据统计，2500 个常用汉字中有 2270 个合体字，70%的偏旁具有区别字义的作用。如果能巧妙地利用偏旁，类推意义相关联的成串的字，举一反三，会达到事半功倍的效果。

1. **弄懂偏旁意义，穿起一串儿字**

时下人们常常指责社会风气败坏，喝酒成风，领导干部们也牢骚满腹，“不吃吃喝喝能办成事儿吗？酒是共产党的，胃可是我自己的。”“吃点儿喝点儿算不了什么，我只要不行贿受贿就行。”其实这种风气古来有之，并不是今天才盛行，汉字就是明证。酉，本指坛子之类的容器，可用于粮食的发酵，因此从“酉”的字都与发酵和发酵制品有关。“酒”，形声兼会意，水酒水酒，酒中有水，酒就是由水勾兑成的。“研究研究”谐音“烟酒烟酒”，还要“酝酿酝酿”，提示你得请客送礼，意思意思。斟“酌”，就是倒酒，斟酌斟酌，不斟出点儿什么来，谁会给你那么爽快地签字！一父亲天天喝得“醉”“醺醺”的，忙于“应酬”，儿子十分不解，“不就是吃饭喝酒嘛，应酬什么啦?”再加上酒桌上的推杯换盏，行令划拳，暗语行话，构成了一整套酒文化。

现在和钱币有关的字，都属贝部。贝不过是一种介壳，为什么用它来表示钱币的含义呢?《说文》里解释说：“古者货贝而宝龟……至秦废贝行钱。”可见这种古代的货币制度在文字的形体上还保存着它的蜕形。“贸易”可申请“贷款”，“消费”能“赊账”透“资”，“贵”“贱”都能“赚”；钱越分越少，钱少必定“贫困”；“赡养”老人需资金；“贪”钱必贪色，“贿赂”有所图，“庆贺”“赋税”样样离不开“货币”。打牌“赢”的就是钱，没钱玩玩那叫小孩儿过家家儿。

集中识字、基本字带字等方法都可以采用偏旁类推。这种构字规律一定要让学生掌握，不妨扩大范围，多做做练习，熟练运用后能举一反三、触类旁通。另外，把字放在词里，更容易掌握词义，从而真正理解偏旁的作用。当然，有些字由于楷化或简化，偏旁失去了表义作用，但对于整个汉字系统来说，偏旁类推还是有意义的。

2. 区别不同类属的偏旁，进而区别形近字

有些偏旁差别很小，却分属两种不同的类属，形体的细微差别，学生不容易发现，更不容易区分。教师可以就从这小的区别入手，比较分析字义的区别，进而辨别整个字形。如果不从道理上讲清楚，逐字记忆那将是很麻烦的事。

“示”（合体字中变形为“礻”），指天通过日月星的排布构成某种天象，以表现出吉凶的症候阐明神的意愿。所以“示”代表“神”，从“礻”字旁的字跟神、祭祀、崇拜有关。中国人信神不信上帝，“神”在汉民族潜意识中是至高无上的，它掌控着世间万事万物的吉凶祸福，能预知未来，因此人们敬神畏神。生意人设神龛，愿财源滚滚；无后之人奉送子观音，盼子孙绕膝；当官的抽签拜神，祈求官运亨通；黎民百姓敬关老爷，希望消灾避祸。“祭”，指手拿着肉祭神。祭“祀”唱“祝”词，是对神的赞颂，“祈祷”神灵“保祐”“福禄寿禧”、吉“祥”如意，避免灾“祸”临头。“社”，土神。地大物博、丰衣足食，“社”稷强大。“礼”，内涵丰富，既指祭祀的“礼节”“礼貌”，又涵盖了人伦及社会政治、宗教等方面的行为准则。而“衣”（合体字中变形为“衤”）就简单了，是衣服，凡从衤的字皆与衣服有关。如："袖"（袖子）手旁观，"襟"（衣襟）怀坦荡，衣"衫褴褛（破烂）"，"裕（使富足）"民富国，"初（裁衣之始）"生牛犊，"裙"钗不让须眉。

"颗"和"棵"都能组成"一颗""一棵"，但名量搭配对象不同。"颗"，形声字，形旁"页"就是头，所以从"页"的字都与人头有关。而"书页"的"页"只是假借。教师可以引导学生从头顶看起，头"顶"是"颠"，加"山"就是山顶"巅"；"题""额"意义相同，都是额头，还有"颧"骨、面"颊"、下"颌"、前"项"后"颈"；"颇"，头偏，偏"颇"；"颤"，头动"震颤"；给他一点儿"颜色"看看，是看脸色。"硕"是大头，抽象为"大"，如"硕大无比""硕果累累"。"颗"是小头，自然就引申出"圆"又"小"的意思，"颗粒归仓"，所以心、星星、麦粒、沙子等词的前面，都可以用"一颗"搭配。另一个"棵"好理解，"木"字旁表示植物，并且呈条状，如：一棵树、一棵草。

3. 正确取义，规范异形词

"蜡梅"与"腊梅"究竟哪个是对的呢？"蜡梅"，蜡梅科蜡梅属，落叶灌木，香气似梅花，花色淡黄，而且黄得发亮、发油，酷似蜜蜡，冠一"蜡"字，可谓传神之笔。却因它腊月开放，与梅花同期吐蕊，香气也很近似。人们常常望文生义，把"蜡梅"理解为"腊梅"，电脑的字板上"蜡梅""腊梅"都有，就连小学课本也误写，可见问题有多严重。

节日将至，大街小巷都是"欢渡"的标语，几乎众口一词，应该是没问题的。其实不然，不带"氵"的"dù"，偏重于从时间上经历、跨越；而带"氵"的"dù"是渡水，偏重于由此岸到彼岸空间位置的转移。因此，"欢度春节""度假"是度日（时间），应写作"度"；"渡河""远渡重洋"是渡水，应写作"渡"，不能胡乱用。guòdù，可写作"过度"，也可写作"过渡"，"过度"是"过分"，"过渡"当"承前启后"讲。

同音同义不同形的异形词，给社会用字造成了混乱的现象，尽管国家已于2001年颁布了《第一批异形词整理表》，明确规定了哪些是对的哪些是错的，但并没有引起多少人的注意，至今依然在使用废除了的不规范的异形词。教师要引导学生从根本上辨别真伪，正确使用词语。

识字是获取知识的前提，识字活动是一种终身学习活动。我们的教师不仅要"授人以鱼"，更要"授人以渔"。

二、文化内涵体现在价值取向和审美情趣上

在汉字创制和使用的过程中，重视情感价值、人伦道德的价值取向渗透，几乎成为汉字的最高文化指归，旨在使人们“逐步形成积极的人生态度和正确的价值观，提高文化品位和审美情趣”（《九年义务教育语文课程标准》，北京师范大学出版社）。正如庄义友在《汉字符号象征性探解》一书中所说：“汉字用它自己的形体来表达人的思维活动、认知活动和情感活动。当人们写一个字的时候，目的在写它自己的思想而不仅仅为的是写语言；当人们看到汉字的时候，也只是看到它所包含的内容，不一定把它当作语言；只有把它读出来的时候，才由汉字转化为语言。”因此在识字中，要重视汉字的“熏陶感染作用，注意教学内容的价值取向，同时也应尊重学生学习过程中的独特体验”。

（一）传道解惑　一举两得

汉字积淀了丰富的价值观念、道德标准，我们的祖先把求善、求和定位为人生存在的理想境界。这种伦理型文化几千年来成为中华民族行为规范的最高准则。“文以载道”是传统语文教学的原则，而文中的道是承载在一个个汉字里的。

1. 结构内外意蕴审美情趣

“羊”在汉族人眼里，是那样地听话、温顺、善良，所以常用“羊”组字表示“吉祥”“美好”。“美”，上下结构，分解为“羊大”，从视觉上让人感到肥美、丰润，从味觉上让人感到醇厚、香甜，引申出美好、满意等义，如“美德”“赞美”“美满”。“善”，“多多益善（美好）”“心地善（好）良”“抑恶扬善（善事）”，“友好亲善（和睦）”，“善（办好）始善终”。“羞”通“馐（xiù）”，诱人美味的食物。“祥”，吉祥如意，幸福安康（表贬义的只是极个别的，“佯（假装）攻”“安然无恙（忧、疾病）”）。“安”，俗话说，男人家里娶了媳妇就安心了，也可解作女人在家里就安全了，总之“安”有“安定”之义。这个“安”在日常生活中使用频率很高，与人们的生活息息相关，分别送行时祝人“一路平安”，晚上临睡前向亲人道一声“晚安”，父母总希望子女一生“平平安安”，子

女则祝福父母身体“安康”，心情快乐，甚至送葬时也要祝愿死去的人“安息”。就连地名、人名也用“安”蕴含吉祥幸福之义，如安阳、安源、安庆、安化等。中国作为“礼仪之邦”，人与人之间倡导以“和”为贵，以“忍”为上。“忍”，《说文》视作形声字，从心，刃声。有人新解为会意字，中国人心上插刀还忍着。后者颇合乎中国人的中庸处世哲学，容忍，忍让，成了人们衡量涵养的标准。孔子《论语》曰：“小不忍则乱大谋。”许多人家在书房里挂一个大大的“忍”字，就是提醒主人时时宽容大度，事事息事宁人。

2. 笔画之间暗含做人准则

“仁、义、礼、智、信”是中华民族传统美德的核心价值理念和基本要求，带动整个社会道德体系的发展和社会道德水平的提升，在整个中华民族传统美德中具有重要地位。中国是文明古国、礼仪之邦，重德行、贵礼仪，在世界上素来享有盛誉。从基本内涵来看，“仁”主要是人与人之间互相关怀、互相尊重和互相爱护的情感，是世间万物共生、和谐相处、协调发展的一种道德规范；“义”是超越自我、正视现实、仗义公道的做人态度；“礼”是建立人际关系、社会秩序的一种标准和规则；“智”是人认识自己、了解社会、解决矛盾、处理问题的眼光和能力；“信”是人们交往和处事的道德准则。“仁、义、礼、智、信”是中华民族传统美德的核心价值理念和基本要求，是我们要很好遵循的、最重要的五种社会道德规范。

“友”，一人手外加一人手，互助为友。现在提倡建立和谐社会，人们应该团结“友爱”，亲密“友善”，“友好”相处，成为好“朋友”。“拜”，两手抱拳，是古代一种表示敬意的礼节，引申出尊崇、敬奉的“崇拜”，以礼相会的“拜客”，行礼致敬的“拜寿”，敬谦辞语的“拜读”“拜访”。

从发生学意义上说，许多字的创造，是通过细腻的观察、丰富的联想、入微的描摹，从无形的意识到有形的汉字的物化过程，实质上是“感于外而发于内”的心理活动。汉字本身所具有的丰富的审美机制和深广内涵，是儿童学习汉字的有力助推器，能够在孩子的学习过程中对其进行美德熏陶、滋润和情的感化、唤醒。所以学习汉字的过程，既是一个识字的过程，也是一个体会汉字中所包含的丰厚文化意蕴的过程，还是一个领略宏约深美与挚爱真情的过程。

（二）汉字是民族文化的活化石

从社会文化学的角度上看，“文字是文化的产物……又是文化的一部分。”每一个汉字都蕴含着思想文化信息，是汉语文化的滥觞和源泉，凝聚了丰厚的民族文化，因而汉字成为一种可直接“视读”的“活化石”文字。

1. 感悟厚重的民族文化

“母”，象形字。突出两乳；乳，养育生命、繁衍人类之根本。学生常常把第一笔写错，教师可通过一个形象的比喻让学生记忆。竖折好像母亲盘起的左腿，两点像怀里抱着的孩子。无论哪种解释，都尽显母亲的慈爱与胸怀的宽阔，因此人们常常把祖国、大地比作母亲。教师可借机引导学生感激母亲给予生命，从尊敬母亲、爱母亲，扩展到爱祖国。“姓”，形声兼会意，《说文解字》曰：“人所生也。”母系氏族社会，散在的群婚使“民只知其母不知其父”。及时生育下一代，并把他们抚养成人，对早期族群的繁衍、部落的生存至关重要。因此，女性在当时拥有绝对的权力和至高无上的地位，人们就把部族女首领的“姓”作为自己部族的代称。所以，中国最早的姓差不多都带女字旁，代表了华夏民族姓氏的来源，如姬姓、姜姓、姚姓、姒姓、妫姓等。只有到了后来，“姓”才成了父系血亲关系的标志。这时不妨安排一个课下作业，让学生通过一些渠道，尝试追溯自己家族姓氏的发源地和演变过程，从而感受汉民族兴旺发达的历史。

“家”，不是以人为家，而是有豕方为家。“家”记载的是以父系血亲关系建立起来的、固定的、最小的社会单位，这是男权的象征。“家”字的出现，说明社会已进化到父系社会，也标志着生产力较过去有很大的提高，猎取的野兽吃不完，还有多余的粮食拿来喂养使其成为家畜。男性以其强壮的体魄、不竭的力量，已取得了绝对的社会权力和主导地位，在“家”里被尊为“当家的”“掌柜的”。因此，男到女家被称作“入赘”，视为不光彩的事。“嫁娶”的“娶”，形声兼会意，自然是男人“取得、获取”女人，女人“嫁”给了男人。“男尊女卑”的封建观念由来已久。

2. 书写工具的改变引发了一系列书写的革命

“书是人类进步的阶梯”，提起书，我们大家都非常熟悉。那么，你知道在纸发明以前，我们祖先的书是用什么材料做成的吗？那时的“书”和我们现在的书一样吗？那时候还没有橡皮，你知道在“书”上写错了字怎么修改吗？这些知识，在汉字“册”和“删”中就记载得非常清楚呀！“册”，是古代编在一起用于书写的竹“简”，今天还用来指装订好的“画册”、书本（“第一册”）。改动竹简上的文字要用刀“删除”“删节”，橡皮是擦不了的。“扁”，从户从册，即“户口簿”。“书籍”的“籍”也是竹简的意思。

现在的“纸”是用竹质和木皮等制造的，但是当初造字时“纸”字是从“糸”的。由此我们可以推知，在东汉蔡伦没有发明造纸的新方法和新质料以前，中国曾经用丝絮造过纸。汉字字体从甲骨到金文再到篆隶楷，很大程度上是由于“笔”和造纸工艺的变化而改变的。甲骨文方笔多圆笔少，是刀笔决定的。铸造在青铜器上的金文，自然比甲骨文笔画丰满粗壮。只有用了“软笔”，才可能写出屈曲圆转的篆书。又由于纸的出现，才产生了汉隶的折笔和蚕头燕尾，也才造就了横平竖直的楷书、姿态灵活的行书。

这些文史知识可穿插在平时的课文和识字中，从学生对书写工具的了解，继而产生对学习汉字和书法艺术的热爱。

总之，识字教学不能脱离汉字的文化根基，不能忽视汉字丰富的文化内涵，应在从文化的视角引导学生识字的同时，通过字形的表层和深层，透视其文化内涵，接受文化浸染，不断提高学生的文化素养。要想做到这些，必须要求我们的教师有深厚的文化底蕴，能解读出汉字带来的众多的文化信息，并正确地传递给学生。